Bilingual Di

English-French
French-English
Dictionary

Compiled by

Aurélic Colin

ISBN : 978 1 908357 41 0

This Edition : 2020

Published by

STAR Foreign Language BOOKS

a unit of

ibs BOOKS (UK)

56, Langland Crescent

Stanmore HA7 1NG, U.K.

info@starbooksuk.com

www.starbooksuk.com

Printed in India at

Star Print-O-Bind, New Delhi-110 020

About this Dictionary

Developments in science and technology today have narrowed down distances between countries, and have made the world a small place. A person living thousands of miles away can learn and understand the culture and lifestyle of another country with ease and without travelling to that country. Languages play an important role as facilitators of communication in this respect.

To promote such an understanding, STAR **Foreign Language** BOOKS has planned to bring out a series of bilingual dictionaries in which important English words have been translated into other languages, with Roman transliteration in case of languages that have different scripts. This is a humble attempt to bring people of the word closer through the medium of language, thus making communication easy and convenient.

Under this series of *one-to-one dictionaries*, we have published almost 50 languages, the list of which has been given in the opening pages. These have all been compiled and edited by teachers and scholars of the relative languages.

Publishers

Bilingual Dictionaries in this Series

English-Afrikaans / Afrikaans-English	Abraham Venter
English-Albanian / Albanian-English	Theodhora Blushi
English-Amharic / Amharic-English	Girun Asanke
English-Arabic / Arabic-English	Rania-al-Qass
English-Bengali / Bengali-English	Amit Majumdar
English-Bosnian / Bosnian-English	Boris Kazanegra
English-Bulgarian / Bulgarian-English	Vladka Kocheshkova
English-Cantonese / Cantonese-English	Nisa Yang
English-Chinese (Mandarin) / Chinese (Mandarin)-Eng	Y. Shang & R. Yao
English-Croatian / Croatain-English	Vesna Kazanegra
English-Czech / Czech-English	Jindriska Poulova
English-Danish / Danish-English	Rikke Wend Hartung
English-Dari / Dari-English	Amir Khan
English-Dutch / Dutch-English	Lisanne Vogel
English-Estonian / Estonian-English	Lana Haleta
English-Farsi / Farsi-English	Maryam Zaman Khani
English-French / French-English	Aurélie Colin
English-Gujarati / Gujarati-English	Sujata Basaria
English-German / German-English	Bicskei Hedwig
English-Greek / Greek-English	Lina Stergiou
English-Hindi / Hindi-English	Sudhakar Chaturvedi
English-Hungarian / Hungarian-English	Lucy Mallows
English-Italian / Italian-English	Eni Lamllari
English-Korean / Korean-English	Mihee Song
English-Latvian / Latvian-English	Julija Baranovska
English-Levantine Arabic / Levantine Arabic-English	Ayman Khalaf
English-Lithuanian / Lithuanian-English	Regina Kazakeviciute
English-Nepali / Nepali-English	Anil Mandal
English-Norwegian / Norwegian-English	Samuele Narcisi
English-Pashto / Pashto-English	Amir Khan
English-Polish / Polish-English	Magdalena Herok
English-Portuguese / Portuguese-English	Dina Teresa
English-Punjabi / Punjabi-English	Teja Singh Chatwal
English-Romanian / Romanian-English	Georgeta Laura Dutulescu
English-Russian / Russian-English	Katerina Volobuyeva
English-Serbian / Serbian-English	Vesna Kazanegra
English-Sinhalese / Sinhalese-English	Naseer Salahudeen
English-Slovak / Slovak-English	Zuzana Horvathova
English-Slovenian / Slovenian-English	Tanja Turk
English-Somali / Somali-English	Ali Mohamud Omer
English-Spanish / Spanish-English	Cristina Rodriguez
English-Swahili / Swahili-English	Abdul Rauf Hassan Kinga
English-Swedish / Swedish-English	Madelene Axelsson
English-Tagalog / Tagalog-English	Jefferson Bantayan
English-Tamil / Tamil-English	Sandhya Mahadevan
English-Thai / Thai-English	Suwan Kaewkongpan
English-Turkish / Turkish-English	Nagme Yazgin
English-Ukrainian / Ukrainian-English	Katerina Volobuyeva
English-Urdu / Urdu-English	S. A. Rahman
English-Vietnamese / Vietnamese-English	Hoa Hoang
English-Yoruba / Yoruba-English	O. A. Temitope

STAR Foreign Language BOOKS

ENGLISH-FRENCH

A

a *a.* un(e)
aback *adv.* par surprise
abandon *v.t.* abandonner
abase *v.* abaisser
abashed *adj.* embarrassé(e)
abate *v.t.* décroître
abbey *n.* abbaye
abbot *n.* abbé
abbreviate *v.t.* abréger
abbreviation *n.* abréviation
abdicate *v.t,* abdiquer
abdication *n.* abdication
abdomen *n.* abdomen
abdominal *adj.* abdominal(e)
abduct *v.t.* enlever
abduction *n.* enlèvement
aberrant *adj.* abberant(e)
aberration *n.* aberration
abet *v.* encourager
abeyance *n.* suspension
abhor *v.* abhorrer
abhorrence *n.* aversion
abhorrent *adj.* détestable
abide *v.i* tolérer
abiding *adj.* durable
ability *n.* capacité
abject *adj.* abject(e)
abjure *v.* renier
ablaze *adv.* en feu
able *adj.* capable
ablutions *n.* ablutions
abnormal *adj.* anormal(e)
aboard *adv.* à bord
abode *n.* domicile
abolish *v.t* abolir
abolition *n.* abolition
abominable *adj.* abominable
abominate *v.* abominer
aboriginal *adj.* aborigène
abort *v.i* avorter
abort *v.i* avorter
abortion *n.* avortement
abortive *adj.* vain
abound *v.i.* abonder
about *adv.* environ
about *prep.* autour de
above *adv.* supérieur
above *prep.* au-dessus de
abrasion *n.* abrasion
abrasive *adj.* abrasif/ve
abreast *adv.* côte à côte
abridge *v.t* raccourcir
abroad *adv.* à l'étranger
abrogate *v.* abroger
abrupt *adj.* brusque
abscess *n.* abcès
abscond *v.* s'enfuir
absence *n.* absence
absent *adj.* absent(e)
absentee *n.* absent(e)
absolute *adj.* absolu(e)
absolution *n.* absolution
absolve *v.* absoudre
absorb *v.* absorber
abstain *v.* s'abstenir
abstinence *n.* abstinence
abstract *adj.* abstrait(e)
abstruse *adj.* abscons(e)
absurd *adj.* absurde
absurdity *n.* absurdité
abundance *n.* abondance
abundant *v.t.* abondant(e)
abuse *v.* maltraiter
abusive *adj.* violent(e)
abut *v.* soutenir
abysmal *adj.* abyssal(e)
abyss *n.* abysse
academic *adj.* académique
academy *n.* académie
accede *v.* adhérer
accelerate *v.* accélérer
accelerator *n.* accélérateur
accent *n.* accent
accentuate *v.* accentuer

accept *v.* accepter
acceptable *adj.* acceptable
acceptance *n.* acceptation
access *n.* accès
accessible *adj.* accessible
accession *n.* accession
accessory *n.* accessoire
accident *n.* accident
accidental *adj.* accidentel/le
acclaim *v.* acclamer
acclimatise *v.t* s'acclimater
accolade *n.* distinction
accommodate *v.* ajuster
accommodation *n.* logement
accompaniment *n.* accompagnement
accompany *v.* accompagner
accomplice *n.* complice
accomplish *v.* accomplir
accomplished *adj.* accompli(e)
accomplishment *n.* accomplissement
accord *v.* accorder
accordance *n.* concordance
according *adv.* selon
accordingly *adv.* en conséquence
accost *v.* accoster
account *n.* compte
accountable *adj.* responsable
accountancy *n.* comptabilité
accountant *n.* comptable
accoutrement *n.* équipement
accredit *v.* accréditer
accredited *adj.* accrédité(e)
accretion *n.* accroissement
accrue *v.t.* provisionner
accumulate *v.* accumuler
accumulation *n.* accumulation
accurate *adj.* exact(e)
accusation *n.* accusation
accuse *v.* accuser
accused *v.t.* accusé(e)
accustom *v.* habituer
accustomed *adj.* habitué(e)
ace *n.* as
acerbic *adj.* acerbe
acetate *n.* acétate
acetone *n.* acétone
ache *n.* douleur **achieve** *v.* atteindre
achievement *n.* réussite
acid *n.* acide
acidity *n.* acidité
acknowledge *v.* reconnaître
acknowledgement *n.* reconnaissance
acme *n.* apogée
acne *n.* acné
acolyte *n.* acolyte
acorn *n.* gland
acoustic *adj.* acoustique
acquaint *v.* présenter
acquaintance *n.* connaissance
acquiesce *v.* acquiescer
acquiescence *n.* assentiment
acquire *v.* acquérir
acquisition *n.* acquisition
acquit *v.* acquitter
acquittal *n.* acquittement
acre *n.* demi-hectare
acrid *adj.* âcre
acrimony *n.* aigreur
acrobat *n.* acrobate
acrobatic *adj.* acrobatique
across *adv.* à travers
acrylic *adj.* acrylique
act *v.* agir
acting *n.* comédie
acting *adj.* intérimaire
actinium *n.* actinium
action *n.* action
actionable *adj.* pratique

activate *v.* activer
active *adj.* actif/ve
activist *n.* activiste
activity *n.* activité
actor *n.* acteur
actress *a.* actrice
actual *adj.* actuel/le
actually *adv.* en fait
actuary *n.* actuaire
actuate *v.* motiver
acumen *n.* perspicacité
acupuncture *n.* acupuncture
acute *adj.* aigu/aigüe
adamant *adj.* résolu(e)
adapt *v.* adapter
adaptation *n.* adaptation
add *v.* ajouter
addendum *n.* addendat
addict *n.* accro
addicted *adj.* dépendant(e)
addiction *n.* dépendance
addition *n.* addition
additional *adj.* additionnel/le
additive *n.* additif
addled *adj.* embrouillé(e)
address *n.* adresse
addressee *n.* destinataire
adduce *v.* apporter
adept *adj.* adepte
adequacy *n.* adéquation
adequate *adj.* adéquat(e)
adhere *v.* adhérer
adherence *n.* adhérence
adhesive *n.* adhésif
adieu *n.* adieu
adjacent *adj.* adjacent(e)
adjective *n.* adjectif
adjoin *v.* jouxter
adjourn *v.* ajourner
adjournment *n.* ajournement
adjudge *v.t.* adjuger
adjudicate *v.* arbitrer
adjunct *n.* auxiliaire
adjust *v.* ajuster
adjustment *n.* ajustement
administer *v.* administrer
administration *n.* administration
administrative *adj.* administratif/ve
administrator *adj.* administrateur/rice
admirable *adj.* admirable
admiral *n.* amiral
admiration *n.* admiration
admire *v.* admirer
admissible *adj.* recevable
admission *n.* admission
admit *v.* admettre
admittance *n.* entrée
admonish *v.* réprimander
ado *n.* manières
adobe *n.* adobe
adolescence *n.* adolescence
adolescent *adj.* adolescent(e)
adopt *v.* adopter
adoption *n.* adoption
adoptive *adj.* adoptif/ve
adorable *adj.* adorable
adoration *n.* adoration
adore *v.t.* adorer
adorn *v.* orner
adrift *adj.* à la dérive
adroit *adj.* adroit(e)
adsorb *v.* adsorber
adulation *n.* adulation
adult *n.* adulte
adulterate *v.* frelater
adulteration *n.* frelatage
adultery *n.* adultère
advance *v.* avancer
advance *n.* avance
advancement *n.* promotion
advantage *v.t.* avantager
advantage *n.* avantage

advantageous *adj.* avantageux/se
advent *n.* avènement
adventure *n.* aventure
adventurous *adj.* aventureux/se
adverb *n.* adverbe
adversary *n.* adversaire
adverse *adj.* négatif/ve
adversity *n.* adversité
advertise *v.* faire de la publicité
advertisement *n.* publicité
advice *n.* conseil
advisable *adj.* conseillé(e)
advise *v.* conseiller
advocate *n.* avocat
advocate *v.* défendre
aegis *n.* égide
aerial *n.* antenne
aeon *n.* éternité
aerobatics *n.* voltige
aerobics *n.* aérobic
aerodrome *n.* aérodrome
aeronautics *n.* aéronautique
aeroplane *n.* avion
aerosol *n.* aérosol
aerospace *n.* aérospatiale
aesthetic *adj.* esthétique
aesthetics *n.* esthétisme
afar *adv.* de loin
affable *adj.* affable
affair *n.* affaire
affect *v.* affecter
affectation *n.* manières
affected *adj.* touché(e)
affection *n.* affection
affectionate *adj.* affectueux/se
affidavit *n.* déclaration sous serment
affiliate *v.* affilier
affiliation *n.* affiliation
affinity *n.* affinité
affirm *v.* affirmer
affirmation *n.* affirmation
affirmative *adj.* affirmatif/ve
affix *v.t.* fixer
afflict *v.* affliger
affliction *n.* affliction
affluence *n.* affluence
affluent *adj.* affluent(e)
afford *v.t.* se permettre
afforestation *n.* boisement
affray *n.* rixe
affront *n.* affront
afield *adv.* loin
aflame *adj.* en flammes
afloat *adj.* à flot
afoot *adv.* en cours
afraid *adj.* peur
afresh *adv.* de nouveau
African *adj.* africain(e)
aft *adv.* vers l'arrière
after *adv.* après
after *conj.* après
after *prep.* après
again *adv.* encore une fois
against *prep.* contre
agate *n.* agate
age *n.* âge
aged *adj.* âgé(e)
ageism *n.* âgisme
ageless *adj.* sans âge
agency *n.* agence
agenda *n.* programme
agent *n.* agent
agglomerate *v.* s'agglomérer
aggravate *v.* aggraver
aggravation *n.* aggravation
aggregate *n.* total
aggression *n.* agression
aggressive *adj.* agressif/ve
aggressor *n.* agresseur/se
aggrieve *v.* affliger
aghast *adj.* horrifié(e)

agile *adj.* agile
agility *n.* agilité
agitate *v.* agiter
agitation *n.* agitation
agnostic *n.* agnostique
ago *adv.* il y a
agog *adj.* stupéfait(e)
agonize *v.* agoniser
agony *n.* agonie
agrarian *adj.* agraire
agree *v.* être d'accord
agreeable *adj.* agréable
agreement *n.* accord
agricultural *adj.* agricole
agriculture *n.* agriculture
aground *adj.* échoué(e)
ahead *adv.* devant
aid *n.* aide
aide *n.* assistant(e)
aids *n.* SIDA
ail *v.* souffrir
ailing *adj.* malade
ailment *n.* affection
aim *v.i.* viser
aim *n.* objectif
aimless *adj.* sans but
air *n.* air
aircraft *n.* avion
airy *adj.* aéré(e)
aisle *n.* allée
ajar *adv.* entrouvert(e)
akin *adj.* apparenté(e)
alacritous *adj.* empressé(e)
alacrity *n.* empressement
alarm *n* alarme
alarm *v* alarmer
alas *conj.* hélas
albeit *conj.* quoique
album *n* album
albumen *n.* albumine
alchemy *n.* alchimie
alcohol *n.* alcool
alcoholic *adj.* alcoolisé(e)
alcove *n.* alcôve
ale *n.* bière
alert *adj.* alerte
algebra *n.* algèbre
alias *adv.* alias
alias *n.* pseudonyme
alibi *n.* alibi
alien *adj.* extraterrestre
alienate *v.i.* aliéner
alight *v.t.* descendre
align *v.* aligner
alignment *n.* alignement
alike *adj.* comme
alimony *n.* pension alimentaire
alive *adj.* vivant(e)
alkali *n.* alcali
all *adj.* tout
allay *v.* apaiser
allegation *n.* allégation
allege *v.* prétendre
allegiance *n.* allégeance
allegory *n.* allégorie
allergen *n.* allergène
allergic *adj.* allergique
allergy *n.* allergie
alleviate *v.* soulager
alleviation *n.* soulagement
alley *n.* ruelle
alliance *n.* alliance
allied *adj.* allié(e)
alligator *n.* alligator
alliterate *v.* allitérer
alliteration *n.* allitération
allocate *v.* allouer
allocation *n.* allocation
allot *v.* allouer
allotment *n.* allotissement
allow *v.* permettre
allowance *n.* allocation
alloy *n.* alliage
allude *v.t.* faire allusion
allure *n.* allure

alluring *adj.* affriolant(e)
allusion *n.* allusion
ally *n.* allié(e)
almanac *n.* almanach
almighty *adj.* tout-puissant
almond *n.* amande
almost *adv.* presque
alms *n.* aumône
aloft *adv.* en l'air
alone *adv.* seul(e)
along *prep.* le long de
alongside *prep.* à côté de
aloof *adj.* distant(e)
aloud *adv.* à voix haute
alpha *n.* alpha
alphabet *n.* alphabet
alphabetical *adj.* alphabétique
alpine *adj.* alpin(e)
already *adv.* déjà
also *adv.* aussi
altar *n.* autel
alter *v.* modifier
alteration *n.* altération
altercation *n.* altercation
alternate *v.t.* alterner
alternative *adj.* alternative
although *conj.* bien que
altitude *n.* altitude
altogether *adv.* en tout
altruism *n.* altruisme
aluminium *n.* aluminium
alumnus *n.* ancien/ne élève
always *adv.* toujours
amalgam *n.* amalgame
amalgamate *v.* fusionner
amalgamation *n.* fusion
amass *v.* amasser
amateur *n.* amateur
amateurish *adj.* amateur
amatory *adj.* amoureux/se
amaze *v.* étonner
amazement *n.* étonnement
Amazon *n.* amazone
ambassador *n.* ambassadeur/ambassadrice
amber *n.* ambre
ambient *adj.* ambiant(e)
ambiguity *n.* ambiguïté
ambiguous *adj.* équivoque
ambit *n.* cadre
ambition *n.* ambition
ambitious *adj.* ambitieux/se
ambivalent *adj.* ambivalent(e)
amble *v.* flâner
ambrosia *n.* ambroisie
ambulance *n.* ambulance
ambush *n.* embuscade
ameliorate *v.* améliorer
amelioration *n.* amélioration
amend *v.* modifier
amendment *n.pl.* amendement
amenable *adj.* maniable
amiable *adj.* aimable
amicable *adj.* amical(e)
amid *prep.* au milieu de
amiss *adj.* qui cloche
amity *n.* amitié
ammunition *n.* munitions
amnesia *n.* amnésie
amnesty *n.* amnistie
amok *adv.* devenir fou/folle furieux/se
among *prep.* parmi
amoral *adj.* amoral(e)
amorous *adj.* amoureux/se
amorphous *adj.* amorphe
amount *n.* montant
ampere *n.* ampère
ampersand *n.* esperluette
amphibian *n.* amphibien/ne
amphitheatre *n.* amphithéâtre
ample *adj.* abondant(e)
amplification *n.* amplification
amplifier *n.* amplificateur

amplify *v.* amplifier
amplitude *n.* amplitude
amulet *n.* amulette
amuse *v.* amuser
amusement *n.* amusement
an *adj.* un(e)
anachronism *n.* anachronisme
anaemia *n.* anémie
anaesthesia *n.* anesthésie
anaesthetic *n.* anesthésique
anal *adj.* anal
analgesic *n.* analgésique
analogous *adj.* analogue
analogue *adj.* analogique
analogy *n.* analogie
analyse *v.* analyser
analysis *n.* analyse
analyst *n.* analyste
analytical *adj.* analytique
anarchism *n.* anarchisme
anarchist *n.* anarchiste
anarchy *n.* anarchie
anatomy *n.* anatomie
ancestor *n.* ancêtre
ancestral *adj.* ancestral(e)
ancestry *n.* ascendance
anchor *n.* ancre
anchorage *n.* mouillage
ancient *adj.* antique
ancillary *adj.* secondaire
and *conj.* et
android *n.* androïde
anecdote *n.* anecdote
anew *adv.* de nouveau
angel *n.* ange
anger *n.* colère
angina *n.* angine
angle *n.* angle
angry *adj.* en colère
anguish *n.* angoisse
angular *adj.* angulaire
animal *n.* animal
animate *v.* animer
animated *adj.* animé(e)
animation *n.* animation
animosity *n.* animosité
aniseed *n.* anis
ankle *n.* cheville
anklet *n.* bracelet de cheville
annals *n.* annales
annex *v.* annexe
annexation *n.* annexion
annihilate *v.* anéantir
annihilation *n.* annihilation
anniversary *n.* anniversaire
annotate *v.* annoter
announce *v.* annoncer
announcement *n.* annonce
annoy *v.* ennuyer
annoyance *n.* ennui
annual *adj.* annuel/le
annuity *n.* rente
annul *v.* annuler
anode *n.* anode
anoint *v.* oindre
anomalous *adj.* anormal(e)
anomaly *n.* anomalie
anonymity *n.* anonymat
anonymous *adj.* anonyme
anorexia *n.* anorexie
another *adj.* un(e) autre
answer *n.* réponse
answerable *adj.* responsable
ant *n.* fourmi
antacid *adj.* antiacide
antagonism *n.* antagonisme
antagonist *n.* antagoniste
antagonize *v.* antagoniser
Antarctic *adj.* antarctique
antecedent *n.* antécédent
antedate *v.* antidater
antelope *n.* antilope
antenna *n.* antenne
anthem *n.* hymne
anthology *n.* anthologie

anthropology *n.* anthropologie
anthrax *n.* fièvre charbonneuse
anti *n.* anti
antibiotic *n.* antibiotique
antibody *n.* anticorps
antic *n.* singeries
anticipate *v.* anticiper
anticipation *n.* anticipation
anticlimax *n.* déception
antidote *n.* antidote
antioxidant *n.* antioxydant
antipathy *n.* antipathie
antiperspirant *n.* anti-transpirant
antiquarian *adj.* antiquaire
antiquated *adj.* vieillot(e)
antique *n.* antique
antiquity *n.* antiquité
antiseptic *adj.* antiseptique
antisocial *adj.* antisocial(e)
antithesis *n.* antithèse
antler *n.* bois
antonym *n.* antonyme
anus *n.* anus
anvil *n.* enclume
anxiety *n.* anxiété
anxious *adj.* anxieux/se
any *adj.* n'importe quel/le
anyhow *adv.* en tout cas
anyone *pron.* n'importe qui
anything *pron.* n'importe quoi
anywhere *adv.* n'importe où
apace *adv.* rapidement
apart *adv.* séparé(e)
apartheid *n.* apartheid
apartment *n.* appartement
apathy *n.* apathie
ape *n.* singe
aperture *n.* ouverture
apex *n* sommet
aphorism *n.* aphorisme
apiary *n.* rucher
aplomb *n.* aplomb
apocalypse *n.* apocalypse
apologize *v.* s'excuser
apology *n.* excuses
apoplectic *adj.* apoplextique
apostate *n.* apostat
apostle *n.* apôtre
apostrophe *n.* apostrophe
appal *v.* effarer
apparatus *n.* appareil
apparel *n.* vêtements
apparent *adj.* apparent(e)
appeal *v.t.* plaire
appear *v.* apparaître
appearance *n.* apparence
appease *v.* apaiser
append *v.* ajouter
appendage *n.* appendice
appendicitis *n.* appendicite
appendix *n.* annexe
appetite *n.* appétit
appetizer *n.* entrée
applaud *v.* applaudir
applause *n.* applaudissements
apple *n.* pomme
appliance *n.* appareil
applicable *adj.* applicable
applicant *n.* demandeur/se
application *n.* application
apply *v.t.* appliquer
appoint *v.* nommer
appointment *n.* nomination
apportion *v.t.* répartir
apposite *adj.* pertinent(e)
appraise *v.* estimer
appreciable *adj.* appréciable
appreciate *v.* apprécier
appreciation *n.* appréciation
apprehend *v.* appréhender
apprehension *n.* appréhension

apprehensive *adj.* appréhensif/ve
apprentice *n.* apprenti(e)
apprise *v.* informer
approach *v.* approche
appropriate *adj.* approprié(e)
appropriation *n* appropriation
approval *n.* approbation
approve *v.* approuver
approximate *adj.* approximatif/ve
apricot *n.* abricot
apron *n.* tablier
apt *adj.* approprié(e)
aptitude *n.* aptitude
aquarium *n.* aquarium
aquatic *adj.* aquatique
aqueous *adj.* aqueux/se
Arab *n.* arabe
Arabian *n.* arabe
Arabic *n.* arabe
arable *adj.* arable
arbiter *n.* arbitre
arbitrary *adj.* arbitraire
arbitrate *v.* arbitrer
arbitration *n.* arbitrage
arbitrator *n.* arbitre
arbour *n.* charmille
arc *n.* arc
arcade *n.* arcade
arch *n.* arche
archaeology *n.* archéologie
archaic *adj.* archaïque
archangel *n.* archange
archbishop *n.* archevêque
archer *n.* archer
architect *n.* architecte
architecture *n.* architecture
archives *n.* archives
Arctic *adj.* arctique
ardent *adj.* ardent(e)
ardour *n.* ardeur
arduous *adj.* ardu(e)
area *n.* zone
arena *n.* stade
argue *v.* argumenter
argument *n.* argument
argumentative *adj.* argumentatif/ve
arid *adj.* aride
arise *v.* surgir
aristocracy *n.* aristocratie
aristocrat *n.* aristocrate
arithmetic *n.* arithmétique
arithmetical *adj.* arithmétique
ark *n.* arche
arm *n.* bras
armada *n.* armada
Armageddon *n.* apocalypse
armament *n.* armement
armistice *n.* armistice
armour *n.* armure
armoury *n.* armurerie
army *n.* armée
aroma *n.* arôme
aromatherapy *n.* aromathérapie
around *adv.* autour
arouse *v.* éveiller
arrange *v.* organiser
arrangement *n.* arrangement
arrant *adj.* total
array *n.* gamme
arrears *n.* arriérés
arrest *v.* arrestation
arrival *n.* arrivée
arrive *v.* arriver
arrogance *n.* arrogance
arrogant *adj.* arrogant(e)
arrogate *v.* s'arroger
arrow *n.* flèche
arsenal *n.* arsenal
arsenic *n.* arsenic
arson *n.* incendie criminel
art *n.* art

artefact *n.* artefact
artery *n.* artère
artful *adj.* rusé(e)
arthritis *n.* arthrite
artichoke *n.* artichaut
article *n.* article
articulate *adj.* articuler
artifice *n.* artifice
artificial *adj.* artificiel/le
artillery *n.* artillerie
artisan *n.* artisan
artist *n.* artiste
artistic *adj.* artistique
artless *adj.* ingénu(e)
as *adv.* comme
asbestos *n.* amiante
ascend *v.* monter
ascendant *adj.* ascendant(e)
ascent *n.* ascension
ascertain *v.* s'assurer de
ascetic *adj.* ascète
ascribe *v.* attribuer
aseptic *adj.* aseptique
asexual *adj.* asexué(e)
ash *n.* cendre
ashamed *adj.* honteux/se
ashore *adv.* sur le rivage
Asian *adj.* asiatique
aside *adv.* de côté
asinine *adj.* stupide
ask *v.* demander
askance *adv.* désapprobateur
askew *adv.* de travers
asleep *adj.* endormi(e)
asparagus *n.* asperge
aspect *n.* aspect
asperity *n.* aspérité
aspersions *n.* dénigrer
asphyxiate *v.* asphyxier
aspirant *n.* aspirant(e)
aspiration *n.* aspiration
aspire *v.* aspirer
ass *n.* cul
assail *v.* assaillir
assassin *n.* assassin(e)
assassinate *v.* assassiner
assassination *n.* assassinat
assault *n.* assaut
assemblage *n.* assemblage
assemble *v.* assembler
assembly *n.* assemblée
assent *n.* assentiment
assert *v.* affirmer
assess *v.* évaluer
assessment *n.* évaluation
asset *n.* atout
assiduous *adj.* assidu(e)
assign *v.* assigner
assignation *n.* assignation
assignment *n.* affectation
assimilate *v.* assimiler
assimilation *n.* assimilation
assist *v.* assister
assistance *n.* assistance
assistant *n.* assistant(e)
associate *v.* associer
association *n.* association
assonance *n.* assonance
assorted *adj.* assorti(e)
assortment *n.* assortiment
assuage *v.* apaiser
assume *v.* assumer
assumption *n.* supposition
assurance *n.* assurance
assure *v.* assurer
assured *adj.* assuré(e)
asterisk *n.* astérisque
asteroid *n.* astéroïde
asthma *n.* asthme
astigmatism *n.* astigmatisme
astonish *v.* étonner
astonishment *n.* étonnement
astound *v.* stupéfier
astral *adj.* astral(e)
astray *adv.* égaré(e)
astride *prep.* à cheval sur

astrologer *n.* astrologue
astrology *n.* astrologie
astronaut *n.* astronaute
astronomer *n.* astronome
astronomy *n.* astronomie
astute *adj.* astucieux/se
asunder *adv.* écarté(e)
asylum *n.* asyle
at *prep.* à
atavistic *adj.* atavique
atheism *n.* athéisme
atheist *n.* athée
athlete *n.* athlète
athletic *adj.* athlétique
atlas *n.* atlas
atmosphere *n.* atmosphère
atoll *n.* atoll
atom *n.* atome
atomic *adj.* atomique
atone *v.* expier
atonement *n.* expiation
atrium *n.* atrium
atrocious *adj.* atroce
atrocity *n.* atrocité
attach *v.* attacher
attache *n.* attaché
attachment *n.* pièce jointe
attack *v.* attaquer
attain *v.* atteindre
attainment *n.* réalisation
attempt *v.* tenter
attempt *n.* tentative
attend *v.* assister à
attendance *n.* fréquentation
attendant *n.* accompagnateur
attention *n.* attention
attentive *adj.* attentif/ve
attest *v.* attester
attic *n.* grenier
attire *n.* tenue
attitude *n.* attitude
attorney *n.* procureur
attract *v.* attirer
attraction *n.* attraction
attractive *adj.* attirant(e)
attribute *v.* attribut
aubergine *n.* aubergine
auction *n.* vente aux enchères
audible *adj.* audible
audience *n.* public
audio *n.* audio
audit *n.* vérification
audition *n.* audition
auditorium *n.* auditorium
augment *v.* augmenter
August *n* août
aunt *n.* tante
aura *n.* aura
auspicious *adj.* bon augure
austere *adj.* austère
Australian *n.* australien/ne
authentic *adj.* authentique
authenticity *n.* authenticité
author *n.* auteur
authoritative *adj.* autoritaire
authority *n.* autorité
authorize *v.* autoriser
autism *n.* autisme
autobiography *n.* autobiographie
autocracy *n.* autocratie
autocrat *n.* autocrate
autocratic *adj.* autocratique
autograph *n.* autographe
automatic *adj.* automatique
automobile *n.* automobile
autonomous *adj.* autonome
autopsy *n.* autopsie
autumn *n.* automne
auxiliary *adj.* auxiliaire
avail *v.* aider
available *adj.* disponible
avalanche *n.* avalanche
avarice *n.* avidité
avenge *v.* venger

avenue *n.* avenue
average *n.* moyenne
averse *adj.* opposé(e)
aversion *n.* aversion
avert *v.* éviter
aviary *n.* volière
aviation *n.* aviation
aviator *n.* aviateur
avid *adj.* avide
avidly *adv.* avidement
avocado *n.* avocat
avoid *v.* éviter
avoidance *n.* évitement
avow *v.* avouer
avuncular *adj.* avunculaire
await *v.* attendre
awake *v.* *se r*éveiller
awaken *v.* éveiller
award *v.* prix
aware *adj.* au courant
away *adv.* loin
awe *n.* émerveillement
awesome *adj.* génial
awful *adj.* terrible
awhile *adv.* un moment
awkward *adj.* maladroit(e)
awry *adv.* mal tourné(e)
axe *n.* hache
axis *n.* axe
axle *n.* essieu

B

babble *v.* bafouiller
babe *n.* canon
Babel *n.* Babel
baboon *n.* babouin
baby *n.* bébé
bachelor *n.* célibataire
back *n.* arrière
backbone *n.* colonne vertébrale
backdate *v.* antidater
backdrop *n.* toile de fond
backfire *v.* retour de flamme
background *n.* fond
backhand *n.* revers
backing *n.* support
backlash *n.* retour de bâton
backlog *n.* retard
backpack *n.* sac à dos
backside *n.* fesses
backstage *adv.* coulisses
backtrack *v.* faire marche arrière
backward *adj.* en arrière
backwater *n.* trou perdu
bacon *n.* bacon
bacteria *n.* bactérie
bad *adj.* mauvais(e)
badge *n.* insigne
badly *adv.* mal
badminton *n.* badminton
baffle *v.* déconcerter
bag *n.* sac
baggage *n.* bagages
baggy *adj.* ample
baguette *n.* baguette
bail *n.* caution
bailiff *n.* huissier de justice
bait *n.* appât
bake *v.* cuire
baker *n.* boulanger
bakery *n.* boulangerie
balance *n.* solde
balcony *n.* balcon
bald *adj.* chauve
bale *n.* balle
ball *n.* balle
ballad *n.* ballade
ballet *n.* ballet
balloon *n.* ballon
ballot *n.* bulletin de vote
balm *n.* baume
balsam *n.* balsamine
bamboo *n.* bambou

ban *v.* interdire
banal *adj.* banal(e)
banana *n.* banane
band *n.* bande
bandage *n.* bandage
bandit *n.* bandit
bane *n.* fléau
bang *n.* boum
banger *n.* saucisse
bangle *n.* bracelet
banish *v.* bannir
banishment *n.* bannissement
banisters *n.* rampe d'escalier
banjo *n.* banjo
bank *n.* banque
banker *n.* banquier
bankrupt *adj.* ruiné(e)
bankruptcy *n.* faillite
banner *n.* bannière
banquet *n.* banquet
banter *n.* plaisanteries
baptism *n.* baptême
Baptist *n.* baptiste
baptize *v.* baptiser
bar *n.* bar
barb *n.* pointe
barbarian *n.* sauvage
barbaric *adj.* barbare
barbecue *n.* barbecue
barbed *adj.* barbelé(e)
barber *n.* barbier
bard *n.* barde
bare *adj.* nu(e)
barely *adv.* à peine
bargain *n.* bonne affaire
barge *n.* barge
bark *n.* écorce
barley *n.* orge
barn *n.* grange
barometer *n.* baromètre
baron *n.* baron
barrack *n.* caserne
barracuda *n.* barracuda
barrage *n.* barrage
barrel *n.* baril
barren *adj.* stérile
barricade *n.* barricade
barrier *n.* barrière
barring *prep.* excepté
barrister *n.* avocat(e)
barter *v.* troc
base *n.* base
baseless *adj.* injustifié(e)
basement *n.* sous-sol
bashful *adj.* timide
basic *n.* basique
basil *n.* basilic
basilica *n.* basilique
basin *n.* bassin
basis *n.* base
bask *v.* se prélasser
basket *n.* panier
bass *n.* basse
bastard *n.* bâtard(e)
baste *v.* arroser
bastion *n.* bastion
bat *n.* chauve-souris
batch *n.* lot
bath *n.* bain
bathe *v.* se baigner
bathos *n.* désenchantement
batik *n.* batik
baton *n.* bâton
battalion *n.* bataillon
batten *n.* bien fermé(e)
batter *n.* pâte
battery *n.* pile
battle *n.* bataille
bauble *n.* babiole
baulk *v.* refuser
bawl *v.* brailler
bay *n.* baie
bayonet *n.* baïonnette
bazaar *n.* bazar
bazooka *n.* bazooka
be *v.* être

beach *n.* plage
beacon *n.* phare
bead *n.* perle
beady *adj.* globuleux/se
beagle *n.* beagle
beak *n.* bec
beaker *n.* bécher
beam *n.* faisceau
bean *n.* haricot
bear *v.t* supporter
bear *n.* ours
beard *n.* barbe
bearing *n.* allure
beast *n.* bête
beastly *adj.* bestial(e)
beat *v.* battre
beautician *n.* esthéticienne
beautiful *adj.* beau/belle
beautify *v.* embellir
beatitude *n.* béatitude
beauty *n.* beauté
beaver *n.* castor
becalmed *adj.* encalminé(e)
because *conj.* parce que
beck *n.* ordre
beckon *v.* appeler
become *v.* devenir
bed *n.* lit
bedding *n.* literie
bedlam *n.* vacarme
bedraggled *adj.* débraillé(e)
bee *n.* abeille
beech *n.* hêtre
beef *n.* boeuf
beefy *adj.* costaud
beep *n.* bip
beer *n.* bière
beet *n.* betterave
beetle *n.* scarabée
beetroot *n.* betterave rouge
befall *v.* s'abattre
befit *v.* convenir
before *adv.* avant
beforehand *adv.* au préalable
befriend *v.* se lier d'amitié avec
befuddled *adj.* embrouillé(e)
beg *v.* supplier
beget *v.* engendrer
beggar *n.* mendiant(e)
begin *v.* commencer
beginning *n.* début
beguile *v.* envoûter
behalf *n.* de la part de
behave *v.* se comporter
behaviour *n.* comportement
behead *v.* décapiter
behemoth *n.* monstre
behest *n.* commandement
behind *prep.* derrière
behold *v.* apercevoir
beholden *adj.* redevable
beige *n.* beige
being *n.* être
belabour *v.* abuser de
belated *adj.* tardif/ve
belay *v.* assurer
belch *v.* roter
beleaguered *adj.* assiégé(e)
belie *v.* démentir
belief *n.* croyance
believe *v.* croire
belittle *v.* rabaisser
bell *n.* sonnette
belle *n.* beauté
bellicose *adj.* belliqueux/se
belligerent *adj.* belligérant(e)
bellow *v.* brailler
bellows *n.* soufflet
belly *n.* ventre
belong *v.* appartenir
belongings *n.* effets personnels
beloved *adj.* adoré(e)
below *prep.* ci-dessous
belt *n.* ceinture

bemoan *v.* déplorer
bemused *adj.* perplexe
bench *n.* banc
bend *v.* plier
beneath *adv.* sous
benediction *n.* bénédiction
benefactor *n.* bienfaiteur
benefice *n.* bénéfice
beneficent *adj.* généreux/se
beneficial *adj.* bénéfique
benefit *n.* avantage
benevolence *n.* bienveillance
benevolent *adj* bienfaisant(e)
benign *adj.* bénin(e)
bent *adj.* plié(e)
bequeath *v.* léguer
bequest *n.* legs
berate *v.* réprimander
bereaved *adj.* endeuillé(e)
bereavement *n.* deuil
bereft *adj.* endeuillé(e)
bergamot *n.* bergamote
berk *n.* crétin
berry *n.* baie
berserk *adj.* fou/folle furieux/euse
berth *n.* poste d'amarrage
beseech *v.* supplier
beset *adj.* assailli(e)
beside *prep.* à côté de
besiege *v.* assiéger
besmirch *v.* entâcher
besom *n.* balai
besotted *adj.* épris(e)
bespoke *adj.* sur mesure
best *adj.* meilleur(e)
bestial *adj.* bestial(e)
bestow *v.* accorder
bestride *v.* enfourcher
bet *v.* parier
betake *v.* se rendre à
betray *v.* trahir
betrayal *n.* trahison
better *adj.* mieux
between *adv.* entre
bevel *n.* biseau
beverage *n.* boisson
bevy *n.* troupeau
bewail *v.* déplorer
beware *v.* faire attention à
bewilder *v.t* dérouter
bewitch *v.* ensorceler
beyond *adv.* au-delà de
bi *comb.* bi
biannual *adj.* biennal
bias *n.* biais
biased *adj.* biaisé
bib *n.* bavoir
Bible *n.* Bible
bibliography *n.* bibliographie
bibliophile *n.* bibliophile
bicentenary *n.* bicentenaire
biceps *n.* biceps
bicker *v.* se chamailler
bicycle *n.* bicyclette
bid *v.* faire une offre
biddable *adj.* docile
bidder *n.* enchérisseur/se
bide *v.* attendre
bidet *n.* bidet
biennial *adj.* bisannuel/le
bier *n.* brancards
bifocal *adj.* bifocal(e)
big *adj.* gros/se
bigamy *n.* bigamie
bigot *n.* bigot(e)
bigotry *n.* bigoterie
bike *n.* vélo
bikini *n.* bikini
bilateral *adj.* bilatéral(e)
bile *n.* bile
bilingual *adj.* bilingue
bill *n.* facture
billet *n.* caserne
billiards *n.* billard

billion *n.* milliard
billionaire *n.* milliardaire
billow *v.* se gonfler
bin *n.* corbeille
binary *adj.* binaire
bind *v.* lier
binding *n.* reliure
binge *n.* beuverie
binocular *adj.* jumelles
biochemistry *n.* biochimie
biodegradable *adj.* biodégradable
biodiversity *n.* biodiversité
biography *n.* biographie
biologist *n.* biologiste
biology *n.* biologie
biopsy *n.* biopsie
bipartisan *adj.* bipartite
birch *n.* bouleau
bird *n.* oiseau
bird flu *n.* grippe aviaire
birth *n.* naissance
biscuit *n.* biscuit
bisect *v.* couper en deux
bisexual *adj.* bisexuel/le
bishop *n.* évêque
bison *n.* bison
bit *n.* bout
bitch *n.* chienne
bite *v.* mordre
biting *adj.* cinglant(e)
bitter *adj.* amer/amère
bizarre *adj.* bizarre
blab *v.* divulguer
black *adj.* noir(e)
blackberry *n.* mure
blackboard *n.* tableau noir
blacken *v.* noircir
blacklist *n.* liste noire
blackmail *n.* chantage
blackout *n.* panne d'électricité
blacksmith *n.* forgeron
bladder *n.* vessie
blade *n.* lame
blain *n.* engelure
blame *v.* blâmer
blanch *v.* blêmir
bland *adj.* fade
blank *adj.* vide
blanket *n.* couverture
blare *v.* beugler
blarney *n.* baratin
blast *n.* explosion
blatant *adj.* flagrant(e)
blaze *n.* incendie
blazer *n.* blazer
bleach *adj.* eau de Javel
bleak *adj.* morne
bleat *v. i* bêler
bleed *v.* saigner
bleep *n.* bip
blemish *n.* tache
blench *v.* blêmir
blend *v. t* mélanger
blender *n.* mixeur
bless *v.* bénir
blessed *adj.* béni(e)
blessing *n.* bénédiction
blight *n.* rouille
blind *adj.* aveugle
blindfold *v.* bander les yeux
blindness *n.* cécité
blink *v.* cligner des yeux
blinkers *n.* feux clignotants
blip *n.* mauvais moment
bliss *n.* béatitude
blister *n.* ampoule
blithe *adj.* insouciant(e)
blitz *n.* bombardement
blizzard *n.* blizzard
bloat *v.* ballonner
bloater *n.* hareng saur
blob *n.* forme
bloc *n.* bloc
block *n.* bloc

blockade *n.* blocus
blockage *n.* blocage
blog *n.* blog
bloke *n.* mec
blonde *adj.* blond(e)
blood *n.* sang
bloodshed *n.* effusion de sang
bloody *adj.* sanglant(e)
bloom *v.* éclore
bloomers *n.* culotte bouffante
blossom *n.* fleur
blot *n.* tache
blotch *n.* tache
blouse *n.* chemisier
blow *v.* souffler
blowsy *adj.* négligé(e)
blub *v.* pleurer comme une madeleine
bludgeon *n.* gourdin
blue *adj.* bleu(e)
bluff *v.* bluffer
blunder *n.* bourde
blunt *adj.* émoussé(e)
blur *v.* brouiller
blurb *n.* argumentaire
blurt *v.* lâcher
blush *v.* rougir
blusher *n.* fard à joues
bluster *v.* fanfaronnades
boar *n.* sanglier
board *n.* planche
boast *v.* se vanter
boat *n.* bateau
bob *v.* danser
bobble *n.* pompom
bode *v.* augurer
bodice *n.* corsage
bodily *adv.* corporel/le
body *n.* corps
bodyguard *n* garde du corps
bog *n.* marécage
bogey *n.* bogey
boggle *v.* être abasourdi(e)
bogus *adj.* faux/fausse
boil *v.i.* bouillir
boiler *n.* chaudière
boisterous *adj.* bruyant(e)
bold *adj.* gras /se
boldness *n.* audace
bole *n.* tronc
bollard *n.* borne
bolt *n.* boulon
bomb *n.* bombe
bombard *v.* bombarder
bombardment *n.* bombardement
bomber *n.* bombardier
bonafide *adj.* authentique
bonanza *n.* aubaine
bond *n.* lien
bondage *n.* sado-maso
bone *n.* os
bonfire *n.* feu de joie
bonnet *n.* capot
bonus *n.* bonus
bony *adj.* osseux/se
book *n.* livre
booklet *n.* livret
bookmark *n.* signet
bookseller *n.* libraire
bookish *adj.* livresque
booklet *n.* livret
boom *n.* prospérité
boon *n.* bénédiction
boor *n.* goujat
boost *v.* encourager
booster *n.* survolteur
boot *n.* botte
booth *n.* stand
bootleg *adj.* de contrebande
booty *n.* butin
border *n.* frontière
bore *v.* ennuyer
born *adj.* né(e)
borough *n.* arrondissement

borrow *v.* emprunter
bosom *n.* poitrine
boss *n.* patron
bossy *adj.* autoritaire
botany *n.* botanique
both *adj. & pron.* tous les deux
bother *v.* embêter
bottle *n.* bouteille
bottom *n.* bas
bough *n.* branche
boulder *n.* bloc de roche
boulevard *n.* boulevard
bounce *v.* rebondir
bouncer *n.* videur
bound *v.* lier
boundary *n.* limite
boundless *adj.* sans bornes
bountiful *adj.* abondant(e)
bounty *n.* prime
bouquet *n.* bouquet
bout *n.* combat
boutique *n.* boutique
bow *n.* arc
bow *v.* s'incliner
bowel *n.* intestin
bower *n.* charmille
bowl *n.* bol
box *n.* boîte
boxer *n.* boxeur
boxing *n* boxe
boy *n.* garçon
boycott *v.* boycotter
boyhood *n* enfance
bra *n.* soutien-gorge
brace *n.* bagues
bracelet *n.* bracelet
bracket *n.* crochet
brag *v.* se vanter
Braille *n.* braille
brain *n.* cerveau
brake *n.* frein
branch *n.* filiale
brand *n.* marque
brandish *v.* brandir
brandy *n.* brandy
brash *adj.* impertinent(e)
brass *n.* laiton
brave *adj.* courageux/se
bravery *n.* bravoure
brawl *n.* bagarre
bray *v.* braire
breach *v.* violer
bread *n.* pain
breadth *n.* largeur
break *v.* casser
breakage *n.* bris
breakfast *n.* petit déjeuner
breast *n.* sein
breath *n.* souffle
breathe *v.* respirer
breech *n.* derrière
breeches *n.* culotte
breed *v.* élever
breeze *n.* brise
brevity *n.* brièveté
brew *v.* fermenter
brewery *n.* brasserie
bribe *v. t.* soudoyer
brick *n.* brique
bridal *adj.* nuptial(e)
bride *n.* mariée
bridegroom *n.* marié
bridge *n.* pont
bridle *n.* bride
brief *adj.* court(e)
briefing *n.* briefing
brigade *n.* brigade
brigadier *n.* brigadier
bright *adj.* lumineux/se
brighten *v.* égayer
brilliance *n.* éclat
brilliant *adj.* brillant(e)
brim *n.* bord
brindle *adj.* bringé(e)
brine *n.* saumure

bring *v.* apporter
brinjal *n.* brinjal
brink *n.* bord
brisk *adj.* vif/vive
bristle *n.* poil
British *adj.* britannique
brittle *adj.* cassant(e)
broach *adj.* broche
broad *adj.* large
broadcast *v. t* diffuser
brocade *n.* brocart
broccoli *n.* brocoli
brochure *n.* brochure
broke *adj.* fauché(e)
broken *adj.* cassé(e)
broker *n.* courtier
bronchial *adj.* bronchique
bronze *n.* bronze
brood *n.* couvée
brook *n.* ruisseau
broom *n.* balai
broth *n.* bouillon
brothel *n.* bordel
brother *n.* frère
brotherhood *n.* fraternité
brow *n.* sourcil
brown *n.* brun(e)
browse *v.* parcourir
browser *n.* navigateur
bruise *n.* contusion
brunch *n.* brunch
brunette *n.* brunette
brunt *n.* être le/la plus touché(e) par
brush *n.* brosse
brusque *adj.* brusque
brutal *adj.* brutal(e)
brute *n.* brute
bubble *n.* bulle
buck *n.* daim
bucket *n.* seau
buckle *n.* boucle
bud *n.* bourgeon
budge *v.* céder
budget *n.* budget
buffalo *n.* buffle
buffer *n.* tampon
buffet *n.* buffet
buffoon *n.* bouffon
bug *n.* insecte
buggy *n.* poussette
bugle *n.* clairon
build *v.* construire
building *n.* bâtiment
bulb *n.* ampoule
bulge *n.* renflement
bulimia *n.* boulimie
bulk *n.* vrac
bulky *adj.* encombrant(e)
bull *n.* taureau
bulldog *n.* bouledogue
bullet *n.* balle
bulletin *n.* bulletin
bullion *n.* métal
bullish *adj.* obstiné(e)
bullock *n.* bouvillon
bully *n.* tyran
bulwark *n.* rempart
bum *n.* fainéant
bumble *v.* bafouiller
bump *n.* bosse
bumper *n.* pare-chocs
bumpkin *n.* plouc
bumpy *adj.* bosselé(e)
bun *n.* chignon
bunch *n.* tas
bundle *n.* paquet
bung *n.* bonde
bungalow *n.* pavillon
bungle *v.* rater
bunk *n.* lit superposé
bunker *n.* bunker
buoy *n.* bouée
buoyant *adj.* flottable
buoyancy *n.* flottabilité
burble *v.* jacasser

burden *n.* fardeau
bureau *n.* bureau
bureaucracy *n.* bureaucratie
bureaucrat *n.* bureaucrate
burgeon *v.* bourgeonner
burger *n.* hamburger
burglar *n.* cambrioleur
burglary *n.* cambriolage
burial *n.* enterrement
burlesque *n.* burlesque
burn *v.* brûler
burner *n.* brûleur
burning *adj.* combustion
burrow *n.* terrier
bursar *n.* intendant(e)
bursary *n.* bourse
burst *v.* éclater
bury *v.* enterrer
bus *n.* bus
bush *n.* arbuste
bushy *adj.* touffu(e)
business *n.* entreprise
businessman *n.* homme d'affaires
bust *n.* buste
bustle *n.* agitation
busy *adj.* occupé(e)
but *conj.* mais
butcher *n.* boucher
butler *n.* majordome
butter *n.* beurre
butterfly *n.* papillon
buttock *n.* fesses
button *n.* bouton
buy *v.* acheter
buyer *n.* acheteur/se
buzz *n.* bourdonement
buzzard *n.* buse
buzzer *n.* sonnette
by *prep.* par
by-election *n.* élection partielle
bygone *adj.* passé(e)
by-line *n.* signature
bypass *n.* contournement
byre *n.* étable
bystander *n.* badaud(e)
byte *n.* octet

cab *n.* taxi
cabaret *n.* cabaret
cabbage *n.* chou
cabin *n.* cabine
cabinet *n.* cabinet
cable *n.* câble
cacao *n.* cacao
cache *n.* cache
cachet *n.* cachet
cackle *n.* gloussement
cactus *n.* cactus
cad *n.* CAO
cadaver *n.* cadavre
caddy *n.* chariot
cadaver *n.* cadavre
cadet *n.* cadet
cadmium *n.* cadmium
cadre *n.* cadre
caesarean *n.* césarienne
cafe *n.* café
cafeteria *n.* cafétéria
cage *n.* cage
cahoots *n.* connivence
cajole *v.* persuader
cake *n.* gâteau
calamity *n.* calamité
calcium *n.* calcium
calculate *v.* calculer
calculator *n.* calculatrice
calculation *n.* calcul
calendar *n.* calendrier
calf *n.* veau
calibrate *v.* calibrer
calibre *n.* calibre
call *v.* appeler

calligraphy *n.* calligraphie
calling *n.* vocation
callous *adj.* dur(e)
callow *adj.* novice
calm *adj.* calme
calorie *n.* calorie
calumny *n.* calomnie
camaraderie *n.* camaraderie
camber *n.* courbure
cambric *n.* batiste
camcorder *n.* caméscope
camel *n.* chameau
cameo *n.* camée
camera *n.* appareil photo
camp *n.* camp
campaign *n.* campagne
camphor *n.* camphre
campus *n.* campus
can *n.* boîte de conserve
can *v.* pouvoir
canal *n.* canal
canard *n.* canard
cancel *v.* annuler
cancellation *n.* annulation
cancer *n.* cancer
candela *n.* candela
candid *adj.* candide
candidate *n.* candidat(e)
candle *n.* bougie
candour *n.* franchise
candy *n.* bonbon
cane *n.* canne
canine *adj.* canin(e)
canister *n.* boîte
cannabis *n.* cannabis
cannibal *n.* cannibal(e)
cannon *n.* canon
canny *adj.* astucieux/se
canoe *n.* canoë
canon *n.* critère
canopy *n.* baldaquin
cant *n.* paroles creuses
cantankerous *adj.* acariâtre
canteen *n.* cantine
canter *n.* petit galop
canton *n.* canton
cantonment *n.* cantonnement
canvas *n.* toile
canvass *v.* faire campagne
canyon *n.* canyon
cap *n.* cap
capability *n.* capacité
capable *adj.* capable
capacious *adj.* spacieux/se
capacitor *n.* condensateur
capacity *n.* capacité
caparison *v.* caparaçonner
cape *n.* cape
capital *n.* capital
capitalism *n.* capitalisme
capitalist *n.* *&adj.* capitaliste
capitalize *v.* capitaliser
capitation *n.* capitation
capitulate *v.* capituler
caprice *n.* caprice
capricious *adj.* capricieux/se
capsicum *n.* poivron
capsize *v.* chavirer
capstan *n.* cabestan
capsule *n.* capsule
captain *n.* capitaine
captaincy *n.* capitainerie
caption *n.* légende
captivate *v.* captiver
captive *n.* captif/ve
captivity *n.* captivité
captor *n.* ravisseur
capture *v.* capturer
car *n.* voiture
caramel *n.* caramel
carat *n.* carat
caravan *n.* caravane
carbohydrate *n.* hydrate de carbone
carbon *n.* carbone
carbonate *adj.* carbonate

carboy *n.* bonbonne
carcass *n.* carcasse
card *n.* carte
cardamom *n.* cardamome
cardboard *n.* carton
cardiac *adj.* cardiaque
cardigan *n.* cardigan
cardinal *n.* cardinal
cardiograph *n.* cardiographe
cardiology *n.* cardiologie
care *n.* soins
career *n.* carrière
carefree *adj.* insouciant(e)
careful *adj.* prudent(e)
careless *adj.* imprudent(e)
carer *n.* aidant
caress *v.* caresser
caretaker *n.* concierge
cargo *n.* fret
caricature *n* caricature
carmine *n.* carmin
carnage *n.* carnage
carnal *adj.* charnel/le
carnival *n.* carnaval
carnivore *n.* carnivore
carol *n.* chant de Noël
carpal *adj.* carpien
carpenter *n.* charpentier
carpentry *n.* menuiserie
carpet *n.* tapis
carriage *n.* calèche
carrier *n.* transporteur
carrot *n.* carotte
carry *v.* transporter
cart *n.* panier
cartel *n.* cartel
cartilage *n.* cartilage
carton *n.* carton
cartoon *n.* dessin animé
cartridge *n.* cartouche
carve *v.* sculpter
carvery *n.* rôtisserie
Casanova *n.* Casanova
cascade *n.* cascade
case *n.* affaire
casement *n.* croisée
cash *n.* liquide
cashew *n.* noix de cajou
cashier *n.* caissier/ère
cashmere *n.* cachemire
casing *n.* enveloppe
casino *n.* casino
cask *n.* tonneau
casket *n.* cercueil
casserole *n.* cocotte
cassock *n.* soutane
cast *v.* jeter
castaway *n.* naufragé(e)
caste *n.* caste
castigate *v.* fustiger
casting *n.* casting
castle *n.* château
castor *n.* roulette
castrate *v.* castrer
castor oil *a.* huile de ricin
casual *adj.* informel/le
casualty *n.* blessé(e)
cat *n.* chat
cataclysm *n.* cataclysme
catalogue *n.* catalogue
catalyse *v.* catalyser
catalyst *n.* catalyseur
cataract *n.* cataracte
catastrophe *n.* catastrophe
catch *v.* attraper
catching *adj.* contagieux/se
catchy *adj.* accrocheur/se
catechism *n.* catéchisme
categorical *adj.* catégorique
categorize *v.* classer
category *n.* catégorie
cater *v.* préparer le repas
caterpillar *n.* chenille
catharsis *n.* catharsis
cathedral *n.* cathédrale

catholic *adj.* catholique
cattle *n.* bétail
catty *n.* méchant(e)
Caucasian *adj.* caucasien/ne
cauldron *n.* chaudron
cauliflower *n.* chou-fleur
causal *adj.* causal(e)
causality *n.* causalité
cause *n.* cause
causeway *n.* chaussée
caustic *adj.* caustique
caution *n.* attention
cautionary *adj.* d'avertissement
cautious *adj.* prudent(e)
cavalcade *n.* cavalcade
cavalier *adj.* cavalier/ère
cavalry *n.* cavalerie
cave *n.* grotte
caveat *n.* mise en garde
cavern *n.* caverne
cavernous *adj.* caverneux/se
cavity *n.* cavité
cavort *v.* s'ébattre
cease *v.* cesser
ceasefire *n.* cessez-le-feu
ceaseless *adj.* incessant(e)
cedar *n.* cèdre
cede *v.* céder
ceiling *n.* plafond
celandine *n.* chélidoine
celebrant *n.* officiant
celebrate *v.* célébrer
celebration *n.* célébration
celebrity *n.* célébrité
celestial *adj.* céleste
celibacy *n.* célibat
celibate *adj.* célibataire
cell *n.* cellule
cellar *n.* cave
cell phone *n.* téléphone cellulaire
cellular *adj.* cellulaire
cellulite *n.* cellulite
celluloid *n.* celluloïd
cellulose *n.* cellulose
Celsius *n.* Celsius
Celtic *adj.* celtique
cement *n.* ciment
cemetery *n.* cimetière
censer *n.* encensoir
censor *n.* censeur
censorship *n.* censure
censorious *adj.* sévère
censure *v.* critiquer
census *n.* recensement
cent *n.* cent
centenary *n.* centenaire
centennial *n.* centenaire
center *n.* centre
centigrade *adj.* centigrade
centimetre *n.* centimètre
centipede *n.* mille-pattes
central *adj.* central(e)
centralize *v.* centraliser
centre *n.* centre
century *n.* siècle
ceramic *n.* céramique
cereal *n.* céréales
cerebral *adj.* cérébral(e)
ceremonial *adj.* cérémonial(e)
ceremonious *adj.* cérémonieux/se
ceremony *n.* cérémonie
certain *adj.* sûr/sûre
certainly *adv.* certainement
certifiable *adj.* certifiable
certificate *n.* certificat
certify *v.* certifier
certitude *n.* certitude
cervical *adj.* vaginal(e)
cessation *n.* cessation
cession *n.* cession
chain *n.* chaîne
chair *n.* chaise

chairman *n.* président
chaise *n.* méridienne
chalet *n.* chalet
chalice *n.* calice
chalk *n.* craie
challenge *n.* défi
chamber *n.* chambre
chamberlain *n.* chamberlain
champagne *n.* champagne
champion *n.* champion
chance *n.* chance
chancellor *n.* chancelier
Chancery *n.* chancellerie
chandelier *n.* lustre
change *v.* changer
channel *n.* chaîne
chant *n.* chant
chaos *n.* chaos
chaotic *adj.* chaotique
chapel *n.* chapelle
chaplain *n.* aumônier
chapter *n.* chapitre
char *v.* roussir
character *n.* personnage
characteristic *n.* caractéristique
charcoal *n.* charbon de bois
charge *v.* facturer
charge *n.* tarif
charger *n.* chargeur
chariot *n.* char
charisma *n.* charisme
charismatic *adj.* charismatique
charitable *adj.* charitable
charity *n.* oeuvre de bienfaisance
charlatan *n.* charlatan
charm *n.* charme
charming *adj.* charmant(e)
chart *n.* graphique
charter *n.* charte
chartered *adj.* affrété(e)
chary *adj.* précautionneux/se
chase *v.* pourchasser
chassis *n.* châssis
chaste *adj.* chaste
chasten *v.* calmer
chastise *v.* châtier
chastity *n.* chasteté
chat *v. i.* tchat
chateau *n.* château
chattel *n.* bien mobilier
chatter *v.* bavardage
chauffeur *n.* chauffeur
chauvinism *n.* chauvinisme
chauvinist *n. &adj.* chauvin(e)
cheap *adj.* bon marché
cheapen *v. t.* marchander
cheat *v.* tricher
cheat *n.* tricheur/se
check *v.* vérifier
checkmate *n* échec et mat
cheek *n.* joue
cheeky *adj.* coquin(e)
cheep *n.* piaulement
cheer *v. t.* applaudir
cheerful *adj.* joyeux/se
cheerless *adj.* déprimant(e)
cheery *adj.* gai(e)
cheese *n.* fromage
cheetah *n.* guépard
chef *n.* chef
chemical *adj.* chimique
chemist *n.* pharmacien/ne
chemistry *n.* chimie
chemotherapy *n.* chimiothérapie
cheque *n.* chèque
cherish *v.* chérir
chess *n.* jeu d'échecs
chest *n.* poitrine
chestnut *n.* châtaigne
chevron *n.* chevron
chew *v.* mâcher

chic *adj.* chic
chicanery *n.* fourberie
chicken *n.* poulet
chickpea *n.* pois chiche
chide *v.* gronder
chief *n.* directeur
chiefly *adv.* principalement
chieftain *n.* chef
child *n.* enfant
childhood *n.* enfance
childish *adj.* puéril(e)
chill *n.* fraîcheur
chilli *n.* piment
chilly *adj.* frisquet
chime *n.* carillon
chimney *n.* cheminée
chimpanzee *n.* chimpanzé
chin *n.* menton
china *n.* porcelaine
chip *n.* puce
chirp *v.* gazouiller
chisel *n.* burin
chit *n.* gamine
chivalrous *adj.* chevaleresque
chivalry *n.* chevalerie
chlorine *n.* chlore
chloroform *n.* chloroforme
chocolate *n.* chocolat
choice *n.* choix
choir *n.* chorale
choke *v.* s'étouffer
cholera *n.* choléra
choose *v. t* choisir
chop *v.* émincer
chopper *n.* hachoir
chopstick *n.* baguettes
choral *adj.* choral
chord *n.* corde
chorus *n.* choeur
Christ *n.* Christ
Christian *adj.* chrétien
Christianity *n.* christianisme
Christmas *n.* Noël
chrome *n.* chrome
chronic *adj.* chronique
chronicle *n.* chronique
chronology *n.* chronologie
chronograph *n.* chronographe
chuckle *v.* glousser
chum *n.* pote
chunk *n.* morceau
church *n.* église
churchyard *n.* cimetière
churn *v.* baratter
chutney *n.* chutney
cider *n.* cidre
cigar *n.* cigare
cigarette *n.* cigarette
cinema *n* cinéma
cinnamon *n.* cannelle
circle *n.* cercle
circuit *n.* circuit
circular *adj.* circulaire
circulate *v.* circuler
circulation *n.* circulation
circumcise *v.* circoncire
circumference *n.* circonférence
circumscribe *v.* circonscrire
circumspect *adj.* circonspect
circumstance *n.* circonstance
circus *n.* cirque
cist *n.* ciste
cistern *n.* citerne
citadel *n.* citadelle
cite *v.* citer
citizen *n.* citoyen/ne
citizenship *n.* citoyenneté
citrus *n.* agrume
citric *adj.* citrique
city *n.* ville
civic *adj.* civique
civics *n.* instruction civique
civil *adj.* civil(e)

civilian *n.* civil
civilization *n.* civilisation
civilize *v.* civiliser
clad *adj.* vêtu(e)
cladding *n.* placage
claim *v.* prétendre
claimant *n.* demandeur/se
clammy *adj.* moite
clamour *n.* clameur
clamp *n.* pince
clan *n.* clan
clandestine *adj.* clandestin(e)
clap *v.* applaudir
clarify *v.* clarifier
clarification *n.* clarification
clarion *adj.* clairon
clarity *n.* clarté
clash *v.* jurer
clasp *v.* serrer
class *n.* classe
classic *adj.* classique
classical *adj.* classique
classification *n.* classification
classify *v.* classer
clause *n.* clause
claustrophobia *n.* claustrophobie
claw *n.* griffe
clay *n.* argile
clean *adj.* propre
cleanliness *n.* propreté
cleanse *v.* nettoyer
clear *adj.* transparent(e)
clearance *n.* autorisation
clearly *adv.* clairement
cleave *v.* fendre
cleft *n.* fossette
clemency *n.* clémence
clement *adj.* clément(e)
Clementine *n.* clémentine
clench *v.* empoigner
clergy *n.* clergé
cleric *n.* prêtre
clerical *adj.* de bureau
clerk *n.* employé(e)
clever *adj.* intelligent(e)
click *n.* déclic
client *n.* client(e)
cliff *n.* falaise
climate *n.* climat
climax *n.* point culminant
climb *v.i* escalader
clinch *v.* s'étreindre
cling *v.* s'accrocher
clinic *n.* clinique
clink *n.* tintement
clip *n.* clip
cloak *n.* grande cape
clock *n.* horloge
cloister *n.* cloître
clone *n.* clone
close *adj.* proche
closet *n.* placard
closure *n.* fermeture
clot *n.* caillot
cloth *n.* tissu
clothe *v.* vêtir
clothes *n.* vêtements
clothing *n.* habillement
cloud *n.* nuage
cloudy *adj.* nuageux/se
clove *n.* clou de girofle
clown *n.* clown
cloying *adj.* mielleux/se
club *n.* club
clue *n.* indice
clumsy *adj.* maladroit(e)
cluster *n.* grappe
clutch *v. t.* agripper
coach *n.* entraîneur
coal *n.* charbon
coalition *n.* coalition
coarse *adj.* grossier/ère
coast *n.* côte
coaster *n.* sous-verre
coat *n.* manteau

coating *n.* enrobage
coax *v.* amadouer
cobalt *n.* cobalt
cobble *n.* galet
cobbler *n.* cordonnier
cobra *n.* cobra
cobweb *n.* toile d'araignée
cocaine *n.* cocaïne
cock *n.* coq
cockade *n.* cocarde
cockpit *n.* poste de pilotage
cockroach *n.* cafard
cocktail *n.* cocktail
cocky *adj.* arrogant(e)
cocoa *n.* cacao
coconut *n.* noix de coco
cocoon *n.* cocon
code *n.* code
co-education *n.* mixité
coefficient *n.* coefficient
coerce *v.* contraindre
coeval *adj.* contemporain(e)
coexist *v.* coexister
coexistence *n.* coexistence
coffee *n.* café
coffer *n.* coffre
coffin *n.* cercueil
cog *n.* rouage
cogent *adj.* pertinent(e)
cogitate *v.* cogiter
cognate *adj.* apparenté(e)
cognizance *n.* connaissance
cohabit *v.* cohabiter
cohere *v.* rester ensemble
coherent *adj.* cohérent(e)
cohesion *n.* cohésion
cohesive *adj.* cohésif/ve
coil *n.* bobine
coin *n.* pièce de monnaie
coinage *n.* monnaie
coincide *v.* coïncider
coincidence *n.* coïncidence
coir *n.* fibre de coco
coke *n.* coca
cold *adj.* froid(e)
colic *n.* coliques
collaborate *v.* collaborer
collaboration *n.* collaboration
collage *n.* collage
collapse *v.* s'effondrer
collar *n.* col
collate *v.* collecter
collateral *n.* garantie
colleague *n.* collègue
collect *v.* recueillir
collection *n.* collection
collective *adj.* collectif/ve
collector *n.* collectionneur/se
college *n.* faculté
collide *v.* entrer en collision
colliery *n.* mine de charbon
collision *n.* collision
colloquial *adj.* familier/ère
collusion *n.* collusion
cologne *n.* cologne
colon *n.* côlon
colonel *n.* colonel
colonial *adj.* colonial(e)
colony *n.* colonie
colossal *adj.* colossal(e)
colossus *n.* colosse
column *n.* colonne
colour *n.* couleur
colouring *n.* coloration
colourless *n.* incolore
coma *n.* coma
comb *n.* peigne
combat *n.* combat
combatant *n* combattant(e)
combination *n.* combinaison
combine *v.* combiner
combustible *adj.* combustible
combustion *n.* combustion
come *v.* venir
comedian *n.* comédien/ne
comedy *n* comédie

comet *n.* comète
comfort *n.* confort
comfort *v.* conforter
comfortable *adj.* confortable
comic *adj.* comique
comma *n.* virgule
command *v.* ordonner
commandant *n.* commandant
commander *n.* commandant
commando *n.* commando
commemorate *v.* commémorer
commemoration *n.* commémoration
commence *v.* commencer
commencement *n.* début
commend *v.* féliciter
commendable *adj.* louable
commendation *n.* éloge
comment *n.* commentaire
commentary *n.* explication
commentator *n.* commentateur/trice
commerce *n.* commerce
commercial *adj.* commercial(e)
commiserate *v.* s'apitoyer
commission *n.* commission
commissioner *n.* commissionaire
commissure *n.* commissure
commit *v.* perpétrer
commitment *n.* engagement
committee *n.* comité
commode *n.* chaise d'aisance
commodity *n.* produit
common *adj.* commun(e)
commoner *n.* roturier/ère
commonplace *adj.* ordinaire
commonwealth *n.* Commonwealth
commotion *n.* commotion
communal *adj.* communal(e)
commune *n.* commune
communicable *adj.* transmissible
communicant *n.* auteur de la communication
communicate *v.* communiquer
communication *n.* communication
communion *n.* communion
communism *n.* communisme
community *n.* communauté
commute *v.* faire le trajet
compact *adj.* compact(e)
companion *n.* compagnon/ne
company *n.* société
comparative *adj.* comparatif/ve
compare *v.* comparer
comparison *n.* comparaison
compartment *n.* compartiment
compass *n.* boussole
compassion *n.* compassion
compatible *adj.* compatible
compatriot *n.* compatriote
compel *v.* contraindre
compendious *adj.* concis(e)
compendium *n.* collection
compensate *v.* compenser
compensation *n.* compensation
compere *n.* compère
compete *v.* disputer
competence *n.* compétence
competent *adj.* compétent(e)
competition *n.* compétition
competitive *adj.* concurrentiel/le
competitor *n.* concurrent/te
compile *v.* compiler
complacent *adj.* suffisant(e)
complain *v.* se plaindre

complaint *n.* plainte
complaisant *adj.* complaisant(e)
complement *n.* complément
complementary *adj.* complémentaire
complete *adj.* complet/ète
completion *n.* achèvement
complex *adj.* complexe
complexity *n.* complexité
complexion *n.* teint
compliance *n.* conformité
compliant *adj.* conforme
complicate *v.* compliquer
complication *n.* complication
complicit *adj.* complice
complicity *n.* complicité
compliment *n.* compliment
compliment *v. i* complimenter
comply *v.* se conformer
component *n.* composant
comport *v.* réagir
compose *v.* composer
composer *n.* compositeur
composite *adj.* composite
composition *n.* composition
compositor *n.* compositeur
compost *n.* compost
composure *n.* sang-froid
compound *n.* mélange
comprehend *v.* comprendre
comprehensible *adj.* compréhensible
comprehension *n.* compréhension
comprehensive *adj.* exhaustif/ve
compress *v.* comprimer
compression *n.* compression
comprise *v.* comprendre
compromise *n.* compromis
compulsion *n.* compulsion
compulsive *adj.* compulsif/ve
compulsory *adj.* obligatoire
compunction *n.* componction
computation *n.* calcul
compute *v.* calculer
computer *n.* ordinateur
computerize *v.* numériser
comrade *n.* camarade
concatenation *n.* concaténation
concave *adj.* concave
conceal *v.* cacher
concede *v.* concéder
conceit *n.* vanité
conceivable *adj.* concevable
conceive *v. t* concevoir
concentrate *v.* concentré
concentration *n.* concentration
concept *n.* concept
conception *n.* conception
concern *v.* préoccupation
concerning *prep.* concernant
concert *n.* concert
concerted *adj.* concerté(e)
concession *n.* concession
conch *n.* conque
conciliate *v.* concilier
concise *adj.* concis(e)
conclude *n.* conclure
conclusion *n.* conclusion
conclusive *adj.* concluant(e)
concoct *v.* concocter
concoction *n.* concoction
concomitant *adj.* concomitant(e)
concord *n.* concorde
concordance *n.* concordance
concourse *n.* hall
concrete *n.* béton
concubine *n.* concubine
concur *v.* être d'accord
concurrent *adj.* simultané(e)

concussion *n.* commotion cérébrale
condemn *v.* condamner
condemnation *n.* condamnation
condense *v.* condenser
condescend *v.* condescendre
condiment *n.* condiment
condition *n.* condition
conditional *adj.* conditionnel/le
conditioner *n.* après-shampooing
condole *v.* présenter des condoléances
condolence *n.* condoléances
condom *n.* préservatif
condominium *n.* condominium
condone *v.* pardonner
conduct *n.* conduite
conduct *v.* conduire
conductor *n.* chef d'orchestre
cone *n.* cône
confection *n.* confection
confectioner *n.* confiseur
confectionery *n.* confiserie
confederate *adj.* confédéré(e)
confederation *n.* confédération
confer *v.* conférer
conference *n.* conférence
confess *v.* confesser
confession *n.* confession
confidant *n.* confident(e)
confide *v.* se confier
confidence *n.* confiance
confident *adj.* confiant(e)
confidential *adj.* confidentiel/le
configuration *n.* configuration
confine *v.* confiner
confinement *n.* confinement
confirm *v.* confirmer
confirmation *n.* confirmation
confiscate *v.* confisquer
confiscation *n.* confiscation
conflate *v.* combiner
conflict *n.* conflit
confluence *n.* confluence
confluent *adj.* confluent(e)
conform *v.* se conformer
conformity *n.* conformité
confront *v.* confronter
confrontation *n.* confrontation
confuse *v.* confondre
confusion *n.* confusion
confute *v.* réfuter
congenial *adj.* sympathique
congenital *adj.* congénital(e)
congested *adj.* congestionné(e)
congestion *n.* congestion
conglomerate *n.* conglomérat
conglomeration *n.* conglomérat
congratulate *v.* féliciter
congratulation *n.* félicitations
congregate *v.* se rassembler
congress *n.* congrès
congruent *adj.* congruent
conical *adj.* conique
conjecture *n. &v.* conjecture
conjugal *v.t. & i.* conjugal(e)
conjugate *v.* conjuguer
conjunct *adj.* ensemble
conjunction *n.* conjonction
conjunctivitis *n.* conjonctivite
conjuncture *n.* conjoncture
conjure *v.* conjurer
conker *n.* marron
connect *v.* se connecter
connection *n.* connexion
connive *v.* être de connivence

conquer *v.* conquérir
conquest *n.* conquête
conscience *n.* conscience
conscious *adj.* conscient(e)
consecrate *v.* consacrer
consecutive *adj.* consécutif/ve
consecutively *adv.* consécutivement
consensus *n.* consensus
consent *n.* consentement
consent *v.t.* consentir
consequence *n.* conséquence
consequent *adj.* consécutif/ve
conservation *n.* conservation
conservative *adj.* conservateur
conservatory *n.* conservatoire
conserve *v. t* conserver
consider *v.* envisager
considerable *adj.* considérable
considerate *adj.* prévenant(e)
consideration *n.* considération
considering *prep.* vu
consign *v.* expédier
consignment *n.* consignation
consist *v.* consister
consistency *n.* cohérence
consistent *adj.* cohérent(e)
consolation *n.* consolation
console *v. t.* consoler
consolidate *v.* consolider
consolidation *n.* consolidation
consonant *n.* consonne
consort *n.* conjoint(e)
consortium *n.* consortium
conspicuous *adj.* évident(e)
conspiracy *n.* conspiration
conspirator *n.* conspirateur/rice
conspire *v.* conspirer
constable *n.* agent
constabulary *n.* police
constant *adj.* constant(e)
constellation *n.* constellation
consternation *n.* consternation
constipation *n.* constipation
constituency *n.* circonscription
constituent *adj.* constituant(e)
constitute *v.* constituer
constitution *n.* constitution
constitutional *adj.* constitutionnel/le
constrain *v.* contraindre
constraint *n.* contrainte
constrict *v.* resserrer
construct *v.* construire
construction *n.* construction
constructive *adj.* constructif/ve
construe *v.* interpréter
consul *n.* consul
consular *n.* consulaire
consulate *n.* consulat
consult *v.* consulter
consultant *n.* consultant
consultation *n.* consultation
consume *v.* consommer
consumer *n.* consommateur/rice
consummate *v.* accomplir
consumption *n.* consommation
contact *n.* contact
contagion *n.* contagion
contagious *adj.* contagieux/se

contain *v.t.* contenir
container *n.* conteneur
containment *n.* confinement
contaminate *v.* contaminer
contemplate *v.* contempler
contemplation *n.* contemplation
contemporary *adj.* contemporain/ne
contempt *n.* mépris
contemptuous *adj.* méprisant(e)
contend *v.* combattre
content *adj.* satisfait(e)
content *n.* contenu
contention *n.* contention
contentment *n.* contentement
contentious *adj.* contentieux/se
contest *n.* concours
contestant *n.* candidat(e)
context *n.* contexte
contiguous *adj.* contigu(e)
continent *n.* continent
continental *adj.* continental(e)
contingency *n.* contingence
continual *adj.* continuel/le
continuation *n.* continuation
continue *v.* continuer
continuity *n.* continuité
continuous *adj.* continu(e)
contort *v.* contorsionner
contour *n.* contour
contra *prep.* contra
contraband *n.* contrebande
contraception *n.* contraception
contraceptive *n.* contraceptif/ve
contract *n.* contrat
contract *n* attraper
contractual *adj.* contractuel/le
contractor *n.* entrepreneur
contraction *n.* contraction
contradict *v.* contredire
contradiction *n.* contradiction
contrary *adj.* contraire
contrast *n.* contraste
contravene *v.* contrevenir à
contribute *v.* contribuer
contribution *n.* contribution
contrivance *n.* machine
contrive *v.* comploter
control *n.* contrôle
controller *n.* contrôleur
controversial *adj.* controversé(e)
controversy *n.* controverse
contusion *n.* contusion
conundrum *v. t* énigme
conurbation *n.* agglomération
convene *v.* convoquer
convenience *n.* commodité
convenient *adj.* commode
convent *n.* couvent
convention *n.* convention
converge *v.* converger
conversant *adj.* versé(e)
conversation *n.* conversation
converse *v.* converser
conversion *n.* conversion
convert *n.* converti(e)
convert *v.* convertir
convey *v.* transmettre
conveyance *n.* acheminement
convict *n.* détenu(e)
convict *v.* reconnaître coupable
conviction *n.* condamnation
convince *v.* convaincre
convivial *adj.* convivial(e)
convocation *n.* convocation
convoy *n.* convoi
convulse *n.* convulser

convulsion *n.* convulsion
cook *n.* cuisinier
cook *v.* cuisiner
cooker *n.* auto-cuiseur
cookie *n.* cookie
cool *adj.* frais/che
coolant *n.* liquide de refroidissement
cooler *n.* glacière
cooper *n.* tonnelier
cooperate *v.* coopérer
cooperation *n.* coopération
cooperative *adj.* coopératif/ve
coordinate *v. t* coordonner
coordination *n.* coordination
cope *v.* surmonter
copier *n.* copieur
copious *adj.* copieux/se
copper *n.* cuivre
copulate *v.* copuler
copy *n.* copie
copy *v.* copier
coral *n.* corail
cord *n.* cordon
cordial *adj.* cordial(e)
cordon *n.* ruban de police
core *n.* noyau
coriander *n.* coriandre
cork *n.* liège
corn *n.* maïs
cornea *n.* cornée
corner *n.* coin
cornet *n.* cornet
coronation *n.* couronnement
coroner *n.* médecin légiste
coronet *n.* diadème
corporal *n.* caporal
corporate *adj.* social(e)
corporation *n.* corporation
corps *n.* corps
corpse *n.* cadavre
corpulent *adj.* corpulent(e)
correct *adj.* corrigé(e)
correct *v.* corriger
correction *n.* correction
corrective *adj.* correctif/ve
correlate *v.* corréler
correlation *n.* corrélation
correspond *v.* correspondre
correspondence *n.* correspondance
correspondent *n.* correspondant(e)
corridor *n.* corridor
corroborate *v.* corroborer
corrode *v.* corroder
corrosion *n.* corrosion
corrosive *adj.* corrosif/ve
corrugated *adj.* ondulé(e)
corrupt *adj.* corrompu(e)
corrupt *v.* corrompre
corruption *n.* corruption
cortisone *n.* cortisone
cosmetic *adj.* cosmétique
cosmetic *n.* cosmétique
cosmic *adj.* cosmique
cosmology *n.* cosmologie
cosmopolitan *adj.* cosmopolite
cosmos *n.* cosmos
cost *v.* coûter
costly *adj.* coûteux/se
costume *n.* costume
cosy *adj.* douillet/te
cot *n.* lit d'enfant
cottage *n.* cottage
cotton *n.* coton
couch *n.* canapé
couchette *n.* couchette
cough *v.* tousser
council *n.* conseil
councillor *n.* conseiller
counsel *n.* avocat
counsel *v.* conseiller
counsellor *n.* psychothérapeute

count *v.* compter
countenance *n.* contenance
counter *n.* compteur
counter *v.t.* riposter
counteract *v.* contrecarrer
counterfeit *adj.* contrefait(e)
counterfoil *n.* talon
countermand *v.* décommander
counterpart *n.* homologue
countless *adj.* innombrable
country *n.* pays
county *n.* comté
coup *n.* coup d'État
coupe *n.* coupé
couple *n.* couple
couplet *n.* distique
coupon *n.* coupon
courage *n.* courage
courageous *adj.* courageux/se
courier *n.* coursier
course *n.* cours
court *n.* cour
courteous *adj.* courtois(e)
courtesan *n.* courtisan(e)
courtesy *n.* courtoisie
courtier *n.* courtisan
courtly *adj.* élégant(e)
courtship *n.* cour
courtyard *n.* cour
cousin *n.* cousin(e)
cove *n.* anse
covenant *n.* alliance
cover *n.* couverture
cover *v.* couvrir
covert *adj.* abri
covet *v.* convoiter
cow *n.* vache
coward *n.* lâche
cowardice *n.* lâcheté
cower *v.* se tapir
coy *adj.* faussement timide
cosy *adj.* douillet/te
crab *n.* crabe
crack *n.* fissure
crack *v.* fendre
cracker *n.* cracker
crackle *v.* crépiter
cradle *n.* berceau
craft *n.* artisanat
craftsman *n.* artisan
crafty *adj.* rusé(e)
cram *v.* fourrer
cramp *n.* crampe
crane *n.* grue
crank *v.* actionner la manivelle
crash *v.* percuter
crass *adj.* insensible
crate *n.* caisse
cravat *n.* foulard
crave *v. t* désirer
craven *adj.* veule
crawl *v.* ramper
crayon *n.* crayon de couleur
craze *n.* engouement
crazy *adj.* fou/lle
creak *n.* craquement
creak *v.* craquer
cream *n.* crème
crease *n.* pli
create *v.* créer
creation *n.* création
creative *adj.* créatif/ve
creator *n.* créateur/rice
creature *n.* créature
creche *n.* crèche
credentials *n.* qualification
credible *adj.* crédible
credit *n.* crédit
creditable *adj.* honorable
creditor *n.* créancier
credulity *adv.* crédulité
creed *n.* principes
creek *n.* ruisseau

creep *v.* se faufiler
creeper *n.* plante grimpante
cremate *v.* incinérer
cremation *n.* crémation
crematorium *n.* crématorium
crescent *n.* croissant de lune
crest *n.* crête
crew *n.* équipage
crib *n.* berceau
cricket *n.* cricket
crime *n.* crime
criminal *n.* criminel/le
criminology *n.* criminologie
crimson *n.* cramoisi(e)
cringe *v.* grimacer
cripple *n.* infirme
crisis *n.* crise
crisp *adj.* croquant(e)
criterion *n.* critère
critic *n.* critique
critical *adj.* critique
criticism *n.* critique
criticize *v.* critiquer
critique *n.* critique
croak *n.* coassement
crochet *n.* crochet
crockery *n.* vaisselle
crocodile *n.* crocodile
croissant *n.* croissant
crook *n.* escroc
crooked *adj.* courbé(e)
crop *n.* récolte
cross *n.* croix
crossing *n.* traversée
crotchet *n.* noire
crouch *v.* s'accroupir
crow *n.* corneille
crowd *n.* foule
crown *n.* couronne
crown *v.* couronner
crucial *adj.* crucial(e)
crude *adj.* brut(e)
cruel *adj.* cruel/le
cruelty *adv.* cruauté
cruise *v.* rouler
cruiser *n.* croiseur
crumb *n.* miette
crumble *v.* s'effriter
crumple *v.* froisser
crunch *v.* croquer
crusade *n.* croisade
crush *v.* écraser
crust *n.* croûte
crutch *n.* béquille
crux *n.* noeud
cry *n.* cri
cry *v.* pleurer
crypt *n.* crypte
crystal *n.* cristal
cub *n.* chiot
cube *n.* cube
cubical *adj.* cubique
cubicle *n.* cabine
cuckold *n.* cocu
cuckoo *n.* coucou
cucumber *n.* concombre
cuddle *v.* câliner
cuddly *adj.* en peluche
cudgel *n.* gourdin
cue *n.* signal
cuff *n.* poignet
cuisine *n.* cuisine
culinary *adj.* culinaire
culminate *v.* culminer
culpable *adj.* coupable
culprit *n.* coupable
cult *n.* culte
cultivate *v.* cultiver
cultural *adj.* culturel/le
culture *n.* culture
cumbersome *adj.* encombrant(e)
cumin *n.* cumin
cumulative *adj.* cumulatif/ve
cunning *adj.* rusé(e)
cup *n.* coupe

cupboard *n.* armoire
cupidity *n.* cupidité
curable *adj.* guérissable
curative *adj.* curatif/ve
curator *n.* conservateur
curb *v. t* juguler
curd *n.* caillot
cure *v. t.* guérir
curfew *n.* couvre-feu
curiosity *n.* curiosité
curious *adj.* curieux/se
curl *v.* boucler
currant *n.* groseille
currency *n.* monnaie
current *adj.* actuel/le
current *n.* courant
curriculum *n.* curriculum
curry *n.* curry
curse *n.* malédiction
cursive *adj.* cursif/ve
cursor *n.* curseur
cursory *adj.* rapide
curt *adj.* brusque
curtail *v.* abréger
curtain *n.* rideau
curve *n.* courbe
cushion *n.* coussin
custard *n.* crème pâtissière
custodian *n.* tuteur/rice
custody *n.* garde
custom *n.* coutume
customary *adj.* coutumier/ère
customer *n.* client(e)
customize *v.* personnaliser
cut *v.* couper
cute *adj.* mignon/ne
cutlet *n.* escalope
cutter *n.* cutter
cutting *n.* coupe
cyan *n.* cyan
cyanide *n.* cyanure
cyber *comb.* cyber
cyberspace *n.* cyberespace
cycle *n.* cycle
cyclic *adj.* cyclique
cyclist *n.* cycliste
cyclone *n.* cyclone
cylinder *n.* cylindre
cynic *n.* cynique
cynosure *n.* point de mire
cypress *n.* cyprès
cyst *n.* kyste
cystic *adj.* kystique

dab *v.* tamponner
dabble *v.* tâter
dacoit *n.* dacoïte
dad *n* papa
daffodil *n.* jonquille
daft *adj.* idiot(e)
dagger *n.* dague
daily *adj.* quotidiennement
dainty *adj.* délicat(e)
dairy *adj.* laitier/ière
dais *n.* estrade
daisy *n.* marguerite
dale *n.* vallée
dally *v.* traîner
dalliance *n.* badinage
dam *n.* barrage
damage *n.* dommage
dame *n.* dame
damn *v.* damner
damnable *adj.* maudit
damnation *n.* damnation
damp *adj.* humide
dampen *v.* humidifier
damper *n.* étuve
dampness *n.* humidité
damsel *n.* demoiselle
dance *v.* danser
dancer *n.* danseur/se
dandelion *n.* pissenlit

dandle *v.* faire sauter sur les genoux
dandruff *n.* pellicule
dandy *n.* dandy
danger *n.* danger
dangerous *adj.* dangereux/se
dangle *v. i.* pendouiller
dank *adj.* humide
dapper *adj.* soigné(e)
dapple *v.* moucheter
dare *v.* oser
daring *adj.* culotté(e)
dark *adj.* sombre
darkness *n.* ténèbres
darken *v.* assombrir
darling *n.* chéri(e)
darn *v.* repriser
dart *n.* flèche
dash *v.* filer
dashboard *n.* tableau de bord
dashing *adj.* fringant(e)
dastardly *adj.* ignoble
data *n.* donnée
database *n.* base de données
date *n.* date
date *n.* rendez-vous
datum *n.* donnée
daub *v.* talocher
daughter *n.* fille
daughter-in-law *n.* belle-fille
daunt *v.* effrayer
dauntless *adj.* intrépide
dawdle *v.* traîner
dawn *n.* aube
day *n.* journée
daze *v.* abasourdir
dazzle *v. t.* éblouir
dead *adj.* mort(e)
deadline *n.* date limite
deadlock *n.* impasse
deadly *adj.* mortel/le
deaf *adj.* sourd(e)
deafening *adj.* assourdissant(e)
deal *n.* accord
deal *v. i* régler
dealer *n.* marchand(e)
dean *n.* doyen/ne
dear *adj.* cher/chère
dearly *adv.* énormément
dearth *n.* pénurie
death *n.* mort
debacle *n.* débâcle
debar *v. t.* exclure
debase *v.* dégrader
debatable *adj.* discutable
debate *n.* débat
debate *v. t.* débattre
debauch *v.* débaucher
debauchery *n.* débauche
debenture *n.* obligation
debilitate *v.* débiliter
debility *n.* débilité
debit *n.* débit
debonair *adj.* débonnaire
debrief *v.* filtrer
debris *n.* débris
debt *n.* dette
debtor *n.* débiteur
debunk *v.* discréditer
debut *n.* débuts
debutante *n.* débutante
decade *n.* décennie
decadent *adj.* décadent(e)
decaffeinated *adj.* décaféiné(e)
decamp *v.* lever le camp
decant *v.* décanter
decanter *n.* carafe
decapitate *v.* décapiter
decay *v. i* se décomposer
decease *n.* maladie
deceased *adj.* défunt(e)
deceit *n.* tromperie
deceitful *adj.* fourbe

deceive *v.* tromper
decelerate *v.* décélérer
December *n.* décembre
decency *n.* décence
decent *adj.* décent(e)
decentralize *v.* décentraliser
deception *n.* déception
deceptive *adj.* trompeur/se
decibel *n.* décibel
decide *v.* décider
decided *adj.* décidé(e)
decimal *adj.* décimal(e)
decimate *v.* décimer
decipher *v.* déchiffrer
decision *n.* décision
decisive *adj.* décisif/ve
deck *n.* pont
deck *n* terrasse
declaim *v.* déclamer
declaration *n.* déclaration
declare *v.* déclarer
declassify *v.* déclassifier
decline *v. t.* décliner
declivity *n.* déclivité
decode *v.* décoder
decompose *n.* décomposer
decomposition *v. t* décomposition
decompress *v.* décompresser
decongestant *n.* décongestionnant
deconstruct *v.* déconstruire
decontaminate *v.* décontaminer
decor *n.* décor
decorate *v.* décorer
decoration *n.* décoration
decorative *adj.* décoratif/ve
decorous *adj.* bienséant(e)
decorum *n.* décorum
decoy *n.* leurre
decrease *v.* diminuer
decree *n.* décret
decrement *n.* diminunition
decrepit *adj.* décrépit(e)
decriminalize *v.* dépénaliser
decry *v.* contester
dedicate *v.* dédier
dedication *n.* dédicace
deduce *v.* déduire
deduct *v.* ôter
deduction *n.* déduction
deed *n.* acte
deem *v.* juger
deep *adj.* profond(e)
deer *n.* cerf
deface *v.* défigurer
defamation *n.* diffamation
defame *v.* diffamer
default *n.* par défaut
defeat *v. t.* vaincre
defeatist *n.* défaitiste
defecate *v.* déféquer
defect *n.* défaut
defective *adj.* défectueux/se
defence *n.* défense
defend *v.* défendre
defendant *n.* défendeur
defensible *adj.* défendable
defensive *adj.* défensif/ve
defer *v.* reporter
deference *n.* déférence
defiance *n.* défi
deficiency *n.* carence
deficient *adj.* déficient(e)
deficit *n.* déficit
defile *v. t* ternir
define *v.* définir
definite *adj.* définitif/ve
definition *n.* définition
deflate *v.* dégonfler
deflation *n.* déflation
deflect *v.* dévier
deforest *v.* déboiser
deform *v.* déformer

deformity *n.* déformation
defraud *v.* frauder
defray *v.* défrayer
defrost *v.* dégivrer
deft *adj.* habile
defunct *adj.* obsolète
defuse *v.* désamorcer
defy *v.* défier
degenerate *v.* dégénérer
degrade *v.* dégrader
degree *n.* degré
dehumanize *v.* déshumaniser
dehydrate *v.* déshydrater
deify *v.* déifier
deign *v.* daigner
deity *n.* divinité
deja vu *n.* déjà-vu
deject *v.* démoraliser
dejection *n.* accablement
delay *v. t* retarder
delectable *adj.* délectable
delectation *n.* délectation
delegate *n.* délégué(e)
delegation *n.* délégation
delete *v. i* supprimer
deletion *n.* suppression
deleterious *adj.* délétère
deliberate *adj.* délibéré(e)
deliberation *n.* délibération
delicacy *n.* délicatesse
delicate *adj.* délicat(e)
delicatessen *n.* épicerie fine
delicious *adj.* délicieux/se
delight *v. t.* enchanter
delightful *adj.* délicieux/se
delineate *v.* délimiter
delinquent *adj.* délinquant(e)
delirious *adj.* délirant(e)
delirium *n.* délire
deliver *v.* livrer
deliverance *n.* délivrance
delivery *n.* livraison
dell *n.* vallon
delta *n.* delta
delude *v.* tromper
deluge *n.* déluge
delusion *n.* illusion
deluxe *adj.* somptueux/se
delve *v.* se plonger
demand *n.* demande
demanding *adj.* exigeant(e)
demarcation *n.* démarcation
demean *v.* rabaisser
demented *adj.* dément(e)
dementia *n.* démence
demerit *n* démérite
demise *n.* trépas
demobilize *v.* démobiliser
democracy *n.* démocratie
democratic *adj.* démocratique
demography *n.* démographie
demolish *v.* démolir
demon *n.* démon
demonize *v.* diaboliser
demonstrate *v.* démontrer
demonstration *n.* manifestation
demoralize *v.* démoraliser
demote *v.* rétrograder
demur *v.* objecter
demure *adj.* sage
demystify *v.* démystifier
den *n.* tanière
denationalize *v.* dénationaliser
denial *n.* déni
denigrate *v.* dénigrer
denomination *n.* dénomination
denominator *n.* dénominateur
denote *v. t* signifier
denounce *v.* dénoncer
dense *adj.* dense
density *n.* densité

dent *n.* bosse
dental *adj.* dentaire
dentist *n.* dentiste
denture *n.* dentier
denude *v.* dénuder
denunciation *n.* dénonciation
deny *v. i.* nier
deodorant *n.* déodorant
depart *v.* partir
department *n.* département
departure *n.* départ
depend *v.* dépendre
dependant *n.* personne à charge
dependency *n.* dépendance
dependent *adj.* subordonné(e)
depict *v.* dépeindre
depilatory *adj.* dépilatoire
deplete *v.* diminuer
deplorable *adj.* déplorable
deploy *v.* déployer
deport *v. t* déporter
depose *v.* destituer
deposit *n.* dépôt
depository *n.* dépositaire
depot *n.* dépôt
deprave *v.* dépraver
deprecate *v.* dénigrer
depreciate *v.* se déprécier
depreciation *n.* dévalorisation
depress *v.* déprimer
depression *n.* dépression
deprive *v.* priver
depth *n.* profondeur
deputation *n.* députation
depute *v.* députer
deputy *n.* adjoint(e)
derail *v. t.* dérailler
deranged *adj.* dérangé(e)
deregulate *v.* déréglementer
deride *v.* railler
derivative *adj.* dérivé(e)
derive *v.* dériver
derogatory *adj.* péjoratif/ve
descend *v.* descendre
descendant *n.* descendant(e)
descent *n.* descente
describe *v.* décrire
description *n.* description
desert *v.* déserter
deserve *v. t.* mériter
design *n.* conception
designate *v.* désigner
desirable *adj.* souhaitable
desire *n.* désir
desirous *adj.* désireux/se
desist *v.* cesser
desk *n.* bureau
desolate *adj.* sombre
despair *n.* désespoir
desperate *adj.* désespéré(e)
despicable *adj.* méprisable
despise *v.* mépriser
despite *prep.* malgré
despondent *adj.* abbatu(e)
despot *n.* despote
dessert *n.* dessert
destabilize *v.* déstabiliser
destination *n.* destination
destiny *n.* destin
destitute *adj.* démuni(e)
destroy *v.* détruire
destroyer *n.* destroyer
destruction *n.* destruction
detach *v.* détacher
detachment *n.* détachement
detail *n.* détail
detain *v. t* détenir
detainee *n.* détenu(e)
detect *v.* détecter
detective *n.* détective
detention *n.* détention
deter *v.* dissuader
detergent *n.* détergent
deteriorate *v.* se détériorer

determinant *n.* facteur déterminant
determination *v. t* détermination
determine *v. t* déterminer
deterrent *n.* frein
detest *v.* détester
dethrone *v.* détrôner
detonate *v.* faire exploser
detour *n.* détour
detoxify *v.* détoxifier
detract *v.* diminuer
detriment *n.* détriment
detritus *n.* détritus
devalue *v.* dévaluer
devastate *v.* dévaster
develop *v.* développer
development *n.* développement
deviant *adj.* déviant(e)
deviate *v.* s'écarter
device *n.* dispositif
devil *n.* diable
devious *adj.* retors(e)
devise *v.* concevoir
devoid *adj.* dépourvu(e)
devolution *n.* dévolution
devolve *v.* déléguer
devote *v.* consacrer
devotee *n.* dévot(e)
devotion *n.* dévotion
devour *v.* dévorer
devout *adj.* pieux/se
dew *n.* rosée
dexterity *n.* dextérité
diabetes *n.* diabète
diagnose *v.* diagnostiquer
diagnosis *n.* diagnostic
diagram *n.* diagramme
dial *n.* cadran
dialect *n.* dialecte
dialogue *n.* dialogue
dialysis *n.* dialyse
diameter *n.* diamètre
diamond *n.* diamant
diaper *n.* couche
diarrhoea *n.* diarrhée
diary *n.* agenda
Diaspora *n.* diaspora
dice *n.* dés
dictate *v..* dicter
dictation *n.* dictée
dictator *n.* dictateur
diction *n.* diction
dictionary *n.* dictionnaire
dictum *n.* maxime
didactic *adj.* didactique
die *v.* mourir
diesel *n.* diesel
diet *n.* régime
dietician *n.* diététicien/ne
differ *v.* différer
difference *n.* différence
different *adj.* différent(e)
difficult *adj.* difficile
difficulty *n.* difficulté
diffuse *v.* diffuser
dig *v.* creuser
digest *v.* digérer
digestion *n.* digestion
digit *n.* chiffre
digital *adj.* digital(e)
dignified *adj.* digne
dignify *v.* donner de la dignité
dignitary *n.* dignitaire
dignity *n.* dignité
digress *v.* digresser
dilapidated *adj.* délabré(e)
dilate *v.* dilater
dilemma *n.* dilemme
diligent *adj.* appliqué(e)
dilute *v.* diluer
dim *adj.* faible
dimension *n.* dimension
diminish *v.* diminuer
diminution *n.* diminution

din *n.* vacarme
dine *v.* dîner
diner *n.* convive
dingy *adj.* miteux/se
dinner *n.* dîner
dinosaur *n.* dinosaure
dip *v. t* tremper
diploma *n.* diplôme
diplomacy *n.* diplomatie
diplomat *n.* diplomate
diplomatic *adj.* diplomatique
dipsomania *n.* alcoolisme
dire *adj.* terrible
direct *adj.* direct(e)
direction *n.* direction
directive *n.* directive
directly *adv.* directement
director *n.* directeur/rice
directory *n.* annuaire
dirt *n.* saleté
dirty *adj.* sale
disability *n.* invalidité
disable *v.* désactiver
disabled *adj.* invalide
disadvantage *n.* désavantage
disaffected *adj.* mécontent(e)
disagree *v.* ne pas être d'accord
disagreeable *adj.* désagréable
disagreement *n.* désaccord
disallow *v.* refuser
disappear *v.* disparaître
disappoint *v.* décevoir
disapproval *n.* désapprobation
disapprove *v.* désapprouver
disarm *v.* désarmer
disarmament *n.* désarmement
disarrange *v.* déranger
disarray *n.* désarroi
disaster *n.* catastrophe
disastrous *adj.* désastreux/se
disband *v.* dissoudre
disbelief *n.* incrédulité
disburse *v.* débourser
disc *n.* disque
discard *v.* jeter
discern *v.* discerner
discharge *v.* décharger
disciple *n.* disciple
discipline *n.* discipline
disclaim *v.* démentir
disclose *v.* divulguer
disco *n.* discothèque
discolour *v.* décolorer
discomfit *v.* déconcerter
discomfort *n.* inconfort
disconcert *v.* dérouter
disconnect *v.* déconnecter
disconsolate *adj* inconsolable
discontent *n.* mécontentement
discontinue *v.* interrompre
discord *n.* discorde
discordant *adj.* discordant(e)
discount *n.* rabais
discourage *v.* décourager
discourse *n.* discours
discourteous *adj.* discourtois(e)
discover *v.* découvrir
discovery *n.* découverte
discredit *v.* discréditer
discreet *adj.* discret/ète
discrepancy *n.* divergence
discrete *adj.* distinct(e)
discriminate *v.* discriminer
discursive *adj.* discursif/ve
discuss *v.* discuter
discussion *n.* discussion
disdain *n.* dédain
disease *n.* maladie
disembark *v.* débarquer

disembodied *adj.* désincarné(e)
disempower *v.* priver d'autonomie
disenchant *v.* désenchanter
disengage *v.* débrayer
disentangle *v.* démêler
disfavour *n.* défaveur
disgrace *n.* disgrâce
disgruntled *adj.* mécontent(e)
disguise *v.* déguiser
disgust *n.* dégoût
dish *n.* plat
dishearten *v.* décourager
dishonest *adj.* malhonnête
dishonour *n.* déshonneur
disillusion *v.* désillusion
disincentive *n.* effet dissuasif
disinfect *v.* désinfecter
disingenuous *adj.* déloyal(e)
disinherit *v.* déshériter
disintegrate *v.* se désintégrer
disjointed *adj.* disjoint(e)
dislike *v.* détester
dislocate *v.* disloquer
dislodge *v.* déloger
disloyal *adj.* déloyal(e)
dismal *adj.* lamentable
dismantle *v.* démanteler
dismay *n.* consternation
dismiss *v.* rejeter
dismissive *adj.* dédaigneux/se
disobedient *adj.* désobéissant(e)
disobey *v.* désobéir
disorder *n.* trouble
disorganized *adj.* désorganisé(e)
disorientate *v.* désorienter
disown *v.* renier
disparity *n.* disparité
dispassionate *adj.* calme
dispatch *v.* envoyer
dispel *v.* dissiper
dispensable *adj.* dispensable
dispensary *n.* dispensaire
dispense *v.* distribuer
disperse *v.* se disperser
dispirited *adj.* découragé(e)
displace *v. t* déplacer
display *v.* afficher
displease *v.* déplaire
displeasure *n.* déplaisir
disposable *adj.* jetable
disposal *n.* élimination
dispose *v. t* disposer
dispossess *v.* déposséder
disproportionate *adj.* disproportionné(e)
disprove *v.* réfuter
dispute *v. i* débattre
disqualification *n.* disqualification
disqualify *v.* disqualifier
disquiet *n.* inquiétude
disregard *v. t* ne pas respecter
disrepair *n.* délabrement
disreputable *adj.* peu recommandable
disrepute *n.* mauvaise réputation
disrespect *n.* manque de respect
disrobe *v.* se dévêtir
disrupt *v.* perturber
dissatisfaction *n.* insatisfaction
dissect *v.* disséquer
dissent *v.* être en dissidence
dissertation *n.* dissertation
dissident *n.* dissident(e)
dissimulate *v.* dissimuler
dissipate *v.* dissiper
dissolve *v. t* dissoudre

dissuade *v.* dissuader
distance *n.* distance
distant *adj.* lointain(e)
distaste *n.* dégoût
distil *v.* distiller
distillery *n.* distillerie
distinct *adj.* distinct(e)
distinction *n.* distinction
distinguish *v. t* distinguer
distort *v.* fausser
distract *v.* distraire
distraction *n.* distraction
distress *n.* détresse
distribute *v.* distribuer
distributor *n.* distributeur
district *n.* quartier
distrust *n.* méfiance
disturb *v.* déranger
ditch *n.* fossé
dither *v.* hésiter
ditto *n.* idem
dive *v.* plonger
diverge *v.* diverger
diverse *adj.* divers(e)
diversion *n.* déviation
diversity *n.* diversité
divert *v. t* détourner
divest *v.* enlever
divide *v.* diviser
dividend *n.* dividende
divine *adj.* divin(e)
divinity *n.* divinité
division *n.* division
divorce *n.* divorce
divorcee *n.* divorcée
divulge *v.* divulguer
do *v.* faire
docile *adj.* docile
dock *n.* quai
docket *n.* bordereau
doctor *n.* médecin
doctorate *n.* doctorat
doctrine *n.* doctrine
document *n.* document
documentary *n.* documentaire
dodge *v. t* éviter
doe *n.* biche
dog *n.* chien
dogma *n.* dogme
dogmatic *adj.* dogmatique
doldrums *n.* cafard
doll *n.* poupée
dollar *n.* dollar
domain *n.* domaine
dome *n.* dôme
domestic *adj.* domestique
domicile *n.* domicile
dominant *adj.* dominant(e)
dominate *v.* dominer
dominion *n.* dominion
donate *v.* faire un don
donkey *n.* âne
donor *n.* donateur
doom *n.* mort
door *n.* porte
dormitory *n.* dortoir
dose *n.* dose
dossier *n.* dossier
dot *n.* point
dote *v.* chouchouter
double *adj.* double
doubt *n.* doute
dough *n.* pâte
down *adv.* en bas
downfall *n.* chute
download *v.* télécharger
downpour *n.* averse
dowry *n.* dot
doze *v. i* somnoler
dozen *n.* douzaine
drab *adj.* terne
draft *n.* brouillon
drag *v. t* déplacer
dragon *n.* dragon

drain *v. t* drainer
drama *n.* drame
dramatic *adj.* dramatique
dramatist *n.* dramaturge
drastic *adj.* drastique
draught *n.* courant d'air
draw *v.* dessiner
drawback *n.* inconvénient
drawer *n.* tiroir
drawing *n.* dessin
dread *v.t* redouter
dreadful *adj.* terrible
dream *n.* rêve
dreary *adj.* gris(e)
drench *v.* tremper
dress *v.* s'habiller
dressing *n.* sauce
drift *v.* dériver
drill *n.* perceuse
drink *v. t* boire
drip *v. i* goutter
drive *v.* conduire
driver *n.* pilote
drizzle *n.* bruine
droll *adj.* drôle
droop *v.* s'affaisser
drop *v.* lâcher
dross *n.* rebut
drought *n.* sécheresse
drown *v.* noyer
drowse *v.* somnoler
drug *n.* médicament
drum *n.* tambour
drunkard *adj.* ivrogne
dry *adj.* sec/sèche
dryer *n.* séchoir
dual *adj.* double
dubious *adj.* douteux/se
duck *n.* canard
duct *n.* gaine
dudgeon *n.* offense
due *adj.* du(e)
duel *n.* duel
duet *n.* duo
dull *adj.* terne
dullard *n.* imbécile
duly *adv.* dûment
dumb *adj.* muet/te
dummy *n.* mannequin
dump *n.* benne
dung *n.* bouse
dungeon *n.* donjon
duo *n.* duo
dupe *v.* duper
duplex *n.* duplex
duplicate *adj.* dupliquer
duplicity *n.* duplicité
durable *adj.* durable
duration *n.* durée
during *prep.* au cours de
dusk *n.* crépuscule
dust *n.* poussière
duster *n.* chiffon
dutiful *adj.* respectueux/se
duty *n.* devoir
duvet *n.* couette
dwarf *n.* nain
dwell *v.* habiter
dwelling *n.* logement
dwindle *v. t* s'amenuiser
dye *n.* colorant
dynamic *adj.* dynamique
dynamics *n.* dynamique
dynamite *n.* dynamite
dynamo *n.* dynamo
dynasty *n.* dynastie
dysentery *n.* dysenterie
dysfunctional *adj.* dysfonctionnel/le
dyslexia *n.* dyslexie
dyspepsia *n.* dyspepsie

E

each *adj.* chaque
eager *adj.* désireux/se
eagle *n.* aigle
ear *n.* oreille
earl *n.* comte
early *adj.* tôt
earn *v.* gagner
earnest *adj.* ferme
earth *n.* terre
earthen *adj.* en terre
earthly *adj.* terrestre
earthquake *n.* tremblement de terre
ease *n.* facilité
east *n.* est
Easter *n.* Pâques
eastern *adj.* de l'est
easy *adj.* facile
eat *v.* manger
eatery *n.* restaurant
eatable *adj.* comestible
ebb *n.* reflux
ebony *n.* ébène
ebullient *adj.* bouillant(e)
eccentric *adj.* excentrique
echo *n.* écho
eclipse *n.* éclipse
ecology *n.* écologie
economic *adj.* économique
economical *adj.* économique
economics *n.* économie
economy *n.* économie
ecstasy *n.* extase
edge *n.* bord
edgy *adj.* avant-gardiste
edible *adj.* comestible
edict *n.* décret
edifice *n.* édifice
edit *v.* réviser
edition *n.* édition
editor *n.* rédacteur/trice en chef
editorial *adj.* éditorial(e)
educate *v.* éduquer
education *n.* éducation
efface *v.* effacer
effect *n.* effet
effective *adj.* efficace
effeminate *adj.* éffeminé(e)
effete *adj.* mou(e)
efficacy *n.* efficacité
efficiency *n.* efficacité
efficient *adj.* efficace
effigy *n.* effigie
effort *n.* effort
egg *n.* oeuf
ego *n.* ego
egotism *n.* égoïsme
eight *adj.* & *n.* huit
eighteen *adj.* & *n.* dix-huit
eighty *adj.* & *n.* quatre-vingt
either *adv.* soit
ejaculate *v.* éjaculer
eject *v. t* éjecter
elaborate *adj.* élaborer
elapse *v.* s'écouler
elastic *adj.* élastique
elbow *n.* coude
elder *adj.* aîné
elderly *adj.* personnes âgées
elect *v.* élire
election *n.* élection
elective *adj.* optionnel/le
electorate *n.* électorat
electric *adj.* électrique
electrician *n.* électricien
electricity *n.* électricité
electrify *v.* électrifier
electrocute *v.* électrocuter
electronic *adj.* électronique
elegance *n.* élégance
elegant *adj.* élégant(e)
element *n.* élément

elementary *adj.* élémentaire
elephant *n.* éléphant
elevate *v.* élever
elevator *n.* ascenseur
eleven *adj. & n.* onze
elf *n.* elfe
elicit *v.* extraire
eligible *adj.* admissible
eliminate *v.* éliminer
elite *n.* élite
ellipse *n.* ellipse
elocution *n.* élocution
elongate *v.* allonger
elope *v.* s'enfuir
eloquence *n.* éloquence
else *adv.* autre
elucidate *v. t* élucider
elude *v.* échapper à
elusion *n.* esquive
elusive *adj.* furtif/ve
emaciated *adj.* émacié(e)
email *n.* courriel
emancipate *v. t* émanciper
emasculate *v.* émasculer
embalm *v.* embaumer
embankment *n.* berge
embargo *n.* embargo
embark *v. t* se lancer
embarrass *v.* embarrasser
embassy *n.* ambassade
embattled *adj.* assiégé(e)
embed *v.* incorporer
embellish *v.* embellir
embitter *v.* aigrir
emblem *n.* emblème
embodiment *n.* incarnation
embolden *v.* enhardir
emboss *v.* estamper
embrace *v.* étreindre
embroidery *n.* broderie
embryo *n.* embryon
emend *v.* corriger
emerald *n.* émeraude
emerge *v.* émerger
emergency *n.* urgence
emigrate *v.* émigrer
eminence *n.* éminence
eminent *adj.* éminent(e)
emissary *n.* émissaire
emit *v.* émetttre
emollient *adj.* émollient(e)
emolument *n.* émoluments
emotion *n.* émotion
emotional *adj.* émotionnel/le
emotive *adj.* émotif/ve
empathy *n.* empathie
emperor *n.* empereur
emphasis *n.* accent
emphasize *v.* mettre l'accent sur
emphatic *adj.* emphatique
empire *n.* empire
employ *v.* employer
employee *n.* employé(e)
employer *n.* employeur/se
empower *v.* valoriser
empress *n.* impératrice
empty *adj.* vide
emulate *v. t* émuler
enable *v.* activer
enact *v.* décréter
enamel *n.* émail
enamour *v. t* ravir
encapsulate *v.* encapsuler
encase *v.* envelopper
enchant *v.* enchanter
encircle *v. t* encercler
enclave *n.* enclave
enclose *v.* joindre
enclosure *n.* enceinte
encode *v.* encoder
encompass *v.* englober
encore *n.* rappel
encounter *v.* rencontrer
encourage *v.* encourager
encroach *v.* empiéter

encrypt *v.* crypter
encumber *v.* encombrer
encyclopaedia *n.* encyclopédie
end *n.* fin
endanger *v.* mettre en danger
endear *v.* faire aimer
endearment *n.* affection
endeavour *v.* tenter
endemic *adj.* endémique
endorse *v.* approuver
endow *v.* doter
endure *v.* endurer
enemy *n.* ennemi
energetic *adj.* énergique
energy *n.* énergie
enfeeble *v.* affaiblir
enfold *v.* envelopper
enforce *v.* appliquer
enfranchise *v.* émanciper
engage *v.* s'engager
engagement *n.* engagement
engine *n.* moteur
engineer *n.* ingénieur
English *n.* anglais
engrave *v.* graver
engross *v.* absorber
engulf *v.* engloutir
enigma *n.* énigme
enjoy *v.* apprécier
enlarge *v.* agrandir
enlighten *v.* éclairer
enlist *v.* s'enrôler
enliven *v.* animer
enmity *n.* inimitié
enormous *adj.* énorme
enough *adj.* assez
enquire *v.* se renseigner
enquiry *n.* enquête
enrage *v.* mettre en rage
enrapture *v.* fasciner
enrich *v.* enrichir
enrol *v.* s'inscrire
enshrine *v.* entériner
enslave *v.* asservir
ensue *v.* s'ensuivre
ensure *v.* s'assurer
entangle *v. t* emmêler
enter *v.* entrer
enterprise *n.* entreprise
entertain *v.* divertir
entertainment *n.* divertissement
enthral *v.* enchanter
enthrone *v.* introniser
enthusiasm *n.* enthousiasme
enthusiastic *n.* enthousiaste
entice *v.* inciter
entire *adj.* ensemble
entirety *n.* intégralité
entitle *v.* intituler
entity *n.* entité
entomology *n.* entomologie
entourage *n.* entourage
entrails *n.* entrailles
entrance *n.* entrée
entrap *v. t.* piéger
entreat *v.* implorer
entreaty *v. t* prière
entrench *v.* enraciner
entrepreneur *n.* entrepreneur
entrust *v.* confier
entry *n.* entrée
enumerate *v. t* énumérer
enunciate *v.* énoncer
envelop *v.* envelopper
envelope *n.* enveloppe
enviable *adj.* enviable
envious *adj.* envieux/se
environment *n.* environnement
envisage *v.* envisager
envoy *n.* envoyé(e)
envy *n.* envie
epic *n.* épopée
epicure *n.* épicurien/ne

epidemic *n.* épidémie
epidermis *n.* épiderme
epigram *n.* épigramme
epilepsy *n.* épilepsie
epilogue *n.* épilogue
episode *n.* épisode
epistle *n.* épître
epitaph *n.* épitaphe
epitome *n.* quintessence
epoch *n.* ère
equal *adj.* égal(e)
equalize *v. t* égaliser
equate *v.* assimiler
equation *n.* équation
equator *n.* équateur
equestrian *adj.* équestre
equidistant *adj.* équidistant(e)
equilateral *adj.* équilatéral(e)
equilibrium *n.* équilibre
equip *v.* équiper
equipment *n.* équipement
equitable *adj.* équitable
equity *n.* participation
equivalent *adj.* équivalent(e)
equivocal *adj.* équivoque
era *n.* ère
eradicate *v.* éradiquer
erase *v.* effacer
erect *adj.* debout
erode *v.* éroder
erogenous *adj.* érogène
erosion *n.* érosion
erotic *adj.* érotique
err *v.* se tromper
errand *n.* course
errant *adj.* errant(e)
erratic *adj.* irrégulier/ère
erroneous *adj.* erroné(e)
error *n.* erreur
erstwhile *adj.* autrefois
erudite *adj.* érudit(e)
erupt *v.* entrer en éruption
escalate *v.* escalader
escalator *n.* escalator
escapade *n.* escapade
escape *v.i* s'évader
escort *n.* escorte
esoteric *adj.* ésotérique
especial *adj.* particulier/ère
especially *adv.* surtout
espionage *n.* espionnage
espouse *v.* épouser
espresso *n.* expresso
essay *n.* essai
essence *n.* essence
essential *adj.* essentiel/le
establish *v.* fonder
establishment *n.* établissement
estate *n.* immobilier
esteem *n.* estime
estimate *v. t* évaluer
estranged *adj.* brouillé(e)
et cetera *adv.* et cetera
eternal *adj.* éternel/le
eternity *n.* éternité
ethic *n* éthique
ethical *n.* éthique
ethnic *adj.* ethnique
ethos *n.* ethos
etiquette *n.* étiquette
etymology *n.* étymologie
eunuch *n.* eunuque
euphoria *n.* euphorie
euro *n.* euro
European *n.* européen/ne
euthanasia *n.* euthanasie
evacuate *v.* évacuer
evade *v. t* éluder
evaluate *v. i* évaluer
evaporate *v.* s'évaporer
evasion *n.* évasion
evasive *adj.* évasif/ve
eve *n.* veille
even *adj.* uniforme

evening *n.* soirée
event *n.* événement
eventually *adv.* finalement
ever *adv.* jamais
every *adj.* chaque
evict *v.* expulser
eviction *n.* expulsion
evidence *n.* preuve
evident *adj.* évident(e)
evil *adj.* mal
evince *v.* manifester
evoke *v.* évoquer
evolution *n.* évolution
evolve *v.* évoluer
exact *adj.* exact(e)
exaggerate *v.* exagérer
exaggeration *n.* exagération
exalt *v.* exalter
exam *n.* examen
examination *n.* examen
examine *v.* examiner
examinee *n.* candidat(e)
example *n.* exemple
exasperate *v.* exaspérer
excavate *v.* excaver
exceed *v.* dépasser
excel *v.* exceller
excellence *n.* excellence
Excellency *n.* son Excellence
excellent *adj.* excellent(e)
except *prep.* sauf
exception *n.* exception
excerpt *n.* extrait
excess *n.* excès
excessive *adj.* excessif/ve
exchange *v. t* échanger
exchequer *n.* échiquier
excise *n.* accise
excite *v.i* enthousiasmer
excitement *n.* excitation
exclaim *v.* s'exclamer
exclamation *n.* exclamation
exclude *v.* exclure
exclusive *adj.* exclusif/ve
excoriate *v.* écorcher
excrete *v.* excréter
excursion *n.* excursion
excuse *v.* excuser
execute *v.* exécuter
execution *n.* exécution
executive *n.* exécutif/ve
executor *n.* exécuteur testamentaire
exempt *adj.* exonéré(e)
exercise *n.* exercice
exert *v.* exercer
exhale *v.* expirer
exhaust *v.* épuiser
exhaustive *adj.* exhaustif/ve
exhibit *v.* pièce
exhibition *n.* exposition
exhilarate *v.* ravir
exhort *v.* exhorter
exigency *n.* urgence
exile *n.* exil
exist *v.* exister
existence *n.* existence
exit *n.* sortie
exonerate *v.* exonérer
exorbitant *adj.* exorbitant(e)
exotic *adj.* exotique
expand *v.* gonfler
expanse *n.* étendue
expatriate *n.* expatrié(e)
expect *v.* s'attendre à
expectant *adj.* enceinte
expedient *adj.* expédient(e)
expedite *v.* accélérer
expedition *n.* expédition
expel *v. t* expulser
expend *v.* dépenser
expenditure *n.* dépenses
expense *n.* frais
expensive *adj.* cher/chère
experience *n.* expérience
experiment *n.* expérience

expert *n.* expert
expertise *n.* expertise
expiate *v.* expier
expire *v.* expirer
expiry *n.* expiration
explain *v.* expliquer
explicit *adj.* explicite
explode *v.* exploser
exploit *v. t* exploiter
exploration *n.* exploration
explore *v.* explorer
explosion *n.* explosion
explosive *adj.* explosif/ve
exponent *n.* exposant
export *v. t.* exporter
expose *v.* exposer
exposure *n.* exposition
express *v.* exprimer
expression *n.* expression
expressive *adj.* expressif/ve
expropriate *v.* exproprier
expulsion *n.* expulsion
extant *adj.* encore existant(e)
extend *v.* étendre
extension *n.* extension
extent *n.* mesure
exterior *adj.* extérieur(e)
external *adj.* externe
extinct *adj.* éteint(e)
extinguish *v.* éteindre
extirpate *v.* extirper
extort *v.* extorquer
extra *adj.* supplémentaire
extract *v. t* extraire
extraction *n.* extraction
extraordinary *adj.* extraordinaire
extravagance *n.* extravagance
extravagant *adj.* extravagant(e)
extravaganza *n.* déploiement
extreme *adj.* extrême
extremist *n.* extrémiste
extricate *v.* extirper
extrovert *n.* extraverti
extrude *v.* extruder
exuberant *adj.* exubérant(e)
exude *v.* exsuder
eye *n.* oeil
eyeball *n.* globe oculaire
eyesight *n.* acuité visuelle
eyewash *n.* bain oculaire
eyewitness *n.* témoin

fable *n.* fable
fabric *n.* tissu
fabricate *v.* fabriquer
fabulous *adj.* fabuleux/se
facade *n.* façade
face *n.* visage
facet *n.* facette
facetious *adj.* facétieux/se
facial *adj.* facial(e)
facile *adj.* facile
facilitate *v.* faciliter
facility *n.* installation
facing *n.* face à
facsimile *n.* fac-similé
fact *n.* fait
faction *n.* faction
factitious *adj.* factice
factor *n.* facteur
factory *n.* usine
faculty *n.* faculté
fad *n.* engouement
fade *v.i* passer
Fahrenheit *n.* Fahrenheit
fail *v.* échouer
failing *n.* défaut
failure *n.* échec
faint *adj.* faible
fair *adj.* juste
fairing *n.* profilage

fairly *adv.* assez
fairy *n.* fée
faith *n.* foi
faithful *adj.* fidèle
faithless *adj.* athée
fake *adj.* faux/sse
falcon *n.* faucon
fall *v.* tomber
fallacy *n.* erreur
fallible *adj.* faillible
fallow *adj.* jachère
false *adj.* faux/sse
falsehood *n.* mensonge
falter *v.* faiblir
fame *n.* gloire
familiar *adj.* familier/ère
family *n.* famille
famine *n.* famine
famished *adj.* affamé(e)
famous *adj.* célèbre
fan *n.* ventilateur
fanatic *n.* fanatique
fanciful *adj.* fantaisiste
fancy *n.* fantaisie
fanfare *n.* fanfare
fang *n.* croc
fantasize *v.* fantasmer
fantastic *adj.* fantastique
fantasy *n.* fantaisie
far *adv.* loin
farce *n.* farce
fare *n.* prix ticket
farewell *interj.* adieu
farm *n.* ferme
farmer *n.* agriculteur
fascia *n.* façade
fascinate *v.* fasciner
fascism *n.* fascisme
fashion *n.* mode
fashionable *adj.* à la mode
fast *adj.* rapide
fasten *v.* fixer
fastness *n.* rapidité
fat *n.* graisse
fatal *adj.* fatal(e)
fatality *n.* accident mortel
fate *n.* destin
fateful *adj.* fatidique
father *n.* père
fathom *n.* brasse anglaise
fatigue *n.* fatigue
fatuous *adj.* stupide
fault *n.* faute
faulty *adj.* défectueux/se
fauna *n.* faune
favour *n.* faveur
favourable *adj.* favorable
favourite *adj.* favori(e)
fax *n.* fax
fear *n.* peur
fearful *adj.* craintif/ve
fearless *adj.* sans peur
feasible *adj.* faisable
feast *n.* festin
feat *n.* exploit
feather *n.* plume
feature *n.* fonctionnalité
febrile *adj.* fébrile
February *n.* février
feckless *adj.* inefficace
federal *adj.* fédéral(e)
federate *v.* fédérer
federation *n.* fédération
fee *n.* frais
feeble *adj.* faible
feed *v.* alimenter
feeder *n.* mangeoire
feel *v.* sentir
feeling *n.* sentiment
feign *v.* feindre
feisty *adj.* fougueux/se
felicitate *v.* féliciter
felicitation *n.* félicitations
felicity *n.* félicité
fell *v.* abattre
fellow *n.* type

fellowship *n.* camaraderie
felon *n.* criminel/le
female *adj.* femelle
feminine *adj.* féminin(e)
feminism *n.* féminisme
fence *n.* clôture
fencing *n.* escrime
fend *v.* se débrouiller
feng shui *n.* feng shui
fennel *n.* fenouil
feral *adj.* sauvage
ferment *v.* fermenter
fermentation *n.* fermentation
fern *n.* fougère
ferocious *adj.* féroce
ferry *n.* ferry
fertile *adj.* fertile
fertility *n.* fertilité
fertilize *v.* fertiliser
fertilizer *n.* engrais
fervent *adj.* fervent(e)
fervid *adj.* fervent(e)
fervour *n.* ferveur
fester *v.* pourrir
festival *n.* festival
festive *adj.* festif/ve
festivity *n.* festivité
fetch *v.* aller chercher
fete *n.* kermesse
fetish *n.* fétiche
fettle *n.* forme
feud *n.* rivalité
feudalism *n.* féodalisme
fever *n.* fièvre
few *adj.* quelques
fey *adj.* mystérieux/se
fiance *n.* fiancé
fiasco *n.* fiasco
fibre *n.* fibre
fickle *adj.* volage
fiction *n.* fiction
fictitious *adj.* fictif/ve
fiddle *n.* violon
fidelity *adj.* fidélité
field *n.* champ
fiend *n.* démon
fierce *adj.* féroce
fiery *adj.* fougueux/se
fifteen *adj.* & *n.* quinze
fifty *adj.* & *n.* cinquante
fig *n.* figue
fight *v.t* combattre
fighter *n.* boxeur/se
figment *n.* fruit
figurative *adj* figuratif/ve
figure *n.* chiffre
figurine *n.* figurine
filament *n.* filament
file *n.* fichier
filings *n.* limaille
fill *v.* remplir
filler *n.* remplissage
filling *n.* farce
fillip *n.* coup de fouet
film *n.* film
filter *n.* filtre
filth *n.* crasse
filtrate *n.* filtrat
fin *n.* nageoire
final *adj.* final(e)
finalist *n.* finaliste
finance *n.* finances
financial *adj.* financier/ère
financier *n.* financier
find *v.* trouver
fine *adj.* bien
finesse *n.* finesse
finger *n.* doigt
finial *n.* fleuron
finicky *adj.* méticuleux/se
finish *v.* finir
finite *adj.* fini(e)
fir *n.* sapin
fire *n.* incendie
firewall *n.* pare-feu
firm *adj.* ferme

firmament *n.* firmament
first *adj. & n.* premier/ère
first aid *n.* premiers soins
fiscal *adj.* fiscal(e)
fish *n.* poisson
fisherman *n.* pêcheur
fishery *n.* pêche
fishy *adj.* louche
fissure *n.* fissure
fist *n.* poing
fit *adj.* en forme
fitful *adj.* agité(e)
fitter *n.* installateur
fitting *n.* retouche
five *adj. & n.* cinq
fix *v.* réparer
fixation *n.* fixation
fixture *n.* aménagement
fizz *v.* pétiller
fizzle *v.* pétiller
fizzy *adj.* pétillant(e)
fjord *n.* fjord
flab *n.* graisse
flabbergasted *adj.* sidéré(e)
flabby *adj.* flasque
flaccid *adj.* mou/molle
flag *n.* drapeau
flagellate *v.* flageller
flagrant *adj.* flagrant(e)
flair *n.* flair
flake *n.* flocon
flamboyant *adj.* flamboyant(e)
flame *n.* flamme
flammable *adj.* inflammable
flank *n.* flanc
flannel *n.* flanelle
flap *v.* claquer
flapjack *n.* galette à l'avoine
flare *n.* flamboiement
flash *v.* briller
flash light *n.* lampe de poche
flask *n.* fiole
flat *adj.* plat(e)
flatten *v.t.* aplatir
flatter *v.* flatter
flatulent *adj.* flatulent(e)
flaunt *v.* étaler
flavour *n.* saveur
flaw *n.* faille
flea *n.* puce
flee *v.* fuir
fleece *n.* molleton
fleet *n.* flotte
flesh *n.* chair
flex *v.* contracter
flexible *adj.* flexible
flexitime *n.* horaire variable
flick *v.* appuyer sur
flicker *v.t* scintiller
flight *n.* vol
flimsy *adj.* fragile
flinch *v.* reculer
fling *v.* lancer
flint *n.* silex
flip *v.* se retourner
flippant *adj.* désinvolte
flipper *n.* nageoire
flirt *v.i* flirter
flit *v.* voleter
float *v.* flotter
flock *n.* troupeau
floe *n.* banquise
flog *v.* fouetter
flood *n.* inondation
floodlight *n.* projecteur
floor *n.* plancher
flop *v.* retomber
floppy *adj.* souple
flora *n.* flore
floral *adj.* floral(e)
florist *n.* fleuriste
floss *n.* fil dentaire
flotation *n.* flottation
flounce *v.* sortir précipitamment

flounder *v.* patauger
flour *n.* farine
flourish *v.* s'épanouir
flow *v.i* couler
flower *n.* fleur
flowery *adj.* fleuri(e)
flu *n.* grippe
fluctuate *v.* fluctuer
fluent *adj.* couramment
fluff *n.* peluche
fluid *n.* fluide
fluke *n.* coup de chance
fluorescent *adj.* fluorescent(e)
fluoride *n.* fluorure
flurry *n.* rafale
flush *v.* tirer la chasse
fluster *v.* agiter
flute *n.* flûte
flutter *v.* battre des ailes
fluvial *adj.* fluvial(e)
flux *n.* flux
fly *v.i* voler
foam *n.* mousse
focal *adj.* focal(e)
focus *n.* mise au point
fodder *n.* fourrage
foe *n.* ennemi
fog *n.* brouillard
foil *v.* déjouer
fold *v.t* plier
foliage *n.* feuillage
folio *n.* folio
folk *n.* gens
follow *v.* suivre
follower *n.* suiveur/se
folly *n.* folie
fond *adj.* friand(e)
fondle *v.* caresser
font *n.* police
food *n.* aliment
fool *n.* idiot
foolish *adj.* stupide
foolproof *adj.* infaillible
foot *n.* pied
footage *n.* séquences
football *n.* football
footing *n.* position
footling *adj.* ridicule
for *prep.* pour
foray *n.* incursion
forbear *v.* s'abstenir
forbid *v.* interdire
force *n.* force
forceful *adj.* énergique
forceps *n.* pinces
forcible *adj.* par la force
fore *adj.* devant
forearm *n.* avant-bras
forebear *n.* ancêtre
forecast *v.t* prévoir
forefather *n.* ancêtre
forefinger *n.* index
forehead *n.* front
foregoing *adj.* suscité(e)
foreign *adj.* étranger
foreigner *n.* étranger
foreknowledge *n.* prescience
foreleg *n.* patte antérieure
foreman *n.* contremaître
foremost *adj.* avant tout
forename *n.* prénom
forensic *adj.* médecine légale
foreplay *n.* préliminaires
forerunner *n.* précurseur
foresee *v.* prévoir
foresight *n.* prévoyance
forest *n.* forêt
forestall *v.* prévenir
forestry *n.* foresterie
foretell *v.* prédire
forever *adv.* pour toujours
foreword *n.* avant-propos
forfeit *v.* renoncer à
forge *v.t* forger
forgery *n.* faux

forget *v.* oublier
forgetful *adj.* étourdi(e)
forgive *v.* pardonner
forgo *v.* renoncer à
fork *n.* fourchette
forlorn *adj.* mélancolique
form *n.* formulaire
formal *adj.* formel/le
formality *n.* formalité
format *n.* format
formation *n.* formation
former *adj.* ancien/ne
formerly *adv.* anciennement
formidable *adj.* formidable
formula *n.* formule
formulate *v.* formuler
forsake *v.* abandonner
forswear *v.* renoncer
fort *n.* fort
forte *n.* forte
forth *adv.* suite
forthcoming *adj.* prochain
forthwith *adv.* immédiatement
fortify *v.* fortifier
fortitude *n.* courage
fortnight *n.* quinze jours
fortress *n.* forteresse
fortunate *adj.* chanceux/se
fortune *n.* fortune
forty *adj.& n.* quarante
forum *n.* forum
forward *adv. &adj.* en avant
fossil *n.* fossile
foster *v.* encourager
foul *adj.* pourri(e)
found *v.* trouver
foundation *n.* fondement
founder *n.* fondation
foundry *n.* fonderie
fountain *n.* fontaine
four *adj.& n.* quatre
fourteen *adj.& n.* quatorze
fourth *adj.& n.* quatrième
fowl *n.* pintade
fox *n.* renard
foyer *n.* entrée
fraction *n.* fraction
fractious *adj.* irritable
fracture *v.t* fracturer
fragile *adj.* fragile
fragment *n.* fragment
fragrance *n.* parfum
fragrant *adj.* parfumé(e)
frail *adj.* frêle
frame *n.* cadre
framework *n.* cadre
franchise *n.* franchise
frank *adj.* franc/che
frankfurter *n.* saucisse de Francfort
frantic *adj.* frénétique
fraternal *adj.* fraternel/le
fraternity *n.* fraternité
fraud *n.* fraude
fraudulent *adj.* frauduleux/se
fraught *adj.* stressant(e)
fray *v.* s'effilocher
freak *n.* fou/folle
freckle *n.* tache de rousseur
free *adj.* gratuit
freebie *n.* cadeau
freedom *n.* liberté
freeze *v.* geler
freezer *n.* congélateur
freight *n.* fret
freighter *n.* cargo
French *adj.* français
frenetic *adj.* frénétique
frenzy *n.* frénésie
frequency *n.* fréquence
frequent *adj.* fréquent(e)
fresh *adj.* frais/fraîche
fret *v.t.* s'inquiéter
fretful *adj.* agité(e)
friable *adj.* friable

friction *n.* friction
Friday *n.* vendredi
fridge *n.* réfrigérateur
friend *n.* ami(e)
fright *n.* frayeur
frighten *v.* effrayer
frigid *adj.* frigide
frill *n.* volant
fringe *n.* frange
frisk *v.* fouiller
fritter *v.* gaspiller
frivolous *adj.* frivole
frock *n.* robe
frog *n.* grenouille
frolic *v.i.* gambader
from *prep.* de
front *n.* devant
frontbencher *n.* député des premières banquettes
frontier *n.* frontière
frost *n.* gel
frosty *adj.* gelé(e)
froth *n.* mousse
frown *v.i* froncer les sourcils
frowsty *adj.* renfermé(e)
frugal *adj.* frugal(e)
fruit *n.* fruit
fruitful *adj.* fructueux/se
frump *n.* femme mal fagotée
frustrate *v.* frustrer
fry *v.* frire
fudge *n.* caramel mou
fuel *n.* carburant
fugitive *n.* fugitif
fulcrum *n.* point d'appui
fulfil *v.* accomplir
fulfilment *n.* réalisation
full *adj.* complet/ète
fulsome *adj.* copieux/se
fumble *v.* laisser tomber
fume *n.* fumée
fumigate *v.* fumigation
fun *n.* amusement
function *n.* fonction
functional *adj.* fonctionnel/le
functionary *n.* fonctionnaire
fund *n.* fonds
fundamental *adj.* fondamental(e)
funeral *n.* funérailles
fungus *n.* champignon
funky *adj.* stylé(e)
funnel *n.* entonnoir
funny *adj.* drôle
fur *n.* fourrure
furious *adj.* furieux/se
furl *v.* rouler
furlong *n.* furlong
furnace *n.* four
furnish *v.* meubler
furnishing *n.* ameublement
furniture *n.* meubles
furore *n.* scandale
furrow *n.* sillon
further *adv.* plus loin
furthermore *adv.* en outre
furthest *adj.& adv.* le/la plus éloigné(e)
fury *n.* fureur
fuse *v.* fusionner
fusion *n.* fusion
fuss *n.* histoires
fussy *adj.* difficile
fusty *adj.* de renfermé
futile *adj.* futile
futility *n.* futilité
future *n.* future
futuristic *adj.* futuriste

gab *v.* papoter
gabble *v.t.* jacasser
gadget *n.* gadget
gaffe *n.* gaffe
gag *n.* gag

gaga *adj.* fou/folle de
gaiety *n.* gaieté
gaily *adv.* gaiement
gain *v.* gagner
gainful *adj.* lucratif/ve
gait *n.* démarche
gala *n.* gala
galaxy *n.* galaxie
gale *n.* coup de vent
gall *n.* bile
gallant *adj.* brave
gallantry *n.* galanterie
gallery *n.* galerie
gallon *n.* gallon
gallop *n.* galop
gallows *n.* potence
galore *adj.* à gogo
galvanize *v.i.* galvaniser
gambit *n.* gambit
gamble *v.* parier
gambler *n.* parieur
gambol *v.* gambader
game *n.* jeu
gamely *adj.* courageusement
gammy *adj.* infirme
gamut *n.* gamme
gang *n.* gang
gangling *adj.* dégingandé(e)
gangster *n.* gangster
gangway *n.* allée
gap *n.* écart
gape *v.* regarder bouche bée
garage *n.* garage
garb *n.* costume
garbage *n.* déchets
garble *v.* brouiller
garden *n.* jardin
gardener *n.* jardinier
gargle *v.* se gargariser
garish *adj.* criard(e)
garland *n.* guirlande
garlic *n.* ail
garment *n.* vêtement
garner *v.* engranger
garnet *n.* grenat
garnish *v.* garnir
garret *n.* mansarde
garrulous *adj.* loquace
garter *n.* jarretière
gas *n.* gaz
gasket *n.* joint d'étanchéité
gasp *v.i* haleter
gastric *adj.* gastrique
gastronomy *n.* gastronomie
gate *n.* portail
gateau *n.* gâteau
gather *v.* recueillir
gaudy *adj.* chamarré(e)
gauge *n.* jauge
gaunt *adj.* décharné(e)
gauntlet *n.* gantelet
gauze *n.* gaze
gawky *adj.* gauche
gay *adj.* gay
gaze *v.* regarder
gazebo *n.* belvédère
gazette *n.* gazette
gear *n.* vitesse
geek *n.* geek
gel *n.* gel
geld *v.* hongrer
gem *n.* pierre précieuse
gender *n.* sexe
general *adj.* général(e)
generalize *v.* généraliser
generate *v.* générer
generation *n.* génération
generator *n.* générateur
generosity *n.* générosité
generous *adj.* généreux/se
genesis *n.* genèse
genetic *adj.* génétique
genial *adj.* aimable
genius *n.* génie
genteel *adj.* distingué(e)
gentility *n.* noblesse

gentle *adj.* doux/ce
gentleman *n.* gentilhomme
gentry *n.* bourgeoisie
genuine *adj.* véritable
geographer *n.* géographe
geographical *adj.* géographique
geography *n.* géographie
geologist *n.* géologue
geology *n.* géologie
geometric *adj.* géométrique
geometry *n.* géométrie
germ *n.* germe
German *n.* allemand(e)
germane *adj.* pertinent(e)
germinate *v.* germer
germination *n.* germination
gerund *n.* gérondif
gestation *n.* gestation
gesture *n.* geste
get *v.* obtenir
geyser *n.* geyser
ghastly *adj.* épouvantable
ghost *n.* fantôme
giant *n.* géant(e)
gibber *v.* dire n'importe quoi
gibe *v.* se moquer de
giddy *adj.* gai(e)
gift *n.* cadeau
gifted *adj.* doué(e)
gigabyte *n.* gigabyte
gigantic *adj.* gigantesque
giggle *v.t.* glousser
gild *v.* dorer
gilt *adj.* dorure
gimmick *n.* gadget
ginger *n.* gingembre
gingerly *adv.* délicatement
giraffe *n.* girafe
girder *n.* poutre
girdle *n.* gaine
girl *n.* fille
girlish *adj.* féminin(e)
giro *n.* virement
girth *n.* corpulence
gist *n.* essentiel
give *v.* donner
given *adj.* compte tenu de
glacial *adj.* glacial(e)
glacier *n.* glacier
glad *adj.* heureux/se
gladden *v.* réjouir
glade *n.* clairière
glamour *n.* glamour
glance *v.i.* jeter un coup d'oeil
gland *n.* glande
glare *v.i* lancer un regard
glass *n.* verre
glaze *v.* glacer
glazier *n.* vitrier
gleam *v.* luire
glean *v.* glaner
glee *n.* allégresse
glide *v.* glisser
glider *n.* planeur
glimmer *v.* miroiter
glimpse *n.* aperçu
glisten *v.* briller
glitch *n.* bug
glitter *v.* scintiller
gloat *v.* jubiler
global *adj.* global(e)
globalization *n.* mondialisation
globe *n.* globe
globetrotter *n.* globetrotter
gloom *n.* morosité
gloomy *adj.* sombre
glorification *n.* glorification
glorify *v.* glorifier
glorious *adj.* glorieux/euse
glory *n.* gloire
gloss *n.* brillant
glossary *n.* glossaire
glossy *adj.* brillant(e)
glove *n.* gant

glow *v.* luire
glucose *n.* glucose
glue *n.* colle
glum *adj.* morose
glut *n.* excès
glutton *n.* glouton
gluttony *n.* gourmandise
glycerine *n.* glycérine
gnarled *adj.* noueux/se
gnat *n.* moucheron
gnaw *v.* ronger
go *v.t* aller
goad *v.* provoquer
goal *n.* objectif
goalkeeper *n.* gardien de but
goat *n.* chèvre
gob *n.* un tas
gobble *v.* engloutir
goblet *n.* gobelet
god *n.* dieu
godchild *n.* filleul/le
goddess *n.* déesse
godfather *n.* parrain
godly *adj.* divin(e)
godmother *n.* marraine
goggle *n.* lunettes
going *n.* départ
gold *n.* or
golden *adj.* doré
goldsmith *n.* orfèvre
golf *n.* golf
gondola *n.* gondole
gong *n.* gong
good *adj.* bon/ne
goodbye *excl.* au revoir
goodness *n.* bonté
goodwill *n.* clientèle
goose *n.* oie
gooseberry *n.* groseille à maquereau
gore *n.* carnage
gorgeous *adj.* magnifique
gorilla *n.* gorille
gory *adj.* sanglant(e)
gospel *n.* évangile
gossip *n.* potins
gouge *v.* gouge
gourd *n.* gourde
gourmand *n.* gourmand(e)
gourmet *n.* gourmet
gout *n.* goutte
govern *v.* régir
governance *n.* gouvernance
governess *n.* gouvernante
government *n.* gouvernement
governor *n.* gouverneur
gown *n.* robe
grab *v.* attraper
grace *n.* grâce
graceful *adj.* gracieux/se
gracious *adj.* affable
gradation *n.* gradation
grade *n.* grade
gradient *n.* gradient
gradual *adj.* progressif/ve
graduate *n.* diplômé(e)
graffiti *n.* graffiti
graft *n.* greffe
grain *n.* grain
gram *n.* gramme
grammar *n.* grammaire
gramophone *n.* gramophone
granary *n.* grenier
grand *adj.* grand(e)
grandeur *n.* grandeur
grandiose *adj.* grandiose
grandmother *n.* grand-mère
grange *n.* grange
granite *n.* granit
grant *v.* subvention
granule *n.* granule
grape *n.* raisin
graph *n.* graphique
graphic *adj.* graphique
graphite *n.* graphite
grapple *v.t.* comprendre

grasp *v.* saisir
grass *n.* herbe
grasshopper *n.* sauterelle
grate *v.t* râper
grateful *n.* reconnaissant(e)
grater *n.* râpe
gratification *n.* gratification
gratify *v.* satisfaire
grating *n.* grille
gratis *adv. &adj.* gratuit
gratitude *n.* gratitude
gratuitous *adj.* gratuit(e)
gratuity *n.* gratification
grave *n.* tombe
gravel *n.* gravier
graveyard *n.* cimetière
gravitas *n.* gravité
gravitate *v.* graviter
gravitation *n.* gravitation
gravity *n.* gravité
gravy *n.* sauce
graze *v.* paître
grease *n.* graisse
great *adj.* super
greatly *adv.* grandement
greed *n.* cupidité
greedy *adj.* cupide
green *adj. & n.* vert
greengrocer *n.* marchand de légumes
greenery *v.t.* verdure
greet *n.* saluer
greeting *n.* salutation
grenade *a.* grenade
grey *n.* gris
greyhound *n.* lévrier
grid *n.* grille
griddle *n.* grill en fonte
grief *n.* chagrin
grievance *n.* grief
grieve *v.* chagriner
grievous *adj.* grave
grill *v.* griller
grim *adj.* triste
grime *n.* crasse
grin *v.* sourire
grind *v.* broyer
grinder *n.* broyeur
grip *v.* saisir
gripe *v.* se plaindre
grit *n.* poussière
groan *v.* gémir
grocer *n.* épicier
grocery *n.* épicerie
groggy *adj.* faible
groin *n.* aine
groom *v.* toiletter
groove *n.* rainure
grope *v.* tripoter
gross *adj.* grossier/ère
grotesque *adj.* grotesque
grotto *n.* grotte
ground *n.* sol
groundless *adj.* infondé(e)
group *n.* groupe
grouping *n.* groupement
grout *n.* coulis
grovel *v.* ramper
grow *v.i.* pousser
growl *v.* grogner
growth *n.* croissance
grudge *n* rancune
grudging *adj.* réticent(e)
gruel *n.* gruau
gruesome *adj.* horrible
grumble *v.* râler
grumpy *adj.* grincheux/se
grunt *v.i.* grogner
guarantee *v.t* garantir
guarantor *n.* garant
guard *v.* garder
guarded *adj.* gardé(e)
guardian *n.* tuteur
guava *n.* goyave
gudgeon *n.* goujon
guerrilla *n.* guérilla

guess *v.i* deviner
guest *n.* invité
guffaw *n.* gros rire
guidance *n.* orientation
guide *n.* guide
guidebook *n.* guide
guild *n.* guilde
guile *n.* guile
guillotine *n.* guillotine
guilt *n.* culpabilité
guilty *adj.* coupable
guise *n.* couvert
guitar *n.* guitare
gulf *n.* golfe
gull *n.* mouette
gullet *n.* gosier
gullible *adj.* crédule
gully *n.* rigole
gulp *v.* engloutir
gum *n.* gomme
gun *n.* pistolet
gurdwara *n.* gurdwara
gurgle *v.* gargouiller
gust *n.* rafale
gut *n.* intestin
gutsy *adj.* courageux/se
gutter *n.* gouttière
guy *n.* type
guzzle *v.* engloutir
gymnasium *n.* gymnase
gymnast *n.* gymnaste
gymnastic *n.* gymnastique
gynaecology *n.* gynécologie
gypsy *n.* gitan(e)
gyrate *v.* tournoyer

habit *n.* habitude
habitable *adj.* habitable
habitat *n.* habitat
habitation *n.* habitation
habituate *v.t.* habituer
habitue *n.* habitué(e)
hack *v.* pirater
hackneyed *adj.* rebattu(e)
haemoglobin *n.* hémoglobine
haemorrhage *n.* hémorragie
haft *n.* manche
hag *n.* vieille peau
haggard *adj.* hagard(e)
haggle *v.* marchander
hail *n.* grêle
hair *n.* cheveux
haircut *n.* coupe de cheveux
hairstyle *n.* coiffure
hairy *adj.* poilu(e)
hajj *n.* hadj
halal *adj.* halal
hale *adj.* en pleine forme
halitosis *n.* halitose
hall *n.* hall
hallmark *n.* marque de fabrique
hallow *v.* sanctifier
hallucinate *v.* halluciner
halogen *n.* halogène
halt *v.* s'arrêter
halter *n.* licou
halting *adj.* hésitant(e)
halve *v.* réduire de moitié
halyard *n.* drisse
ham *n.* jambon
hamburger *n.* hamburger
hamlet *n.* hameau
hammer *n.* marteau
hammock *n.* hamac
hamper *n.* panier
hamster *n.* hamster
hamstring *n.* ischio-jambiers
hand *n.* main
handbag *n.* sac à main
handcuff *n.* menottes
handbill *n.* prospectus
handbook *n.* manuel
handcuff *n.* menottes

handful *n.* poignée
handicap *n.* handicap
handicapped *n.* handicapé(e)
handicraft *n.* artisanat
handiwork *n.* bricolage
handkerchief *n.* mouchoir
handle *v.t* manipuler
handout *n.* aumône
handshake *n.* poignée de main
handsome *adj.* beau
handy *adj.* pratique
hang *v.i.* suspendre
hangar *n.* hangar
hanger *n.* cintre
hanging *n.* pendaison
hangover *n.* gueule de bois
hank *n.* écheveau
hanker *v.* rêver de
haphazard *adj.* au hasard
hapless *adj.* malchanceux/se
happen *v.* arriver
happening *n.* événement
happiness *n.* bonheur
happy *adj.* heureux/se
harass *v.* harceler
harassment *n.* harcèlement
harbour *n.* port
hard *adj.* dur(e)
hard drive *n.* disque dur
hardback *n.* relié(e)
harden *v.* durcir
hardly *adv.* à peine
hardship *n.* difficultés
hardy *adj.* robuste
hare *n.* lièvre
harelip *n.* bec de lièvre
harem *n.* harem
hark *v.* écouter
harlequin *n.* arlequin
harm *n.* dommage
harmful *adj.* nuisible
harmless *adj.* inoffensif/ve
harmonious *adj.* harmonieux/se
harmonium *n.* harmonium
harmonize *v.* harmoniser
harmony *n.* harmonie
harness *n.* harnais
harp *n.* harpe
harpy *n.* harpie
harrow *n.* herse
harrowing *adj.* hersage
harsh *adj.* dur(e)
harvest *n.* récolte
harvester *n.* moissonneuse
hassle *n.* pénible
hassock *n.* coussin
haste *n* hâte
hasten *v.* hâter
hasty *adj.* hâtif/ve
hat *n.* chapeau
hatch *n.* couvée
hatchet *n.* hache de guerre
hate *v.t.* haïr
hateful *adj.* haineux
haughty *adj.* hautain(e)
haulage *n.* transport routier
haulier *n.* transporteur
haunch *n.* hanche
haunt *v.* hanter
haunted *adj.* hanté(e)
have *v.* avoir
haven *n.* havre
havoc *n.* ravages
hawk *n.* faucon
hawker *n.* colporteur/se
hawthorn *n.* aubépine
hay *n.* foin
hazard *n.* danger
hazardous *adj.* dangereux/se
haze *n.* brume
hazy *adj.* brumeux/se
he *pron.* il
head *n.* tête
headache *n.* maux de tête

heading *n.* titre
headlight *n.* phare
headline *n.* manchette
headmaster *n.* proviseur
headphone *n.* écouteur
headquarters *n.* siège social
headstrong *adj.* têtu(e)
heady *adj.* capiteux/se
heal *v.* guérir
health *n.* santé
healthy *adj.* en bonne santé
heap *n.* tas
hear *v.* entendre
hearing *n.* audience
hearse *n.* corbillard
heart *n.* coeur
heartache *n.* chagrin
heartbreak *n.* peine de coeur
heartburn *n.* brûlures d'estomac
hearten *v.* encourager
heartening *adj.* encourageant(e)
heartfelt *adj.* sincère
hearth *n.* foyer
heartless *adj.* sans coeur
hearty *adj.* jovial(e)
heat *n.* chaleur
heater *n.* chauffage
heath *n.* lande
heathen *n.* païen/ne
heather *n.* bruyère
heating *n.* chauffage
heave *v.* lancer
heaven *n.* cieux
heavenly *adj.* céleste
heavy *adj.* lourd(e)
heckle *v.* interrompre
hectare *n.* hectare
hectic *adj.* trépidant(e)
hector *v.* terrifier
hedge *n.* haie
hedonism *n.* hédonisme
heed *v.* écouter
heel *n.* talon
hefty *adj.* gros/se
hegemony *n.* hégémonie
height *n.* hauteur
heighten *v.* intensifier
heinous *adj.* odieux/se
heir *n.* héritier/ére
helicopter *n.* hélicoptère
heliport *n.* héliport
hell *n.* enfer
helm *n.* barre
helmet *n.* casque
help *v.* aider
helpful *adj.* utile
helping *n.* utile
helpless *adj.* impuissant(e)
hem *n.* ourlet
hemisphere *n.* hémisphère
hen *n.* poule
hence *adv.* donc
henceforth *adv.* désormais
henchman *n.* partisan
henna *n.* henné
henpecked *adj.* dominé
hepatitis *adj.* hépatite
heptagon *n.* heptagone
her *pron.* sa
herald *n.* héraut
herb *n.* herbe
herculean *adj.* herculéen/ne
herd *n.* troupeau
here *adv.* ici
hereabouts *adv.* allées et venues
hereafter *adv.* au-delà
hereby *adv.* par la présente
hereditary *adj.* héréditaire
heredity *n.* hérédité
heritage *n.* patrimoine
hermetic *adj.* hermétique
hermit *n.* ermite
hermitage *n.* ermitage

hernia *n.* hernie
hero *n.* héros
heroic *adj.* héroïque
heroine *n.* héroïne
herpes *n.* herpès
herring *n.* hareng
hers *pron.* sienne
herself *pron.* elle-même
hesitant *adj.* hésitant(e)
hesitate *v.* hésiter
heterogeneous *adj.* hétérogène
heterosexual *adj.* hétérosexuel/le
hew *v.* tailler
hexogen *n.* hexogène
heyday *n.* âge d'or
hibernate *v.* hiberner
hiccup *n.* hoquet
hide *v.t* cacher
hideous *adj.* hideux/se
hierarchy *n.* hiérarchie
high *adj.* haut(e)
highlight *v.* surligner
highly *adv.* hautement
Highness *n.* Altesse
highway *n.* autoroute
hijack *v.* détourner
hike *n.* randonnée
hilarious *adj.* hilarant(e)
hilarity *n.* hilarité
hill *n.* colline
hillock *n.* tertre
hilt *n.* poignée
him *pron.* lui
himself *pron.* lui-même
hinder *v.* entraver
hindrance *n.* obstacle
hindsight *n.* prise de conscience
hinge *n.* charnière
hint *n.* astuce
hip *n.* hanche
hire *v.t* louer
hirsute *adj.* hirsute
his *adj.* son
hiss *v.i* siffler
histogram *n.* histogramme
historian *n.* historien/ne
historic *adj.* historique
historical *adj.* historique
history *n.* histoire
hit *v.* frapper
hitch *v.* remonter
hither *adv.* ici
hitherto *adv.* jusqu'ici
hive *n.* ruche
hoard *n.* magot
hoarding *n.* thésaurisation
hoarse *adj.* rauque
hoax *n.* canular
hob *n.* plaque de cuisson
hobble *v.* clopiner
hobby *n.* loisir
hobgoblin *n.* farfadet
hockey *n.* hockey
hoist *v.* hisser
hold *v.t* tenir
holdall *n.* fourre-tout
hole *n.* trou
holiday *n.* vacances
holistic *adj.* holistique
hollow *adj.* creux/se
holly *n.* houx
holmium *n.* holmium
holocaust *n.* Holocauste
hologram *n.* hologramme
holster *n.* étui
holy *adj.* saint(e)
homage *n.* hommage
home *n.* domicile
homely *adj.* chaleureux/se
homicide *n.* homicide
homogeneous *adj.* homogène
homoeopath *n.* homéopathe

homeopathy *n.* homéopathie
homogeneous *a.* homogène
homophobia *n.* homophobie
homosexual *n.* homosexuel/le
honest *adj.* honnête
honesty *n.* honnêteté
honey *n.* miel
honeycomb *n.* nid d'abeille
honeymoon *n.* lune de miel
honk *n.* klaxon
honorary *adj.* honoraire
honour *n.* honneur
honourable *adj.* honorable
hood *n.* capuche
hoodwink *v.* frauder
hoof *n.* sabot
hook *n.* crochet
hooked *adj.* accro
hooligan *n.* hooligan
hoop *n.* cerceau
hoopla *n.* battage
hoot *n.* huée
Hoover *n.* aspirateur
hop *v.* sautiller
hop *v.i.* faire escale
hope *n.* espoir
hopefully *adv.* espérer
hopeless *adj.* désespéré(e)
horde *n.* horde
horizon *n.* horizon
horizontal *adj.* horizontal(e)
hormone *n.* hormone
horn *n.* corne
hornet *n.* frelon
horoscope *n.* horoscope
horrendous *adj.* horrible
horrible *adj.* horrible
horrid *adj.* horrible
horrific *adj.* horrible
horrify *v.* horrifier
horror *n.* horreur
horse *n.* cheval
horsepower *n.* cheval-vapeur
horticulture *n.* horticulture
hose *n.* tuyau
hosiery *n.* bonneterie
hospice *n.* hospice
hospitable *adj.* hospitalier/ère
hospital *n.* hôpital
hospitality *n.* hospitalité
host *n.* hôte
hostage *n.* otage
hostel *n.* auberge de jeunesse
hostess *n.* hôtesse
hostile *adj.* hostile
hostility *n.* hostilité
hot *adj.* chaud(e)
hotchpotch *n.* salmigondis
hotel *n.* hôtel
hound *n.* chien de chasse
hour *n.* heure
house *n.* maison
housewife *n.* femme au foyer
housing *n.* logement
hovel *n.* masure
hover *v.* planer
how *adv.* comment
however *adv.* cependant
howl *n.* hurlement
howler *n.* bourde
hub *n.* moyeu
hubbub *n.* brouhaha
huddle *v.* se blottir
hue *n.* teinte
huff *n.* colère
hug *v.* câliner
huge *adj.* énorme
hulk *n.* mastodonte
hull *n.* coque
hum *v.* fredonner
human *adj.* humain(e)
humane *adj.* compatissant(e)
humanism *n.* humanisme

humanitarian *adj.* humanitaire
humanity *n.* humanité
humanize *v.* humaniser
humble *adj.* humble
humid *adj.* humide
humidity *n.* humidité
humiliate *v.* humilier
humility *n.* humilité
hummock *n.* montricule
humorist *n.* humoriste
humorous *adj.* humoristique
humour *n.* humour
hump *n.* bosse
hunch *v.* intuition
hundred *adj.& n.* cent
hunger *n.* faim
hungry *adj.* affamé(e)
hunk *n.* morceau
hunt *v.* chasser
hunter *n.* chasseur
hurdle *n.* haie
hurl *v.* lancer
hurricane *n.* ouragan
hurry *v.* se dépêcher
hurt *v.* blesser
hurtle *v.* foncer
husband *n.* mari
husbandry *n* élevage
hush *v.i* se taire
husk *n.* balle
husky *adj.* rauque
hustle *v.* bousculer
hut *n.* cabane
hutch *n.* huche
hybrid *n.* hybride
hydrant *n.* bouche d'incendie
hydrate *v.* hydrater
hydraulic *adj.* hydraulique
hydrofoil *n.* hydroptère
hydrogen *n.* hydrogène
hyena *n.* hyène
hygiene *n.* hygiène
hymn *n.* hymne
hype *n.* matraquage
hyper *pref.* hyper
hyperactive *adj.* hyperactif/ve
hyperbole *n.* hyperbole
hypertension *n.* hypertension artérielle
hyphen *n.* trait d'union
hypnosis *n.* hypnose
hypnotism *n.* hypnotisme
hypnotize *v.* hypnotiser
hypocrisy *n.* hypocrisie
hypocrite *n.* hypocrite
hypotension *n.* hypotension
hypothesis *n.* hypothèse
hypothetical *adj.* hypothétique
hysteria *n.* hystérie
hysterical *adj.* hystérique

I

I *pron.* je
ice *n.* glace
iceberg *n.* iceberg
ice-cream *n.* glace
icicle *n.* stalactite
icing *n.* glaçage
icon *n.* icône
icy *n.* verglacé(e)
idea *n.* idée
ideal *n.* idéal
ideally *adv.* idéalement
idealism *n.* idéalisme
idealist *n.* idéaliste
idealistic *adj.* idéaliste
idealize *v.* idéaliser
identical *adj.* identique
identification *n.* identification
identity *n.* identité
identity *v.* identité
ideology *n.* idéologie
idiocy *n.* idiotie

idiom *n.* idiome
idiomatic *adj.* idiomatique
idiosyncrasy *n.* idiosyncrasie
idiot *n.* idiot(e)
idiotic *adj.* idiot(e)
idle *adj.* oisif/ve
idleness *n.* oisiveté
idler *n.* paresseux/se
idol *n.* idole
idolatry *n.* idolâtrie
idolize *v.* idolâtrer
idyll *n.* idylle
if *conj.* si
igloo *n.* igloo
igneous *adj.* igné(e)
ignite *v.* s'allumer
ignition *n.* allumage
ignoble *adj.* ignoble
ignominy *n.* ignominie
ignominious *adj.* ignominieux/se
ignoramus *n.* ignare
ignorance *n.* ignorance
ignorant *adj.* ignorant(e)
ignore *v.* ignorer
ill *adj.* malade
illegal *adj.* illégal(e)
illegible *adj.* illisible
illegibility *n.* illisibilité
illegitimate *adj.* illégitime
illicit *adj.* illicite
illiteracy *n.* analphabétisme
illiterate *n.* analphabète
illness *n.* maladie
illogical *adj.* illogique
illuminate *v.* illuminer
illumination *n.* illumination
illusion *v.t.* illusion
illusory *adj.* illusoire
illustrate *n.* illustrer
illustration *n.* illustration
illustrious *adj.* illustre
image *n.* image
imagery *n.* imagerie
imaginary *adj.* imaginaire
imagination *n.* imagination
imaginative *adj.* imaginatif/ve
imagine *v.t.* imaginer
imbalance *n.* déséquilibre
imbibe *v.* imbiber
imbroglio *n.* imbroglio
imbue *v.* imprégner
imitate *v.* imiter
imitation *n.* imitation
imitator *n.* imitateur/trice
immaculate *adj.* immaculé(e)
immanent *adj.* immanent(e)
immaterial *adj.* immatériel/le
immature *adj.* immature
immaturity *n.* immaturité
immeasurable *adj.* incommensurable
immediate *adj.* immédiat(e)
immemorial *adj.* immémorial(e)
immense *adj.* immense
immensity *n.* immensité
immerse *v.* immerger
immersion *n.* immersion
immigrant *n.* immigrant(e)
immigrate *v.* immigrer
immigration *n.* immigration
imminent *adj.* imminent(e)
immoderate *adj.* immodéré(e)
immodest *n.* impudique
immodesty *n.* impudeur
immolate *v.* immoler
immoral *adj.* immoral(e)
immorality *n.* immoralité
immortal *adj.* immortel/le
immortality *n.* immortalité
immortalize *v.* immortaliser
immovable *adv.* fixe
immune *adj.* immunisé(e)
immunity *n.* immunité
immunize *v.* immuniser

immunology *n.* immunologie
immure *v.* enmurer
immutable *adj.* immuable
impact *n.* impact
impair *v.* altérer
impalpable *adj.* impalpable
impart *v.* transmettre
impartial *adj.* impartial(e)
impartiality *n.* impartialité
impassable *adj.* infranchissable
impasse *n.* impasse
impassioned *adj.* passionné(e)
impassive *adj.* impassible
impatient *adj.* impatient(e)
impeach *v.* accuser
impeachment *n.* mise en accusation
impeccable *adj.* impeccable
impede *v.* entraver
impediment *n.* obstacle
impel *v.* inciter
impending *adj.* imminent(e)
impenetrable *adj.* impénétrable
imperative *adj.* impératif/ve
imperfect *adj.* imparfait(e)
imperfection *n.* imperfection
imperial *adj.* impérial(e)
imperialism *n.* impérialisme
imperil *v.* mettre en péril
impersonal *adj.* impersonnel/le
impersonate *v.* imiter
impersonation *n.* imposture
impertinence *n* impertinence
impertinent *adj.* impertinent(e)
impervious *adj.* imperméable
impetuous *adj.* impétueux/se
impetus *n.* élan
impious *adj.* impie
implacable *adj.* implacable
implant *v.* implanter
implausible *adj.* invraisemblable
implement *n.* appliquer
implicate *v.* impliquer
implication *n.* implication
implicit *adj.* implicite
implode *v.* imploser
implore *v.t.* implorer
imply *v.* impliquer
impolite *adj.* impoli(e)
import *v.* importer
importer *n.* importateur
importance *n.* importance
important *adj.* important(e)
impose *v.* imposer
imposing *adj.* imposant(e)
imposition *n.* imposition
impossibility *n.* impossibilité
impossible *adj.* impossible
imposter *n.* imposteur
impotence *n.* impuissance
impotent *adj.* impuissant(e)
impound *v.* confisquer
impoverish *v.* appauvrir
impracticable *adj.* impraticable
impractical *adj.* peu pratique
impress *v.* impressionner
impression *n.* impression
impressive *adj.* impressionnant(e)
imprint *v.* imprimer
imprison *v.* emprisonner
improbable *adj.* improbable
improper *adj.* déplacé(e)
impropriety *n.* inconvenance
improve *v.* améliorer
improvement *n.* amélioration
improvident *adj.* imprévoyant(e)
improvise *v.* improviser

imprudent *adj.* imprudent(e)
impudent *adj.* impudent(e)
impulse *n.* impulsion
impulsive *adj.* impulsif/ve
impunity *n.* impunité
impure *adj.* impur(e)
impurity *n.* impureté
impute *v.* imputer
in *prep.* dans
inability *n.* incapacité
inaccurate *adj.* inexact(e)
inaction *n.* inaction
inactive *adj.* inactif/ve
inadequate *adj.* inadéquate
inadmissible *adj.* irrecevable
inadvertent *adj.* inattentif/ve
inane *adj.* inepte
inanimate *adj.* inanimé(e)
inapplicable *adj.* inapplicable
inappropriate *adj.* inapproprié(e)
inarticulate *adj.* incapable de s'exprimer
inattentive *adj.* inattentif/ve
inaudible *adj.* inaudible
inaugural *adj.* inaugural(e)
inaugurate *v.* inaugurer
inauspicious *adj.* malencontreux/se
inborn *adj.* inné(e)
inbred *adj.* consanguin(e)
incalculable *adj.* incalculable
incapable *adj.* incapable
incapacity *n.* incapacité
incarcerate *v.* incarcérer
incarnate *adj.* incarner
incarnation *n.* incarnation
incense *n.* encens
incentive *n.* avantage
inception *n.* création
incest *n.* inceste
inch *n.* pouce
incidence *n.* incidence
incident *n.* incident
incidental *adj.* accidental(e)
incisive *adj.* incisif/ve
incite *v.* inciter
inclination *n.* inclinaison
incline *v.* incliner
include *v.* inclure
inclusion *n.* inclusion
inclusive *adj.* inclusif/ve
incoherent *adj.* incohérent(e)
income *n.* revenu
incomparable *adj.* incomparable
incompatible *adj.* incompatible
incompetent *adj.* incompétent(e)
incomplete *adj.* incomplet/ète
inconclusive *adj.* non concluant(e)
inconsiderate *adj.* inconsidéré(e)
inconsistent *adj.* incompatible
inconsolable *adj.* inconsolable
inconspicuous *adj.* inaperçu(e)
inconvenience *n* incommodité
incorporate *v.* incorporer
incorporation *n.* incorporation
incorrect *adj.* incorrect(e)
incorrigible *adj.* incorrigible
incorruptible *adj* incorruptible
increase *v.* augmenter
incredible *adj.* incroyable
increment *n.* incrément
incriminate *v.i.* incriminer
incubate *v.* incuber
inculcate *v.* inculquer

incumbent *adj.* titulaire
incur *v.* encourir
incurable *adj.* incurable
incursion *n.* incursion
indebted *adj.* endetté(e)
indecency *n.* indécence
indecent *adj.* indécent(e)
indecision *n.* indécision
indeed *adv.* en effet
indefensible *adj.* indéfendable
indefinite *adj.* indéfini(e)
indemnity *n.* indemnité
indent *v.* mettre en retrait
indenture *n.* contrat synallagmatique
independence *n.* indépendance
independent *adj.* indépendant(e)
indescribable *adj.* indescriptible
index *n.* index
Indian *n.* indien/ne
indicate *v.* indiquer
indication *n.* indication
indicative *adj.* indicatif
indicator *n.* indicateur
indict *v.* accuser
indictment *n.* inculpation
indifference *n.* indifférence
indifferent *adj.* indifférent(e)
indigenous *adj.* autochtone
indigestible *adj.* indigeste
indigestion *n.* indigestion
indignant *adj.* indigné(e)
indignation *n.* indignation
indignity *n.* indignité
indigo *n.* indigo
indirect *adj.* indirect(e)
indiscipline *n.* indiscipline
indiscreet *adj.* indiscret/ète
indiscretion *n.* indiscrétion
indiscriminate *adj.* au hasard
indispensable *adj.* indispensable
indisposed *adj.* souffrant(e)
indisputable *adj.* incontestable
indistinct *adj.* indistinct(e)
individual *adj.* individuel/le
individualism *n.* individualisme
individuality *n.* individualité
indivisible *adj.* indivisible
indolent *adj.* indolent(e)
indomitable *adj.* indomptable
indoor *adj.* intérieur
induce *v.* induire
inducement *n.* incitation
induct *v.* introniser
induction *n.* induction
indulge *v.* s'accorder
indulgence *n.* indulgence
indulgent *adj.* indulgent(e)
industrial *adj.* industriel/le
industrious *adj.* industrieux/se
industry *n.* industrie
ineffective *adj.* inefficace
inefficient *adj.* inefficace
ineligible *adj.* qui n'a pas le droit
inequality *n.* inégalité
inert *adj.* inerte
inertia *n.* inertie
inescapable *adj.* incontournable
inevitable *adj.* inévitable
inexact *adj.* inexact(e)
inexcusable *adj.* inexcusable
inexhaustible *adj.* inépuisable
inexorable *adj.* inexorable
inexpensive *adj.* peu coûteux
inexperience *n.* inexpérience

inexplicable *adj.* inexplicable
inextricable *adj.* inextricable
infallible *adj.* infaillible
infamous *adj.* infâme
infamy *n.* infamie
infancy *n.* petite enfance
infant *n.* enfant en bas âge
infanticide *n.* infanticide
infantile *adj.* infantile
infantry *n.* infanterie
infatuate *v.* tourner la tête
infatuation *n.* toquade
infect *v.* infecter
infection *n.* infection
infectious *adj.* infectieux/se
infer *v.* déduire
inference *n.* inférence
inferior *adj.* inférieur(e)
inferiority *n.* infériorité
infernal *adj.* infernal(e)
infertile *adj.* infertile
infest *v.* infester
infidelity *n.* infidélité
infighting *n.* luttes intestines
infiltrate *v.* infiltrer
infinite *adj.* infini(e)
infinity *n.* infini
infirm *adj.* infirme
infirmity *n.* infirmité
inflame *v.* enflammer
inflammable *adj.* inflammable
inflammation *n.* inflammation
inflammatory *adj.* inflammatoire
inflate *v.* gonfler
inflation *n.* inflation
inflect *v.* infléchir
inflexible *adj.* inflexible
inflict *v.* infliger
influence *n.* influence
influential *adj.* influent(e)
influenza *n.* grippe
influx *n.* afflux
inform *v.* informer
informal *adj.* informel/le
information *n.* information
informative *adj.* informatif/ve
informer *n.* informateur/rice
infrastructure *n.* infrastructure
infrequent *adj.* rare
infringe *v.* enfreindre
infringement *n.* infraction
infuriate *v.* mettre en colère
infuse *v.* faire infuser
infusion *n.* infusion
ingrained *adj.* enraciné(e)
ingratitude *n.* ingratitude
ingredient *n.* ingrédient
inhabit *v.* habiter
inhabitable *adj.* habitable
inhabitant *n.* habitant(e)
inhale *v.* inspirer
inhaler *n.* inhalateur
inherent *adj.* inhérent(e)
inherit *v.* hériter
inheritance *n.* héritage
inhibit *v.* inhiber
inhibition *n.* inhibition
inhospitable *adj.* inhospitalier/ère
inhuman *adj.* inhumain(e)
inimical *adj.* hostile
inimitable *adj.* inimitable
initial *adj.* initial(e)
initiate *v.* lancer
initiative *n.* initiative
inject *v.* injecter
injection *n.* injection
injudicious *adj.* peu judicieux/se
injunction *n.* injonction
injure *v.* blesser
injurious *adj.* préjudiciable
injury *n.* blessure
injustice *n.* injustice

ink *n.* encre
inkling *n.* petite idée
inland *adj.* intérieur des terres
inmate *n.* détenu
inmost *adj.* plus profond
inn *n.* auberge
innate *adj.* inné(e)
inner *adj.* intérieur(e)
innermost *adj.* le/la plus intime
innings *n.* tours de batte
innocence *n.* innocence
innocent *adj.* innocent(e)
innovate *v.* innover
innovation *n.* innovation
innovator *n.* innovateur
innumerable *adj.* innombrable
inoculate *v.* ensemencer
inoculation *n.* inoculation
inoperative *adj.* inopérant(e)
inopportune *adj.* inopportun(e)
inpatient *n.* patient hospitalisé
input *n.* entrée
inquest *n.* enquête
inquire *v.* se renseigner
inquiry *n.* enquête
inquisition *n.* inquisition
inquisitive *adj.* curieux/se
insane *adj.* fou/folle
insanity *n.* folie
insatiable *adj.* insatiable
inscribe *v.* inscrire
inscription *n.* inscription
insect *n.* insecte
insecticide *n.* insecticide
insecure *adj.* insécurité
insecurity *n.* insécurité
insensible *adj.* insensible
inseparable *adj.* inséparable
insert *v.* insérer
insertion *n.* insertion
inside *n.* à l'intérieur
insight *n.* perspicacité
insignificance *n.* insignifiance
insignificant *adj.* insignifiant(e)
insincere *adj.* hypocrite
insincerity *adv.* duplicité
insinuate *v.* insinuer
insinuation *n.* insinuation
insipid *adj.* insipide
insist *v.* insister
insistence *n.* insistance
insistent *adj.* insistant(e)
insolence *n.* insolence
insolent *adj.* insolent(e)
insoluble *adj.* insoluble
insolvency *n.* insolvabilité
insolvent *adj.* insolvable
inspect *v.* inspecter
inspection *n.* inspection
inspector *n.* inspecteur/rice
inspiration *n.* inspiration
inspire *v.* inspirer
instability *n.* instabilité
install *v.* installer
installation *n.* installation
instalment *n.* tranche
instance *n.* instance
instant *adj.* instantané(e)
instantaneous *adj.* instantané(e)
instead *adv.* au lieu de
instigate *v.* susciter
instil *v.* instiller
instinct *n.* instinct
instinctive *adj.* instinctif/ve
institute *n.* institut
institution *n.* institution
instruct *v.* instruire
instruction *n.* instruction
instructor *n.* instructeur

instrument *n.* instrument
instrumental *adj.* instrumental(e)
instrumentalist *n.* instrumentiste
insubordinate *adj.* insubordonné(e)
insubordination *n.* insubordination
insufficient *adj.* insuffisant(e)
insular *adj.* insulaire
insulate *v.* isoler
insulation *n.* isolation
insulator *n.* isolant
insulin *n.* insuline
insult *v.t.* insulter
insupportable *adj.* insupportable
insurance *n.* assurance
insure *v.* assurer
insurgent *n.* insurgé
insurmountable *adj.* insurmontable
insurrection *n.* insurrection
intact *adj.* intact(e)
intake *n.* apport
intangible *adj.* intangible
integral *adj.* intégral(e)
integrity *n.* intégrité
intellect *n.* intelligence
intellectual *adj.* intellectuel/le
intelligence *n.* intelligence
intelligent *adj.* intelligent(e)
intelligible *adj.* intelligible
intend *v.* penser à
intense *adj.* intense
intensify *v.* intensifier
intensity *n.* intensité
intensive *adj.* intensif/ve
intent *n.* intention
intention *n.* intention
intentional *adj.* intentionnel/le
interact *v.* interagir
intercede *v.* intercéder
intercept *v.* interrompre
interception *n.* interception
interchange *v.* interchanger
intercom *n.* interphone
interconnect *v.* interconnecter
intercourse *n.* rapports sexuels
interdependent *adj.* interdépendant(e)
interest *n.* intérêt
interesting *adj.* intéressant(e)
interface *n.* interface
interfere *v.* interférer
interference *n.* interférence
interim *n.* intérimaire
interior *adj.* intérieur(e)
interject *v.* couper
interlink *v.* relier
interlock *v.* interverrouiller
interlocutor *n.* interlocuteur/rice
interloper *n.* intrus(e)
interlude *n.* interlude
intermediary *n.* intermédiaire
intermediate *adj.* intermédiaire
interminable *adj.* interminable
intermission *n.* entracte
intermittent *adj.* intermittent(e)
intern *v.* faire un stage
internal *adj.* interne
international *adj.* international(e)
internet *n.* internet
interplay *n.* interaction
interpret *v.* interpréter
interpreter *n.* interprète
interracial *adj.* interracial/le

interrelate *v.* mettre en corrélation
interrogate *v.* interroger
interrogative *adj.* interrogatif/ve
interrupt *v.* interrompre
interruption *n.* interruption
intersect *v.* croiser
interstate *n.* autoroute
interval *n.* intervalle
intervene *v.* intervenir
intervention *n.* intervention
interview *n.* entrevue
intestine *n.* intestin
intimacy *n.* intimité
intimate *adj.* intime
intimidate *v.* intimider
intimidation *n.* intimidation
into *prep.* dans
intolerable *adj.* intolérable
intolerant *adj.* intolérant(e)
intone *v.* entonner
intoxicate *v.* enivrer
intoxication *n.* intoxication
intractable *adj.* intraitable
intranet *n.* intranet
intransitive *adj.* intransitif
intrepid *adj.* intrépide
intricate *adj.* complexe
intrigue *v.* intriguer
intrinsic *adj.* intrinsèque
introduce *v.* introduire
introduction *n.* introduction
introductory *adj.* préalable
introspect *v.* pratiquer l'introspection
introspection *n.* introspection
introvert *n.* introverti
intrude *v.* s'immiscer
intrusion *n.* intrusion
intrusive *adj.* intrusif/ve
intuition *n.* intuition
intuitive *n.* intuitif/ve
inundate *v.* inonder
invade *v.* envahir
invalid *n.* invalide
invalidate *v.* invalider
invaluable *adj.* inestimable
invariable *adj.* invariable
invasion *n.* invasion
invective *n.* invectives
invent *v.* inventer
invention *n.* invention
inventor *n.* inventeur
inventory *n.* inventaire
inverse *adj.* inverse
invert *v.* inverser
invest *v.t.* investir
investigate *v.* enquêter
investigation *n.* enquête
investment *n.* investissement
invigilate *v.* surveiller
invigilator *n.* surveillant(e)
invincible *adj.* invincible
inviolable *adj.* inviolable
invisible *adj.* invisible
invitation *n.* invitation
invite *v.* inviter
inviting *adj.* invitant(e)
invocation *n.* invocation
invoice *n.* facture
invoke *v.* invoquer
involuntary *adj.* involontaire
involve *v.* impliquer
invulnerable *adj.* invulnérable
inward *adj.* vers l'intérieur
irate *adj.* furieux/se
ire *n.* colère
iris *n.* iris
irksome *v.* pénible
iron *n.* fer
ironical *adj.* ironique
irony *n.* ironie
irradiate *v.* irradier
irrational *adj.* irrationnel/le

irreconcilable *adj.* irréconciliable
irredeemable *adj.* inexpiable
irrefutable *adj.* irréfutable
irregular *adj.* irrégulier/ère
irregularity *n.* irrégularité
irrelevant *adj.* hors sujet
irreplaceable *adj.* irremplaçable
irresistible *adj.* irrésistible
irresolute *adj.* indécis(e)
irrespective *adj.* peu importe
irresponsible *adj.* irresponsable
irreversible *adj.* irréversible
irrevocable *adj.* irrévocable
irrigate *v.* irriguer
irrigation *n.* irrigation
irritable *adj.* irritable
irritant *n.* irritant
irritate *v.* irriter
irruption *n.* irruption
Islam *n.* islam
island *n.* île
isle *n.* île
islet *n.* îlot
isobar *n.* isobare
isolate *v.* isoler
isolation *n.* isolement
issue *n.* problème
it *pron.* on
italic *adj.* italique
itch *v.i.* démanger
itchy *adj.* qui gratte
item *n.* article
iterate *v.* itérer
itinerary *n* itinéraire
itself *pron.* soi-même
ivory *n.* ivoire
ivy *n.* lierre

jab *v.*porter un coup
jabber *v.* bredouiller
jack *n.* cric
jackal *n.* chacal
jackass *n.* crétin(e)
jacket *n.* veste
jackpot *n.* jackpot
Jacuzzi *n.* jacuzzi
jade *n.* jade
jaded *adj.* blasé(e)
jagged *adj.* denté(e)
jail *n.* prison
jailer *n.* geôlier
jam *v.t.* s'enrayer
jam *n.* confiture
jamboree *n.* fête
janitor *n.* concierge
January *n.* janvier
jar *n.* pot
jargon *n.* jargon
jasmine *n.* jasmin
jaundice *n.* jaunisse
jaunt *n.* escapade
jaunty *adj.* allègre
javelin *n.* javelot
jaw *n.* mâchoire
jay *n.* geai
jazz *n.* jazz
jazzy *adj.* voyant(e)
jealous *adj.* jaloux/se
jealousy *n.* jalousie
jeans *n.* jean
jeep *n.* jeep
jeer *v.* railler
jelly *n.* gelée
jellyfish *n.* méduse
jeopardize *v.* compromettre
jeopardy *n.* danger
jerk *n.* coup sec
jerkin *n.* justaucorps

jerry can *n.* bidon
jersey *n.* maillot
jest *n.* plaisanterie
jester *n.* bouffon
jet *n.* jet
jet lag *n.* décalage horaire
jewel *n.* bijou
jeweller *n.* bijoutier
jewellery *n.* bijou
jibe *n.* raillerie
jig *n.* gabarit
jiggle *v.* remuer
jigsaw *n.* puzzle
jingle *n.* jingle
jinx *n.* malédiction
jitters *n.* frousse
job *n.* emploi
jockey *n.* jockey
jocose *adj.* enjoué(e)
jocular *adj.* badin(e)
jog *v.* trottiner
joggle *v.* secouer
join *v.* joindre
joiner *n.* menuisier
joint *n.* articulation
joist *n.* solive
joke *n.* blague
joker *n.* joker
jolly *adj.* gai(e)
jolt *v.t.* choquer
jostle *v.t.* se bousculer
jot *v.t.* noter
journal *n.* revue
journalism *n.* journalisme
journalist *n.* journaliste
journey *n.* voyage
jovial *adj.* jovial(e)
joviality *adv.* jovialité
joy *n.* joie
joyful *adj.* joyeux/se
joyous *adj.* joyeux/se
jubilant *adj.* radieux/se
jubilation *n.* jubilation
jubilee *n.* jubilé
judge *n.* juge
judgement *n.* jugement
judicial *adj.* judiciaire
judiciary *n.* magistrature
judicious *adj.* judicieux/se
judo *n.* judo
jug *n.* pichet
juggle *v.* jongler
juggler *n.* jongleur
juice *n.* jus
juicy *adj.* juteux/se
July *n.* juillet
jumble *n.* fouillis
jumbo *adj.* géant(e)
jump *v.i* sauter
jumper *n.* cavalier
jumper *n.* pull-over
junction *n.* jonction
juncture *n.* moment
June *n.* juin
jungle *n.* jungle
junior *adj.* assitant(e)
junior *n.* junior
junk *n.* pacotille
Jupiter *n.* jupiter
jurisdiction *n.* juridiction
jurisprudence *n.* jurisprudence
jurist *n.* juriste
juror *n.* juré(e)
jury *n.* jury
just *adj.* juste
justice *n.* justice
justifiable *adj.* justifiable
justification *n.* justification
justify *v.* justifier
jute *n.* jute
juvenile *adj.* juvenile

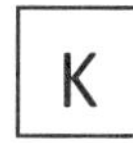

kaftans *n.* caftans

kaleidoscope *n.* kaléidoscope
kangaroo *n.* kangourou
karaoke *n.* karaoké
karate *n.* karaté
karma *n.* karma
kebab *n.* kébab
keel *n.* quille
keen *adj.* vif/vive
keenness *n.* acuité
keep *v.* garder
keeper *n.* gardien/ne
keeping *n.* conservation
keepsake *n.* souvenir
keg *n.* tonnelet
kennel *n.* chenil
kerb *n.* bord
kerchief *n.* foulard
kernel *n.* noyau
kerosene *n.* kérosène
ketchup *n.* ketchup
kettle *n.* bouilloire
key *n.* clé
keyboard *n.* clavier
keyhole *n.* trou de serrure
kick *v.* envoyer avec le pied
kid *n.* gamin(e)
kidnap *v.* kidnapper
kidney *n.* rein
kill *v.* tuer
killing *n.* meurtre
kiln *n.* four à céramique
kilo *n.* kilo
kilobyte *n.* kilo-octet
kilometre *n.* kilomètre
kilt *n.* kilt
kimono *n.* kimono
kin *n.* famille
kind *n.* genre
kindergarten *n.* crèche
kindle *v.* allumer
kindly *adv.* aimablement
kinetic *adj.* cinétique
king *n.* roi
kingdom *n.* royaume
kink *n.* noeud
kinship *n.* parenté
kiss *v.t.* embrasser
kit *n.* trousse
kitchen *n.* cuisine
kite *n.* cerf-volant
kith *n.* proches
kitten *n.* chaton
kitty *n.* minette
knack *n.* don
knacker *v.* abattre
knave *n.* fripon
knead *v.* pétrir
knee *n.* genou
kneel *v.* se mettre à genoux
knickers *n.* slip
knife *n.* couteau
knight *n.* chevalier
knighthood *n.* chevalerie
knit *v.* tricoter
knob *n.* bouton
knock *v.* se cogner
knot *n.* noeud
knotty *adj.* noueux/se
know *v.* savoir
knowing *adj.* délibéré(e)
knowledge *n.* connaissance
knuckle *n.* articulation
kosher *adj.* casher
kudos *n.* gloire
kung fu *n.* kung fu

label *n.* étiquette
labial *adj.* labial(e)
laboratory *n.* laboratoire
laborious *adj.* laborieux/se
labour *n.* travail
labourer *n.* ouvrier/ouvrière
labyrinth *n.* labyrinthe

lace *n.* dentelle
lacerate *v.* lacérer
lachrymose *adj.* larmoyant(e)
lack *n.* pénurie
lackey *n.* laquais
lacklustre *adj.* terne
laconic *adj.* laconique
lacquer *n.* laque
lacrosse *n.* crosse
lactate *v.* sécréter du lait
lactose *n.* lactose
lacuna *n.* lacune
lacy *adj.* en dentelle
lad *n.* gars
ladder *n.* échelle
laden *adj.* chargé(e)
ladle *n.* louche
lady *n.* dame
ladybird *n.* coccinelle
lag *v.* ralentir
lager *n.* bière blonde
laggard *n.* traînard(e)
lagging *n.* garniture
lagoon *n.* lagon
lair *n.* tanière
lake *n.* lac
lamb *n.* agneau
lambast *v.* étriller
lame *adj.* boiteux/se
lament *n.* complainte
lamentable *adj.* lamentable
laminate *v.* plaquer
lamp *n.* lampe
lampoon *v.* ridiculiser
lance *n.* lance
lancer *n.* lancier
lancet *n.* bistouri
land *n.* terre
landing *n.* atterrissage
landlady *n.* hôtesse
landlord *n.* propriétaire
landscape *n.* paysage
lane *n.* ruelle
language *n.* langue
languid *adj.* langoureux/se
languish *v.* languir
lank *adj.* terne
lanky *adj.* dégingandé(e)
lantern *n.* lanterne
lap *n.* tour
lapse *n.* erreur
lard *n.* saindoux
larder *n.* garde-manger
large *adj.* grand(e)
largesse *n.* largesse
lark *n.* alouette
larva *n.* larve
larynx *n.* larynx
lasagne *n.* lasagne
lascivious *adj.* lascif/ve
laser *n.* laser
lash *v.* fouetter
lashings *n.* quantité
lass *n.* fille
last *adj.* dernier
lasting *adj.* durable
latch *n.* loquet
late *adj.* en retard
lately *adv.* dernièrement
latent *adj.* latent(e)
lath *n.* latte
lathe *n.* tour
lather *n.* mousse
latitude *n.* latitude
latrine *n.* latrine
latte *n.* latte
latter *adj.* dernier
lattice *n.* treillis
laud *v.* louer
laudable *adj.* louable
laugh *v.* rire
laughable *adj.* risible
laughter *n.* rire
launch *v.* lancer
launder *v.* blanchir

launderette *n.* laverie automatique
laundry *n.* blanchisserie
laurel *n.* laurier
laureate *n.* lauréat
lava *n.* lave
lavatory *n.* lavabo
lavender *n.* lavande
lavish *adj.* somptueux/se
law *n.* droit
lawful *adj.* licite
lawless *adj.* sans foi ni loi
lawn *n.* pelouse
lawyer *n.* avocat
lax *adj.* négligent(e)
laxative *n.* laxatif/ve
laxity *n.* laxisme
lay *v.* poser
layer *n.* couche
layman *n.* profane
laze *v.* paresser
lazy *adj.* paresseux/se
leach *v.* suinter
lead *n.* plomb
lead *v.* mener
leaden *adj.* en plomb
leader *n.* chef
leadership *n.* qualité de leader
leaf *n.* feuille
leaflet *n.* dépliant
league *n.* ligue
leak *v.* fuir
leakage *n.* fuite
lean *v.* appuyer
leap *v.* sauter
learn *v.* apprendre
learned *adj.* érudit(e)
learner *n.* élève
learning *n.* apprentissage
lease *n.* bail
leash *n.* laisse
least *adj.& pron.* minimum
leather *n.* cuir
leave *v.t.* partir
lecture *n.* conférence
lecturer *n.* maître de conférences
ledge *n.* rebord
ledger *n.* grand livre
leech *n.* sangsue
leek *n.* poireau
left *n.* gauche
leftist *n.* gauchiste
leg *n.* jambe
legacy *n.* héritage
legal *adj.* légal(e)
legality *n.* légalité
legalize *v.* légaliser
legend *n.* légende
legendary *adj.* légendaire
leggings *n.* jambières
legible *adj.* lisible
legion *n.* légion
legislate *v.* légiférer
legislation *n.* législation
legislative *adj.* législatif/ve
legislator *n.* législateur
legislature *n.* législature
legitimacy *n.* légitimité
legitimate *adj.* légitime
leisure *n.* loisir
leisurely *adj.* tranquille
lemon *n.* citron
lemonade *n.* limonade
lend *v.* prêter
length *n.* longueur
lengthy *adj.* long/ue
leniency *n.* clémence
lenient *adj.* clément(e)
lens *n.* lentille
lentil *n.* lentilles
Leo *n.* lion
leopard *n.* léopard
leper *n.* lèpreux/se
leprosy *n.* lèpre

lesbian *n.* lesbien/ne
less *adj. & pron.* moins
lessee *n.* preneur à bail
lessen *v.* diminuer
lesser *adj.* moindre
lesson *n.* leçon
lessor *n.* bailleur
lest *conj.* de peur que
let *v.* laisser
lethal *adj.* létal(e)
lethargic *adj.* léthargique
lethargy *n.* léthargie
letter *n.* lettre
level *n.* niveau
lever *n.* levier
leverage *n.* effet de levier
levity *n.* légèreté
levy *v.* prélever
lewd *adj.* lubrique
lexical *adj.* lexical(e)
lexicon *n.* lexique
liability *n.* responsabilité
liable *adj.* responsable
liaise *v.* assurer la liaison
liaison *n.* liaison
liar *n.* menteur/se
libel *n.* diffamation
liberal *adj.* libéral(e)
liberate *v.* libérer
liberation *n.* libération
liberator *n.* sauveur/se
liberty *n.* liberté
libido *n.* libido
Libra *n.* vierge
librarian *n.* bibliothécaire
library *n.* bibliothèque
licence *n.* licence
licensee *n.* titulaire d'une licence
licentious *adj.* licencieux/se
lick *v.* lécher
lid *n.* couvercle
lie *v.* mentir
liege *n.* liège
lien *n.* privilège
lieu *n.* lieu
lieutenant *n.* lieutenant
life *n.* vie
lifeless *adj.* inanimé(e)
lifelong *adj.* de toute une vie
lift *v.t.* soulever
ligament *n.* ligament
light *n.* lumière
lighten *v.* éclaircir
lighter *n.* briquet
lighting *n.* éclairage
lightly *adv.* légèrement
lightening *n.* éclairage
lignite *n.* lignite
like *prep.* comme
likeable *adj.* sympathique
likelihood *n.* probabilité
likely *adj.* probable
liken *v.* comparer
likeness *n.* ressemblance
likewise *adv.* de même
liking *n.* goût
lilac *n.* lilas
lily *n.* lys
limb *n.* membre
limber *v.* s'étirer
limbo *n.* limbes
lime *n.* chaux
limelight *n.* feux de la rampe
limerick *n.* limerick
limit *n.* limite
limitation *n.* limitation
limited *adj.* limité(e)
limousine *n.* limousine
limp *v.* boiter
line *n.* ligne
lineage *n.* lignée
linen *n.* lin
linger *v.* s'attarder
lingerie *n.* lingerie
lingo *n.* jargon

lingua *n.* langue
lingual *n.* linguistique
linguist *adj.* linguiste
linguistic *adj.* linguistique
lining *n.* doublure
link *n.* lien
linkage *n.* relation
linseed *n.* graines de lin
lintel *n.* linteau
lion *n.* lion
lip *n.* lèvres
liposuction *n.* liposuccion
liquefy *v.* liquéfier
liquid *n.* liquide
liquidate *v.* liquider
liquidation *n.* liquidation
liquor *n.* liqueur
lisp *n.* zézaietement
lissom *adj.* agile
list *n.* liste
listen *v.* écouter
listener *n.* écouteur
listless *adj.* apathique
literal *adj.* littéral(e)
literary *adj.* littéraire
literate *adj.* cultivé(e)
literature *n.* littérature
lithe *adj.* souple
litigant *n.* plaideur
litigate *v.* poursuivre en justice
litigation *n.* litige
litre *n.* litre
litter *n.* litière
little *adj.* petit(e)
live *v.* vivre
livelihood *n.* gagne-pain
lively *adj.* animé(e)
liven *v.* s'animer
liver *n.* foie
livery *n.* livrée
living *n.* vivants
lizard *n.* lézard
load *n.* charge
loaf *n.* miche
loan *n.* prêt
loath *adj.* pas disposé(e)
loathe *v.* détester
loathsome *adj.* répugnant(e)
lobby *n.* hall
lobe *n.* lobe
lobster *n.* homard
local *adj.* local(e)
locale *n.* endroit
locality *n.* localité
localize *v.* localiser
locate *v.* implanter
location *n.* emplacement
lock *n.* serrure
locker *n.* casier
locket *n.* médaillon
locomotion *n.* locomotion
locomotive *n.* locomotive
locum *n.* suppléant
locus *n.* lieu
locust *n.* locuste
locution *n.* locution
lodge *n.* hutte
lodger *n.* locataire
lodging *n.* hébergement
loft *n.* combles
lofty *adj.* élevé(e)
log *n.* journal
logarithm *n.* logarithme
logic *n.* logique
logical *adj.* logique
logistics *n.* logistique
logo *n.* logo
loin *n.* longe
loiter *v.* traîner
loll *v.* fainéanter
lollipop *n.* sucette
lolly *n.* sucette
lone *adj.* solitaire
loneliness *n.* solitude
lonely *adj.* solitaire

loner *n.* solitaire
lonesome *adj.* seul(e)
long *adj.* long/ue
longevity *n.* longévité
longing *n.* désir
longitude *n.* longitude
loo *n.* toilettes
look *v.* regarder
look *n* regard
lookalike *n.* sosie
loom *n.* métier à tisser
loop *n.* boucle
loose *adj.* lâche
loosen *v.* desserrer
loot *n.* butin
lop *v.* tailler
lope *v.* marcher
lopsided *adj.* de travers
lord *n.* seigneur
lordly *adj.* noble
lore *n.* tradition
lorry *n.* camion
lose *v.* perdre
loss *n.* perte
lot *pron.* beaucoup
lotion *n.* lotion
lottery *n.* loterie
lotus *n.* lotus
loud *adj.* fort(e)
lounge *v.* se relaxer
lounge *n.* salon
louse *n.* pou
lousy *adj.* nul/le
lout *n.* rustre
Louvre *n.* Louvre
lovable *adj.* adorable
love *n.* amour
lovely *adj.* charmant(e)
lover *n.* amant(e)
low *adj.* faible
lower *adj.* inférieur(e)
lowly *adj.* humble
loyal *adj.* fidèle
loyalist *n.* loyaliste
lozenge *n.* pastille
lubricant *n.* lubrifiant
lubricate *v.* lubrifier
lubrication *n.* lubrification
lucent *adj.* lumineux/se
lucid *adj.* lucide
lucidity *adv.* lucidité
luck *n.* chance
luckless *adj.* malchanceux/se
lucky *adj.* chanceux/se
lucrative *adj.* lucratif/ve
lucre *n.* lucre
ludicrous *adj.* ridicule
luggage *n.* bagages
lukewarm *adj.* tiède
lull *v.* endormir
lullaby *n.* berceuse
luminary *n.* luminaire
luminous *adj.* lumineux/se
lump *n.* bosse
lunacy *n.* folie
lunar *adj.* lunaire
lunatic *n.* aliéné(e)
lunch *n.* déjeuner
luncheon *n.* déjeuner
lung *n.* poumon
lunge *n.* fente
lurch *n.* pétrin
lure *v.* tromper
lurid *adj.* criard(e)
lurk *v.* se tapir
luscious *adj.* pulpeux/se
lush *adj.* luxuriant(e)
lust *n.* luxure
lustful *adj.* lubrique
lustre *n.* lustre
lustrous *adj.* lustré(e)
lusty *adj.* robuste
lute *n.* luth
luxuriant *adj.* luxuriant(e)
luxurious *adj.* luxueux/se
luxury *n.* luxe

lychee *n.* litchi
lymph *n.* lymphe
lynch *n.* lyncher
lyre *n.* lyre
lyric *n.* lyrique
lyrical *adj.* lyrique
lyricist *n.* parolier

macabre *adj.* macabre
machine *n.* machine
machinery *n.* machinerie
macho *adj.* macho
mackintosh *n.* imperméable
mad *adj.* fou/folle
madam *n.* madame
madcap *adj.* écervelé(e)
Mafia *n.* mafia
magazine *n.* magazine
magenta *n.* magenta
magic *n.* magie
magician *n.* magicien/ne
magisterial *adj.* magistral(e)
magistrate *n.* magistrat
magnanimous *adj.* magnanime
magnate *n.* magnat
magnet *n.* aimant
magnetic *adj.* magnétique
magnetism *n.* magnétisme
magnificent *adj.* magnifique
magnify *v.* magnifier
magnitude *n.* grandeur
magpie *n.* pie
mahogany *n.* acajou
mahout *n.* cornac
maid *n.* femme de ménage
maiden *n.* jeune fille
mail *n.* courrier
mail order *n.* correspondance
maim *v.* mutiler
main *adj.* principal(e)
mainstay *n.* pilier
maintain *v.* maintenir
maintenance *n.* entretien
maisonette *n.* maisonnette
majestic *adj.* majestueux/se
majesty *n.* majesté
major *adj.* considérable
majority *n.* majorité
make *v.* faire
make-up *n.* maquillage
making *n.* fabrication
maladjusted *adj.* inadapté(e)
maladministration *n.* mauvaise administration
malady *n.* maladie
malaise *n.* malaise
malaria *n.* paludisme
malcontent *n.* insatisfait(e)
male *n.* mâle
malediction *n.* malédiction
malefactor *n.* scélérat(e)
malformation *n.* malformation
malfunction *v.* mal fonctionner
malice *n.* malice
malicious *adj.* malveillant(e)
malign *adj.* néfaste
malignant *adj.* maligne
mall *n.* centre commercial
malleable *adj.* malléable
mallet *n.* maillet
malnutrition *n.* malnutrition
malpractice *n.* faute professionnelle
malt *n.* malt
maltreat *v.* maltraiter
mammal *n.* mammifère
mammary *adj.* mammaire
mammon *n.* veau d'or
mammoth *n.* mammouth
man *n.* homme
manage *v.* gérer
manageable *adj.* gérable

management *n.* gestion
manager *n.* directeur
managerial *adj.* d'encadrement
mandate *n.* mandat
mandatory *adj.* obligatoire
mane *n.* crinière
manful *adj.* vaillant
manganese *n.* manganèse
manger *n.* mangeoire
mangle *v.* broyer
mango *n.* mangue
manhandle *v.* malmener
manhole *n.* bouche d'égout
manhood *n.* virilité
mania *n.* manie
maniac *n.* maniaque
manicure *n.* manucure
manifest *adj.* manifeste
manifestation *n.* manifestation
manifesto *n.* manifeste
manifold *adj.* collecteur
manipulate *v.* manipuler
manipulation *n.* manipulation
mankind *n.* humanité
manly *adj.* viril(e)
manna *n.* manne
mannequin *n.* mannequin
manner *n.* manière
mannerism *n.* maniérisme
manoeuvre *n.* manoeuvre
manor *n.* manoir
manpower *n.* main-d'oeuvre
mansion *n.* hôtel particulier
mantel *n.* tour de cheminée
mantle *n.* cape
mantra *n.* mantra
manual *adj.* manuel/le
manufacture *v.* fabriquer
manufacturer *n.* fabricant
manumission *n.* manumission
manure *n.* fumier
manuscript *n.* manuscrit
many *adj.* nombreux/se
map *n.* carte
maple *n.* érable
mar *v.* gâter
marathon *n.* marathon
maraud *v.* marauder
marauder *n.* maraudeur
marble *n.* marbre
march *n.* avancée
march *v.* marcher
mare *n.* jument
margarine *n.* margarine
margin *n.* marge
marginal *adj.* marginal(e)
marigold *n.* souci
marina *n.* marina
marinade *n.* marinade
marinate *v.* faire mariner
marine *adj.* marin(e)
mariner *n.* matelot
marionette *n.* marionnette
marital *adj.* matrimonial(e)
maritime *adj.* maritime
mark *n.* marque
marker *n.* marqueur
market *n.* marché
marketing *n.* marketing
marking *n.* marquage
marksman *n.* tireur d'élite
marl *n.* marne
marmalade *n.* marmelade
maroon *n.* marron
marquee *n.* fronton
marriage *n.* mariage
marriageable *adj.* nubile
marry *v.* se marier
Mars *n.* Mars
marsh *n* marais
marshal *n.* maréchal
marshmallow *n.* guimauve
marsupial *n.* marsupial

mart *n.* bourse
martial *adj.* martial(e)
martinet *n.* tyran
martyr *n.* martyr
martyrdom *n.* martyre
marvel *v.i* s'émerveiller
marvellous *adj.* merveilleux/se
Marxism *n.* Marxisme
marzipan *n.* pâte d'amande
mascara *n.* mascara
mascot *n.* mascotte
masculine *adj.* masculin(e)
mash *v.t* écraser
mask *n.* masque
masochism *n.* masochisme
mason *n.* maçon
masonry *n.* maçonnerie
masquerade *n.* mascarade
mass *n.* masse
massacre *n.* massacre
massage *n.* massage
masseur *n.* masseur
massive *adj.* massive
mast *n.* mât
master *n.* maître
mastermind *n.* cerveau
masterpiece *n.* chef d'oeuvre
mastery *n.* maîtrise
masticate *v.* mastiquer
masturbate *v.* se masturber
mat *n.* mat
matador *n.* matador
match *n.* allumette
matchmaker *n.* entremetteur/se
mate *n.* partenaire
material *n.* matériel
materialism *n.* matérialisme
materialize *v.* matérialiser
maternal *adj.* maternel/le
maternity *n.* maternité
mathematical *adj.* mathématique
mathematician *n.* mathématicien
mathematics *n.* mathématiques
matinee *n.* matinée
matriarch *n.* matriarche
matricide *n.* matricide
matriculate *v.* être accepté(e à l'université
matriculation *n.* matriculation
matrimonial *adj.* matrimonial(e)
matrimony *n.* mariage
matrix *n.* matrice
matron *n.* matrone
matter *n.* question
mattress *n.* matelas
mature *adj.* mature
maturity *n.* maturité
maudlin *adj.* larmoyant(e)
maul *v.* malmener
maunder *v.* divaguer
mausoleum *n.* mausolée
maverick *n.* dissident(e)
maxim *n.* maxime
maximize *v.* maximiser
maximum *n.* maximal(e)
May *n.* mai
may *v.* pouvoir
maybe *adv.* peut-être
mayhem *n.* désordre
mayonnaise *n.* mayonnaise
mayor *n.* maire
maze *n.* labyrinthe
me *pron.* moi
mead *n.* hydromel
meadow *n.* pré
meagre *adj.* maigre
meal *n.* repas
mealy *adj.* farineux/se
mean *v.* signifier

meander *v.* errer
meaning *n.* sens
means *n.* moyens
meantime *adv.* en attendant
meanwhile *adv.* pendant ce temps
measles *n.* rougeole
measly *adj.* maigre
measure *v.* mesurer
measure *a.* mesure
measured *adj.* mesuré(e)
measurement *n.* mesure
meat *n.* viande
mechanic *n.* mécanicien
mechanical *adj.* mécanique
mechanics *n.* mécanique
mechanism *n.* mécanisme
medal *n.* médaille
medallion *n.* médaillon
medallist *n.* médaillé(e)
meddle *v.* se mêler
media *n.* médias
median *adj.* médiane
mediate *v.* servir de médiateur
mediation *n.* médiation
medic *n.* docteur
medical *adj.* médical(e)
medication *n.* médicament
medicinal *adj.* médicinal(e)
medicine *n.* médecine
medieval *adj.* médiéval(e)
mediocre *adj.* médiocre
mediocrity *n.* médiocrité
meditate *v.* méditer
mediation *n.* médiation
meditative *adj.* méditatif/ve
Mediterranean *adj.* méditerranéen/ne
medium *n.* médium
medley *n.* pot-pourri
meek *adj.* doux/ce
meet *v.* rencontrer
meeting *n.* réunion
mega *adj.* méga
megabyte *n.* mégaoctet
megahertz *n.* mégahertz
megalith *n.* mégalithe
megalithic *adj.* mégalithique
megaphone *n.* mégaphone
megapixel *n.* mégapixels
melamine *n.* mélamine
melancholia *n.* dépression
melancholy *n.* mélancolie
melange *n.* mélange
meld *n.* fusion
melee *n.* mêlée
meliorate *v.* améliorer
mellow *adj.* velouté(e)
melodic *adj.* mélodique
melodious *adj.* mélodieux/se
melodrama *n.* mélodrame
melodramatic *adj.* mélodramatique
melody *n.* mélodie
melon *n.* melon
melt *v.* faire fondre
member *n.* membre
membership *n.* adhésion
membrane *n.* membrane
memento *n.* souvenir
memo *n.* note
memoir *n.* mémoire
memorable *adj.* mémorable
memorandum *n.* mémorandum
memorial *n.* mémorial
memory *n.* mémoire
menace *n.* menace
mend *v.* réparer
mendacious *adj.* mensonger/ère
mendicant *adj.* mendiant(e)
menial *adj.* subalterne
meningitis *n.* méningite
menopause *n.* ménopause

menstrual *adj.* menstruel/le
menstruation *n.* menstruation
mental *adj.* mental(e)
mentality *n.* mentalité
mention *v.* mentionner
mentor *n.* mentor
menu *n.* menu
mercantile *adj.* mercantile
mercenary *adj.* mercenaire
merchandise *n.* marchandise
merchant *n.* marchand
merciful *adj.* miséricordieux/se
mercurial *adj.* mercurial/le
mercury *n.* mercure
mercy *n.* miséricorde
mere *adj.* simple
meretricious *adj.* clinquant(e)
merge *v.* fusionner
merger *n.* fusion
meridian *n.* méridien
merit *n.* mérite
meritorious *adj.* méritoire
mermaid *n.* sirène
merry *adj.* joyeux/se
mesh *n.* maille
mesmeric *adj.* hypnotique
mesmerize *v.* hypnotiser
mess *n.* bazar
message *n.* message
messenger *n.* messager
messiah *n.* messie
messy *adj.* désordonné(e)
metabolism *n.* métabolisme
metal *n.* métal
metallic *adj.* métallique
metallurgy *n.* métallurgie
metamorphosis *n.* métamorphose
metaphor *n.* métaphore
metaphysical *adj.* métaphysique
metaphysics *n.* métaphysique
mete *v.* distribuer
meteor *n.* météore
meteoric *adj.* fulgurant(e)
meteorology *n.* météorologie
meter *n.* compteur
method *n.* méthode
methodical *adj.* méthodique
methodology *n.* méthodologie
meticulous *adj.* méticuleux/se
metre *n.* mètre
metric *adj.* métrique
metrical *adj.* métrique
metropolis *n.* métropole
metropolitan *adj.* métropolitain(e)
mettle *n.* courage
mettlesome *n.* brave
mew *v.* miauler
mews *n.* ruelle
mezzanine *n.* mezzanine
miasma *n.* miasmes
mica *n.* mica
microbiology *n.* microbiologie
microchip *n.* puce électronique
microfilm *n.* microfilm
micrometer *n.* micromètre
microphone *n.* microphone
microprocessor *n.* microprocesseur
microscope *n.* microscope
microscopic *adj.* microscopique
microsurgery *n.* microchirurgie
microwave *n.* micro-ondes
mid *adj.* mi-
midday *n.* midi

middle *adj.* milieu
middleman *n.* intermédiaire
middling *adj.* moyen/ne
midget *n.* nain(e)
midnight *n.* minuit
midriff *n.* ventre
midst *adj.* milieu
midsummer *adj.* plein été
midway *adv.* au milieu
midwife *n.* sage-femme
might *v.* pouvoir
mighty *adj.* puissant(e)
migraine *n.* migraine
migrant *n.* migrant(e)
migrate *v.* migrer
migration *n.* migration
mild *adj.* doux/ce
mile *n.* kilomètre
mileage *n.* kilométrage
milestone *n.* borne kilométrique
milieu *n.* milieu
militant *adj.* militant(e)
militant *n.* militant(e)
military *adj.* militaire
militate *v.* militer
militia *n.* milice
milk *n.* lait
milkshake *n.* milk-shake
milky *adj.* laiteux/se
mill *n.* moulin
millennium *n.* millénaire
millet *n.* millet
milligram *n.* milligramme
millimetre *n.* millimètre
milliner *n.* modiste
million *n.* million
millionaire *n.* millionnaire
millipede *n.* mille-pattes
mime *n.* mime
mime *v.* mimer
mimic *n.* imitateur
mimicry *n.* mimétisme
minaret *n.* minaret
mince *v.* hacher
mind *n.* esprit
mindful *adj.* attentif/ve
mindless *adj.* abrutissant(e)
mine *pron.* mien/ne
mine *n.* mine
miner *n.* mineur
mineral *n.* minérale
mineralogy *n.* minéralogie
minestrone *n.* minestrone
mingle *v.* se mélanger
mini *adj.* mini
miniature *adj.* miniature
minibus *n.* minibus
minicab *n.* taxi
minim *n.* blanche
minimal *adj.* minime
minimize *v.* minimiser
minimum *n.* minimum
minion *n.* laquais
miniskirt *n.* minijupe
minister *n.* ministre
ministerial *adj.* ministériel/le
ministry *n.* ministère
mink *n.* vison
minor *adj.* mineur(e)
minority *n.* minorité
minster *n.* cathédrale
mint *n.* menthe
minus *prep.* moins
minuscule *adj.* minuscule
minute *n.* minute
minute *adj.* menu(e)
minutely *adv.* minutieusement
minx *n.* friponne
miracle *n.* miracle
miraculous *adj.* miraculeux/se
mirage *n.* mirage
mire *n.* mire
mirror *n.* miroir

mirth *n.* hilarité
mirthful *adj.* joyeux/se
misadventure *n.* mésaventure
misalliance *n.* mésalliance
misapply *v.* mal utiliser
misapprehend *v.* mal comprendre
misapprehension *n.* malentendu
misappropriate *v.* détourner
misappropriation *n.* détournement
misbehave *v.* mal se comporter
misbehaviour *n.* mauvaise conduite
misbelief *n.* croyance erronnée
miscalculate *v.* mal calculer
miscalculation *n.* erreur de calcul
miscarriage *n.* fausse couche
miscarry *v.* faire une fausse couche
miscellaneous *adj.* divers
mischance *n.* malchance
mischief *n.* méfait
mischievous *adj.* espiègle
misconceive *v.* mal comprendre
misconception *n.* idée fausse
misconduct *n.* mauvaise conduite
misconstrue *v.* mal interpréter
miscreant *n.* mécréant(e)
misdeed *n.* méfait
misdemeanour *n.* délit
misdirect *v.* mal orienter
miser *n.* avare
miserable *adj.* misérable
miserly *adj.* radin(e)
misery *n.* misère
misfire *v.* rater
misfit *n.* marginal(e)
misfortune *n.* malheur
misgive *v.* hésiter
misgiving *n.* hésitation
misguide *v.* induire en erreur
mishandle *v.* mal gérer
mishap *n.* mésaventure
misinform *v.* désinformer
misinterpret *v.* mal interpréter
misjudge *v.* méconnaître
mislay *v.* égarer
mislead *v.* induire en erreur
mismanagement *n.* mauvaise gestion
mismatch *n.* incompatibilité
misnomer *n.* terme inapproprié
misplace *v.* égarer
misprint *n.* faute de frappe
misquote *v.* déformer les propos
misread *v.* mal lu(e)
misrepresent *v.* dénaturer
misrule *n.* anarchie
miss *v.* manquer
miss *n.* mademoiselle
missile *n.* missile
missing *adj.* manquant(e)
mission *n.* mission
missionary *n.* missionnaire
missive *n.* missive
misspell *v.* mal orthographier
mist *n.* brume
mistake *n.* erreur
mistaken *adj.* erroné(e)
mistletoe *n.* gui
mistreat *v.* maltraiter
mistress *n.* maîtresse
mistrust *v.* se méfier

misty *adj.* brumeux/se
misunderstand *v.* se méprendre
misunderstanding *n.* malentendu
misuse *v.* mal employer
mite *n.* mite
mitigate *v.* atténuer
mitigation *n.* atténuation
mitre *n.* mitre
mitten *n.* mitaine
mix *v.* mélanger
mixer *n.* mixeur
mixture *n.* mélange
moan *n.* gémissement
moat *n.* douves
mob *n.* foule
mobile *adj.* mobile
mobility *n.* mobilité
mobilize *v.* mobiliser
mocha *n.* moka
mock *v.* se moquer
mockery *n.* moquerie
modality *n.* modalité
mode *n.* mode
model *n.* modèle
modem *n.* modem
moderate *adj.* modéré(e)
moderation *n.* modération
moderator *n.* modérateur
modern *adj.* moderne
modernity *n.* modernité
modernize *v.* moderniser
modernism *n.* modernisme
modest *adj.* modeste
modesty *n.* modestie
modicum *n.* minimum
modification *n.* modification
modify *v.t.* modifier
modish *adj.* en vogue
modulate *v.* moduler
module *n.* module
moil *v.* marner
moist *adj.* humide
moisten *v.* humidifier
moisture *n.* humidité
moisturize *v.* hydrater
molar *n.* molaire
molasses *n.* mélasse
mole *n.* taupe
molecular *adj.* moléculaire
molecule *n.* molécule
molest *v.* molester
molestation *n.* aggression sexuelle
mollify *v.* amadouer
molten *adj.* fondu(e)
moment *n.* moment
momentary *adj.* momentanée
momentous *adj.* mémorable
momentum *n.* élan
monarch *n.* monarque
monarchy *n.* monarchie
monastery *n.* monastère
monastic *adj.* monastique
monasticism *n.* monachisme
Monday *n.* lundi
monetarism *n.* monétarisme
monetary *adj.* monétaire
money *n.* argent
monger *n.* marchand
mongoose *n.* mangouste
mongrel *n.* hybride
monitor *n.* moniteur
monitory *adj.* monitoire
monk *n.* moine
monkey *n.* singe
mono *n.* mono
monochrome *n.* monochrome
monocle *n.* monocle
monocular *adj.* monoculaire
monody *n.* monodie
monogamy *n.* monogamie
monogram *n.* monogramme
monograph *n.* monographie

monolatry *n.* monolâtrie
monolith *n.* monolithe
monologue *n.* monologue
monophonic *adj.* monophonique
monopolist *n.* monopoleur
monopolize *v.* monopoliser
monopoly *n.* monopole
monorail *n.* monorail
monosyllable *n.* monosyllabe
monotheism *n.* monothéisme
monotheist *n.* monothéiste
monotonous *adj.* monotone
monotony *n.* monotonie
monsoon *n.* mousson
monster *n.* monstre
monstrous *adj.* monstrueux/se
monstrous *adj.* monstrueux/se
montage *n.* montage
month *n.* mois
monthly *adj.* mensuel/le
monument *n.* monument
monumental *adj.* monumental(e)
moo *v.* meugler
mood *n.* humeur
moody *adj.* lunatique
moon *n.* lune
moonlight *n.* clair de lune
moor *n.* lande
moorings *n.* amarres
moot *adj.* controversé(e)
mop *n.* balai
mope *v.* broyer du noir
moped *n.* cyclomoteur
moraine *n.* moraine
moral *adj.* moral(e)
morale *n.* moral
moralist *n.* moraliste
morality *n.* moralité
moralize *v.* faire la morale
morass *n.* bourbier
morbid *adj.* morbide
morbidity *adv.* morbidité
more *n.* plus
moreover *adv.* en outre
morganatic *adj.* morganatique
morgue *n.* morgue
moribund *adj.* moribond(e)
morning *n.* matin
moron *n.* idiot
morose *adj.* morose
morphine *n.* morphine
morphology *n.* morphologie
morrow *n.* lendemain
morsel *n.* morceau
mortal *adj.* mortel/le
mortality *n.* mortalité
mortar *n.* mortier
mortgage *n.* hypothèque
mortgagee *n.* créancier hypothécaire
mortgagor *n.* débiteur hypothécaire
mortify *v.* mortifier
mortuary *n.* mortuaire
mosaic *n.* mosaïque
mosque *n.* mosquée
mosquito *n.* moustique
moss *n.* mousse
most *n.* plupart
mote *n.* grain
motel *n.* motel
moth *n.* papillon de nuit
mother *n.* mère
mother *n.* mère
motherboard *n.* carte mère
motherhood *n.* maternité
mother-in-law *n.* belle-mère
motherly *adj.* maternel/le
motif *n.* motif
motion *n.* motion
motionless *adj.* immobile

motivate *v.* motiver
motivation *n.* motivation
motive *n.* motif
motley *adj.* bigarré(e)
motor *n.* moteur
motorcycle *n.* moto
motorist *n.* automobiliste
motorway *n.* autoroute
mottle *n.* marbrure
motto *n.* devise
mould *n.* moule
moulder *v.* pourrir
moulding *n.* moulage
moult *v.* mue
mound *n.* monticule
mount *v.* monter
mountain *n.* montagne
mountaineer *n.* alpiniste
mountaineering *n.* alpinisme
mountainous *adj.* montagneux/se
mourn *v.* pleurer
mourner *n.* personne en deuil
mournful *adj.* lugubre
mourning *n.* deuil
mouse *n.* souris
mousse *n.* mousse
moustache *n.* moustache
mouth *n.* bouche
mouthful *n.* bouchée
movable *adj.* mobile
move *v.* déménager
movement *n.* mouvement
mover *n.* homme/femme d'action
movies *n.* films
moving *adj.* déménagement
mow *v.* tondre
mozzarella *n.* mozzarella
much *pron.* beaucoup
mucilage *n.* mucilage
muck *n.* boue
mucous *adj.* mucus
mucus *n.* glaire
mud *n.* boue
muddle *v.* embrouiller
muesli *n.* muesli
muffin *n.* muffin
muffle *v.* moufle
muffler *n.* cache-col
mug *n.* grande tasse
muggy *adj.* moite
mulatto *n.* mulâtre
mulberry *n.* mûrier
mule *n.* mule
mulish *adj.* buté(e)
mull *v.* bien réfléchir
mullah *n.* mollah
mullion *n.* meneau
multicultural *adj.* multiculturel/le
multifarious *adj.* très divers(e)
multiform *adj.* multiforme
multilateral *adj.* multilatéral(e)
multimedia *n.* multimédia
multiparous *adj.* multipare
multiple *adj.* multiple
multiplex *n.* multiplex
multiplication *n.* multiplication
multiplicity *n.* multiplicité
multiply *v.* multiplier
multitude *n.* multitude
mum *n.* maman
mumble *v.* marmonner
mummer *n.* mime
mummify *v.* momifier
mummy *n.* momie
mumps *n.* oreillons
munch *v.* grignoter
mundane *adj.* banal(e)
municipal *adj.* municipal(e)
municipality *n.* municipalité
munificent *adj.* généreux/se

muniment *n.* muniment
munitions *n.* munitions
mural *n.* peinture murale
murder *n.* meurtre
murderer *n.* meurtrier
murk *n.* obscurité
murky *adj.* glauque
murmur *v.* murmurer
muscle *n.* muscle
muscovite *n.* moscovite
muscular *adj.* musculaire
muse *n.* muse
museum *n.* musée
mush *n.* bouillie
mushroom *n.* champignon
music *n.* musique
musical *adj.* musical(e)
musician *n.* musicien/ne
musk *n.* musc
musket *n.* mousquet
musketeer *n.* mousquetaire
Muslim *n.* musulman(e)
muslin *n.* mousseline
mussel *n.* moule
must *v.* devoir
mustang *n.* mustang
mustard *n.* moutarde
muster *v.* rassembler
musty *adj.* moisi(e)
mutable *adj.* mutable
mutate *v.* muter
mutation *n.* mutation
mutative *adj.* mutatif/ve
mute *adj.* muet/te
mutilate *v.* mutiler
mutilation *n.* mutilation
mutinous *adj.* mutin(e)
mutiny *n.* mutinerie
mutter *v.* marmonner
mutton *n.* mouton
mutual *adj.* mutuel/le
muzzle *n.* museau
muzzy *adj.* confus(e)
my *adj.* mon/ma
myalgia *n.* myalgie
myopia *n.* myopie
myopic *adj.* myope
myosis *n.* myosis
myriad *n.* myriade
myrrh *n.* myrrhe
myrtle *n.* myrte
myself *pron.* moi-même
mysterious *adj.* mystérieux
mystery *n.* mystère
mystic *n.* mystique
mystical *adj.* mystique
mysticism *n.* mysticisme
mystify *v.* mystifier
mystique *n.* mystique
myth *n.* mythe
mythical *adj.* mythique
mythological *adj.* mythologique
mythology *n.* mythologie

nab *v.* piquer
nabob *n.* nabab
nacho *n.* nacho
nadir *n.* nadir
nag *v.t.* harceler
nail *n.* ongle
naivety *n.* naïveté
naked *adj.* nu(e)
name *n.* nom
namely *n.* à savoir
namesake *n.* homonyme
nanny *n.* nounou
nap *n.* sieste
nape *n.* nuque
naphthalene *n.* naphtaline
napkin *n.* serviette
nappy *n.* couche
narcissism *n.* narcissisme
narcissus *n.* narcisse

narcotic *n.* narcotique
narrate *v.* raconter
narration *n.* narration
narrative *n.* récit
narrator *n.* narrateur
narrow *adj.* étroit(e)
nasal *adj.* nasal(e)
nascent *adj.* naissant(e)
nasty *adj.* méchant(e)
natal *adj.* natal(e)
natant *adj.* natant(e)
nation *n.* nation
national *adj.* national(e)
nationalism *n.* nationalisme
nationalist *n.* nationaliste
nationality *n.* nationalité
nationalization nationalisation
nationalize *v.* nationaliser
native *n.* natif
nativity *n.* Nativité
natty *adj.* chic
natural *adj.* naturel/le
naturalist *n.* naturaliste
naturalize *v.* naturaliser
naturalization *n.* naturalisation
naturally *adv.* naturellement
nature *n.* nature
naturism *n.* naturisme
naughty *adj.* espiègle
nausea *n.* nausée
nauseate *v.* écoeurer
nauseous *adj.* nauséeux(se)
nautical *adj.* nautique
naval *adj.* naval(e)
nave *n.* nef
navigable *adj.* navigable
navigate *v.* naviguer
navigation *n.* navigation
navigator *n.* navigateur
navy *n.* marine militaire
nay *adv.* non
near *adv.* près
nearby *adv.* proche
near *v.i.* approcher
nearest *adj.* plus proche
nearly *adv.* presque
neat *adj.* soigné(e)
nebula *n.* nébuleuse
nebulous *adj.* nébuleux/se
necessarily *adv.* forcément
necessary *adj.* nécessaire
necessitate *v.* nécessiter
necessity *n.* nécessité
neck *n.* cou
necklace *n.* collier
necklet *n.* pendentif
necromancy *n.* nécromancie
necropolis *n.* nécropole
nectar *n.* nectar
nectarine *n.* nectarine
need *v.* devoir
needful *adj.* nécessaire
needle *n.* aiguille
needless *adj.* inutile
needy *adj.* nécessiteux/se
nefarious *adj.* abject(e)
negate *v.* nier
negation *n.* négation
negative *adj.* négatif
negativity *n.* négativité
neglect *v.* négliger
negligence *n.* négligence
negligent *adj.* négligent(e)
negligible *adj.* négligeable
negotiable *adj.* négociable
negotiate *v.* négocier
negotiation *n.* négociation
negotiator *n.* négociateur/rice
negress *n.* négresse
negro *n.* nègre
neigh *n.* hennissement
neighbour *n.* voisin
neighbourhood *n.* quartier

neighbourly *adj.* bon voisinage
neither *adj.* ni
nemesis *n.* fléau
neoclassical *adj.* néoclassique
Neolithic *adj.* néolithique
neon *n.* néon
neophyte *n.* néophyte
nephew *n.* neveu
nepotism *n.* népotisme
Neptune *n.* Neptune
nerd *n.* nerd
nerve *n.* nerf
nerveless *adj.* dénervé(e)
nervous *adj.* nerveux/se
nervy *adj.* énervé(e)
nest *n.* nid
nestle *v.* blotir
nestling *n.* oisillon
net *n.* filet
nether *adj.* inférieur(e)
netting *n.* maille
nettle *n.* ortie
network *n.* réseau
neural *adj.* neural(e)
neurologist *n.* neurologue
neurology *n.* neurologie
neurosis *n.* névrose
neurotic *adj.* névrotique
neuter *adj.* neutre
neutral *adj.* neutre
neutralize *v.* neutraliser
neutron *n.* neutron
never *adv.* jamais
nevertheless *adv.* néanmoins
new *adj.* nouveau
newly *adv.* nouvellement
news *n.* informations
next *adj.* suivant(e)
nexus *n.* liaison
nib *n.* plume
nibble *v.* grignoter
nice *adj.* aimable
nicety *n.* raffinement
niche *n.* niche
nick *n.* entaille
nickel *n.* nickel
nickname *n.* pseudonyme
nicotine *n.* nicotine
niece *n.* nièce
niggard *n.* pingre
niggardly *adj.* chiche
nigger *n.* nègre
niggle *v.* ergoter
nigh *adv.* proche
night *n.* nuit
nightingale *n.* rossignol
nightmare *n.* cauchemar
nightie *n.* nuisette
nihilism *n.* nihilisme
nil *n.* néant
nimble *adj.* agile
nimbus *n.* nimbe
nine *adj. & n.* neuf
nineteen *adj. & n.* dix-neuf
nineteenth *adj. & n.* dix-neuvième
ninetieth *adj. & n.* quatre-vingt-dixième
ninth *adj. & n.* neuvième
ninety *adj. & n.* quatre vingt dix
nip *v.* mordiller
nipple *n.* mamelon
nippy *adj.* frisquet
nirvana *n.* nirvana
nitrogen *n.* azote
no *adj.* non
nobility *n.* noblesse
noble *adj.* noble
nobleman *n.* noble
nobody *pron.* personne
nocturnal *adj.* nocturne
nod *v.* hochement
node *n.* nodule

noise *n.* bruit
noisy *adj.* bruyant
nomad *n.* nomade
nomadic *adj.* itinérant
nomenclature *n.* nomenclature
nominal *adj.* nominal(e)
nominate *v.* nominer
nomination *n.* désignation
nominee *n.* nominé(e)
non-alignment *n.* non-alignement
nonchalance *n.* nonchalance
nonchalant *adj.* nonchalant(e)
nonconformist *n.* non-conformiste
none *pron.* aucun
nonentity *n.* insignifiant
nonplussed *adj.* dérouté(e)
nonetheless *a.* néanmoins
nonpareil *adj.* sans pareille
nonplussed *adj.* dérouté(e)
nonsense *n.* ineptie
nonstop *adj.* continu(e)
noodles *n.* nouilles
nook *n.* recoin
noon *n.* midi
noose *n.* noeud coulant
nor *conj.&adv.* ni
Nordic *adj.* nordique
norm *n.* norme
normal *adj.* normal(e)
normalcy *n.* normalité
normalize *v.* normaliser
normative *adj.* normatif/ve
north *n.* nord
northerly *adj.* du nord
northern *adj.* septentrional(e)
nose *n.* nez
nostalgia *n.* nostalgie
nostril *n.* narine
nostrum *n.* panacée
nosy *adj.* fouineur(se)
not *adv.* pas
notable *adj.* notable
notary *n.* notaire
notation *n.* notation
notch *n.* encoche
note *n.* remarque
notebook *n.* bloc-notes
noted *adj.* illustre
noteworthy *adj.* remarquable
nothing *pron.* rien
notice *n.* avertissement
noticeable *adj.* perceptible
noticeboard *n.* tableau d'affichage
notfiable *adj.* notifiable
notification *n.* notification
notify *v.* notifier
notion *n.* notion
notional *adj.* notionnel/le
notoriety *n.* notoriété
notorious *prep.* notoire
notwithstanding *prep.* nonobstant
nougat *n.* nougat
nought *n.* zéro
noun *n.* substantif
nourish *v.* nourrir
nourishment *n.* nourriture
novel *n.* roman
novelette *n.* nouvelle
novelist *n.* romancier/ère
novelty *n.* nouveauté
November *n.* novembre
novice *n.* novice
now *adv.* maintenant
nowhere *adv.* nulle part
noxious *adj.* nocif/ve
nozzle *n.* douille
nuance *n.* nuance
nubile *adj.* nubile
nuclear *adj.* nucléaire
nucleus *n.* noyau

nude *adj.* nu(e)
nudge *v.* encourager
nudist *n.* nudiste
nudity *n.* nudité
nudge *v.* *donner un* coup de pouce
nugatory *adj.* futile
nugget *n.* pépite
nuisance *n.* nuisance
null *adj.* invalide
nullification *n.* suppression
nullify *v.* invalider
numb *adj.* engourdi(e)
number *n.* nombre
numberless *adj.* innombrable
numeral *n.* chiffre
numerator *n.* numérateur
numerical *adj.* numérique
numerous *adj.* nombreux/se
nun *n.* religieuse
nunnery *n.* couvent
nuptial *adj.* nuptial(e)
nurse *n.* infirmière
nursery *n.* garderie
nurture *v.* élever
nut *n.* écrou
nutrient *n.* nutriment
nutrition *n.* alimentation
nutritious *adj.* nourrissant(e)
nutritive *adj.* nutritif/ve
nutty *adj.* dingue
nuzzle *v.* pousser du museau
nylon *n.* nylon
nymph nymphe

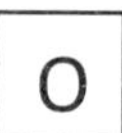

oaf *n.* lourdaud
oak *n.* chêne
oar *n.* aviron
oasis *n.* oasis
oat *n.* avoine
oath *n.* serment
oatmeal *n.* gruau d'avoine
obduracy *n.* opiniâtreté
obdurate *adj.* obstiné(e)
obedience *n.* obéissance
obedient *adj.* obéissant(e)
obeisance *n.* révérence
obesity *n.* obésité
obese *adj.* obèse
obey *v.* obéir
obfuscate *v.* obscurcir
obituary *n.* nécrologie
object *n.* objet
objection *n.* objection
objectionable *adj.* répréhensible
objective *adj.* objectif/ve
objectively *adv.* objectivement
oblation *n.* oblation
obligated *adj.* obligé(e)
obligation *n.* obligation
obligatory *adj.* obligatoire
oblige *v.* obliger
obliging *adj.* serviable
oblique *adj.* oblique
obliterate *v.* détruire
obliteration *n.* éradication
oblivion *n.* oubli
oblivious *adj.* inconscient(e)
oblong *adj.* oblong/ue
obloquy *n.* opprobre
obnoxious *adj.* odieux/se
obscene *adj.* obscène
obscenity *n.* obscénité
obscure *adj.* obscur(e)
obscurity *n.* obscurité
observance *n.* observance
observant *adj.* attentif/ive
observation *n.* observation
observatory *n.* observatoire
observe *v.* observer
obsess *v.* obséder
obsession *n.* obsession

obsolescent *adj.* obsolescent(e)
obsolete *adj.* obsolète
obstacle *n.* obstacle
obstinacy *n* obstination
obstinate *adj.* obstiné(e)
obstruct *v.* obstruer
obstruction *n.* obstruction
obstructive *adj.* obstructif/ve
obtain *v.* obtenir
obtainable *adj.* disponible
obtrude *v.* imposer
obtuse *adj.* obtus(e)
obverse *n.* avers
obviate *v.* obvier à
obvious *adj.* évident(e)
occasion *n.* occasion
occasional *adj.* occasionnel/le
occasionally *adv.* occasionnellement
occident *n.* occident
occidental *adj.* occidental(e)
occlude *v.* occlure
occult *n.* occulte
occupancy *n.* occupation
occupant *n.* occupant
occupation *n.* occupation
occupational *adj.* professionnel/le
occupy *v.* occuper
occur *v.* survenir
occurrence *n.* événement
ocean *n.* océan
oceanic *adj.* océanique
octagon *n.* octogone
octave *n.* octave
octavo *n.* in-octavo
October *n.* octobre
octogenarian *n.* octogénaire
octopus *n.* poulpe
octroi *n.* octroi
ocular *adj.* oculaire
odd *adj.* étrange
oddity *n.* bizarrerie
odds *n.* probabilités
ode *n.* ode
odious *adj.* odieux/se
odium *n.* aversion
odorous *adj.* malodorant(e)
odour *n.* odeur
odyssey *n.* odyssée
of *prep.* de
off *adv.* inactif
offence *n.* infraction
offend *v.* offenser
offender *n.* contrevenant
offensive *adj.* offensant(e)
offer *v.* offrir
offering *n.* don
office *n.* bureau
officer *n.* officier
official *adj.* officiel/le
officially *adv.* officiellement
officiate *v.* officier
officious *adj.* zélé(e)
offset *v.* contrebalancer
offshoot *n.* embranchement
offshore *adj.* au large
offside *adj.* hors-jeu
offspring *n.* progéniture
oft *adv.* fréquemment
often *adv.* souvent
ogle *v.* lorgner
oil *n.* huile
oil *a.* pétrolifère
oily *adj.* huileux/se
ointment *n.* pommade
okay *adj.* OK
old *adj.* vieux/vieille
oligarchy *n.* oligarchie
olive *n.* olive
Olympic *adj.* olympique
omelette *n.* omelette
omen *n.* présage
ominous *adj.* menaçant(e)

omission *n.* omission
omit *v.* omettre
omnibus *n.* omnibus
omnipotence *n.* omnipotence
omnipotent *adj.* omnipotent(e)
omnipresence *n.* omniprésence
omnipresent *adj.* omniprésent(e)
omniscience *n.* omniscience
omniscient *adj.* omniscient(e)
on *prep.* sur
once *adv.* une fois
one *n. & adj.* un
oneness *n.* unicité
onerous *adj.* pénible
oneself *pron.* soi
onion *n.* oignon
onlooker *n.* spectateur/rice
only *adv.* seulement
onomatopoeia *n.* onomatopée
onset *n.* commencement
onslaught *n.* assaut
ontology *n.* ontologie
onus *n.* charge
onward *adv.* avant
onyx *n.* onyx
ooze *v.i.* suinter
opacity *n.* opacité
opal *n.* opale
opaque *adj.* opaque
open *adj.* ouvert(e)
opening *n.* ouverture
openly *adv.* ouvertement
opera *n.* opéra
operate *v.* opérer
operation *n.* opération
operational *adj.* opérationnel/le
operative *adj.* opérationnel/le
operator *n.* opérateur/rice
opine *v.* faire remarquer
opinion *n.* avis
opium *n.* opium
opponent *n.* adversaire
opportune *adj.* opportun(e)
opportunism *n.* opportunisme
opportunity *n.* occasion
oppose *v.* s'opposer à
opposite *adj.* contraire
opposition *n.* opposition
oppress *v.* opprimer
oppression *n.* oppression
oppressive *adj.* oppressif/ve
oppressor *n.* oppresseur
opt *v.* opter
optic *adj.* optique
optician *n.* opticien/ne
optimism *n.* optimisme
optimist *n.* optimiste
optimistic *adj.* optimiste
optimize *v.* optimiser
optimum *adj.* optimal(e)
option *n.* option
optional *adj.* en option
opulence *n.* opulence
opulent *adj.* opulent(e)
or *conj.* ou
oracle *n.* oracle
oracular *adj.* oraculaire
oral *adj.* oral(e)
orally *adv.* oralement
orange *n.* orange
oration *n.* oraison
orator *n.* orateur/rice
oratory *n.* oratoire
orb *n.* globe
orbit *n.* orbite
orbital *adj.* orbital(e)
orchard *n.* verger
orchestra *n.* orchestre
orchestral *adj.* orchestral(e)
orchid *n.* orchidée

ordeal *n.* épreuve
order *n.* ordre
orderly *adj.* ordonné(e)
ordinance *n.* ordonnance
ordinarily *adv.* ordinairement
ordinary *adj.* ordinaire
ordnance *n.* équipement militaire
ore *n.* minerai
organ *n.* orgue
organic *adj.* organique
organism *n.* organisme
organization *n.* organisation
organize *v.* organiser
orgasm *n.* orgasme
orgy *n.* orgie
orient *n.* orient
oriental *adj.* oriental(e)
orientate *v.* orienter
origami *n.* origami
origin *n.* origine
original *adj.* original(e)
originality *n.* originalité
originate *v.* naître
originator *n.* auteur
ornament *n.* ornement
ornamental *adj.* ornemental(e)
ornamentation *n.* décoration
ornate *adj.* orné(e)
orphan *n.* orphelin(e)
orphanage *n.* orphelinat
orthodox *adj.* orthodoxe
orthodoxy *n.* orthodoxie
orthopaedics *n.* orthopédie
oscillate *v.* osciller
oscillation *n.* oscillation
ossify *v.* ossifier
ostensible *adj.* ostensible
ostentation *n.* ostentation
osteopathy *n.* ostéopathie
ostracize *v.* ostraciser
ostrich *n.* autruche
other *adj. & pron.* autre
otherwise *adv.* sinon
otiose *adj.* superflu(e)
otter *n.* loutre
ottoman *n.* ottoman(e)
ounce *n.* once
our *adj.* notre
ourselves *pron.* nous-mêmes
oust *v.* évincer
out *adv.* dehors
outbid *v.* enchérir
outboard *adj.* hors-bord
outbreak *n.* éclosion
outburst *n.* explosion
outcast *n.* banni(e)
outclass *v.* surclasser
outcome *n.* résultat
outcry *n.* protestation
outdated *adj.* obsolète
outdo *v.* surpasser
outdoor *adj.* en plein air
outer *adj.* extérieur(e)
outfit *n.* costume
outgoing *adj.* ouvert(e)
outgrow *v.* devenir trop grand
outhouse *n.* remise
outing *n.* sortie
outlandish *adj.* excentrique
outlast *v.* survivre
outlaw *n.* hors la loi
outlay *n.* dépenses
outlet *n.* prise
outline *n.* contour
outlive *v.* survivre
outlook *n.* avis
outlying *adj.* périphérique
outmoded *adj.* désuet/ète
outnumber *v.* surpasser en nombre
outpatient *n.* patient en consultation externe
outpost *n.* avant-poste
output *n.* sortie

outrage *n.* outrage
outrageous *adj.* scandaleux/se
outrider *n.* guide
outright *adv.* complètement
outrun *v.* distancer
outset *n.* commencement
outshine *v.* éclipser
outside *n.* à l'extérieur
outsider *n.* étranger/ère
outsize *adj.* énorme
outskirts *n.* périphérie
outsource *v.* externaliser
outspoken *adj.* direct(e)
outstanding *adj.* exceptionnel/le
outstrip *v.* dépasser
outward *adj.* vers l'extérieur
outwardly *adv.* en apparence
outweigh *v.* peser plus
outwit *v.* être plus malin
oval *adj.* oval(e)
ovary *n.* ovaire
ovate *adj.* ovoïde
ovation *n.* ovation
oven *n.* four
over *prep.* au-dessus de
overact *v.* en faire trop
overall *adj.* global(e)
overawe *v.* intimider
overbalance *v.* basculer
overbearing *adj.* autoritaire
overblown *adj.* exagéré(e)
overboard *adv.* par-dessus bord
overburden *v.* surcharger
overcast *adj.* couvert(e)
overcharge *v.* surcharger
overcoat *n.* manteau
overcome *v.* surmonter
overdo *v.* exagérer
overdose *n.* surdose
overdraft *n.* découvert
overdraw *v.* tirer à découvert
overdrive *n.* vitesse surmultipliée
overdue *adj.* en retard
overestimate *v.* surestimer
overflow *v.* déborder
overgrown *adj.* envahi(e) par la végétation
overhaul *v.* réparer
overhead *adv.* en haut
overhear *v.* entendre
overjoyed *adj.* ravi(e)
overlap *v.* se chevaucher
overleaf *adv.* au verso
overload *v.* surcharger
overlook *v.* oublier
overly *adv.* trop
overnight *adv.* la nuit
overpass *n.* passerelle
overpower *v.* vaincre
overrate *v.* surestimer
overreach *v.* dépasser
overreact *v.* dramatiser
override *v.* outrepasser
overrule *v.* rejeter
overrun *v.* envahir
overseas *adv.* outre-mer
oversee *v.* superviser
overseer *n.* surveillant(e)
overshadow *v.* éclipser
overshoot *v.* ombrager
oversight *n.* surveillance
overspill *n.* débordement
overstep *v.* outrepasser
overt *adj.* manifeste
overtake *v.* dépasser
overthrow *v.* renverser
overtime *n* heures supplémentaires
overtone *n.* connotation
overture *n.* ouverture
overturn *v.* retourner
overview *n.* vue d'ensemble

overweening *adj.* présomptueux/se
overwhelm *v.* submerger
overwrought *adj.* surmené(e)
ovulate *v.* ovuler
owe *n.* devoir
owing *adj.* dû
owl *n.* chouette
own *adj. & pron.* propre
owner *n.* propriétaire
ownership *n.* propriété
ox *n.* boeuf
oxide *n.* oxyde
oxygen *n.* oxygène
oyster *n.* huître
ozone *n* ozone

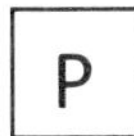

pace *n.* rythme
pacemaker *n.* stimulateur cardiaque
pacific *n.* pacifique
pacifist *n.* pacifiste
pacify *v.* pacifier
pack *n.* lot
package *n.* paquet
packet *n.* colis
packing *n.* emballage
pact *n.* pacte
pad *n.* protection
padding *n.* rembourrage
paddle *n.* pagaie
paddock *n.* enclos
padlock *n.* cadenas
paddy *n.* rizière
paediatrician *n.* pédiatre
paediatrics *n.* pédiatrie
paedophile *n.* pédophile
pagan *n.* païen/ne
page *n.* page
pageant *n.* cortège
pageantry *n.* apparat
pagoda *n.* pagode
pail *n.* seau
pain *n.* douleur
painful *adj.* douloureux/se
painkiller *n.* analgésique
painstaking *adj.* pointilleux/se
paint *n.* peinture
painter *n.* peintre
painting *n.* peinture
pair *n.* paire
paisley *n.* tissu cachemire
pal *n.* pote
palace *n.* palais
palatable *adj.* succulent(e)
palatal *adj.* palatin
palate *n.* palais
palatial *adj.* palatial(e)
pale *adj.* pâle
palette *n.* palette
paling *n.* palis
pall *n.* cercueil
pallet *n.* palette
palm *n.* palme
palmist *n.* chiromancien/ne
palmistry *n.* chiromancie
palpable *adj.* palpable
palpitate *v.* palpiter
palpitation *n.* palpitation
palsy *n.* paralysie
paltry *adj.* dérisoire
pamper *v.* choyer
pamphlet *n.* brochure
pamphleteer *n.* pamphlétaire
pan *n.* poêle
panacea *n.* panacée
panache *n.* panache
pancake *n.* crêpe
pancreas *n.* pancréas
panda *n.* panda
pandemonium *n.* pandémonium
pane *n.* vitre

panegyric *n.* panégyrique
panel *n.* panneau
pang *n.* crampe
panic *n.* panique
panorama *n.* panorama
pant *v.* haleter
pantaloon *n.* pantalon
pantheism *n.* panthéisme
pantheist *adj.* panthéiste
panther *n.* panthère
panties *n.* culotte
pantomime *n.* pantomime
pantry *n.* cellier
pants *n.* pantalon
papacy *n.* papauté
papal *adj.* papal(e)
paper *n.* papier
paperback *n.* livre de poche
par *n.* moyenne
parable *n.* parabole
parachute *n.* parachute
parachutist *n.* parachutiste
parade *n.* défilé
paradise *n.* paradis
paradox *n.* paradoxe
paradoxical *adj.* paradoxal(e)
paraffin *n.* paraffine
paragon *n.* parangon
paragraph *n.* paragraphe
parallel *n.* parallèle
parallelogram *n.* parallélogramme
paralyse *v.* paralyser
paralysis *n.* paralysie
paralytic *adj.* paralytique
paramedic *n.* membre du SAMU
parameter *n.* paramètre
paramount *adj.* primordial(e)
paramour *n.* amant
paraphernalia *n.* attirail
paraphrase *v.* paraphraser
parasite *n.* parasite
parasol *n.* parasol
parcel *n.* parcelle
parched *adj.* desséché(e)
pardon *n.* pardon
pardonable *adj.* pardonnable
pare *v.* peler
parent *n.* parent(e)
parentage *n.* filiation
parental *adj.* parental(e)
parenthesis *n.* parenthèse
pariah *n.* paria
parish *n.* paroisse
parity *n.* parité
park *n.* parc
parky *adj.* frisquet
parlance *n.* jargon
parley *n.* pourparlers
parliament *n.* parlement
parliamentarian *n.* parlementaire
parliamentary *adj.* parlementaire
parlour *n.* salon
parochial *adj.* paroissial(e)
parody *n.* parodie
parole *n.* liberté conditionnelle
parricide *n.* parricide
parrot *n.* perroquet
parry *v.* parer
parse *v.* analyser
parsimony *n.* parcimonie
parson *n.* pasteur
part *n.* partie
partake *v.* participer
partial *adj.* partiel/le
partiality *n.* partialité
participate *v.* participer
participant *n.* participant(e)
participation *n.* participation
particle *n.* particule
particular *adj.* particulier/ère
parting *n.* adieu
partisan *n.* partisan(e)

partition *n.* partition
partly *adv.* en partie
partner *n.* partenaire
partnership *n.* partenariat
party *n.* fête
pass *v.* passer
passable *adj.* passable
passage *n.* passage
passenger *n.* passager
passing *adj.* passager/ère
passion *n.* passion
passionate *adj.* passionné(e)
passive *adj.* passif/ve
passport *n.* passeport
past *adj.* passé(e)
pasta *n.* pâtes
paste *n.* pâte
pastel *n.* pastel
pasteurized *adj.* pasteurisé(e)
pastime *n.* passe-temps
pastor *n.* pasteur
pastoral *adj.* pastoral(e)
pastry *n.* pâtisserie
pasture *n.* pâturage
pasty *n.* pâle
pat *v.* tapoter
patch *n.* pièce
patchy *adj.* inégal(e)
patent *n.* brevet
paternal *adj.* paternel/le
paternity *n.* paternité
path *n.* chemin
pathetic *adj.* pathétique
pathology *n.* pathologie
pathos *n.* pathos
patience *n.* patience
patient *adj.* patient(e)
patient *n.* patient(e)
patio *n.* patio
patisserie *n.* pâtisserie
patriarch *n.* patriarche
patricide *n.* parricide
patrimony *n.* patrimoine
patriot *n.* patriote
patriotic *adj.* patriotique
patriotism *n.* patriotisme
patrol *v.* patrouiller
patron *n.* patron
patronage *n.* patronage
patronize *v.* patronner
pattern *n.* motif
patty *n.* pâté
paucity *n.* pénurie
paunch *n.* bedaine
pauper *n.* pauvre
pause *n.* pause
pave *v.* paver
pavement *n.* chaussée
pavilion *n.* pavillon
paw *n.* patte
pawn *n.* pion
pawnbroker *n.* prêteur sur gages
pay *v.* payer
payable *n.* payable
payee *n.* bénéficiaire
payment *n.* paiement
pea *n.* pois
peace *n.* paix
peaceable *adj.* paisible
peaceful *adj.* paisible
peach *n.* pêche
peacock *n.* paon
peahen *n.* paonne
peak *n.* sommet
peaky *adj.* pointu(e)
peal *n.* carillon
peanut *n.* arachide
pear *n.* poire
pearl *n.* perle
peasant *n.* paysan
peasantry *n.* paysannerie
pebble *n.* galet
pecan *n.* noix de pécan
peck *v.i.* picorer

peculiar *adj.* étrange
pedagogue *n.* pédagogue
pedagogy *n.* pédagogie
pedal *n.* pédale
pedant *n.* ergoteur/se
pedantic *adj.* pédant(e)
peddle *v.* colporter
pedestal *n.* piédestal
pedestrian *n.* piéton/ne
pedicure *n.* pédicure
pedigree *n.* pedigree
pedlar *n.* colporteur/se
pedometer *n.* podomètre
peek *v.* jeter un coup d'oeil
peel *n.* peau
peep *v.* jeter un coup d'oeil
peer *n.* pairs
peer *v.* regarder
peerage *n.* pairie
peerless *adj.* sans égal
peg *n.* patère
pejorative *adj.* péjoratif/ve
pelican *n.* pélican
pellet *n.* pastille
pelmet *n.* cantonnière
pelt *v.* jeter
pelvis *n.* bassin
pen *n.* stylo
penal *adj.* pénal(e)
penalize *v.* pénaliser
penalty *n.* pénalité
penance *n.* pénitence
penchant *n.* penchant
pencil *n.* crayon
pendant *n.* pendentif
pendent *adj.* pendant(e)
pending *adj.* en attente
pendulum *n.* pendule
penetrate *v.* pénétrer
penetration *n.* pénétration
penguin *n.* pingouin
peninsula *n.* péninsule
penis *n.* pénis
penitent *adj.* pénitent(e)
penniless *adj.* sans le sou
penny *n.* penny
pension *n.* pension
pensioner *n.* retraité
pensive *adj.* songeur/se
pentagon *n.* pentagone
penthouse *n.* penthouse
penultimate *adj.* avant-dernier
people *n.* personnes
pepper *n.* poivre
peppermint *n.* menthe poivrée
peptic *adj.* digestif/ve
per *prep.* par
perambulate *v.t.* déambuler
perceive *v.* percevoir
perceptible *adj.* perceptible
percentage *n.* pourcentage
perceptible *adj.* perceptible
perception *n.* perception
perceptive *adj.* perceptif/ve
perch *n.* perche
percipient *adj.* perspicace
percolate *v.* filtrer
percolator *n.* percolateur
perdition *n.* perdition
perennial *adj.* plante vivace
perfect *adj.* parfait(e)
perfection *n.* perfection
perfidious *adj.* perfide
perforate *v.* perforer
perforce *adv.* nécessairement
perform *v.* jouer
performance *n.* performance
performer *n.* interprète
perfume *n.* parfum
perfume *v.* parfumer
perfunctory *adj.* négligé(e)
perhaps *adv.* peut-être
peril *n.* danger
perilous *adj.* périlleux/se

period *n.* période
periodic *adj.* périodique
periodical *adj.* périodique
periphery *n.* périphérie
perish *v.* périr
perishable *adj.* périssable
perjure *v.* parjurer
perjury *n.* parjure
perk *v.* avantage
perky *adj.* guilleret/ette
permanence *n.* permanence
permanent *adj.* permanent(e)
permeable *adj.* perméable
permissible *adj.* autorisé(e)
permission *n.* permission
permissive *adj.* permissif/ve
permit *v.* permettre
permutation *n.* permutation
pernicious *adj.* pernicieux/se
perpendicular *adj.* perpendiculaire
perpetrate *v.* perpétrer
perpetual *adj.* perpétuel/le
perpetuate *v.t.* perpétuer
perplex *v.* déconcerter
perplexity *n.* perplexité
perquisite *n.* gratification
Perry *n.* Perry
persecute *v.* persécuter
persecution *n.* persécution
perseverance *n.* persévérance
persevere *v.i.* persévérer
persist *v.* persister
persistence *n.* persistance
persistent *adj.* persistant(e)
person *n.* personne
persona *n.* personnage
personage *n.* personnage
personal *adj.* personnel/le
personality *n.* personnalité
personification *n.* personnification
personify *v.* personnifier
personnel *n.* personnel
perspective *n.* point de vue
perspicuous *adj.* perspicace
perspiration *n.* transpiration
perspire *v.t.* transpirer
persuade *v.* persuader
persuasion *n.* persuasion
pertain *v.* concerner
pertinent *adj.* pertinent(e)
perturb *v.* perturber
perusal *n.* lecture attentive
peruse *v.* lire attentivement
pervade *v.* imprégner
perverse *adj.* pervers(e)
perversion *n.* perversion
perversity *n.* perversité
pervert *v.* pervertir
pessimism *n.* pessimisme
pessimist *n.* pessimiste
pessimistic *adj.* pessimiste
pest *n.* nuisible
pester *v.* harceler
pesticide *n.* pesticide
pestilence *n.* pestilence
pet *n.* animal de compagnie
petal *n.* pétale
petite *adj.* petit(e)
petition *n.* pétition
petitioner *n.* pétitionnaire
petrify *v.* pétrifier
petrol *n.* essence
petroleum *n.* pétrole
petticoat *n.* jupon
pettish *adj.* irritable
petty *adj.* insignifiant(e)
petulance *n.* pétulance
petulant *adj.* pétulant(e)
phantom *n.* fantôme
pharmaceutical *adj.* pharmaceutique
pharmacist *n.* pharmacien/ne
pharmacy *n.* pharmacie

phase *n.* phase
phenomenal *adj.* phénoménal(e)
phenomenon *n.* phénomène
phial *n.* fiol
philanthropic *adj.* philanthropique
philanthropist *n.* philanthrope
philanthropy *n.* philanthropie
philately *n.* philatélie
philological *adj.* philologique
philologist *n.* philologue
philology *n.* philologie
philosopher *n.* philosophe
philosophical *adj.* philosophique
philosophy *n.* philosophie
phlegmatic *adj.* flegmatique
phobia *n.* phobie
phoenix *n.* phénix
phone *n.* téléphone
phonetic *adj.* phonétique
phosphate *n.* phosphate
phosphorus *n.* phosphore
photo *n.* photo
photocopy *n.* photocopie
photograph *n.* photographie
photographer *n.* photographe
photographic *adj.* photographique
photography *n.* photographie
photostat *n.* photostat
phrase *n.* expression
phraseology *n.* phraséologie
physical *adj.* physique
physician *n.* médecin
physics *n.* physique
physiognomy *n.* physionomie
physiotherapy *n.* physiothérapie
physique *n.* physique
pianist *n.* pianiste
piano *n.* piano
piazza *n.* place
pick *v.* choisir
picket *n.* piquet
pickings *n.* cueillette
pickle *n.* saumure
picnic *n.* pique-nique
pictograph *n.* pictogramme
pictorial *adj.* pictural(e)
picture *n.* photo
picturesque *adj.* pittoresque
pie *n.* tarte
piece *n.* pièce
piecemeal *adv.* partiel/le
pier *n.* jetée
pierce *v.* percer
piety *n.* piété
pig *n.* cochon
pigeon *n.* pigeon
pigeonhole *n.* case
piggery *n.* porcherie
pigment *n.* pigment
pigmy *n.* pigmée
pike *n.* brochet
pile *n.* pile
pilfer *v.* dérober
pilgrim *n.* pèlerin
pilgrimage *n.* pèlerinage
pill *n.* pilule
pillar *n.* pilier
pillow *n.* oreiller
pilot *n.* pilote
pimple *n.* bouton
pimple *n.* bouton
pin *n.* épingle
pincer *n.* pince
pinch *v.* pincer
pine *v.* désirer
pineapple *n.* ananas
pink *adj.* rose
pinnacle *n.* pic
pinpoint *v.* préciser
pint *n.* pinte

pioneer *n.* pionnier/ère
pious *adj.* pieux/se
pipe *n.* tuyau
pipette *n.* pipette
piquant *adj.* piquant(e)
pique *n.* dépit
piracy *n.* piratage
pirate *n.* pirate
pistol *n.* pistolet
piston *n.* piston
pit *n.* fosse
pitch *n.* son
pitcher *n.* pichet
piteous *adj.* pitoyable
pitfall *n.* piège
pitiful *adj.* pitoyable
pitiless *adj.* impitoyable
pity *n.* dommage
pivot *n.* pivot
pivotal *adj.* pivotal(e)
pixel *n.* pixel
pizza *n.* pizza
placard *n.* affiche
placate *v.* apaiser
place *n.* lieu
placement *n.* situation
placid *adj.* placide
plague *n.* peste
plain *adj.* uni(e)
plaintiff *n.* plaignant(e)
plaintive *adj.* plaintif/ve
plait *n.* tresse
plan *n.* plan
plane *n.* avion
planet *n.* planète
planetary *adj.* planétaire
plank *n.* planche
plant *n.* plante
plantain *n.* plantain
plantation *n.* plantation
plaque *n.* plaque
plaster *n.* plâtre
plastic *n.* plastique
plate *n.* plaque
plateau *n.* plateau
platelet *n.* plaquette
platform *n.* plate-forme
platinum *n.* platine
platonic *adj.* platonique
platoon *n.* peloton
platter *n.* plateau
plaudits *n.* applaudissements
plausible *adj.* plausible
play *v.i.* jouer
playground *n.* aire de jeux
playwright *n.* dramaturge
player *n.* joueur/se
plaza *n.* place
plea *n.* plaidoyer
plead *v.* plaider
pleasant *adj.* agréable
pleasantry *n.* plaisanterie
please *v.* faire plaisir
pleasure *n.* plaisir
pleat *n.* pli
plebeian *adj.* plébéien/ne
plebiscite *n.* plébiscite
pledge *n.* engagement
plenty *pron.* beaucoup
plethora *n.* pléthore
pliable *adj.* pliable
pliant *adj.* pliant(e)
pliers *n.* pince
plight *n.* sort
plinth *n.* plinthe
plod *v.* marcher avec peine
plot *n.* terrain
plough *n.* charrue
ploughman *n.* laboureur
ploy *n.* stratagème
pluck *v.* plumer
plug *n.* fiche
plum *n.* prune
plumage *n.* plumage
plumb *v.* sonder
plumber *n.* plombier

plume *n.* panache
plummet *v.* chuter
plump *adj.* dodu(e)
plunder *v.* piller
plunge *v.* plonger
plural *adj.* pluriel
plurality *n.* pluralité
plus *prep.* plus
plush *n.* peluche
ply *n.* feuille
pneumatic *adj.* pneumatique
pneumonia *n.* pneumonie
poach *v.* braconner
pocket *n.* poche
pod *n.* cosse
podcast *n.* podcast
podium *n.* podium
poem *n.* poème
poet *n.* poète
poetry *n.* poésie
poignancy *n.* intensité
poignant *adj.* poignant(e)
point *n.* point
pointing *n.* pointant(e)
pointless *adj.* inutile
poise *n.* maintien
poison *n.* poison
poisonous *adj.* toxique
poke *v.* enfoncer
poker *n.* poker
poky *adj.* exigu(ë)
polar *adj.* polaire
pole *n.* pôle
polemic *n.* polémique
police *n.* police
policeman *n.* policier
policy *n.* politique
polish *n.* polonais(e)
polite *adj.* poli(e)
politeness *n.* politesse
politic *adj.* politique
political *adj.* politique
politician *n.* politique
politics *n.* politique
polity *n.* régime politique
poll *n.* sondage
pollen *n.* pollen
pollster *n.* enquêteur/rice
pollute *v.* polluer
pollution *n.* pollution
polo *n.* polo
polyandry *n.* polyandrie
polygamous *adj.* polygame
polygamy *n.* polygamie
polyglot *adj.* polyglotte
polygraph *n.* détecteur de mensonges
polytechnic *n.* polytechnique
polytheism *n.* polythéisme
polytheistic *adj.* polythéiste
pomegranate *n.* grenade
pomp *n.* pompe
pomposity *n.* emphase
pompous *adj.* pompeux/se
pond *n.* étang
ponder *v.* réfléchir
pontiff *n.* pontife
pony *n.* poney
pool *n.* piscine
poor *adj.* pauvre
poorly *adv.* mal
pop *v.* éclater
pope *n.* pape
poplar *n.* peuplier
poplin *n.* popeline
populace *n.* population
popular *adj.* populaire
popularity *n.* popularité
popularize *v.* populariser
populate *v.* peupler
population *n.* population
populous *adj.* populeux/se
porcelain *n.* porcelaine
porch *n.* porche
porcupine *n.* porc-épic
pore *n.* pore

pork *n.* porc
pornography *n.* pornographie
porridge *n.* porridge
port *n.* port
portable *adj.* portable
portage *n.* portage
portal *n.* portail
portend *v.* présager
portent *n.* présage
porter *n.* porteur
portfolio *n.* portefeuille
portico *n.* portique
portion *n.* section
portrait *n.* portrait
portraiture *n.* art du portrait
portray *v.* dépeindre
portrayal *n.* représentation
pose *v.* poser
posh *adj.* chic
posit *v.* avancer
position *n.* position
positive *adj.* positif/ve
possess *v.* posséder
possession *n.* possession
possessive *adj.* possessif/ve
possibility *n.* possibilité
possible *adj.* possible
post *n.* courrier
postage *n.* affranchissement
postal *adj.* postal(e)
postcard *n.* carte postale
postcode *n.* code postal
poster *n.* affiche
posterior *adj.* postérieur(e)
posterity *n.* postérité
postgraduate *n.* de troisième cycle
posthumous *adj.* posthume
postman *n.* postier
postmaster *n.* receveur de poste
post-mortem *n.* post-mortem
post office *n.* bureau de poste
postpone *v.* reporter
postponement *n.* report
postscript *n.* post-scriptum
posture *n.* posture
pot *n* . pot
potato *n.* pomme de terre
potency *n.* puissance
potent *adj.* puissant(e)
potential *adj.* potentiel/le
potentiality *n.* potentialité
potter *v.* s'occuper
pottery *n.* poterie
pouch *n.* sac
poultry *n.* volaille
pounce *v.* bondir
pound *n.* livre
pour *v.* verser
poverty *n.* pauvreté
powder *n.* poudre
power *n.* puissance
powerful *adj.* puissant(e)
practicability *n.* praticabilité
practicable *adj.* possible
practical *adj.* pratique
practice *n.* pratique
practise *v.* s'exercer
practitioner *n.* praticien/ne
pragmatic *adj.* pragmatique
pragmatism *n.* pragmatisme
praise *v.t.* gratifier
praline *n.* praline
pram *n.* landau
prank *n.* farce
prattle *v.* papoter
pray *v.* prier
prayer *n.* prière
preach *v.* prêcher
preacher *n.* prédicateur
preamble *n.* préambule
precarious *adj.* précaire
precaution *n.* précaution

precautionary *adj.* précautionneux/se
precede *v.* précéder
precedence *n.* priorité
precedent *n.* précédent
precept *n.* précepte
precinct *n.* arrondissement
precious *adj.* précieux/se
precipitate *v.* précipiter
precis *n.* précis
precise *adj.* précis
precision *n.* précision
precognition *n.* précognition
precondition *n.* condition préalable
precursor *n.* précurseur
predator *n.* prédateur
predecessor *n.* prédécesseur
predestination *n.* prédestination
predetermine *v.* prédéterminer
predicament *n.* malheur
predicate *n.* prédicat
predict *v.* prédire
prediction *n.* prédiction
predominance *n.* prédominance
predominant *adj.* prédominant(e)
predominate *v.* prédominer
pre-eminence *n.* prééminence
pre-eminent *adj.* prééminent(e)
pre-empt *v.* anticiper
prefabricated *adj.* préfabriqué(e)
preface *n.* préface
prefect *n.* préfet
prefer *v.* préférer
preference *n.* préférence
preferential *adj.* préférentiel/le
preferment *n.* promotion
prefix *n.* préfixe
pregnancy *n.* grossesse
pregnant *adj.* enceinte
prehistoric *adj.* préhistorique
prejudge *v.* préjuger
prejudice *n.* préjudice
prejudicial *adj.* préjudiciable
prelate *n.* prélat
preliminary *adj.* préliminaire
prelude *n.* prélude
premarital *adj.* prénuptial(e)
premature *adj.* prématuré(e)
premeditate *v.* prémediter
premeditation *n.* préméditation
premier *adj.* premier/ère
premiere *n.* avant-première
premise *n.* prémisse
premises *n.* locaux
premium *n.* prime
premonition *n.* prémonition
preoccupation *n.* préoccupation
preoccupy *v.* préoccuper
preparation *n.* préparation
preparatory *adj.* préparatoire
prepare *v.* préparer
preponderance *n.* prépondérance
preponderate *v.* prédominer
preposition *n.* préposition
prepossessing *adj.* engageant(e)
preposterous *adj.* absurde
prerequisite *n.* prérequis
prerogative *n.* prérogative
presage *v.* présager
prescience *n.* préscience
prescribe *v.* prescrire
prescription *n.* prescription

presence *n.* présence
present *adj.* présent(e)
present *n.* présent
present *v.* présenter
presentation *n.* présentation
presently *adv.* actuellement
preservation *n.* préservation
preservative *n.* conservateur
preserve *v.* préserver
preside *v.* présider
president *n.* président
presidential *adj.* présidentiel/le
press *v.* pousser
pressure *n.* pression
pressurize *v.* pressuriser
prestige *n.* prestige
prestigious *adj.* prestigieux/se
presume *v.* présumer
presumption *n.* présomption
presuppose *v.* présupposer
presupposition *n.* présupposition
pretence *n.* simulacre
pretend *v.* faire semblant
pretension *n.* prétention
pretentious *adj.* prétentieux/se
pretext *n.* prétexte
prettiness *n.* beauté
pretty *adj.* joli(e)
pretzel *n.* bretzel
prevail *v.* prévaloir
prevalence *n.* prévalence
prevalent *adj.* très répandu(e)
prevent *v.* prévenir
prevention *n.* prévention
preventive *adj.* préventif/ve
preview *n.* aperçu
previous *adj.* précédent(e)
prey *n.* proie
price *n.* prix
priceless *adj.* inestimable
prick *v.* piquer
prickle *n.* picoter
pride *n.* fierté
priest *n.* prêtre
priesthood *n.* sacerdoce
prim *adj.* guindé(e)
primacy *n.* primauté
primal *adj.* primitif/ve
primarily *adv.* principalement
primary *adj.* primaire
primate *n.* primate
prime *adj.* premier
primer *n.* apprêt
primeval *adj.* primitif/ve
primitive *adj.* primitif/ve
prince *n.* prince
princely *adj.* princier/ère
princess *n.* princesse
principal *adj.* principal(e)
principal *n.* principal
principle *n.* principe
print *v.* imprimer
printout *n.* impression
printer *n.* imprimante
prior *adj.* préalable
priority *n.* priorité
priory *n.* prieuré
prism *n.* prisme
prison *n.* prison
prisoner *n.* prisonnier/ère
pristine *adj.* immaculé(e)
privacy *n.* intimité
private *adj.* privé(e)
privation *n.* privation
privatize *v.* privatiser
privilege *n.* privilège
privy *adj.* privé(e)
prize *n.* prix
pro *n.* pro
proactive *adj.* proactif/ve
probability *n.* probabilité
probable *adj.* probable

probably *adv.* probablement
probate *n.* homologation
probation *n.* probation
probationer *n.* stagiaire
probe *n.* sonde
probity *n.* probité
problem *n.* problème
problematic *adj.* problématique
procedure *n.* procédure
proceed *v.* agir
proceedings *n.* procédure
proceeds *n.* recette
process *n.* processus
procession *n.* procession
proclaim *v.* proclamer
proclamation *n.* proclamation
proclivity *n.* propension
procrastinate *v.* remettre à plus tard
procrastination *n.* procrastination
procreate *v.* procréer
procure *v.* se procurer
procurement *n.* approvisonnement
prod *v.* pousser
prodigal *adj.* prodigue
prodigious *adj.* prodigieux/se
prodigy *n.* prodige
produce *v.* produire
producer *n.* producteur/trice
product *n.* produit
production *n.* production
productive *adj.* productif/ve
productivity *n.* productivité
profane *adj.* profane
profess *v.* professer
profession *n.* profession
professional *adj.* professionnel/le
professor *n.* professeur
proficiency *n.* compétence
proficient *adj.* compétent
profile *n.* profil
profit *n.* profit
profitable *adj.* rentable
profiteering *n.* mercantilisme
profligacy *n.* débauche
profligate *adj.* prodigue
profound *adj.* profond(e)
profundity *n.* profondeur
profuse *adj.* abondant(e)
profusion *n.* profusion
progeny *n.* descendance
prognosis *n.* pronostic
prognosticate *v.* pronostiquer
programme *n.* programme
progress *n.* progrès
progressive *adj.* progressif/ve
prohibit *v.* interdire
prohibition *n.* interdiction
prohibitive *adj.* prohibitif/ve
project *n.* projet
projectile *n.* projectile
projection *n.* projection
projector *n.* projecteur
prolapse *n.* prolapsus
proliferate *v.* proliférer
proliferation *n.* prolifération
prolific *adj.* prolifique
prologue *n.* prologue
prolong *v.* prolonger
prolongation *n.* prolongation
promenade *n.* promenade
prominence *n.* proéminence
prominent *adj.* éminent(e)
promiscuous *adj.* promiscuité
promise *n.* promesse
promising *adj.* prometteur/se
promote *v.* promouvoir
promotion *n.* promotion
prompt *v.* provoquer
prompter *n.* prompteur

promulgate *v.* promulguer
prone *adj.* sujet à
pronoun *n.* pronom
pronounce *v.* prononcer
pronunciation *n.* prononciation
proof *n.* preuve
prop *n.* accessoire
propaganda *n.* propagande
propagate *v.* propager
propagation *n.* propagation
propel *v.* propulser
propeller *n.* hélice
proper *adj.* correct(e)
property *n.* propriété
prophecy *n.* prophétie
prophesy *v.* prophétiser
prophet *n.* prophète
prophetic *adj.* prophétique
propitiate *v.* apaiser
proportion *n.* proportion
proportional *adj.* proportionnel/le
proportionate *adj.* proportionnel/le
proposal *n.* proposition
propose *v.* proposer
proposition *n.* proposition
propound *v.* proposer
proprietary *adj.* propriétaire
proprietor *n.* propriétaire
propriety *n.* bienséance
prorogue *v.* proroger
prosaic *adj.* prosaïque
prose *n.* prose
prosecute *v.* poursuivre en justice
prosecution *n.* poursuite judiciaire
prosecutor *n.* procureur
prospect *n.* perspective
prospective *adj.* prospective
prospectus *n.* prospectus
prosper *v.* prospérer
prosperity *n.* prospérité
prosperous *adj.* prospère
prostate *n.* prostate
prostitute *n.* prostituée
prostitution *n.* prostitution
prostrate *adj.* prosterner
prostration *n.* prostration
protagonist *n.* protagoniste
protect *v.* protéger
protection *n.* protection
protective *adj.* protecteur/rice
protectorate *n.* protectorat
protein *n.* protéine
protest *n.* protestation
protestation *n.* protestation
protocol *n.* protocole
prototype *n.* prototype
protracted *adj.* prolongé(e)
protractor *n.* rapporteur
protrude *v.* dépasser
proud *adj.* fier/ère
prove *v.* prouver
provenance *n.* provenance
proverb *n.* proverbe
proverbial *adj.* proverbial(e)
provide *v.* fournir
providence *n.* providence
provident *adj.* prévoyant(e)
providential *adj.* providentiel/le
province *n.* province
provincial *adj.* provincial(e)
provision *n.* apprivisionnement
provisional *adj.* provisoire
proviso *n.* stipulation
provocation *n.* provocation
provocative *adj.* provocateur/rice
provoke *v.* provoquer
prowess *n.* prouesse

proximate *adj.* approximatif/ve
proximity *n.* proximité
proxy *n.* procuration
prude *n.* prude
prudence *n.* prudence
prudent *adj.* prudent(e)
prudential *adj.* prudent(e)
prune *n.* prune
pry *v.* être indiscret/ète
psalm *n.* psaume
pseudo *adj.* pseudo
pseudonym *n.* pseudonyme
psyche *n.* psyché
psychiatrist *n.* psychiatre
psychiatry *n.* psychiatrie
psychic *adj.* psychique
psychological *adj.* psychologique
psychologist *n.* psychologue
psychology *n.* psychologie
psychopath *n.* psychopathe
psychosis *n.* psychose
psychotherapy *n.* psychothérapie
pub *n.* pub
puberty *n.* puberté
pubic *adj.* pubien/ne
public *adj.* public
publication *n.* publication
publicity *n.* publicité
publicize *v.* promouvoir
publish *v.* publier
publisher *n.* éditeur
pudding *n.* dessert
puddle *n.* flaque d'eau
puerile *adj.* puéril(e)
puff *n.* bouffée
puffy *adj.* bouffi(e)
pull *v.* tirer
pulley *n.* poulie
pullover *n.* pull
pulp *n.* pulpe
pulpit *n.* chaire
pulsar *n.* pulsar
pulsate *v.* palpiter
pulsation *n.* pulsation
pulse *n.* impulsion
pummel *v.* rouer de coups
pump *n.* pompe
pumpkin *n.* citrouille
pun *n.* jeu de mots
punch *v.* cogner
punctual *adj.* ponctuel/le
punctuality *n.* ponctualité
punctuate *v.* ponctuer
punctuation *n.* ponctuation
puncture *n.* ponction
pungency *n.* aigreur
pungent *adj.* âcre
punish *v.* punir
punishment *n.* punition
punitive *adj.* punitif/ve
punter *n.* parieur/se
puny *adj.* chétif/ve
pup *n.* chiot
pupil *n.* élève
puppet *n.* marionnette
puppy *n.* chiot
purblind *adj.* obtus(e)
purchase *v.* acheter
pure *adj.* pur(e)
purgation *n.* purgation
purgative *adj.* purgatif/ve
purgatory *n.* purgatoire
purge *v.* éliminer
purification *n.* purification
purify *v.* purifier
purist *n.* puriste
puritan *n.* puritain(e)
puritanical *adj.* puritain(e)
purity *n.* pureté
purple *n.* violet
purport *v.* prétendre
purpose *n.* but

purposely *adv.* intentionnellement
purr *v.* ronronner
purse *n.* sac à main
purser *n.* chef de cabine
pursuance *n.* poursuite
pursue *v.* poursuivre
pursuit *n.* poursuite
purvey *v.* fournir
purview *n.* champ
pus *n.* pus
push *v.* pousser
pushy *adj.* insistant(e)
puss *n.* minou
put *v.* mettre
putative *adj.* putatif/ve
putrid *adj.* putride
puzzle *v.t.* dérouter
pygmy *n.* pygmée
pyjamas *n.* pyjama
pyorrhoea *n.* pyorrhée
pyramid *n.* pyramide
pyre *n.* bûcher
pyromania *n.* pyromanie
python *n.* python

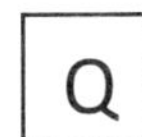

quack *n* coin-coin
quackery *n.* charlatanisme
quad *n.* cour
quadrangle *n.* quadrilatère
quadrangular *n.* quadrangulaire
quadrant *n.* quadrant
quadrilateral *n.* quadrilatéral(e)
quadruped *n.* quadrupède
quadruple *adj.* quadruple
quadruplet *n.* quadruplet
quaff *v.* descendre
quail *n.* caille
quaint *adj.* pittoresque
quaintly *adv.* pittoresque
quake *v.* trembler
Quaker *n.* quaker
qualification *n.* qualification
qualify *v.* se qualifier
qualitative *adj.* qualitatif/ve
quality *n.* qualité
qualm *n.* scrupule
quandary *n.* dilemme
quango *n.* organisme non-gouvernemental
quantify *v.* quantifier
quantitative *adj.* quantitatif/ve
quantity *n.* quantité
quantum *n.* quantum
quarantine *n.* quarantaine
quark *n.* quark
quarrel *n.* querelle
quarrelsome *adj.* querelleur/se
quarry *n.* carrière
quart *n.* quart
quarter *n.* trimestre
quarterly *adj.* trimestriel/le
quartet *n.* quartet
quartz *n.* quartz
quash *v.* annuler
quaver *v.* chevroter
quay *n.* quai
queasy *adj.* nauséeux/se
queen *n.* reine
queer *adj.* homosexuel/le
quell *v.* réprimer
quench *v.* étancher
querulous *adj.* grincheux/se
query *n.* requête
quest *n.* quête
question *n.* question
questionable *adj.* discutable
questionnaire *n.* questionnaire
queue *n.* file d'attente
quibble *n.* critique

quick *adj.* rapide
quicken *v.* accélérer
quickly *adv.* rapidement
quid *n.* livre sterling
quiescent *adj.* tranquille
quiet *adj.* calme
quieten *v.* tranquiliser
quietetude *n.* quiétude
quiff *n.* toupet
quilt *n.* couette
quilted *adj.* matelassé(e)
Quinn *n.* Quinn
quince *n.* coing
quinine *n.* quinine
quintessence *n.* quintessence
quip *n.* bon mot
quirk *n.* excentricité
quit *v.* arrêter
quite *adv.* complètement
quits *adj.* être quitte
quiver *v.* trembler
quixotic *adj.* idéaliste
quiz *n.* quiz
quizzical *adj.* interrogateur
quondam *adj.* ancien
quorum *n.* quorum
quota *n.* quota
quotation *n.* devis
quote *v.* citer
quotient *n.* quotient

rabbit *n.* lapin
rabble *n.* foule
rabid *adj.* enragé(e)
rabies *n.* rage
race *n.* course
race *v.* faire la course
racial *adj.* racial(e)
racialism *n.* racisme
rack *n.* râtelier
racket *n.* raquette
racketeer *n.* racketteur/se
racy *adj.* osé(e)
radar *n.* radar
radial *adj.* radial(e)
radiance *n.* éclat
radiant *adj.* radiant(e)
radiate *v.* rayonner
radiation *n.* rayonnement
radical *adj.* radical(e)
radio *n.* radio
radioactive *adj.* radioactif/ve
radiography *n.* radiographie
radiology *n.* radiologie
radish *n.* radis
radium *n.* radium
radius *n.* rayon
raffle *n.* tirage au sort
raft *n.* radeau
rag *n.* chiffon
rage *n.* rage
ragged *adj.* en loques
raid *n.* descente
rail *n.* rail
railing *n.* balustrade
raillery *n.* raillerie
railway *n.* chemin de fer
rain *n* pluie
rainbow *n.* arc en ciel
raincoat *n.* imperméable
rainfall *n.* précipitations
rainforest *n.* forêt tropicale
rainy *adj.* pluvieux/se
raise *v.* soulever
raisin *n.* raisin sec
rake *n.* râteau
rally *n.* rallye
ram *n.* bélier
ramble *v.* divaguer
ramification *n.* ramification
ramify *v.* ramifier
ramp *n.* rampe
rampage *v.* tout saccager

rampant *adj.* rampant(e)
rampart *n.* rempart
ramshackle *adj.* délabré(e)
ranch *n.* ranch
rancid *adj.* rance
rancour *n.* rancoeur
random *adj.* aléatoire
range *n.* gamme
ranger *n.* garde-forestier
rank *n.* grade
rank *v.* classer
rankle *v.* irriter
ransack *v.* saccager
ransom *n.* rançon
rant *v.* râler
rap *v.* rapper
rapacious *adj.* rapace
rape *v.* violer
rapid *adj.* rapide
rapidity *n.* rapidité
rapier *n.* rapière
rapist *n.* violeur
rapport *n.* rapport
rapprochement *n.* rapprochement
rapt *adj.* captif/ve
rapture *n.* ravissement
rare *adj.* rare
raring *adj.* impatient(e)
rascal *n.* fripon
rash *adj.* rougeurs
rasp *n.* râpe
raspberry *n.* framboise
rat *n.* rat
ratchet *n.* cliquet
rate *n.* taux
rather *adv.* plutôt
ratify *v.* ratifier
rating *n.* évaluation
ratio *n.* ratio
ration *n.* ration
rational *adj.* rationnel/le
rationale *n.* raisons
rationalism *n.* rationalisme
rationalize *v.* rationaliser
rattle *v.* cliqueter
raucous *adj.* rauque
ravage *v.t.* ravager
rave *v.* délirer
raven *n.* corbeau
ravenous *adj.* vorace
ravine *n.* ravin
raw *adj.* brut(e)
ray *n.* raie
raze *v.* arraser
razor *n.* rasoir
reach *v.* attraper
react *v.* réagir
reaction *n.* réaction
reactionary *adj.* réactionnaire
reactor *n.* réacteur
read *v.* lire
reader *n.* lecteur/rice
readily *adv.* facilement
reading *n.* lecture
readjust *v.* réajuster
ready *adj.* prêt(e)
reaffirm *v.* réaffirmer
real *adj.* réel(le)
realism *n.* réalisme
realistic *adj.* réaliste
reality *n.* réalité
realization *n.* réalisation
realize *v.* réaliser
really *adv.* vraiment
realm *n.* royaume
ream *n.* rame
reap *v.* récolter
reaper *n.* faucheur/se
reappear *v.* réapparaître
reappraisal *n.* réévaluation
rear *n.* arrière
rearrange *v.* réorganiser
reason *n.* raison
reasonable *adj.* raisonnable
reassess *v.* réexaminer

reassure *v.* rassurer
rebate *n.* remboursement
rebel *v.* se rebeller
rebellion *n.* rébellion
rebellious *adj.* rebelle
rebirth *n.* renaissance
rebound *v.* rebondir
rebuff *v.* rejeter
rebuild *v.* reconstruire
rebuke *v.* reprocher
rebuke *v.t.* reprocher
recall *v.* se souvenir
recap *v.* récapituler
recapitulate *v.* récapituler
recapture *v.* recapturer
recede *v.* reculer
receipt *n.* reçu
receive *v.* recevoir
receiver *n.* récepteur
recent *adj.* récent(e)
recently *adv.* récemment
receptacle *n.* réceptacle
reception *n.* réception
receptionist *n.* réceptionniste
receptive *adj.* réceptif/ve
recess *n.* suspension
recession *n.* récession
recessive *adj.* récessif/ve
recharge *v.* recharger
recipe *n.* recette
recipient *n.* destinataire
reciprocal *adj.* réciproque
reciprocate *v.* rendre la pareille
recital *n.* récital
recite *v.* réciter
reckless *adj.* téméraire
reckon *v.t.* penser
reclaim *v.* récupérer
reclamation *n.* récupération
recline *v.* s'allonger
recluse *n.* reclus(e)
recognition *n.* reconnaissance
recognize *v.i.* reconnaître
recoil *v.* reculer
recollect *v.* se rappeler
recollection *n.* souvenir
recommend *v.* recommander
recommendation *n.* recommandation
recompense *v.* récompenser
reconcile *v.* se réconcilier
reconciliation *n.* réconciliation
recondition *v.* remettre en état
reconsider *v.* reconsidérer
reconstitute *v.* reconstituer
reconstruct *v.* reconstruire
record *n.* enregistrement
recorder *n.* enregistreur
recount *v.* raconter
recoup *v.* récupérer
recourse *n.* recours
recover *v.* récupérer
recovery *n.* récupération
recreate *v.* recréer
recreation *n.* récréation
recrimination *n.* récrimination
recruit *v.* recruter
rectangle *n.* rectangle
rectangular *adj.* rectangulaire
rectification *n.* rectification
rectify *v.* rectifier
rectitude *n.* rectitude
rectum *n.* rectum
recumbent *adj.* gisant(e)
recuperate *v.* récupérer
recur *v.* se reproduire
recurrence *n.* récurrence
recurrent *adj.* récurrent(e)
recycle *v.* recycler
red *adj.* rouge
reddish *adj.* rougeâtre

redeem *v.* se racheter
redemption *n.* rédemption
redeploy *v.* redéployer
redolent *adj.* évoquant(e)
redouble *v.* redoubler
redoubtable *adj.* redoutable
redress *v.* réparer
reduce *v.* réduire
reduction *n.* réduction
reductive *adj.* réducteur/rice
redundancy *n.* redondance
redundant *adj.* licencié(e)
reef *n.* récif
reek *v.* puer
reel *n.* bobine
refer *v.* se référer
referee *n.* arbitre
reference *n.* référence
referendum *n.* référendum
refill *v.* recharger
refine *v.* raffiner
refinement *n.* raffinement
refinery *n.* raffinerie
refit *v.* rééquiper
reflect *v.* réfléchir
reflection *n.* réflexion
reflective *adj.* réfléchissant(e)
reflex *n.* réflexe
reflexive *adj.* réflexif/ve
reflexology *n.* réflexologie
reform *v.* réformer
reformation *n.* réforme
reformer *n.* réformateur/trice
refraction *n.* réfraction
refrain *v.t.* s'abstenir
refresh *v.* rafraîchir
refreshment *n.* rafraîchissement
refrigerate *v.* réfrigérer
refrigeration *n.* réfrigération
refrigerator *n.* réfrigérateur
refuge *n.* refuge
refugee *n.* réfugié(e)
refulgence *adj.* rayonnement
refulgent *adj.* resplendissant(e)
refund *n.* remboursement
refund *v.* rembourser
refurbish *v.* rénover
refusal *n.* refus
refuse *v.* refuser
refuse *n.* déchets
refutation *n.* réfutation
refute *v.* réfuter
regain *v.* retrouver
regal *adj.* royal(e)
regard *v.* considérer
regarding *prep.* en ce qui concerne
regardless *adv.* indépendamment
regenerate *v.* régénérer
regeneration *n.* régénération
regent *n.* régent(e)
reggae *n.* reggae
regicide *n.* régicide
regime *n.* régime
regiment *n.* régiment
region *n.* région
regional *adj.* régional(e)
register *n.* caisse
registrar *n.* officier d'état civil
registration *n.* enregistrement
registry *n.* registre
regress *v.* régresser
regret *n.* regret
regrettable *adj.* regrettable
regular *adj.* régulier/ère
regularity *n.* régularité
regularize *v.* régulariser
regulate *v.* réglementer
regulation *n.* régulation
regulator *n.* régulateur
rehabilitate *v.* rééduquer
rehabilitation *n.* réhabilitation

rehearsal *n.* répétition
rehearse *v.* répéter
reign *v.* régner
reimburse *v.* rembourser
rein *n.* rêne
reincarnate *v.* réincarner
reinforce *v.* renforcer
reinforcement *n.* renfort
reinstate *v.* rétablir
reinstatement *n.* réintégration
reiterate *v.* réitérer
reiteration *n.* réitération
reject *v.* rejeter
rejection *n.* rejet
rejoice *v.* se réjouir
rejoin *v.* rejoindre
rejoinder *n.* réplique
rejuvenate *v.* rajeunir
rejuvenation *n.* rajeunissement
relapse *v.* rechuter
relate *v.* comprendre
relation *n.* relation
relationship *n.* relation
relative *adj.* relatif/ve
relativity *n.* relativité
relax *v.* se détendre
relaxation *n.* relaxation
relay *n.* relais
release *v.* libérer
relegate *v.* reléguer
relent *v.* céder
relentless *adj.* implacable
relevance *n.* pertinence
relevant *adj.* pertinent(e)
reliable *adj.* fiable
reliance *n.* dépendance
relic *n.* relique
relief *n.* soulagement
relieve *v.* soulager
religion *n.* religion
religious *adj.* religieux/se
relinquish *v.* renoncer à
relish *v.* prendre grand plaisir
relocate *v.* déménager
reluctance *n.* réticence
reluctant *adj.* réticent(e)
rely *v.* se fier
remain *v.* rester
remainder *n.* reste
remains *n.* reste
remand *v.* renvoyer
remark *v.* remarquer
remarkable *adj.* remarquable
remedial *adj.* correctif/ve
remedy *n.* remède
remember *v.* se souvenir
remembrance *n.* souvenir
remind *v.* rappeler
reminder *n.* rappel
reminiscence *v.* réminiscence
reminiscent *adj.* réminiscent(e)
remiss *adj.* négligent(e)
remission *n.* rémission
remit *n.* attribution
remittance *n.* versement
remnant *n.* vestige
remonstrate *v.* protester
remorse *n.* remords
remote *adj.* distant(e)
removable *adj.* amovible
removal *n.* enlèvement
remove *v.* supprimer
remunerate *v.* rémunérer
remuneration *n.* rémunération
remunerative *adj.* rémunérateur/rice
renaissance *n.* renaissance
render *v.* apporter
rendezvous *n.* rendez-vous
renegade *n.* renégat
renew *v.* renouveler
renewal *adj.* renouvellement

renounce *v.t.* renoncer à
renovate *n.* rénover
renovation *n.* rénovation
renown *n.* renommée
renowned *adj.* renommé(e)
rent *n.* loyer
rental *n.* location
renunciation *n.* renonciation
reoccur *v.* se reproduire
reorganize *v.* réorganiser
repair *v.* réparer
repartee *n.* répartie
repatriate *v.* rapatrier
repatriation *n.* rapatriement
repay *v.* rembourser
repayment *n.* remboursement
repeal *v.* abroger
repeat *v.* répéter
repel *v.* repousser
repellent *adj.* répulsif/ve
repent *v.* se repentir
repentance *n.* repentir
repentant *adj.* repenti(e)
repercussion *n.* répercussion
repetition *n.* répétition
replace *v.* remplacer
replacement *n.* remplacement
replay *v.* repasser
replenish *v.* reconstituer
replete *adj.* plein(e)
replica *n.* réplique
replicate *v.* répliquer
reply *v.* répondre
report *v.* rapporter
reportage *n.* reportage
reporter *n.* journaliste
repose *n.* repos
repository *n.* entrepôt
repossess *v.* reprendre possession
reprehensible *adj.* répréhensible
represent *v.* représenter
representation *n.* représentation
representative *adj.* représentant(e)
repress *v.* réprimer
repression *n.* répression
reprieve *n.* sursis
reprimand *v.* réprimander
reprint *v.* réimprimer
reprisal *n.* représailles
reproach *v.* reprocher
reprobate *n.* dépravé(e)
reproduce *v.* reproduire
reproduction *n.* reproduction
reproductive *adj.* reproductif/ve
reproof *n.* réprimande
reprove *v.* sermonner
reptile *n.* reptile
republic *n.* république
republican *adj.* républicain(e)
repudiate *v.* répudier
repudiation *n.* répudiation
repugnance *n.* répugnance
repugnant *adj.* répugnant(e)
repulse *v.* dégoûter
repulsion *n.* répulsion
repulsive *adj.* répulsif/ve
reputation *n.* réputation
repute *n.* renommée
request *n.* demande
requiem *n.* requiem
require *v.* exiger
requirement *n.* exigence
requisite *adj.* requis(e)
requisite *n.* prérequis
requisition *n.* réquisition
requite *v.t.* récompenser
rescind *v.* annuler
rescue *v.* sauver
research *n.* recherche

resemblance *n.* ressemblance
resemble *v.* ressembler à
resent *v.* en vouloir
resentment *n.* ressentiment
reservation *n.* réservation
reserve *v.* réserver
reservoir *n.* réservoir
reshuffle *v.* remanier
reside *v.* résider
residence *n.* résidence
resident *n.* résident(e)
residential *adj.* résidentiel/le
residual *adj.* résiduel/le
residue *n.* résidu
resign *v.* démissionner
resignation *n.* démission
resilient *adj.* résistant(e)
resist *v.* résister à
resistance *n.* résistance
resistant *adj.* résistant(e)
resolute *adj.* résolu(e)
resolution *n.* résolution
resolve *v.* résoudre
resonance *n.* résonance
resonant *adj.* résonant(e)
resonate *v.* résonner
resort *n.* hôtel
resound *v.* retentir
resource *n.* ressource
resourceful *adj.* débrouillard(e)
respect *n.* respect
respectable *adj.* respectable
respectful *adj.* respectueux/se
respective *adj.* respectif/ve
respiration *n.* respiration
respirator *n.* respirateur
respire *v.* respirer
respite *n.* répit
resplendent *adj.* resplendissant(e)
respond *v.* répondre
respondent *n.* sondé(e)
response *n.* réponse
responsibility *n.* responsabilité
responsible *adj.* responsable
responsive *adj.* réactif/ve
rest *v.* dormir
restaurant *n.* restaurant
restaurateur *n.* restaurateur
restful *adj.* reposant(e)
restitution *n.* restitution
restive *adj.* rétif/ve
restoration *n.* restauration
restore *v.* restaurer
restrain *v.* maîtriser
restraint *n.* retenue
restrict *n.* restreindre
restriction *n.* restriction
restrictive *adj.* restrictif/ve
result *n.* résultat
resultant *adj.* résultant(e)
resume *v.* reprendre
resumption *n.* reprise
resurgence *a.* résurgence
resurgent *adj.* résurgent(e)
resurrect *v.* ressusciter
retail *n.* vente au détail
retailer *n.* détaillant(e)
retain *v.i.* conserver
retainer *n.* acompte
retaliate *v.* riposter
retaliation *n.* représailles
retard *v.* retarder
retardation *n.* retard
retarded *adj.* débile
retch *v.* avoir la nausée
retention *n.* rétention
retentive *adj.* qui retient
rethink *v.* repenser
reticent *adj.* réticent(e)
retina *n.* rétine
retinue *n.* cortège

retire *v.* prendre sa retraite
retirement *n.* retraite
retiring *adj.* réservé(e)
retort *v.* riposter
retouch *v.* retoucher
retrace *v.t.* retracer
retract *v.* rétracter
retread *v.* fouler à nouveau
retreat *v.t.* se retirer
retrench *v.* retrancher
retrenchment *n.* retranchement
retrial *n.* nouveau procès
retribution *n.* rétribution
retrieve *v.* récupérer
retriever *n.* retriever
retro *adj.* rétro
retroactive *adj.* rétroactif/ve
retrograde *adj.* rétrograde
retrospect *n.* recul
retrospective *adj.* rétrospective
return *v.* retourner
return *n.* retour
reunion *n.* réunion
reunite *v.* réunir
reuse *v.* réutiliser
revamp *v.* rénover
reveal *v.* révéler
revel *v.* se réjouir
revelation *n.* révélation
revenge *n.* vengeance
revenue *n.* recettes
reverberate *v.* résonner
revere *v.* révérer
revered *adj.* révéré(e)
reverence *n.* révérence
reverend *adj.* révérend
reverent *adj.* révérencieux/se
reverential *adj.* révérencieux/se
reverie *n.* rêverie
reversal *n.* inversion
reverse *v.* inverse
reversible *adj.* réversible
revert *v.* revenir
review *n.* examen
revile *v.* vilipender
revise *v.* réviser
revision *n.* révision
revival *n.* retour
revivalism *n.* revivalisme
revive *v.* ranimer
revocable *adj.* révocable
revocation *n.* révocation
revoke *v.* révoquer
revolt *v.* révolter
revolution *n.* révolution
revolutionary *adj.* révolutionnaire
revolutionize *v.* révolutionner
revolve *v.* tourner
revolver *n.* revolver
revulsion *n.* répulsion
reward *n.* récompense
rewind *v.* rembobiner
rhapsody *n.* rhapsodie
rhetoric *n.* rhétorique
rhetorical *adj.* rhétorique
rheumatic *adj.* rhumatisant(e)
rheumatism *n.* rhumatisme
rhinoceros *n.* rhinocéros
rhodium *n.* rhodium
rhombus *n.* losange
rhyme *n.* rime
rhythm *n.* rythme
rhythmic *adj.* rythmique
rib *n.* côte
ribbon *n.* ruban
rice *n.* riz
rich *adj.* riche
richly *adv.* richement
richness *n.* richesse
rick *n.* meule

rickets *n.* rachitisme
rickety *adj.* branlant(e)
rickshaw *n.* pousse-pousse
rid *v.* débarrasser
riddance *n.* débarras
riddle *n.* énigme
riddled *adj.* criblé(e)
ride *v.* monter à
rider *n.* cavalier/ère
ridge *n.* crête
ridicule *n.* ridicule
ridiculous *adj.* ridicule
rife *adj.* courant(e)
rifle *n.* fusil
rifle *v.* fouiller
rift *n.* désaccord
rig *v.* installer
rigging *n.* gréement
right *adj.* droit(e)
right *n* droit
righteous *adj.* juste
rightful *adj.* légitime
rigid *adj.* rigide
rigmarole *n.* charabia
rigorous *adj.* rigoureux/se
rigour *n.* rigueur
rim *n.* bord
ring *n.* anneau
ring *v.* sonner
ringlet *n.* boucle
ringworm *n.* teigne
rink *n.* patinoire
rinse *v.* rincer
riot *n.* émeute
rip *v.* déchirer
ripe *adj.* mûr(e)
ripen *v.* mûrir
riposte *n.* riposte
ripple *n.* ondulation
rise *v.* monter
risible *adj.* risible
rising *n.* en hausse
risk *n.* risque
risky *adj.* risqué(e)
rite *n.* rite
ritual *n.* rituel/le
rival *n.* rival
rivalry *n.* rivalité
rive *v.* déchirer
river *n.* rivière
rivet *n.* rivet
rivulet *n.* ruisselet
road *n.* route
roadwork *n.* travaux routiers
roadworthy *adj.* état de marche
roadster *n.* roadster
roam *v.* errer
roar *n.* rugissement
roar *v.* rugir
roast *v.* rôtir
rob *v.* voler
robber *n.* voleur/se
robbery *n.* vol
robe *n.* robe
robot *n.* robot
robust *adj.* robuste
rock *n.* roche
rocket *n.* fusée
rocky *adj.* rocheux/se
rod *n.* tige
rodent *n.* rongeur
rodeo *n.* rodéo
roe *n.* chevreuil
rogue *n.* fripouille
roguery *n.* malhônneteté
roguish *adj.* espiègle
roister *v.* faire la fête
role *n.* rôle
roll *v.i.* rouler
roll *n.* rouleau
roll-call *n.* appel
roller *n.* bigoudi
rollercoaster *n.* montagne russe
romance *n.* romance

romantic *adj.* romantique
romp *v.* s'ébattre
roof *n.* toit
roofing *n.* toiture
rook *n.* corbeau
rookery *n.* colonie
room *n.* chambre
roomy *adj.* spacieux/se
roost *n.* perchoir
rooster *n.* coq
root *n.* racine
rooted *adj.* enraciné(e)
rope *n.* corde
rosary *n.* rosaire
rose *n.* rose
rosette *n.* rosette
roster *n.* tableau
rostrum *n.* estrade
rosy *adj.* rose
rot *v.* pourrir
rota *n.* roulement
rotary *adj.* rotatif/ve
rotate *v.* pivoter
rotation *n.* rotation
rote *n.* répétition
rotor *n.* rotor
rotten *adj.* pourri(e)
rouge *n.* rouge
rough *adj.* rugueux/se
roulette *n.* roulette
round *adj.* rond(e)
roundabout *n.* rond-point
rounded *adj.* arrondi(e)
roundly *adv.* vivement
rouse *v.* éveiller
rout *n.* déroute
route *n.* itinéraire
routine *n.* routine
rove *v.* errer
rover *n.* vagabond
roving *adj.* vagabondage
row *n.* ligne
rowdy *adj.* chahuteur/se
royal *n.* royal(e)
royalist *n.* royaliste
royalty *n.* membre de la famille royale
rub *n.* problème
rub *v.* frotter
rubber *n.* caoutchouc
rubbish *n.* ordures
rubble *n.* décombres
rubric *n.* rubrique
ruby *n.* rubis
rucksack *n.* sac à dos
ruckus *n.* boucan
rudder *n.* gouvernail
rude *adj.* grossier/ère
rudiment *n.* rudiment
rudimentary *adj.* rudimentaire
rue *v.* maudire
rueful *adj.* triste
ruffian *n.* voyou
ruffle *v.* froisser
rug *n.* tapis
rugby *n.* rugby
rugged *adj.* robuste
ruin *n.* ruine
ruinous *adj.* ruineux/se
rule *n.* règle
rule *v.* régner
ruler *n.* souverain
ruling *n.* décision
rum *n.* rhum
rumble *v.* gronder
rumbustious *adj.* exubérant(e)
ruminant *n.* ruminant
ruminate *v.* ruminer
rumination *n.* rumination
rummage *v.* fouiller
rummy *n.* rami
rumour *n.* rumeur
rumple *v.* froisser
rumpus *n.* boucan
run *n.* course

run *v.* courir
runaway *adj.* incontrôlé(e)
rundown *adj.* délabré(e)
runway *n.* piste
rung *n.* échelon
runnel *n.* ruisseau
runner *n.* coursier
runny *adj.* baveux/se
rupture *v.t.* se rompre
rural *adj.* rural(e)
ruse *n.* ruse
rush *v.* se dépêcher
Rusk *n.* biscotte
rust *n.* rouille
rustic *adj.* rustique
rusticate *v.* rendre rustique
rustication *n.* rusticage
rusticity *n.* rusticité
rustle *v.* bruire
rusty *adj.* rouillé(e)
rut *n.* ornière
ruthless *adj.* impitoyable
rye *n.* seigle

S

Sabbath *n.* sabbat
sabotage *n.* sabotage
sabre *n.* sabre
saccharin *n.* saccharine
saccharine *adj.* sirupeux/se
sachet *n.* sachet
sack *n.* sac
sack *v.* renvoyer
sacrament *n.* sacrement
sacred *adj.* sacré(e)
sacrifice *n.* sacrifice
sacrifice *v.* sacrifier
sacrificial *adj.* sacrificiel/le
sacrilege *n.* sacrilège
sacrilegious *adj.* sacrilège
sacrosanct *adj.* sacro-saint(e)
sad *adj.* triste
sadden *v.* attrister
saddle *n.* selle
saddler *n.* sellier
sadism *n.* sadisme
sadist *n.* sadique
safari *n.* safari
safe *adj.* sécuritaire
safe *n.* sûr(e)
safeguard *n.* sauvegarde
safety *n.* sécurité
saffron *n.* safran
sag *v.* s'affaisser
saga *n.* saga
sagacious *adj.* sagace
sagacity *n.* sagacité
sage *n.* sauge
sage *adj.* sage
sail *n.* voile
sail *v.* voguer
sailor *n.* marin
saint *n.* saint
saintly *adj.* saint(e)
sake *n.* saké
saleable *adj.* vendable
salad *n.* salade
salary *n.* salaire
sale *n.* vente
salesman *n.* vendeur/se
salient *adj.* saillant(e)
saline *adj.* salin(e)
salinity *n.* salinité
saliva *n.* salive
sallow *adj.* cireux/se
sally *n.* sortie
salmon *n.* saumon
salon *n.* salon
saloon *n.* bar
salsa *n.* salsa
salt *n.* sel
salty *adj.* salé(e)
salutary *adj.* salutaire
salutation *n.* salutation

salute *n.* salut
salvage *v.* sauver
salvation *n.* salut
salver *n.* plateau de service
salvo *n.* salve
Samaritan *n.* Samaritain
same *adj.* même
sample *n.* échantillon
sampler *n.* échantillonneur
sanatorium *n.* sanatorium
sanctification *n.* sanctification
sanctify *v.* sanctifier
sanctimonious *adj.* moralisateur/rice
sanction *v.* sanctionner
sanctity *n.* sainteté
sanctuary *n.* sanctuaire
sanctum *n.* sanctuaire
sand *n.* sable
sandal *n.* sandale
sandalwood *n.* bois de santal
sander *n.* ponceuse
sandpaper *n.* papier de verre
sandwich *n.* sandwich
sandy *adj.* sableux/se
sane *adj.* sableux/se
sangfroid *n.* sang-froid
sanguinary *adj.* sanguinaire
sanguine *adj.* sanguin(e)
sanatorium *n.* sanatorium
sanitary *adj.* sanitaire
sanitation *n.* assainissement
sanitize *v.* désinfecter
sanity *n.* santé mentale
sap *n.* sève
sapling *n.* arbrisseau
sapphire *n.* saphir
sarcasm *n.* sarcasme
sarcastic *adj.* sarcastique
sarcophagus *n.* sarcophage
sardonic *adj.* sardonique
sari *n.* sari
sartorial *adj.* vestimentaire
sash *n.* ceinture
Satan *n.* satan
satanic *adj.* satanique
Satanism *n.* Satanisme
satchel *n.* sacoche
sated *adj.* rassasié(e)
satellite *n.* satellite
satiable *adj.* satiable
satiate *v.* assouvir
satiety *n.* satiété
satin *n.* satin
satire *n.* satire
satirical *adj.* satirique
satirist *n.* satiriste
satirize *v.* satiriser
satisfaction *n.* satisfaction
satisfactory *adj.* satisfaisant(e)
satisfy *v.* satisfaire
saturate *v.* saturer
saturation *n.* saturation
Saturday *n.* samedi
saturnine *adj.* saturnien/ne
sauce *n.* sauce
saucer *n.* soucoupe
saucy *adj.* coquin(e)
sauna *n.* sauna
saunter *v.* flâner
sausage *n.* saucisse
savage *adj.* sauvage
savagery *n.* sauvagerie
save *v.* garder
savings *n.* épargne
saviour *n.* sauveur
savour *v.t.* savourer
savoury *adj.* salé(e)
saw *n.* scie
saw *v.* scier
sawdust *n.* sciure de bois
saxophone *n.* saxophone
say *n.* dire
saying *n.* dicton

scab *n.* croûte
scabbard *n.* fourreau
scabies *n.* gale
scabrous *adj.* scabreux/se
scaffold *n.* échafaudage
scaffolding *n.* échafaudage
scald *v.* ébouillanter
scale *n.* échelle
scallop *n.* coquille Saint-Jacques
scalp *n.* cuir chevelu
scam *n.* arnaque
scamp *n.* coquin(e)
scamper *v.t.* galoper
scan *v.* parcourir
scanner *n.* scanner
scandal *n.* scandale
scandalize *v.* scandaliser
scant *adj.* maigre
scanty *adj.* sommaire
scapegoat *n.* bouc émissaire
scar *n.* cicatrice
scarce *adj.* rare
scarcely *adv.* peine
scare *v.* effrayer
scarecrow *n.* épouvantail
scarf *n.* écharpe
scarlet *n.* écarlate
scarp *n.* escarpement
scary *adj.* effrayant(e)
scathing *adj.* cinglant(e)
scatter *v.* se disperser
scavenge *v.* récupérer
scenario *n.* scénario
scene *n.* scène
scenery *n.* paysage
scenic *adj.* panoramique
scent *n.* parfum
sceptic *n.* sceptique
sceptical *adj.* sceptique
sceptre *n.* sceptre
schedule *n.* agenda
schematic *adj.* schématique
scheme *n.* plan
schism *n.* schisme
schizophrenia *n.* schizophrénie
scholar *n.* érudit(e)
scholarly *adj.* savant(e)
scholarship *n.* bourse d'études
scholastic *adj.* scolastique
school *n.* école
sciatica *n.* sciatique
science *n.* science
scientific *adj.* scientifique
scientist *n.* scientifique
scintillating *adj.* flamboyant(e)
scissors *n.* ciseaux
scoff *v.i.* se moquer de
scold *v.* gronder
scoop *n.* cuillère à glace
scooter *n.* scooter
scope *n.* champ
scorch *v.* brûler
score *n.* score
score *v.* marquer
scorer *n.* arbitre
scorn *n.* mépris
scornful *adj.* méprisant(e)
scorpion *n.* scorpion
Scot *adj.* écossais(e)
scot-free *adv.* impuni(e)
scoundrel *n.* canaille
scour *v.* frotter
scourge *n.* fléau
scout *n.* éclaireur
scowl *n.* air renfrogné
scrabble *v.* tâtonner
scraggy *adj.* décharné(e)
scramble *v.* brouiller
scrap *n.* bout
scrape *v.* gratter
scrappy *adj.* morcelé(e)
scratch *v.t.* égratigner

scrawl *v.* gribouiller
scrawny *adj.* rachitique
screech *n.* hurlement
scream *v.* hurler
screech *n.* hurlement
screed *n.* pavé
screen *n.* écran
screw *n.* vis
screwdriver *n.* tournevis
scribble *v.* gribouiller
scribe *n.* scribe
scrimmage *n.* mêlée
scrimp *v.* économiser
script *n.* script
scripture *n.* écriture
scroll *n.* parchemin
scrooge *n.* pingre
scrub *v.* frotter
scruffy *adj.* débraillé(e)
scrunch *v.* chiffonner
scruple *n.* scrupule
scrupulous *adj.* scrupuleux/se
scrutinize *v.* scruter
scrutiny *n.* examen
scud *v.* filer
scuff *v.* érafler
scuffle *n.* bagarre
sculpt *v.* sculpter
sculptor *n.* sculpteur
sculptural *adj.* sculptural(e)
sculpture *n.* sculpture
scum *n.* écume
scurrilous *adj.* calomnieux/se
scythe *n.* faux
sea *n.* mer
seagull *n.* mouette
seal *n.* phoque
sealant *n.* mastic
seam *n.* couture
seamless *adj.* homogène
seamy *adj.* sordide
sear *v.* griller
search *v.* rechercher
seaside *n.* bord de mer
season *n.* saison
seasonable *adj.* saisonnier/ère
seasonal *adj.* saisonnier
seasoning *n.* assaisonnement
seat *n.* siège
seating *n.* siège
secede *v.* faire sécession
secession *n.* sécession
seclude *v.* isoler
secluded *adj.* isolé(e)
seclusion *n.* isolement
second *adj.* second(e)
secondary *adj.* secondaire
secrecy *n.* secret
secret *adj.* secret/ète
secretariat *n.* secrétariat
secretary *n.* secrétaire
secrete *v.* sécréter
secretion *n.* sécrétion
secretive *adj.* mystérieux/se
sect *n.* secte
sectarian *adj.* sectaire
section *n.* section
sector *n.* secteur
secular *adj.* laïque
secure *adj.* sécuriser
security *n.* sécurité
sedan *n.* berline
sedate *adj.* mettre sous calmant
sedation *n.* sédation
sedative *n.* sédatif
sedentary *adj.* sédentaire
sediment *n.* sédiments
sedition *n.* sédition
seditious *adj.* séditieux/se
seduce *v.* séduire
seduction *n.* séduction
seductive *adj.* séduisant(e)

sedulous *adj.* diligent(e)
see *v.* voir
seed *n.* graine
seedy *adj.* minable
seek *v.i.* chercher
seem *v.* sembler
seemly *adj.* bienséant(e)
seep *v.* suinter
seer *n.* voyant(e)
see-saw *n.* tape-cul
segment *n.* segment
segregate *v.* séparer
segregation *n.* ségrégation
seismic *adj.* sismique
seize *v.* saisir
seizure *n.* saisie
seldom *adv.* rarement
select *v.* sélectionner
selection *n.* sélection
selective *adj.* sélectif/ve
self *n.* soi-même
selfish *adj.* égoïste
selfless *adj.* désintéressé(e)
self-made *adj.* autodictate
sell *v.* vendre
seller *n.* vendeur/se
selvedge *n.* lisière
semantic *adj.* sémantique
semblance *n.* semblant
semen *n.* sperme
semester *n.* semestre
semicircle *n.* demi-cercle
semicolon *n.* point-virgule
seminal *adj.* séminal(e)
seminar *n.* séminaire
Semitic *adj.* sémitique
senate *n.* sénat
senator *n.* sénateur
senatorial *adj.* sénatorial(e)
send *v.* envoyer
senile *adj.* sénile
senility *n.* sénilité
senior *adj.* supérieur(e)
seniority *n.* ancienneté
sensation *n.* sensation
sensational *adj.* sensationnel/le
sensationalize *v.* dramatiser
sense *n.* sens
senseless *adj.* insensé(e)
sensibility *n.* sensibilité
sensible *adj.* sensible
sensitive *adj.* sensible
sensitize *v.* sensibiliser
sensor *n.* capteur
sensory *adj.* sensoriel/le
sensual *adj.* sensuel/le
sensualist *n.* sensualiste
sensuality *n.* sensualité
sensuous *adj.* voluptueux/se
sentence *n.* phrase
sententious *adj.* sentencieux/se
sentient *adj.* conscient(e)
sentiment *n.* sentiment
sentimental *adj.* sentimental(e)
sentinel *n.* sentinelle
sentry *n.* factionnaire
separable *adj.* séparable
separate *v.* séparer
separation *n.* séparation
separatist *n.* séparatiste
sepsis *n.* septicémie
September *n.* septembre
septic *adj.* septique
sepulchral *adj.* sépulcral(e)
sepulchre *n.* sépulcre
sepulchre *n.* sépulcre
sequel *n.* suite
sequence *n.* séquence
sequential *adj.* séquentiel/le
sequester *v.* séquestrer
serene *adj.* serein(e)
serenity *n.* sérénité
serf *n.* serf

serge *n.* serge
sergeant *n.* sergent
serial *adj.* en série
serialize *v.* adapter en feuilleton
series *n.* série
serious *adj.* grave
sermon *n.* sermon
sermonize *v.* prêcher
serpent *n.* serpent
serpentine *adj.* serpentin
serrated *adj.* dentelé(e)
servant *n.* serviteur/se
serve *v.* servir
server *n.* serveur/se
service *n.* service
serviceable *adj.* commode
serviette *n.* serviette
servile *adj.* servile
servility *n.* servilité
serving *n.* portion
sesame *n.* sésame
session *n.* session
set *v.* poser
set *n* lot
settee *n.* canapé
setter *n.* setter
setting *n.* réglage
settle *v.* résoudre
settlement *n.* règlement
settler *n.* colon
seven *adj.* & *n.* sept
seventeen *adj.* & *n.* dix-sept
seventeenth *adj.* & *n.* dix-septième
seventh *adj.* & *n.* septième
seventieth *adj.* & *n.* soixante-dixième
seventy *adj.* & *n.* soixante-dix
sever *v.* couper
several *adj.* & *pron.* plusieurs
severance *n.* indemnité de licenciement
severe *adj.* sévère
severity *n.* gravité
sew *v.* coudre
sewage *n.* eaux usées
sewer *n.* égout
sewerage *n.* système d'évacuation
sex *n.* sexe
sexism *n.* sexisme
sexton *n.* sacristain
sextuplet *n.* un des sextuplés
sexual *adj.* sexuel/le
sexuality *n.* sexualité
sexy *adj.* sexy
shabby *adj.* élimé(e)
shack *n.* cabane
shackle *n.* fers
shade *n.* ombre
shade *v.* abriter du soleil
shadow *n.* ombre
shadow *a.* fantôme
shadowy *adj.* ténébreux/se
shady *adj.* ombragé(e)
shaft *n.* puits
shag *n.* cormoran
shake *v.* secouer
shaky *adj.* fragile
shall *v.* devoir
shallow *adj.* superficiel/le
sham *n.* imposture
shamble *v.* traîner des pieds
shambles *n.* désordre
shame *n.* honte
shameful *adj.* honteux/se
shameless *adj.* effronté(e)
shampoo *n.* shampooing
shank *n.* jarret
shanty *n.* baraque
shape *n.* forme
shapeless *adj.* informe
shapely *adj.* harmonieux/se
shard *n.* tesson
share *v.* partager

shark *n.* requin
sharp *adj.* aiguisé(e)
sharpen *v.* aiguiser
sharpener *n.* aiguiseur
shatter *v.t.* voler en éclat
shattering *adj.* bouleversant(e)
shave *v.* raser
shaven *adj.* rasé(e)
shaving *n.* rasage
shawl *n.* châle
she *pron.* elle
sheaf *n.* gerbe
shear *v.* couper
sheath *n.* gaine
shed *n.* hangar
sheen *n.* éclat
sheep *n.* mouton
sheepish *adj.* penaud(e)
sheer *adj.* transparent(e)
sheet *n.* feuille
shelf *n.* étagère
shell *n.* coquille
shelter *n.* abri
shelve *v.* enterrer
shepherd *n.* berger
shield *n.* bouclier
shift *v.* déplacer
shiftless *adj.* apathique
shifty *adj.* fuyant(e)
shimmer *v.* chatoyer
shin *n.* tibia
shine *v.* briller
shingle *n.* bardeau
shiny *adj.* brillant(e)
ship *n.* navire
shipment *n.* expédition
shipping *n.* flotte
shipwreck *n.* naufrage
shipyard *n.* chantier naval
shire *n.* comté
shirk *v.* esquiver
shirker *n.* fainéant(e)
shirt *n.* chemise
shiver *v.* trembler
shoal *n.* banc
shock *n.* choc
shock *v.* choquer
shocking *adj.* choquant(e)
shoddy *adj.* mauvais(e)
shoe *n.* chaussure
shoestring *n.* lacet
shoot *v.* tirer
shooting *n.* chasse
shop *n.* boutique
shopkeeper *n.* commerçant(e)
shoplifting *n.* vol à l'étalage
shopping *n.* shopping
shore *n.* rive
short *adj.* court(e)
shortage *n.* pénurie
shortcoming *n.* lacune
shortcut *n.* raccourci
shorten *v.* raccourcir
shortfall *n.* déficit
shortly *adv.* sous peu
should *v.* devoir
shoulder *n.* épaule
shout *v.i.* crier
shove *v.* pousser
shovel *n.* pelle
show *v.* montrer
showcase *n.* vitrine
showdown *n.* confrontation
shower *n.* douche
showy *adj.* voyant(e)
shrapnel *n.* éclats d'obus
shred *n.* lambeau
shrew *n.* musaraigne
shrewd *adj.* astucieux/se
shriek *v.* hurler
shrill *adj.* perçant(e)
shrine *n.* sanctuaire
shrink *v.* rétrécir
shrinkage *n.* rétrécissement

shrivel *v.* flétrir
shroud *n.* suaire
shrub *n.* arbuste
shrug *v.* hausser les épaules
shudder *v.* trembler
shuffle *v.t.* battre
shun *v.t.* fuir
shunt *v.* pousser
shut *v.* fermer
shutter *n.* volet
shuttle *n.* navette
shuttlecock *n.* volant
shy *adj.* timide
sibilant *adj.* sifflant(e)
sibling *n.* frère
sick *adj.* malade
sickle *n.* faucille
sickly *adj.* maladif/ve
sickness *n.* maladie
side *n.* côté
sideline *n.* ligne de touche
siege *n.* siège
siesta *n.* sieste
sieve *n.* tamis
sift *v.* tamiser
sigh *v.i.* soupirer
sight *n.* vue
sighting *n.* observation
sightseeing *n.* tourisme
sign *n.* signe
signal *n.* signal
signatory *n.* signataire
signature *n.* signature
significance *n.* signification
significant *n.* significatif/ve
signification *n.* signification
signify *v.* signifier
silence *n.* silence
silencer *n.* silencieux
silent *adj.* silencieux/se
silhouette *n.* silhouette
silicon *n.* silicium
silk *n.* soie
silken *adj.* soyeux/se
silkworm *n.* vers à soie
silky *adj.* soyeux/se
sill *n.* rebord
silly *adj.* idiot(e)
silt *n.* vase
silver *n.* argent
similar *adj.* similaire
similarity *n.* similitude
simile *n.* comparaison
simmer *v.* faire mijoter
simper *v.* minauder
simple *adj.* simple
simpleton *n.* benêt
simplicity *n.* simplicité
simplification *n.* simplification
simplify *v.* simplifier
simulate *v.* simuler
simultaneous *adj.* simultané(e)
sin *n.* péché
since *prep.* depuis
sincere *adj.* sincère
sincerity *n.* sincérité
sinecure *n.* sinécure
sinful *adj.* immonde
sing *v.* chanter
singe *v.* roussir
singer *n.* chanteur/se
single *adj.* unique
singlet *n.* maillot de corps
singleton *n.* célibataire
singular *adj.* singulier/ère
singularity *n.* singularité
singularly *adv.* singulièrement
sinister *adj.* sinistre
sink *v.* couler
sink *n.* évier
sinner *n.* pécheur
sinuous *adj.* sinueux/se
sinus *n.* sinus

sip *v.* siroter
siphon *n.* siphon
sir *n.* monsieur
siren *n.* sirène
sissy *n.* trouillard(e)
sister *n.* soeur
sisterhood *n.* sororité
sisterly *adj.* fraternel/le
sit *v.* s'asseoir
site *n.* site
sitting *n.* séance
situate *v.* situer
situation *n.* situation
six *adj.& n.* six
sixteen *adj. & n.* seize
sixteenth *adj. & n.* seizième
sixth *adj. & n.* sixième
sixtieth *adj. & n.* soixantième
sixty *adj. & n.* soixante
size *n.* taille
sizeable *adj.* assez grand
sizzle *v.* grésiller
skate *n.* patinage
skateboard *n.* skateboard
skein *n.* écheveau
skeleton *n.* squelette
sketch *n.* croquis
sketchy *adj.* sommaire
skew *v.* incliner
skewer *n.* brochette
ski *n.* ski
skid *v.* déraper
skilful *adj.* habile
skill *n.* compétences
skilled *adj.* qualifié(e)
skim *v.* écrémer
skimp *adj.* lésiné(e)
skin *n.* peau
skinny *adj.* maigre
skip *v.* sauter
skipper *n.* skipper
skirmish *n.* escarmouche
skirt *n.* jupe
skirting *n.* plinthe
skit *n.* parodie
skittish *adj.* nerveux/se
skittle *n.* quille
skull *n.* crâne
sky *n.* ciel
skylight *n.* lucarne
skyscraper *n.* gratte-ciel
slab *n.* dalle
slack *adj.* lâche
slacken *v.* se relâcher
slag *n.* scories
slake *v.t.* étancher
slam *v.* claquer
slander *n.* calomnie
slanderous *adj.* calomnieux/se
slang *n.* argot
slant *v.* pencher
slap *v.t.* gifler
slash *v.* taillader
slat *n.* lamelle
slate *n.* ardoise
slattern *n.* souillon
slatternly *adj.* souillon
slaughter *n.* abattage
slave *n.* esclave
slavery *n.* esclavage
slavish *adj.* servile
slay *v.* tuer
sleaze *n.* ordure
sleazy *adj.* sordide
sledge *n.* luge
sledgehammer *n.* masse
sleek *adj.* élégant(e)
sleep *n.* sommeil
sleeper *n.* dormeur/se
sleepy *adj.* endormi(e)
sleet *n.* neige fondue
sleeve *n.* manche
sleigh *n.* traîneau
sleight *n.* dextérité
slender *adj.* mince

sleuth *n.* limier
slice *n.* tranche
slick *adj.* glissant(e)
slide *v.* glisser
slight *adj.* léger/ère
slightly *adv.* légèrement
slim *adj.* mince
slime *n.* vase
slimy *adj.* visqueux/se
sling *n.* fronde
slink *v.* lancer
slip *v.* échapper
slipper *n.* pantoufle
slippery *adj.* glissant(e)
slit *v.t.* fendre
slither *v.* onduler
slob *n.* souillon
slobber *v.* baver
slogan *n.* slogan
slope *v.* être en pente
sloppy *adj.* bâclé(e)
slot *n.* fente
sloth *n.* paresse
slothful *adj.* paresseux/se
slouch *v.* être avachi(e)
slough *n.* bourbier
slovenly *adj.* négligé(e)
slow *adj.* lent(e)
slowly *adv.* lentement
slowness *n.* lenteur
sludge *n.* boue
slug *n.* limace
sluggard *n.* fainéant(e)
sluggish *adj.* lent(e)
sluice *n.* porte d'écluse
slum *n.* bidonville
slumber *v.* sommeiller
slump *v.* décliner
slur *v.* marmonner
slurp *v.* boire bruyamment
slush *n.* neige fondue
slushy *adj.* fondu(e)
slut *n.* salope
sly *adj.* déloyal(e)
smack *n.* claque
small *adj.* petit(e)
smallpox *n.* variole
smart *adj.* intelligent(e)
smarten *v.* embellir
smash *v.* se fracasser
smashing *adj.* formidable
smattering *n.* poignée
smear *v.* étaler
smell *n.* odeur
smelly *adj.* malodorant(e)
smidgen *n.* un tout petit peu
smile *v.* sourire
smirk *v.* sourire
smith *n.* forgeron
smock *n.* blouse
smog *n.* smog
smoke *n.* fumée
smoky *adj.* enfumé(e)
smooch *v.* s'embrasser
smooth *adj.* lisse
smoothie *n.* smoothie
smother *v.* étouffer
smoulder *v.* fumer
smudge *v.* salir
smug *adj.* suffisant(e)
smuggle *v.* passer en contrebande
smuggler *n.* passeur/se
snack *n.* en-cas
snag *n.* hic
snail *n.* escargot
snake *n.* serpent
snap *v.* se casser net
snapper *n.* vivaneau
snappy *adj.* vif/ve
snare *n.* piège
snarl *v.* grogner
snarl *v.t.* gronder
snatch *v.* saisir
snazzy *adj.* chic
sneak *v.* se faufiler

sneaker *n.* basket
sneer *n.* ricanement
sneeze *v.i.* éternuer
snide *adj.* narquois(e)
sniff *v.* renifler
sniffle *v.* renifler
snigger *n.* ricanement
snip *v.* découper
snipe *v.* tirer
snippet *n.* extrait
snob *n.* snob
snobbery *n.* snobisme
snobbish *adj.* snob
snooker *n.* snooker
snooze *n.* somme
snore *n.* ronflement
snort *n.* ébrouement
snout *n.* museau
snow *n.* neige
snowball *n.* boule de neige
snowy *adj.* neigeux/se
snub *v.* repousser
snuff *v.* souffler
snuffle *v.* renifler
snug *adj.* chaud(e)
snuggle *v.* se blottir contre
so *adv.* donc
soak *v.* faire tremper
soap *n.* savon
soapy *adj.* savonneux/se
soar *v.i.* s'envoler
sob *v.* sangloter
sober *adj.* sobre
sobriety *n.* sobriété
soccer *n.* football
sociability *n.* sociabilité
sociable *adj.* sociable
social *adj.* social(e)
socialism *n.* socialisme
socialist *n. & adj.* socialiste
socialize *v.* socialiser
society *n.* société
sociology *n.* sociologie
sock *n.* chaussette
socket *n.* prise de courant
sod *n.* motte
soda *n.* soda
sodden *adj.* détrempé(e)
sodomy *n.* sodomie
sofa *n.* canapé
soft *adj.* doux/ce
soften *v.* adoucir
soggy *adj.* détrempé(e)
soil *n.* sol
sojourn *n.* séjour
solace *n.* réconfort
solar *adj.* solaire
solder *n.* soudure
soldier *n.* soldat
sole *n.* plante
solely *adv.* uniquement
solemn *adj.* solennel/le
solemnity *n.* solennité
solemnize *v.* solemniser
solicit *v.* solliciter
solicitation *n.* demande
solicitor *n.* avocat
solicitous *adj.* déférent(e)
solicitude *n.* sollicitude
solid *adj.* solide
solidarity *n.* solidarité
soliloquy *n.* soliloque
solitaire *n.* solitaire
solitary *adj.* solitaire
solitude *n.* solitude
solo *n.* solo
soloist *n.* soliste
solubility *n.* solubilité
soluble *adj.* soluble
solution *n.* solution
solve *v.* résoudre
solvency *n.* solvabilité
solvent *n.* solvant
sombre *adj.* sombre
some *adj.* certains/certaines
somebody *pron.* quelqu'un

somehow *adv.* en quelque sorte
someone *pron.* quelqu'un
somersault *n.* saut périlleux
somnolent *adj.* somnolent(e)
something *pron.* Quelque chose
somewhat *adv.* assez
somewhere *adv.* quelque part
somnambulism *n.* somnambulisme
somnambulist *n.* somnambule
somnolence *n.* somnolence
somnolent *adj.* somnolent(e)
son *n.* fils
song *n.* chanson
songster *n.* chantre
sonic *adj.* acoustique
sonnet *n.* sonnet
sonority *n.* sonorité
soon *adv.* bientôt
soot *n.* suie
soothe *v.* apaiser
sophism *n.* sophisme
sophist *n.* sophiste
sophisticate *n.* personne raffinée
sophisticated *adj.* sophistiqué(e)
sophistication *n.* sophistication
soporific *adj.* ennuyeux/se
sopping *adj.* trempé(e)
soppy *adj.* mièvre
sorbet *n.* sorbet
sorcerer *n.* sorcier
sorcery *n.* sorcellerie
sordid *adj.* sordide
sore *adj.* irrité(e)
sorely *adv.* grandement
sorrow *n.* tristesse
sorry *adj.* désolé(e)
sort *n.* tri
sortie *n.* sortie
sough *v.* susurrer
soul *n.* âme
soulful *adj.* émouvant(e)
soulless *adj.* sans âme
soul mate *n.* âme soeur
sound *n.* son
soundproof *adj.* insonorisé(e)
soup *n.* soupe
sour *adj.* aigre
source *n.* source
souse *v.* immerger
south *n.* sud
southerly *adj.* vers le sud
southern *adj.* du sud
souvenir *n.* souvenir
sovereign *n.* souverain
sovereignty *n.* souveraineté
sow *n.* truie
spa *n.* spa
space *n.* espace
spacious *adj.* spacieux/se
spade *n.* bêche
spam *n.* spam
span *n.* travée
Spaniard *n.* espagnol
spaniel *n.* épagneul
Spanish *n.* espagnol
spank *v.* fesser
spanking *n.* fessée
spanner *n.* clé
spare *adj.* de rechange
sparing *adj.* économe
spark *n.* étincelle
sparkle *v.* scintiller
sparkling *n.* mousseux
sparrow *n.* moineau
sparse *adj.* clairsemé(e)
spasm *n.* spasme
spasmodic *adj.* spasmodique
spastic *adj.* spastique
spat *n.* dispute

spate *n.* recrudescence
spatial *adj.* spatial(e)
spatter *v.* éclabousser
spawn *v.* engendrer
spay *v.* stériliser
speak *v.* parler
speaker *n.* haut-parleur
spear *n.* lance
spearhead *n.* fer de lance
spearmint *n.* menthe verte
special *adj.* spécial(e)
specialist *n.* spécialiste
speciality *n.* spécialité
specialization *n.* spécialisation
specialize *v.* se spécialiser
species *n.* espèce
specific *adj.* spécifique
specification *n.* spécification
specify *v.* spécifier
specimen *n.* spécimen
specious *adj.* spécieux/se
speck *n.* grain
speckle *n.* moucheture
spectacle *n.* spectacle
spectacular *adj.* spectaculaire
spectator *n.* spectateur/rice
spectral *adj.* spectral(e)
spectre *n.* spectre
spectrum *n.* spectre
speculate *v.* spéculer
speculation *n.* spéculation
speech *n.* discours
speechless *adj.* sans voix
speed *n.* vitesse
speedway *n.* piste
speedy *adj.* prompt(e)
spell *v.t.* jeter un sort
spellbound *adj.* enchanté(e)
spelling *n.* orthographe
spend *v.* passer
spendthrift *n.* dépensier
sperm *n.* sperme
sphere *n.* sphère
spherical *n.* sphérique
spice *n.* épice
spicy *adj.* épicé(e)
spider *n.* araignée
spike *n.* pointe
spiky *adj.* hérissé(e)
spill *v.* déverser
spillage *n.* déversement
spin *v.* touner
spinach *n.* épinards
spinal *adj.* vertébral(e)
spindle *n.* fuseau
spindly *adj.* filiforme
spine *n.* colonne vertébrale
spineless *adj.* invertébré(e)
spinner *n.* essoreuse
spinster *n.* femme célibataire
spiral *adj.* à spirales
spire *n.* flèche
spirit *n.* esprit
spirited *adj.* vif/vive
spiritual *adj.* spirituel/le
spiritualism *n.* spiritisme
spiritualist *n.* spiritualiste
spirituality *n.* spiritualité
spit *n.* crachat
spite *n.* rancune
spiteful *adj.* malveillant(e)
spittle *n.* salive
spittoon *n.* crachoir
splash *v.* éclabousser
splatter *v.* crépiter
splay *v.* écarter
spleen *n.* rate
splendid *adj.* splendide
splendour *n.* splendeur
splenetic *adj.* irritable
splice *v.* coller
splint *n.* attelle
splinter *n.* écharde
split *v.* se fendre

splutter *v.* bredouiller
spoil *v.* gâcher
spoiler *n.* candidat(e)
spoke *n.* rayon
spokesman *n.* porte-parole
sponge *n.* éponge
sponsor *n.* sponsor
sponsorship *n.* parrainage
spontaneity *n.* spontanéité
spontaneous *adj.* spontané(e)
spool *n.* bobine
spoon *n.* cuillère
spoonful *n.* cuillérée
spoor *n.* trace
sporadic *adj.* sporadique
spore *n.* spore
sport *n.* sport
sporting *adj.* sympa
sportive *adj.* sportif/ve
sportsman *n.* sportif
spot *n.* tache
spotless *adj.* impeccable
spousal *n.* du conjoint
spouse *n.* conjoint(e)
spout *n.* bec
sprain *v.t.* se fouler
sprat *n.* sprat
sprawl *v.* s'étaler
spray *n.* spray
spread *v.* propager
spreadsheet *n.* feuille de calcul
spree *n.* fête
sprig *n.* brin
sprightly *adj.* alerte
spring *v.* surgir
sprinkle *v.i.* saupoudrer
sprinkler *n.* arroseur
sprinkling *n.* arrosage
sprint *v.* accélérer
sprinter *n.* sprinteur
sprout *v.* germer
spry *adj.* fringant(e)
spume *n.* écume
spur *n.* éperon
spurious *adj.* fallacieux/se
spurn *v.* éconduire
spurt *v.* jaillir
sputum *n.* expectoration
spy *n.* espion
squabble *n.* querelle
squad *n.* escouade
squadron *n.* escadron
squalid *adj.* sordide
squall *n.* rafale
squander *v.* dilapider
square *n.* carré
squash *v.* aplatir
squat *v.i.* s'accroupir
squawk *v.* crier
squeak *n.* couinement
squeal *n.* crissement
squeeze *v.* serrer
squib *n.* pétard
squid *n.* calmar
squint *v.* loucher
squire *n.* propriétaire terrien
squirm *v.* se tortiller
squirrel *n.* écureuil
squirt *v.* gicler
squish *v.* écraser
stab *v.* poignarder
stability *n.* stabilité
stabilization *n.* stabilisation
stabilize *v.* stabiliser
stable *adj.* stable
stable *n.* étable
stack *n.* pile
stadium *n.* stade
staff *n.* personnel
stag *n.* cerf
stage *n.* scène
stagecoach *n.* diligence
stagger *v.* chanceler
staggering *adj.* sidérant(e)

stagnant *adj.* stagnant(e)
stagnate *v.* stagner
stagnation *n.* stagnation
staid *adj.* guindé(e)
stain *v.t.* tacher
stair *n.* marches
staircase *n.* escalier
stake *n.* enjeu
stale *adj.* rassis
stalemate *n.* impasse
staleness *n.* obsolescence
stalk *n.* tige
stalker *n.* harceleur/euse
stall *n.* stand
stallion *n.* étalon
stalwart *adj.* fidèle
stamen *n.* étamine
stamina *n.* endurance
stammer *v.* bégayer
stamp *n.* timbre
stamp *v.* tamponner
stampede *n.* ruée
stance *n.* position
stanchion *n.* poteau
stand *v.* se lever
standard *n.* norme
standardization *n.* normalisation
standardize *v.* standardiser
standing *n.* debout
standpoint *n.* point de vue
standstill *n.* arrêt
stanza *n.* strophe
staple *n.* de base
staple *v.* agrafer
stapler *n.* agrafeuse
star *n.* étoile
starch *n.* amidon
starchy *adj.* féculents
stare *v.* fixer
stark *adj.* désolé(e)
starlet *n.* starlette
startling *n.* surprenant(e)
starry *adj.* étoilé(e)
start *v.* démarrer
starter *n.* démarreur
startle *v.* sursauter
starvation *n.* famine
starve *v.* mourir de faim
stash *v.* mettre de côté
state *n.* état
stateless *adj.* apatride
stately *adj.* majestueux/se
statement *n.* déclaration
statesman *n.* homme d'État
static *adj.* statique
statically *adv.* statiquement
station *n.* station
stationary *adj.* stationnaire
stationer *n.* papeterie
stationery *n.* papeterie
statistical *adj.* statistique
statistician *n.* statisticien
statistics *n.* statistiques
statuary *n.* statuaire
statue *n.* statue
statuesque *adj.* sculptural(e)
statuette *n.* statuette
stature *n.* stature
status *n.* statut
statute *n.* statut
statutory *adj.* statutaire
staunch *adj.* dévoué(e)
stave *n.* portée
stay *v.* séjourner
stead *n.* place
steadfast *adj.* inébranlable
steadiness *n.* constance
steady *adj.* constant(e)
steak *n.* bifteck
steal *v.* voler
stealth *n.* discrétion
stealthily *adv.* furtivement
stealthy *adj.* furtif/ve
steam *n.* vapeur
steamer *n.* cuiseur vapeur

steed *n.* étalon
steel *n.* acier
steep *adj.* raide
steeple *n.* clocher
steeplechase *n.* steeple-chase
steer *v.* conduire
stellar *adj.* stellaire
stem *n.* tige
stench *n.* puanteur
stencil *n.* pochoir
stenographer *n.* sténographe
stenography *n.* sténographie
stentorian *adj.* de stentor
step *n.* étape
steppe *n.* steppe
stereo *n.* stéréo
stereophonic *adj.* stéréophonique
stereoscopic *adj.* stéréoscopique
stereotype *n.* stéréotype
sterile *adj.* stérile
sterility *n.* stérilité
sterilization *n.* stérilisation
sterilize *v.* stériliser
sterling *n.* livre sterling
stern *adj.* strict(e)
sternum *n.* sternum
steroid *n.* stéroïde
stertorous *adj.* stertoreux/se
stethoscope *n.* stéthoscope
stew *n.* ragoût
steward *n.* steward
stick *n.* bâton
sticker *n.* autocollant
stickleback *n.* épinoche
stickler *n.* maniaque
sticky *adj.* collant(e)
stiff *adj.* raide
stiffen *v.* raidir
stifle *v.* étouffer
stigma *n.* stigmate
stigmata *n.* stigmates
stigmatize *v.* stigmatiser
stile *n.* échalier
stiletto *n.* stylet
still *adj.* toujours
stillborn *n.* mort-né
stillness *n.* immobilité
stilt *n.* échasses
stilted *adj.* guindé(e)
stimulant *n.* stimulant
stimulate *v.* stimuler
stimulus *n.* stimulation
sting *n.* piqûre
stingy *adj.* avare
stink *v.* puer
stint *n.* période de travail
stipend *n.* salaire
stipple *v.* pointiller
stipulate *v.* stipuler
stipulation *n.* stipulation
stir *v.* remuer
stirrup *n.* étrier
stitch *n.* point
stitch *v.* coudre
stock *n.* stock
stockbroker *n.* courtier en valeurs mobilières
stockade *n.* palissade
stocking *n.* bas
stockist *n.* revendeur
stocky *adj.* trapu(e)
stoic *n.* stoïque
stoke *v.* alimenter
stoker *n.* chauffeur
stole *n.* étole
stolid *adj.* impassible
stomach *n.* estomac
stomp *v.* piétiner
stone *n.* pierre
stony *adj.* pierreux/se
stooge *n.* faire-valoir
stool *n.* tabouret
stoop *v.* se baisser

stop *v.* arrêter
stoppage *n.* arrêt
stopper *n.* bouchon
storage *n.* stockage
store *n.* magasin
storey *n.* étage
stork *n.* cigogne
storm *n.* tempête
stormy *adj.* orageux/se
story *n.* histoire
stout *adj.* corpulent(e)
stove *n.* poêle
stow *v.* ranger
straddle *v.* enfourcher
straggle *v.* traîner
straggler *n.* traînard(e)
straight *adj.* droit(e)
straighten *v.* redresser
straightforward *adj.* simple
straightway *adv.* tout de suite
strain *v.* s'efforcer
strain *n.* pression
strained *adj.* tendu(e)
strait *n.* détroit
straiten *v.i.* contraindre
strand *v.* échouer
strange *adj.* étrange
stranger *n.* étranger
strangle *v.* étrangler
strangulation *n.* strangulation
strap *n.* sangle
strapping *adj.* costaud(e)
stratagem *n.* stratagème
strategic *adj.* stratégique
strategist *n.* stratège
strategy *n.* stratégie
stratify *v.* stratifier
stratum *n.* strate
straw *n.* paille
strawberry *n.* fraise
stray *v.* errer
streak *n.* strie
streaky *adj.* entrelardé(e)
stream *n.* flux
streamer *n.* banderole
streamlet *n.* ruisseau
street *n.* rue
strength *n.* force
strengthen *v.* renforcer
strenuous *adj.* intense
stress *n.* stress
stress *v.t.* stresser
stretch *v.* étendre
stretch *n.* moment
stretcher *n.* civière
strew *v.* répandre
striation *n.* striation
stricken *adj.* touché(e)
strict *adj.* strict(e)
strictly *adv.* strictement
stricture *n.* restriction
stride *v.* marcher à grand pas
strident *adj.* strident(e)
strife *n.* lutte
strike *v.* frapper
striker *n.* attaquant
striking *adj.* frappant(e)
string *n.* chaîne
stringency *n.* rigueur
stringent *adj.* strict(e)
stringy *adj.* filandreux/se
strip *v.t.* déshabiller
stripe *n.* rayure
stripling *n.* jouvenceau
stripper *n.* strip-teaseur/se
strive *v.* s'attacher
strobe *n.* stroboscope
stroke *n.* accident vasculaire cérébral
stroll *v.* se promener
strong *adj.* fort(e)
stronghold *n.* bastion
strop *n.* bouderie
stroppy *adj.* boudeur/se
structural *adj.* structurel/le
structure *n.* structure

strudel *n.* chausson
struggle *v.* lutter
strum *v.* gratter
strumpet *n.* catin
strut *n.* démarche
Stuart *adj.* Stuart
stub *n.* talon
stubble *n.* chaume
stubborn *adj.* têtu(e)
stucco *n.* stuc
stud *n.* clous
stud *v.* clouter
student *n.* étudiant(e)
studio *n.* studio
studious *adj.* studieux/euse
study *n.* étude
study *v.* étudier
stuff *n.* trucs
stuffing *n.* farce
stuffy *adj.* étouffé(e)
stultify *v.* abrutir
stumble *v.* trébucher
stump *n.* souche
stun *v.* assommer
stunner *n.* bombe
stunning *adj.* superbe
stunt *v.* retarder
stupefy *v.* abasourdir
stupendous *adj.* prodigieux/se
stupid *adj.* stupide
stupidity *n.* bêtise
stupor *n.* stupeur
sturdy *adj.* robuste
stutter *v.* bégayer
sty *n.* porcherie
stygian *adj.* stygian
style *n.* style
stylish *adj.* élégant(e)
stylist *n.* styliste
stylistic *adj.* stylistique
stylized *adj.* stylisé(e)
stylus *n.* stylet
stymie *v.* contrecarrer
styptic *adj.* astringent(e)
suave *adj.* suave
subaltern *n.* subalterne
subconscious *adj.* subconscient(e)
subcontract *v.* sous-traiter
subdue *v.* réprimer
subedit *v.* surééditer
subject *n.* objet
subjection *n.* soumission
subjective *adj.* subjectif/ve
subjudice *adj.* être en instance
subjugate *v.* subjuguer
subjugation *n.* subjugation
subjunctive *adj.* subjonctif/ve
sublet *v.t.* sous-louer
sublimate *v.* sublimer
sublime *adj.* sublime
subliminal *adj.* subliminal(e)
submarine *n.* sous-marin
submerge *v.* submerger
submerse *v.* immerger
submersible *adj.* submersible
submission *n.* présentation
submissive *adj.* docile
submit *v.* envoyer
subordinate *adj.* subordonné(e)
subordination *n.* subordination
suborn *v.* suborner
subscribe *v.* s'abonner
subscript *adj.* souscrit(e)
subscription *n.* abonnement
subsequent *adj.* ultérieur(e)
subservience *n.* asservissement
subservient *adj.* inféodé(e)
subside *v.* baisser
subsidiary *adj.* filiale
subsidize *v.* subventionner

subsidy *n.* subvention
subsist *v.* subsister
subsistence *n.* subsistance
subsonic *adj.* subsonique
substance *n.* substance
substantial *adj.* substantiel/le
substantially *adv.* substantiellement
substantiate *v.* justifier
substantiation *n.* corroboration
substantive *adj.* considérable
substitute *n.* substitut
substitution *n.* substitution
subsume *v.* englober
subterfuge *n.* subterfuge
subterranean *adj.* souterrain
subtitle *n.* sous-titre
subtle *adj.* subtil(e)
subtlety *n.* subtilité
subtotal *n.* sous-total
subtract *v.* soustraire
subtraction *n.* soustraction
subtropical *adj.* subtropical(e)
suburb *n.* banlieue
suburban *adj.* banlieusard(e)
suburbia *n.* banlieue
subversion *n.* subversion
subversive *adj.* subversif/ve
subvert *v.i.* subvertir
subway *n.* métro
succeed *v.* réussir
success *n.* succès
successful *adj.* prospère
succession *n.* succession
successive *adj.* successif/ve
successor *n.* successeur
succinct *adj.* succinct(e)
succour *n.* secours
succulent *adj.* succulent(e)
succumb *v.* succomber
such *adj.* tel/le
suck *v.* sucer
sucker *n.* gogo
suckle *v.* téter
suckling *n.* allaitement
suction *n.* aspiration
sudden *adj.* soudain(e)
suddenly *adv.* tout à coup
Sudoku *n.* sudoku
sue *v.t.* poursuivre en justice
suede *n.* daim
suffer *v.i.* souffrir
sufferance *n.* endurance
suffice *v.* suffire
sufficiency *n.* suffisance
sufficient *adj.* suffisant(e)
suffix *n.* suffixe
suffocate *v.* suffoquer
suffocation *n.* suffocation
suffrage *n.* suffrage
suffuse *v.* imprégner
sugar *n.* sucre
suggest *v.* suggérer
suggestible *adj.* suggestible
suggestion *n.* suggestion
suggestive *adj.* suggestif/ve
suicidal *adj.* suicidaire
suicide *n.* suicide
suit *n.* costume
suitability *n.* pertinence
suitable *adj.* adapté(e)
suite *n.* suite
suitor *n.* prétendant
sulk *v.* bouder
sullen *adj.* maussade
sully *v.* souiller
sulphur *n.* soufre
sultana *n.* sultanine
sultry *adj.* sensuel/le
sum *n.* somme
summarily *adv.* sommairement
summarize *v.* résumer
summary *n.* résumé

summer *n.* été
summit *n.* sommet
summon *v.* convoquer
summons *n.* citation
sumptuous *adj.* somptueux/se
sun *n.* soleil
sun *v.* solaire
sundae *n.* sundae
Sunday *n.* dimanche
sunder *v.* déchirer
sundry *adj.* divers(e)
sunken *adj.* coulé(e)
sunny *adj.* ensoleillé(e)
super *adj.* super
superabundance *adj.* surabondance
superabundant *adj.* surabondant(e)
superannuation *n.* pension
superb *adj.* superbe
supercharger *n.* compresseur
supercilious *adj.* hautain(e)
superficial *adj.* superficiel/le
superficiality *n.* superficialité
superfine *adj.* superfin(e)
superfluity *n.* superflu
superfluous *adj.* superflu(e)
superhuman *adj.* surhumain(e)
superimpose *v.* superposer
superintend *v.* superviser
superintendence *n.* surintendance
superintendent *n.* surintendant(e)
superior *adj.* supérieur(e)
superiority *n.* supériorité
superlative *adj.* superlatif/ve
supermarket *n.* supermarché
supernatural *adj.* surnaturel/le
superpower *n.* superpuissance
superscript *adj.* exposant
supersede *v.* remplacer
supersonic *adj.* supersonique
superstition *n.* superstition
superstitious *adj.* superstitieux/se
superstore *n.* hypermarché
supervene *v.* surajouter
supervise *v.* superviser
supervision *n.* supervision
supervisor *n.* superviseur/se
supper *n.* souper
supplant *v.* supplanter
supple *adj.* souple
supplement *n.* supplément
supplementary *adj.* complémentaire
suppliant *n.* suppliant(e)
supplicate *v.* supplier
supplier *n.* fournisseur
supply *v.* approvisionner
support *v.* soutenir
support *n.* soutien
suppose *v.* supposer
supposition *n.* supposition
suppository *n.* suppositoire
suppress *v.* supprimer
suppression *n.* suppression
suppurate *v.* suppurer
supremacy *n.* suprématie
supreme *adj.* suprême
surcharge *n.* en supplément
sure *adj.* sûr(e)
surely *adv.* sûrement
surety *n.* caution
surf *n.* surf
surface *n.* surface
surfeit *n.* excès
surge *n.* poussée
surgeon *n.* chirurgien/ne
surgery *n.* chirurgie

surly *adj.* revêche
surmise *v.t.* conjecturer
surmount *v.* surmonter
surname *n.* nom de famille
surpass *v.* dépasser
surplus *n.* excédent
surprise *n.* surprise
surreal *adj.* surréaliste
surrealism *n.* surréalisme
surrender *v.* se rendre
surrender *n.* abandon
surreptitious *adj.* furtif/ve
surrogate *n.* mère porteuse
surround *v.* encercler
surroundings *n.* environs
surtax *n.* surtaxe
surveillance *n.* surveillance
survey *v.t.* inspecter
surveyor *n.* arpenteur
survival *n.* survie
survive *v.* survivre
susceptible *adj.* sensible
suspect *v.* suspecter
suspect *n* suspect(e)
suspend *v.* suspendre
suspense *n.* suspense
suspension *n.* suspension
suspicion *n.* suspicion
suspicious *adj.* suspect(e)
sustain *v.* soutenir
sustainable *adj.* durable
sustenance *n.* subsistance
suture *n.* suture
svelte *adj.* svelte
swab *n.* écouvillon
swaddle *v.* emmailloter
swag *n.* butin
swagger *v.* se pavaner
swallow *v.* hirondelle
swamp *n.* marais
swan *n.* cygne
swank *v.* crâner
swanky *adj.* chic
swap *v.* échanger
swarm *n.* essaim
swarthy *adj.* basané(e)
swashbuckling *adj.* à l'épée
swat *v.* écraser
swathe *n.* bande
sway *v.* se balancer
swear *v.* jurer
sweat *n.* sueur
sweater *n.* pull
sweep *v.* balayer
sweeper *n.* balayeur/se
sweet *adj.* doux/ce
sweet *n.* bonbons
sweeten *v.* sucrer
sweetheart *n.* chéri(e)
sweetmeat *n.* friandise
sweetener *n.* édulcorant
sweetness *n.* douceur
swell *v.* enfler
swell *n.* houle
swelling *n.* gonflement
swelter *v.* être étouffant(e)
swerve *v.* faire un écart
swift *adj.* rapide
swill *v.* écluser
swim *v.* nager
swimmer *n.* nageur/se
swindle *v.* escroquer
swindler *n.* escroc
swine *n.* fumier
swing *n.* balançoire
swing *v.* balancer
swingeing *adj.* draconien/ne
swipe *v.* insérer
swirl *v.* tourbillonner
swish *adj.* sifflement
switch *n.* interrupteur
swivel *v.* pivoter
swoon *v.* se pâmer
swoop *v.* fondre sur
sword *n.* épée

sybarite *n.* sybarite
sycamore *n.* sycomore
sycophancy *n.* flagornerie
sycophant *n.* sycophante
syllabic *adj.* syllabique
syllable *n.* syllabe
syllabus *n.* cursus
syllogism *n.* syllogisme
sylph *n.* sylphe
sylvan *adj.* sylvestre
symbiosis *n.* symbiose
symbol *n.* symbole
symbolic *adj.* symbolique
symbolism *n.* symbolisme
symbolize *v.* symboliser
symmetrical *adj.* symétrique
symmetry *n.* symétrie
sympathetic *adj.* sympathique
sympathize *v.* sympathiser
sympathy *n.* sympathie
symphony *n.* symphonie
symposium *n.* colloque
symptom *n.* symptôme
symptomatic *adj.* symptomatique
synchronize *v.* synchroniser
synchronous *adj.* synchrone
syndicate *n.* syndicat
syndrome *n.* syndrome
synergy *n.* synergie
synonym *n.* synonyme
synonymous *adj.* synonyme
synopsis *n.* synopsis
syntax *n.* syntaxe
synthesis *n.* synthèse
synthesize *v.* synthétiser
synthetic *adj.* synthétique
syringe *n.* seringue
syrup *n.* sirop
system *n.* système
systematic *adj.* systématique
systematize *v.* systématiser
systemic *adj.* systémique

tab *n.* onglet
table *n.* table
tableau *n.* tableau
tablet *n.* tablette
tabloid *n.* tabloïd
taboo *n.* tabou
tabular *adj.* tabulaire
tabulate *v.* mettre sous forme de tableau
tabulation *n.* tabulation
tabulator *n.* tabulateur
tachometer *n.* tachymètre
tacit *adj.* tacite
taciturn *adj.* taciturne
tack *n.* punaise
tackle *v.t.* plaquer au sol
tacky *adj.* kitsch
tact *n.* tact
tactful *adj.* délicat(e)
tactic *n.* tactique
tactician *n.* tacticien/ne
tactical *adj.* tactique
tactile *adj.* tactile
tag *n.* étiquette
tail *n.* queue
tailor *n.* tailleur
taint *v.* infecter
take *v.* prendre
takeaway *n.* à emporter
takings *n.* recettes
talc *n.* talc
tale *n.* conte
talent *n.* talent
talented *adj.* talentueux/se
talisman *n.* talisman
talk *v.* parler
talkative *adj.* bavard(e)
tall *adj.* grand(e)
tallow *n.* suif

tally *n.* compte
talon *n.* serre
tamarind *n.* tamarin
tambourine *n.* tambourin
tame *adj.* apprivoisé
tamely *adv.* docilement
tamp *v.* tasser
tamper *v.* trafiquer
tampon *n.* tampon
tan *n.* bronzage
tandem *n.* tandem
tang *n.* piquant(e)
tangent *n.* tangente
tangerine *n.* mandarine
tangible *adj.* tangible
tangle *v.t.* s'entortiller
tank *n.* réservoir
tanker *n.* pétrolier
tanner *n.* tanneur/se
tannery *n.* tannerie
tantalize *v.* taquiner
tantamount *adj.* équivalent(e)
tantrum *n.* colère
tap *n.* robinet
tapas *n.* tapas
tape *n.* ruban
tape *v.i.* enregistrer
taper *v.* diminuer
tapestry *n.* tapisserie
tappet *n.* poussoir
tar *n.* goudron
tardy *adj.* tardif/ve
target *n.* cible
tariff *n.* tarif
tarn *n.* lac de montagne
tarnish *v.* ternir
tarot *n.* tarot
tarpaulin *n.* bâche
tart *n.* tarte
tartar *n.* tartare
task *n.* tâche
tassel *n.* gland
taste *n.* goût
taste *v.* goûter
tasteful *adj.* bon goût
tasteless *adj.* insipide
tasty *adj.* savoureux/se
tatter *n.* lambeau
tattle *n.* papoter
tattoo *n.* tatouage
tatty *adj.* abîmé(e)
taunt *n.* narguer
taut *adj.* tendu(e)
tavern *n.* taverne
tawdry *adj.* sordide
tax *n.* impôt
taxable *adj.* imposable
taxation *n.* fiscalité
taxi *n.* taxi
taxi *v.* se déplacer au sol
taxonomy *n.* taxonomie
tea *n.* thé
teach *v.* enseigner
teacher *n.* enseignant(e)
teak *n.* teck
team *n.* équipe
tear *v.* déchirer
tear *n.* déchirure
tearful *adj.* en larmes
tease *v.* taquiner
teat *n.* tétine
technical *adj.* technique
technicality *n.* technicité
technician *n.* technicien/ne
technique *n.* technique
technological *adj.* technologique
technologist *n.* technologue
technology *n.* technologie
tedious *adj.* fastidieux/se
tedium *n.* ennui
teem *v.* grouiller
teenager *n.* adolescent(e)
teens *adj.* ados
teeter *v.* chanceler
teethe *v.* faire ses dents

teetotal *adj.* abstinent(e)
teetotaller *n.* abstinent(e)
telecast *v.t.* diffuser
telecommunications *n.* télécommunications
telegram *n.* télégramme
telegraph *n.* télégraphe
telegraphic *adj.* télégraphique
telegraphy *n.* télégraphie
telepathic *adj.* télépathique
telepathist *n.* téléphate
telepathy *n.* télépathie
telephone *n.* téléphone
teleprinter *n.* téléimprimeur
telescope *n.* télescope
teletext *n.* télétexte
televise *v.* téléviser
television *n.* télévision
tell *v.* dire
teller *n.* guichetier/ère
telling *adj.* révélateur/rice
telltale *adj.* mouchard(e)
temerity *n.* témérité
temper *n.* trempe
temperament *n.* tempérament
temperamental *adj.* capricieux/se
temperance *n.* tempérance
temperate *adj.* tempéré(e)
temperature *n.* température
tempest *n.* tempête
tempestuous *adj.* tumultueux/se
template *n.* modèle
temple *n.* temple
tempo *n.* tempo
temporal *adj.* temporel/le
temporary *adj.* temporaire
temporize *v.* temporiser
tempt *v.* tenter
temptation *n.* tentation
tempter *n.* tentateur/rice
ten *adj. & adv.* dix
tenable *adj.* tenable
tenacious *adj.* tenace
tenacity *n.* ténacité
tenancy *n.* location
tenant *n.* locataire
tend *v.* soigner
tendency *n.* tendance
tendentious *adj.* tendancieux/se
tender *adj.* tendre
tender *n.* ravitailleur
tendon *n.* tendon
tenement *n.* immeuble
tenet *n.* principe
tennis *n.* tennis
tenor *n.* ténor
tense *adj.* tendu(e)
tensile *adj.* malléable
tension *n.* tension
tent *n.* tente
tentacle *n.* tentacule
tentative *adj.* provisoire
tenterhook *n.* impatience
tenth *adj. & n.* dixième
tenuous *adj.* ténu(e)
tenure *n.* mandat
tepid *adj.* tiède
term *n.* terme
termagant *n.* mégère
terminal *adj.* terminal(e)
terminate *v.* résilier
termination *n.* résiliation
terminological *adj.* terminologique
terminology *n.* terminologie
terminus *n.* terminus
termite *n.* termite
terrace *n.* terrasse
terracotta *n.* terre cuite
terrain *n.* terrain
terrestrial *adj.* terrestre

terrible *adj.* terrible
terrier *n.* terrier
terrific *adj.* formidable
terrify *v.* terrifier
territorial *adj.* territorial(e)
territory *n.* territoire
terror *n.* terreur
terrorism *n.* terrorisme
terrorist *n.* terroriste
terrorize *v.* terroriser
terry *n.* tissu-éponge
terse *adj.* laconique
tertiary *adj.* tertiaire
test *n.* test
testament *n.* testament
testate *adj.* testamentaire
testicle *n.* testicule
testify *v.* témoigner
testimonial *n.* témoignage
testimony *n.* témoignage
testis *n.* testicule
testosterone *n.* testostérone
testy *adj.* irritable
tetchy *adj.* irrascible
tether *v.t.* attacher
text *n.* texte
textbook *n.* manuel
textual *adj.* textuel/le
textile *n* textile
textual *adj.* textuel/le
texture *n.* texture
thank *v.* remercier
thankful *adj.* reconnaissant(e)
thankless *adj.* ingrat(e)
that *pron. & adj.* ça
thatch *n.* chaume
thaw *v.* dégeler
the *adj.* le/la
theatre *n.* theâtre
theatrical *adj.* théâtral(e)
theft *n.* vol
their *adj.* leur
theism *n.* théisme
them *pron.* eux
thematic *adj.* thématique
theme *n.* thème
themselves *pron.* eux-mêmes
then *adv.* puis
thence *adv.* de là
theocracy *n.* théocratie
theodolite *n.* théodolite
theologian *n.* théologien/ne
theology *n.* théologie
theorem *n.* théorème
theoretical *adj.* théorique
theorist *n.* théoricien/ne
theorize *v.* théoriser
theory *n.* théorie
theosophy *n.* théosophie
therapeutic *adj.* thérapeutique
therapist *n.* thérapeute
therapy *n.* thérapie
there *adv.* là
thermal *adj.* thermique
thermodynamics *n.* thermodynamique
thermometer *n.* thermomètre
thermos *n.* thermos
thermosetting *adj.* thermodurcissable
thermostat *n.* thermostat
thesis *n.* thèse
they *pron.* ils/elles
thick *adj.* épais/se
thicken *v.* épaissir
thicket *n.* broussaille
thief *n.* voleur/se
thigh *n.* cuisse
thimble *n.* dé à coudre
thin *adj.* mince
thing *n.* chose
think *v.* penser
thinker *n.* penseur/se
third *adj.* troisième
thirst *n.* soif

thirsty *adj.* assoiffé(e)
thirteen *adj. & n.* treize
thirteen *adj. & n.* treize
thirteenth *adj. & n.* treizième
thirtieth *adj. & n.* trentième
thirtieth *adj. & n.* trentième
thirty *adj. & n.* trente
thirty *adj. & n.* trente
this *pron.& adj.* ceci
thistle *n.* chardon
thither *adv.* de ce côté-là
thong *n.* string
thorn *n.* épine
thorny *adj.* épineux/se
thorough *adj.* approfondi(e)
thoroughfare *n.* artère
though *conj.* bien que
thoughtful *adj.* réfléchi(e)
thoughtless *adj.* irréfléchi(e)
thousand *adj. & n.* mille
thrall *n.* esclavage
thrash *v.* rouer de coups
thread *n.* fil
threat *n.* menace
threaten *v.* menacer
three *adj. & n.* trois
thresh *v.* battre
threshold *n.* seuil
thrice *adv.* trois fois
thrift *n.* économie
thrifty *adj.* économe
thrill *n.* frisson
thriller *n.* thriller
thrive *v.* prospérer
throat *n.* gorge
throaty *adj.* rauque
throb *v.* palpiter
throes *n.* affres
throne *n.* trône
throng *n.* foule
throttle *n.* accélérateur
through *prep. &adv.* par
throughout *prep.* tout au long de
throw *v.* jeter
thrush *n.* grive
thrust *v.* enfoncer
thud *n.* bruit sourd
thug *n.* malfrat
thumb *n.* pouce
thunder *n.* tonnerre
thunderous *adj.* tonitruant
Thursday *n.* jeudi
thus *adv.* ainsi
thwart *v.* contrecarrer
thyroid *n.* thyroïde
tiara *n.* diadème
tick *n.* tique
ticket *n.* billet
ticking *n.* tic-tac
tickle *v.* chatouiller
ticklish *adj.* chatouilleux/se
tidal *adj.* de marée
tidally *n.* marée
tide *n.* marée
tidings *n.* nouvelles
tidiness *n.* propreté
tidy *adj.* rangé(e)
tie *v.* lier
tie *n.* cravate
tied *adj.* attaché(e)
tier *n.* niveau
tiger *n.* tigre
tight *adj.* serré(e)
tighten *v.* serrer
tile *n.* tuile
till *prep.* jusqu'à
tiller *n.* barre
tilt *v.* s'incliner
timber *n.* bois
time *n.* temps
timely *adj.* opportun(e)
timid *adj.* timide
timidity *n.* timidité
timorous *adj.* timoré(e)

tin *n.* étain
tincture *n.* teinture
tinder *n.* petit bois
tinge *n.* teinte
tingle *n.* picotement
tinker *v.* jouer avec
tinkle *v.* tinter
tinsel *n.* guirlande
tint *n.* teinte
tiny *adj.* minuscule
tip *n.* astuce
tipple *v.* boire
tipster *n.* pronostiqueur
tipsy *n.* pompette
tiptoe *v.* marcher sur la pointe des pieds
tirade *n.* tirade
tire *v.* fatiguer
tired *adj.* fatigué(e)
tireless *adj.* infatigable
tiresome *adj.* fastidieux/se
tissue *n.* mouchoir
titanic *adj.* titanesque
titbit *n.* friandise
tithe *n.* dîme
titillate *v.* titiller
titivate *v.* bichonner
title *n.* titre
titled *adj.* intitulé(e)
titular *adj.* nominal(e)
to *prep.* à
toad *n.* crapaud
toast *n.* toast
toaster *n.* grille-pain
tobacco *n.* tabac
today *adv.* aujourd'hui
toddle *v.* tituber
toddler *n.* enfant en bas âge
toe *n.* orteil
toffee *n.* caramel
tog *n.* fringues
toga *n.* toge
together *adv.* ensemble
toggle *n.* alterner
toil *v.i.* peiner
toilet *n.* toilette
toiletries *n.* articles de toilette
toils *n.* rets
token *n.* jeton
tolerable *adj.* tolérable
tolerance *n.* tolérance
tolerant *adj.* tolérant(e)
tolerate *v.* tolérer
toleration *n.* tolérance
toll *n.* péage
tomato *n.* tomate
tomb *n.* tombeau
tomboy *n.* garçon manqué
tome *n.* tome
tomfoolery *n.* pitreries
tomorrow *adv.* demain
ton *n.* tonne
tone *n.* ton
toner *n.* toner
tongs *n.* pinces
tongue *n.* langue
tonic *n.* tonique
tonight *adv.* ce soir
tonnage *n.* tonnage
tonne *n.* tonne
tonsil *n.* amygdale
tonsure *n.* tonsure
too *adv.* aussi
tool *n.* outil
tooth *n.* dent
toothache *n.* mal de dents
toothless *adj.* édenté(e)
toothpaste *n.* dentifrice
toothpick *n.* cure-dents
top *n.* haut
topaz *n.* topaze
topiary *n.* topiaire
topic *n.* rubrique
topical *adj.* actuel/le
topless *adj.* seins nus
topographer *n.* topographe

topographical *adj.* topographique
topography *n.* topographie
topping *n.* garniture
topple *v.* se renverser
tor *n.* colline rocailleuse
torch *n.* torche
toreador *n.* toreador
torment *n.* tourment
tormentor *n.* bourreau
tornado *n.* tornade
torpedo *n.* torpille
torpid *adj.* torpeur
torrent *n.* torrent
torrential *adj.* torrentiel/le
torrid *adj.* torride
torsion *n.* torsion
torso *n.* torse
tort *n.* acte délictuel/le
tortoise *n.* tortue
tortuous *adj.* tortueux/se
torture *n.* torture
toss *v.* lancer
tot *n.* gamin(e)
total *adj.* total(e)
total *n.* total
totalitarian *adj.* totalitaire
totality *n.* totalité
tote *v.* trimballer
totter *v.* tituber
touch *v.* toucher
touching *adj.* touchant(e)
touchy *adj.* délicat(e)
tough *adj.* difficile
toughen *v.* durcir
toughness *n.* ténacité
tour *n.* tour
tourism *n.* tourisme
tourist *n.* touriste
tournament *n.* tournoi
tousle *v.* ébouriffer
tout *v.* racoler
tow *v.* remorquer
towards *prep.* vers
towel *n.* serviette
towelling *n.* en tissu éponge
tower *n.* tour
town *n.* ville
township *n.* commune
toxic *adj.* toxique
toxicology *n.* toxicologie
toxin *n.* toxine
toy *n.* jouet
trace *v.t.* tracer
traceable *adj.* traçable
tracing *n.* calquage
track *n.* piste
tracksuit *n.* survêtement
tract *n.* tract
tractable *adj.* tractable
traction *n.* traction
tractor *n.* tracteur
trade *n.* commerce
trademark *n.* marque
trader *n.* commerçant(e)
tradesman *n.* commerçant(e)
tradition *n.* tradition
traditional *adj.* traditionnel/le
traditionalist *n.* traditionaliste
traduce *v.* diffamer
traffic *n.* trafic
trafficker *n.* trafiquant(e)
trafficking *n.* trafic
tragedian *n.* tragédien/ne
tragedy *n.* tragédie
tragic *adj.* tragique
trail *n.* sentier
trailer *n.* remorque
train *n.* train
train *v.* s'entraîner
trainee *n.* stagiaire
trainer *n.* formateur
training *n.* formation
traipse *v.* se balader
trait *n.* trait
traitor *n.* traître

trounce *v.* écraser
troupe *n.* troupe
trousers *n.* pantalon
trousseau *n.* trousseau
trout *n.* truite
trowel *n.* truelle
troy *n.* troy
truant *n.* élève absentéiste
truce *n.* trêve
truck *n.* camion
trucker *n.* camionneur
truculent *adj.* truculent(e)
trudge *v.* se traîner
true *adj.* vrai(e)
truffle *n.* truffe
trug *n.* panier de jardin
truism *n.* truisme
trump *n.* atout
trumpet *n.* trompette
truncate *v.* tronquer
truncheon *n.* matraque
trundle *v.* avancer lentement
trunk *n.* tronc
truss *n.* bandage
trust *n.* confiance
trustee *n.* curateur
trustful *adj.* confiant(e)
trustworthy *adj.* fiable
trusty *adj.* fidèle
truth *n.* vérité
truthful *adj.* honnête
try *v.* essayer
trying *adj.* pénible
tryst *n.* rendez-vous galant
tsunami *n.* tsunami
tub *n.* baignoire
tube *n.* tube
tubercle *n.* tubercule
tuberculosis *n.* tuberculose
tubular *adj.* tubulaire
tuck *v.* rentrer
Tuesday *n.* mardi
tug *v.* tracter
tuition *n.* cours
tulip *n.* tulipe
tumble *v.* chuter
tumbler *n.* verre
tumescent *adj.* tumescent(e)
tumour *n.* tumeur
tumult *n.* tumulte
tumultuous *adj.* tumultueux/se
tun *n.* tonneau
tune *n.* mélodie
tuner *n.* accordeur
tunic *n.* tunique
tunnel *n.* tunnel
turban *n.* turban
turbid *adj.* trouble
turbine *n.* turbine
turbocharger *n.* turbocompresseur
turbulence *n.* turbulence
turbulent *adj.* turbulent(e)
turf *n.* gazon
turgid *adj.* enflé(e)
turkey *n.* dinde
turmeric *n.* curcuma
turmoil *n.* tourmente
turn *v.* tourner
turner *n.* tourneur
turning *n.* tournant(e)
turnip *n.* navet
turnout *n.* assistance
turnover *n.* chiffre d'affaires
turpentine *n.* térébenthine
turquoise *n.* turquoise
turtle *n.* tortue
tusk *n.* défense
tussle *n.* bagarre
tutelage *n.* tutelle
tutor *n.* tuteur/rice
tutorial *n.* tutoriel
tuxedo *n.* smoking
tweak *v.* ajuster
twee *adj.* maniéré(e)

tweed *n.* tweed
tweet *v.* pépier
tweeter *n.* haut-parleur
tweezers *n.* pince à épiler
twelfth *adj.&n.* douzième
twelfth *adj.&n.* douzième
twelve *adj.&n.* douze
twentieth *adj.&n.* vingtième
twentieth *adj.&n.* vingtième
twenty *adj.&n.* vingt
twice *adv.* deux fois
twiddle *v.* tripoter
twig *n.* brindille
twilight *n.* crépuscule
twin *n.* jumeau
twine *n.* ficelle
twinge *n.* douleur
twinkle *v.* scintiller
twirl *v.* faire tournoyer
twist *v.* entortiller
twitch *v.* avoir un movement convulsif
twitter *v.* gazouiller
two *adj.&n.* deux
twofold *adj.* double
tycoon *n.* magnat
type *n.* type
typesetter *n.* typographe
typhoid *n.* typhoïde
typhoon *n.* typhon
typhus *n.* typhus
typical *adj.* typique
typify *v.* typifier
typist *n.* dactylo
tyrannize *v.* tyranniser
tyranny *n.* tyrannie
tyrant *n.* tyran
tyre *n.* pneu

ubiquitous *adj.* omniprésent(e)
udder *n.* pis
ugliness *n.* laideur
ugly *adj.* laid(e)
ulcer *n.* ulcère
ulterior *adj.* caché(e)
ultimate *adj.* ultime
ultimately *adv.* finalement
ultimatum *n.* ultimatum
ultra *pref.* ultra
ultramarine *n.* bleu outremer
ultrasonic *adj.* ultrasonique
ultrasound *n.* échographie
umber *n.* terre d'ombre
umbilical *adj.* ombilical(e)
umbrella *n.* parapluie
umpire *n.* arbitre
unable *adj.* incapable
unanimity *a.* unanimité
unaccountable *adj.* inexplicable
unadulterated *adj.* inaltéré(e)
unalloyed *adj.* pur(e)
unanimous *adj.* unanime
unarmed *adj.* sans armes
unassailable *adj.* inattaquable
unassuming *adj.* modeste
unattended *adj.* sans surveillance
unavoidable *adj.* inévitable
unaware *adj.* ignorant(e)
unbalanced *adj.* déséquilibré(e)
unbelievable *adj.* incroyable
unbend *v.* redresser
unborn *adj.* à naître
unbridled *adj.* débridé(e)
unburden *v.* soulager
uncalled *adj.* injustifié(e)
uncanny *adj.* étrange
unceremonious *adj.* précipité(e)
uncertain *adj.* incertain(e)

unthinkable *adj.* impensable
untidy *adj.* négligé(e)
until *prep.* jusqu'au
untimely *adj.* prématuré(e)
untold *adj.* indicible
untouchable *adj.* intouchable
untoward *adj.* fâcheux/se
unusual *adj.* insolite
unutterable *adj.* indicible
unveil *v.* dévoiler
unwarranted *adj.* injustifié(e)
unwell *adj.* malade
unwilling *adj.* réticent(e)
unwind *v.* se détendre
unwise *adj.* imprudent(e)
unwittingly *adj.* involontairement
unworldly *adj.* ingénu(e)
unworthy *adj.* indigne
up *adv.* en haut
upbeat *adj.* optimiste
upbraid *vtr.* réprimander
upcoming *adj.* à venir
update *v.* mettre à jour
upgrade *v.* acutaliser
upheaval *n.* bouleversement
uphold *v.* faire respecter
upholster *v.* tapisser
upholstery *n.* tapisserie
uplift *v.* soulever
upload *v.* télécharger
upper *adj.* supérieur(e)
upright *adj.* vertical(e)
uprising *n.* soulèvement
uproar *n.* tumulte
uproarious *adj.* hilarant(e)
uproot *v.* déraciner
upset *v.* bouleverser
upshot *n.* résultat
upstart *n.* arriviste
upsurge *n.* recrudescence
upturn *n.* reprise
upward *adv.* vers le haut
urban *adj.* urbain(e)
urbane *adj.* courtois(e)
urbanity *n.* urbanité
urchin *n.* oursin
urge *v.* pousser
urgent *adj.* urgent(e)
urinal *n.* urinoir
urinary *adj.* urinaire
urinate *v.* uriner
urine *n.* urine
urn *n.* urne
usable *adj.* utilisable
usage *n.* utilisation
use *v.t.* utiliser
useful *adj.* utile
useless *adj.* inutile
user *n.* utilisateur/rice
usher *n.* ouvreur/se
usual *adj.* habituel/le
usually *adv.* habituellement
usurp *v.* usurper
usurpation *n.* usurpation
usury *n.* usure
utensil *n.* ustensile
uterus *n.* utérus
utilitarian *adj.* utilitaire
utility *n.* utilité
utilization *n.* utilisation
utilize *v.* utiliser
utmost *adj.* tout son possible
utopia *n.* utopie
utopian *adj.* utopique
utter *adj.* total
utterance *n.* énonciation
uttermost *adj.* & *n.* maximum

vacancy *n.* chambre libre
vacant *adj.* vacant(e)
vacate *v.* quitter
vacation *n.* vacances
vaccinate *v.* vacciner

vaccination *n.* vaccination
vaccine *n.* vaccin
vacillate *v.* vaciller
vacillation *n.* indécision
vacuous *adj.* vide
vacuum *n.* vide
vagabond *n.* vagabond(e)
vagary *n.* caprice
vagina *n.* vagin
vagrant *n.* vagabond(e)
vague *adj.* vague
vagueness *n.* imprécision
vain *adj.* vain(e)
vainglorious *adj.* vaniteux/se
vainly *adv.* en vain
valance *n.* frange
vale *n.* vallon
valediction *n.* adieux
valency *n.* valence
valentine *n.* amoureux/se
valet *n.* voiturier
valetudinarian *n.* valétudinaire
valiant *adj.* vaillant(e)
valid *adj.* valide
validate *v.* valider
validity *n.* validité
valise *n.* valise
valley *n.* vallée
valour *n.* vaillance
valuable *adj.* précieux/se
valuation *n.* évaluation
value *n.* valeur
valve *n.* vanne
vamp *n.* vamp
vampire *n.* vampire
van *n.* fourgon
vandal *n.* vandale
vandalize *v.* vandaliser
vane *n.* girouette
vanguard *n.* avant-garde
vanish *v.* disparaître
vanity *n.* vanité
vanquish *v.* vaincre
vantage *n.* avantage
vapid *adj.* insipide
vaporize *v.* vaporiser
vapour *n.* vapeur
variable *adj.* variable
variance *n.* variance
variant *n.* variante
variation *n.* variation
varicose *adj.* variqueux/se
varied *adj.* varié(e)
variegated *adj.* panaché
variety *n.* variété
various *adj.* divers(e)
varlet *n.* serviteur
varnish *n.* vernis
vary *v.* varier
vascular *adj.* vasculaire
vase *n.* vase
vasectomy *n.* vasectomie
vassal *n.* vassal
vast *adj.* vaste
vaudeville *n.* vaudeville
vault *n.* voûte
vaunted *adj.* vanté(e)
veal *n.* veau
vector *n.* vecteur
veer *n.* dévier
vegan *n.* végétalien/ne
vegetable *n.* légume
vegetarian *n.* végétarien/ne
vegetate *v.* végéter
vegetation *n.* végétation
vegetative *adj.* végétatif/ve
vehement *adj.* véhément(e)
vehicle *n.* véhicule
vehicular *adj.* véhiculaire
veil *n.* voile
vein *n.* veine
velocity *n.* vitesse
velour *n.* velours
velvet *n.* velours
velvety *adj.* velouté(e)

vitriol *n.* vitriol
vituperation *n.* vitupération
vivacious *adj.* vivace
vivacity *n.* vivacité
vivarium *n.* vivarium
vivid *adj.* vif/ve
vivify *v.* vivifier
vixen *n.* renarde
vocabulary *n.* vocabulaire
vocal *adj.* vocal(e)
vocalist *n.* chanteur/se
vocalize *v.* vocaliser
vocation *n.* vocation
vociferous *adj.* bruyant(e)
vogue *n.* vogue
voice *n.* voix
voicemail *n.* messagerie vocale
void *adj.* nul/le
voile *n.* voile
volatile *adj.* explosif/ve
volcanic *adj.* volcanique
volcano *n.* volcan
volition *n.* volonté
volley *n.* volée
volt *n.* volt
voltage *n.* tension
voluble *adj.* volubile
volume *n.* volume
voluminous *adj.* volumineux/se
voluntarily *adv.* volontairement
voluntary *adj.* volontaire
volunteer *n.* bénévole
voluptuary *n.* hédoniste
voluptuous *adj.* voluptueux/se
vomit *v.* vomir
voodoo *n.* vaudou
voracious *adj.* vorace
vortex *n.* vortex
votary *n.* fervent(e)
vote *n.* vote
voter *n.* électeur/rice
votive *adj.* votif/ve
vouch *v.* se porter garant
voucher *n.* reçu
vouchsafe *v.* accorder
vow *n.* voeu
vowel *n.* voyelle
voyage *n.* voyage
voyager *n.* voyageur/se
vulcanize *v.* vulcaniser
vulgar *adj.* vulgaire
vulgarian *n.* rustre
vulgarity *n.* vulgarité
vulnerable *adj.* vulnérable
vulpine *adj.* vulpin
vulture *n.* vautour

wacky *adj.* dingue
wad *n.* paquet
waddle *v.* se dandiner
wade *v.* patauger
wader *n.* échassier
wadi *n.* oued
wafer *n.* gaufrette
waffle *v.* gaufre
waft *v.* flotter
wag *v.* remuer
wage *n.* salaire
wager *n.* & *v.* pari
waggle *v.* frétiller
wagon *n.* wagon
wagtail *n.* bergeronnette
waif *n.* enfant abandonné
wail *n.* gémir
wain *n.* chariot
wainscot *n.* lambris
waist *n.* taille
waistband *n.* ceinture
waistcoat *n.* gilet
wait *v.* attendre

waiter *n.* serveur
waitress *n.* serveuse
waive *v.* renoncer à
wake *v.* réveiller
wakeful *adj.* vigilant(e)
waken *v.* se réveiller
walk *v.* marcher
wall *n.* mur
wallaby *n.* wallaby
wallet *n.* portefeuille
wallop *v.* cogner
wallow *v.* se complaire
Wally *n.* andouille
walnut *n.* noix
walrus *n.* morse
waltz *n.* valse
wan *adj.* blême
wand *n.* baguette
wander *v.* errer
wane *v.* décliner
wangle *v.* magouiller
want *v.* vouloir
wanting *adj.* manquant(e)
wanton *adj.* injustifié(e)
war *n.* guerre
warble *v.* gazouiller
warbler *n.* fauvette
ward *n.* salle
warden *n.* gardien/ne
warder *n.* gardien/ne
wardrobe *n.* garde-robe
ware *n.* marchandises
warehouse *n.* entrepôt
warfare *n.* guerre
warlike *adj.* guerrier/ère
warm *adj.* chaud(e)
warmth *n.* chaleur
warn *v.* avertir
warning *n.* alarme
warp *v.* gauchir
warrant *n.* mandat
warrantor *n.* garant(e)
warranty *n.* garantie
warren *n.* garenne
warrior *n.* guerrier/ère
wart *n.* verrue
wary *adj.* méfiant(e)
wash *v.* laver
washable *adj.* lavable
washer *n.* lave-linge
washing *n.* lavage
wasp *n.* guêpe
waspish *adj.* acerbe
wassail *n.* vin chaud
wastage *n.* gaspillage
waste *v.* gâcher
wasteful *adj.* dépensier/ère
watch *v.* regarder
watchful *adj.* vigilant(e)
watchword *n.* devise
water *n.* eau
water *v.* arroser
waterfall *n.* cascade
watermark *n.* filigrane
watermelon *n.* pastèque
waterproof *adj.* imperméable
watertight *adj.* étanche
watery *adj.* aqueux/se
watt *n.* watt
wattage *n.* puissance électronique
wattle *n.* caroncule
wave *v.* faire un signe de la main
waver *v.* hésiter
wavy *adj.* ondulé(e)
wax *n.* cire
way *n.* chemin
waylay *v.* dévier
wayward *adj.* indiscipliné(e)
we *pron.* nous
weak *adj.* faible
weaken *v.* affaiblir
weakling *n.* gringalet
weakness *n.* faiblesse
weal *n.* enflure

winkle *n.* bigorneau
winner *n.* gagnant(e)
winning *adj.* gagnant(e)
winnow *v.* vanner
winsome *adj.* engageant(e)
winter *n.* hiver
wintry *adj.* hivernal(e)
wipe *v.* essuyer
wire *n.* fil
wireless *adj.* sans fil
wiring *n.* câblage
wisdom *n.* sagesse
wise *adj.* sage
wish *v.* souhaiter
wishful *adj.* optimiste
wisp *n.* mèche
wisteria *n.* glycine
wistful *adj.* mélancolique
wit *n.* ruse
witch *n.* sorcier/ère
witchcraft *n.* sorcellerie
witchery *n.* sorcellerie
with *prep.* avec
withal *adv.* en outre
withdraw *v.* retirer
withdrawal *n.* retrait
withe *n.* brin d'osier
wither *v.* se flétrir
withhold *v.* refuser
within *prep.* au sein de
without *prep.* sans
withstand *v.* résister
witless *adj.* stupide
witness *n.* témoin
witter *v.* radoter
witticism *n.* mot d'esprit
witty *adj.* spirituel/le
wizard *n.* sorcier
wizened *adj.* desséché(e)
woad *n.* guède
wobble *v.* osciller
woe *n.* malheur
woeful *adj.* lamentable
wok *n.* wok
wold *n.* colline
wolf *n.* loup
woman *n.* femme
womanhood *n.* féminité
womanize *v.* courir les femmes
womb *n.* utérus
wonder *v.* se demander
wonderful *adj.* merveilleux/se
wondrous *adj.* merveilleux/se
wonky *adj.* bancal(e)
wont *n.* habitude
wonted *adj.* coutumier/ère
woo *v.* courtiser
wood *n.* bois
wooded *adj.* boisé(e)
wooden *adj.* en bois
woodland *n.* bois
woof *n.* aboiement
woofer *n.* haut-parleur
wool *n.* laine
woollen *adj.* laineux/se
woolly *adj.* laineux/se
woozy *adj.* dans le cirage
word *n.* mot
wording *n.* formulation
wordy *adj.* verbeux/se
work *n.* travail
workable *adj.* réalisable
workaday *adj.* ordinaire
worker *n.* travailleur/se
working *n.* travail
workman *n.* ouvrier
workmanship *n.* fabrication
workshop *n.* atelier
world *n.* monde
worldly *adj.* mondain(e)
worm *n.* ver
wormwood *n.* absinthe
worried *adj.* inquiet/ète
worrisome *adj.* inquiétant(e)
worry *v.* s'inquiéter

worse *adj.* pire
worsen *v.* s'aggraver
worship *n.* culte
worshipper *n.* adorateur/rice
worst *adj.* pire
worsted *n.* tissu en laine peigné
worth *n.*. valoir
worthless *adj.* sans valeur
worthwhile *adj.* utile
worthy *adj.* digne
would *v.* pouvoir
would-be *adj.* potentiel/le
wound *n.* plaie
wrack *n.* destruction
wraith *n.* apparition
wrangle *n.* se disputer
wrap *v.* envelopper
wrapper *n.* papier
wrath *n.* colère
wreak *v.* infliger
wreath *n.* guirlande
wreathe *v.* enrouler
wreck *n.* épave
wreckage *n.* débris
wrecker *n.* démolisseur
wren *n.* troglodyte
wrench *v.* tordre
wrest *v.* arracher
wrestle *v.* lutter
wrestler *n.* lutteur
wretch *n.* misérable
wretched *adj.* pitoyable
wrick *v.* meuler
wriggle *v.* meuler
wring *v.* tordre
wrinkle *n.* ride
wrinkle *n.* pli
wrist *n.* poignet
writ *n.* assignation
write *v.* écrire
writer *n.* écrivain
writhe *v.* se débattre
writing *n.* écriture
wrong *adj.* mauvais(e)
wrongful *adj.* arbitraire
wry *adj.* ironique

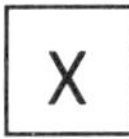

xenon *n.* xénon
xenophobia *n.* xénophobie
Xerox *n.* photocopie
Xmas *n.* Noël
x-ray *n.* radiographie
xylophages *adj.* xylophages
xylophilous *adj.* lignicole
xylophone *n.* xylophone

yacht *n.* yacht
yachting *n.* yachting
yachtsman *n.* plaisancier
yak *n.* yak
yam *n.* ignam
yap *v.* japper
yard *n.* jardin
yarn *n.* récit
yashmak *n.* litham
yaw *v.* embarder
yawn *v.* bâiller
year *n.* année
yearly *adv.* annuel/le
yearn *v.* aspirer
yearning *n.* désir
yeast *n.* levure
yell *n.* hurler
yellow *adj.* jaune
yelp *n.* cri perçant
Yen *n.* yen
yeoman *n.* hallebardier
yes *excl.* oui
yesterday *adv.* hier
yet *adv.* encore
yeti *n.* yéti

yew *n.* if
yield *v.* céder
yob *n.* loubard
yodel *v.* yodler
yoga *n.* yoga
yogi *n.* yogi
yogurt *n.* yaourt
yoke *n.* joug
yokel *n.* rustre
yolk *n.* jaune d'oeuf
yonder *adj.* là-bas
yonks *n.* bail
yore *n.* antan
you *pron.* tu/vous
young *adj.* jeune
youngster *n.* enfant
your *adj.* ton/vôtre
yourself *pron.* Toi-même/vous-même
youth *n.* jeunesse
youthful *adj.* jeune
yowl *n.* miaulement
yummy *adj.* succulent(e)

Z

zany *adj.* fou/folle
zap *v.* zapper
zeal *n.* zèle
zealot *n.* zélote
zealous *adj.* zélé(e)
zebra *n.* zèbre
zebra crossing *n.* passage clouté
zenith *n.* zénith
zephyr *n.* zéphyr
zero *adj.* zéro
zest *n.* zeste
zigzag *n.* zig-zag
zilch *n.* que dalle
zinc *n.* zinc
zing *n.* entrain
zip *n.* fermeture éclair
zircon *n.* zircon
zither *n.* cithare
zodiac *n.* zodiaque
zombie *n.* zombie
zonal *adj.* zonal(e)
zone *n.* zone
zoo *n.* zoo
zoological *adj.* zoologique
zoologist *n.* zoologiste
zoology *n.* zoologie
zoom *v.* zoom

FRENCH-ENGLISH

A

à prep. at
à prep. to
à bord adv. aboard
à cheval sur prep. astride
à côté de prep. alongside
à côté de prep. beside
à emporter prep. takeaway
à flot prep. afloat
à gogo adj. galore
à la cuillère prep. underarm
à la dérive prep. adrift
à la différence prep. unlike
à la mode prep. fashionable
à l'épée prep. swashbuckling
à l'étranger adv. abroad
à l'extérieur adv. outside
à l'intérieur adv. inside
à moins que conj. unless
à naître adj. unborn
à peine adv. barely
à peine adv. hardly
à qui adj. & pron. whose
à savoir adv. namely
à spirales adj. spiral
à travers adv. across
à venir adv. upcoming
à voix haute adv. aloud
abaisser v. abase
abandon n. surrender
abandonner v.t. abandon
abandonner v. forsake
abasourdir v. stupefy
abasourdir v. daze
abattage n. slaughter
abattre v. fell
abattre v. knacker
abbatu(e) adj. despondent
abbaye n. abbey
abbé n. abbot
abberant(e) adj. aberrant
abcès n. abscess
abdication n. abdication
abdiquer v.t. abdicate
abdomen n. abdomen
abdominal(e) adj. abdominal
abeille n. bee
aberration n. aberration
abhorrer v. abhor
abîmé(e) adj. tatty
abject(e) adj. abject
abject(e) adj. nefarious
ablutions n. ablutions
aboiement n. woof
abolir v.t abolish
abolition n. abolition
abominable adj. abominable
abominer v. abominate
abondance n. abundance
abondant(e) v.t. abundant
abondant(e) adj. ample
abondant(e) adj. profuse
abondant(e) adj. bountiful
abonder v.i. abound
abonnement n. subscription
aborigène adj. aboriginal
abrasif/ve adj. abrasive
abrasion n. abrasion
abréger v.t. abbreviate
abréger v. curtail
abréviation n. abbreviation
abri n. shelter
abricot n. apricot
abrité(e) adj. covert
abriter du soleil v. shade
abroger v. abrogate
abroger v. repeal
abrutir v. stultify
abrutissant(e) adj. mindless
abscons(e) adj. abstruse
absence n. absence
absent(e) adj. absent
absent(e) n. absentee
absinthe n. wormwood

absolu(e) adj. absolute
absolution n. absolution
absorber v. absorb
absorber v. engross
absoudre v. absolve
abstinence n. abstinence
abstinent(e) adj. teetotal
abstinent(e) n. teetotaller
abstrait(e) adj. abstract
absurde adj. absurd
absurde adj. preposterous
absurdité n. absurdity
abuser de v. belabour
abyssal(e) adj. abysmal
abysse n. abyss
académie n. academy
académique adj. academic
acajou n. mahogany
acariâtre adj. cantankerous
accablement n. dejection
accélérateur n. accelerator
accélérateur n. throttle
accélérer v. accelerate
accélérer v. expedite
accélérer v. quicken
accélérer v. sprint
accent n. accent
accent n. emphasis
accentuer v. accentuate
acceptable adj. acceptable
acceptation n. acceptance
accepter v. accept
accès n. access
accessible adj. accessible
accession n. accession
accessoire n. accessory
accessoire n. prop
accident n. accident
accident mortel n. fatality
accident vasculaire cérébral n. stroke
accidental(e) adj. incidental
accidentel/le adj. accidental
accise n. excise
acclamer v. acclaim
accompagnateur n. attendant
accompagnement n. accompaniment
accompagner v. accompany
accompli(e) adj. accomplished
accomplir v. accomplish
accomplir v. consummate
accomplir v. fulfil
accomplissement n. accomplishment
accord n. agreement
accord n. deal
accorder v. accord
accorder v. vouchsafe
accorder v. bestow
accordeur n. tuner
accoster v. accost
accrédité(e) adj. accredited
accréditer v. accredit
accro n. addict
accro adj. hooked
accrocheur/se adj. catchy
accroissement n. accretion
accumulation n. accumulation
accumuler v. accumulate
accusation n. accusation
accusé(e) v.t. accused
accuser v. accuse
accuser v. impeach
accuser v. indict
acerbe adj. acerbic
acerbe adj. waspish
acétate n. acetate
acétone n. acetone
acheminement n. conveyance
acheter v. buy
acheter v. purchase

acheteur/se n. buyer
achèvement n. completion
acide n. acid
acidité n. acidity
acier n. steel
acné n. acne
acolyte n. acolyte
acompte n. retainer
acoustique adj. acoustic
acoustique adj. sonic
acquérir v. acquire
acquiescer v. acquiesce
acquisition n. acquisition
acquittement n. acquittal
acquitter v. acquit
âcre adj. acrid
âcre adj. pungent
acrobate n. acrobat
acrobatique adj. acrobatic
acrylique adj. acrylic
acte n. deed
acte délictuel/le n. tort
acteur n. actor
actif/ve adj. active
actinium n. actinium
action n. action
actionner la manivelle v. crank
activer v. activate
activer v. enable
activiste n. activist
activité n. activity
actrice n. actress
actuaire n. actuary
actuel adj. actual
actuel/le adj. topical
actuel/le adj. current
actuellement adv. presently
acuité n. keenness
acuité visuelle n. eyesight
acupuncture n. acupuncture
acutaliser v. upgrade
adaptation n. adaptation
adapté(e) adj. suitable
adapter v. adapt
adapter en feuilleton v. serialize
addendat n. addendum
additif n. additive
addition n. addition
additionnel/le adj. additional
adepte adj. adept
adéquat(e) adj. adequate
adéquation n. adequacy
adhérence n. adherence
adhérer v. accede
adhérer v. adhere
adhésif n. adhesive
adhésion n. membership
adieu n. adieu
adieu n. parting
adieu interj. farewell
adieux n. valediction
adjacent(e) adj. adjacent
adjectif n. adjective
adjoint(e) n. deputy
adjuger v.t. adjudge
admettre v. admit
administrateur/rice adj. administrator
administratif/ve adj. administrative
administration n. administration
administrer v. administer
admirable adj. admirable
admiration n. admiration
admirer v. admire
admissible adj. eligible
admission n. admission
adobe n. adobe
adolescence n. adolescence
adolescent(e) adj. adolescent
adolescent(e) n. teenager
adopter v. adopt
adoptif/ve adj. adoptive

adoption n. adoption
adorable adj. adorable
adorable adj. lovable
adorateur/rice n. worshipper
adoration n. adoration
adoré(e) adj. beloved
adorer v.t. adore
ados adj. teens
adoucir v. soften
adresse n. address
adroit(e) adj. adroit
adsorber v. adsorb
adulation n. adulation
adulte n. adult
adultère n. adultery
adverbe n. adverb
adversaire n. adversary
adversaire n. opponent
adversité n. adversity
aéré(e) adj. airy
aérobic n. aerobics
aérodrome n. aerodrome
aéronautique n. aeronautics
aérosol n. aerosol
aérospatiale n. aerospace
affable adj. affable
affable adj. gracious
affaiblir v. enfeeble
affaiblir v. weaken
affaire n. affair
affaire n. case
affamé(e) adj. famished
affamé(e) adj. hungry
affectation n. assignment
affecter v. affect
affection n. affection
affection n. ailment
affection n. endearment
affectueux/se adj. affectionate
affiche n. placard
affiche n. poster
afficher v. display
affiliation n. affiliation
affilier v. affiliate
affinité n. affinity
affirmatif/ve adj. affirmative
affirmation n. affirmation
affirmer v. affirm
affirmer v. assert
affliction n. affliction
affliger v. afflict
affliger v. aggrieve
affluence n. affluence
affluent n. tributary
affluent(e) adj. affluent
afflux n. influx
affranchissement n. postage
affres n. throes
affrété(e) adj. chartered
affriolant(e) adj. alluring
affront n. affront
africain(e) adj. African
agate n. agate
âge n. age
âge d'or n. heyday
âgé(e) adj. aged
agence n. agency
agenda n. schedule
agenda n. diary
agent n. agent
agent n. constable
agglomération n. conurbation
aggravation n. aggravation
aggraver v. aggravate
agile adj. agile
agile adj. lissom
agile adj. nimble
agilité n. agility
agir v. act
agir v. proceed
âgisme n. ageism
agitation n. agitation
agitation n. bustle
agitation n. unrest
agité(e) adj. fitful

agité(e) adj. fretful
agiter v. agitate
agiter v. fluster
agneau n. lamb
agnostique n. agnostic
agonie n. agony
agoniser v. agonize
agrafer v. staple
agrafeuse n. stapler
agraire adj. agrarian
agrandir v. enlarge
agréable adj. agreeable
agréable adj. pleasant
agresseur/se n. aggressor
agressif/ve adj. aggressive
agression n. aggression
agression sexuelle n. molestation
agricole adj. agricultural
agriculteur n. farmer
agriculture n. agriculture
agripper v. t. clutch
agrume n. citrus
aidant n. carer
aide n. aid
aider v. help
aider v. avail
aigle n. eagle
aigre adj. sour
aigreur n. acrimony
aigreur n. pungency
aigrir v. embitter
aigu/aigüe adj. acute
aiguille n. needle
aiguisé(e) adj. sharp
aiguiser v. sharpen
aiguiser v. whet
aiguiseur n. sharpener
ail n. garlic
aile n. wing
aimable adj. amiable
aimable adj. genial
aimable adj. nice
aimablement adv. kindly
aimant n. magnet
aine n. groin
aîné adj. elder
ainsi adv. thus
air n. air
air renfrogné n. scowl
aire de jeux n. playground
ajournement n. adjournment
ajourner v. adjourn
ajouter v. add
ajouter v. append
ajustement n. adjustment
ajuster v. accommodate
ajuster v. adjust
ajuster v. tweak
alarme n alarm
alarme n. warning
alarmer v alarm
album n album
albumine n. albumen
alcali n. alkali
alchimie n. alchemy
alcool n. alcohol
alcoolisé(e) adj. alcoholic
alcoolisme n. dipsomania
alcôve n. alcove
aléatoire adj. random
alerte adj. alert
alerte adj. sprightly
algèbre n. algebra
alias adv. alias
alibi n. alibi
aliéné(e) n. lunatic
aliéner v. alienate
alignement n. alignment
aligner v. align
aliment n. food
alimentation n. nutrition
alimenter v. stoke
alimenter v. feed
allaitement n. suckling
allée n. aisle

allée n. gangway
allées et venues adv. hereabouts
allées et venues adv. whereabouts
allégation n. allegation
allégeance n. allegiance
allégorie n. allegory
allègre adj. jaunty
allégresse n. glee
allemand(e) n. German
aller v. go
aller v. will
aller chercher v. fetch
allergène n. allergen
allergie n. allergy
allergique adj. allergic
alliage n. alloy
alliance n. alliance
alliance n. covenant
allié(e) adj. allied
allié(e) n. ally
alligator n. alligator
allitération n. alliteration
allitérer v. alliterate
allocation n. allocation
allocation n. allowance
allonger v. elongate
allotissement n. allotment
allouer v. allocate
allouer v. allot
allumage n. ignition
allumer v. kindle
allumette n. match
allure n. allure
allure n. bearing
allusion n. allusion
allusion n. undercurrent
almanach n. almanac
alouette n. lark
alpha n. alpha
alphabet n. alphabet
alphabétique adj. alphabetical
alpin(e) adj. alpine
alpinisme n. mountaineering
alpiniste n. mountaineer
altération n. alteration
altercation n. altercation
altérer v. impair
alternative adj. alternative
alterner v. alternate
alterner v. toggle
Altesse n. Highness
altitude n. altitude
altruisme n. altruism
aluminium n. aluminium
amadouer v. mollify
amadouer v. coax
amalgame n. amalgam
amande n. almond
amant n. paramour
amant(e) n. lover
amarres n. moorings
amasser v. amass
amateur n. amateur
amateur adj. amateurish
amateur adj. unprofessional
amazone n. Amazon
ambassade n. embassy
ambassadeur/ambassadrice n. ambassador
ambiance n. vibe
ambiant(e) adj. ambient
ambiguïté n. ambiguity
ambitieux/se adj. ambitious
ambition n. ambition
ambivalent(e) adj. ambivalent
ambre n. amber
ambroisie n. ambrosia
ambulance n. ambulance
âme n. soul
âme soeur n. soul mate
amélioration n. amelioration
amélioration n. improvement

améliorer v. ameliorate
améliorer v. improve
améliorer v. meliorate
aménagement n. fixture
amendement n. amendment
amer/amère adj. bitter
ameublement n. furnishing
ami(e) n. friend
amiante n. asbestos
amical(e) adj. amicable
amidon n. starch
amiral n. admiral
amitié n. amity
amnésie n. amnesia
amnistie n. amnesty
amoral(e) adj. amoral
amorphe adj. amorphous
amour n. love
amoureux/se n. valentine
amoureux/se adj. amatory
amoureux/se adj. amorous
amovible adj. removable
ampère n. ampere
amphibien/ne n. amphibian
amphithéâtre n. amphitheatre
ample adj. baggy
amplificateur n. amplifier
amplification n. amplification
amplifier v. amplify
amplitude n. amplitude
ampoule n. blister
ampoule n. bulb
amulette n. amulet
amusement n. amusement
amusement n. fun
amuser v. amuse
amygdale n. tonsil
anachronisme n. anachronism
anal adj. anal
analgésique n. analgesic
analgésique n. painkiller
analogie n. analogy
analogique adj. analogue
analogue adj. analogous
analphabète n. illiterate
analphabétisme n. illiteracy
analyse n. analysis
analyser v. analyse
analyser v. parse
analyste n. analyst
analytique adj. analytical
ananas n. pineapple
anarchie n. anarchy
anarchie n. misrule
anarchisme n. anarchism
anarchiste n. anarchist
anatomie n. anatomy
ancestral(e) adj. ancestral
ancêtre n. ancestor
ancêtre n. forebear
ancêtre n. forefather
ancien adj. quondam
ancien/ne adj. former
ancien/ne élève n. alumnus
anciennement adv. formerly
ancienneté n. seniority
ancre n. anchor
andouille n. Wally
androïde n. android
âne n. donkey
anéantir v. annihilate
anecdote n. anecdote
anémie n. anaemia
anesthésie n. anaesthesia
anesthésique n. anaesthetic
ange n. angel
angine n. angina
anglais n. English
angle n. angle
angoisse n. anguish
angulaire adj. angular
animal n. animal
animal de compagnie n. pet
animation n. animation
animé(e) adj. animated

animé(e) adj. lively
animer v. animate
animer v. enliven
animosité n. animosity
anis n. aniseed
annales n. annals
anneau n. ring
année n. year
annexe n. annex
annexe n. appendix
annexion n. annexation
annihilation n. annihilation
anniversaire n. anniversary
annonce n. announcement
annoncer v. announce
annoter v. annotate
annuaire n. directory
annuel/le adj. yearly
annuel/le adj. annual
annulation n. cancellation
annulation n. undoing
annulé(e) adj. undone
annuler v. annul
annuler v. cancel
annuler v. quash
annuler v. rescind
annuler v. undo
anode n. anode
anomalie n. anomaly
anonymat n. anonymity
anonyme adj. anonymous
anorexie n. anorexia
anormal(e) adj. abnormal
anormal(e) adj. anomalous
anormal(e) adj. unnatural
anse n. cove
antagoniser v. antagonize
antagonisme n. antagonism
antagoniste n. antagonist
antan n. yore
antarctique adj. Antarctic
antécédent n. antecedent
antenne n. aerial
antenne n. antenna
anthologie n. anthology
anthropologie n. anthropology
anti n. anti
antiacide adj. antacid
antibiotique n. antibiotic
anticipation n. anticipation
anticiper v. anticipate
anticiper v. pre-empt
anticorps n. antibody
antidater v. antedate
antidater v. backdate
antidote n. antidote
antilope n. antelope
antioxydant n. antioxidant
antipathie n. antipathy
antiquaire adj. antiquarian
antique adj. ancient
antique n. antique
antiquité n. antiquity
antiseptique adj. antiseptic
antisocial(e) adj. antisocial
antithèse n. antithesis
anti-transpirant n. antiperspirant
antonyme n. antonym
anus n. anus
anxiété n. anxiety
anxieux/se adj. anxious
août n August
apaiser v. allay
apaiser v. appease
apaiser v. assuage
apaiser v. placate
apaiser v. propitiate
apaiser v. soothe
apartheid n. apartheid
apathie n. apathy
apathique adj. listless
apathique adj. shiftless
apatride adj. stateless
apercevoir v. behold

aperçu n. glimpse
aperçu n. preview
aphorisme n. aphorism
aplatir v. flatten
aplatir v. squash
aplomb n. aplomb
apocalypse n. apocalypse
apocalypse n. Armageddon
apogée n. acme
apoplexique adj. apoplectic
apostat n. apostate
apostrophe n. apostrophe
apôtre n. apostle
apparaître v. appear
apparat n. pageantry
appareil n. apparatus
appareil n. appliance
appareil photo n. camera
apparence n. appearance
apparent(e) adj. apparent
apparenté(e) adj. akin
apparenté(e) adj. cognate
apparition n. wraith
appartement n. apartment
appartenir v. belong
appât n. bait
appauvrir v. impoverish
appel n. roll-call
appeler v. beckon
appeler v. call
appendice n. appendage
appendicite n. appendicitis
appétit n. appetite
applaudir v. applaud
applaudir v. cheer
applaudir v. clap
applaudissements n. applause
applaudissements n. plaudits
applicable adj. applicable
application n. application
appliqué(e) adj. diligent
appliquer v. apply
appliquer v. enforce
appliquer n. implement
apport n. intake
apporter v. adduce
apporter v. render
apporter v. bring
appréciable adj. appreciable
appréciation n. appreciation
apprécier v. appreciate
apprécier v. enjoy
appréhender v. apprehend
appréhensif/ve adj. apprehensive
appréhension n. apprehension
appréhension n. trepidation
apprendre v. learn
apprenti(e) n. apprentice
apprentissage n. learning
apprêt n. primer
apprivisionnement n. provision
apprivoisé(e) adj. tame
approbation n. approval
approcher v. approach
approcher v.i. near
approfondi(e) adj. thorough
appropriation n. appropriation
approprié(e) adj. appropriate
approprié(e) adj. apt
approuver v. approve
approuver v. endorse
approvisionner v. supply
approvisonnement n. procurement
approximatif/ve adj. approximate
approximatif/ve adj. proximate
appuyer v. lean
appuyer sur v. flick

après adv. after
après conj. after
après prep. after
après-shampooing n. conditioner
aptitude n. aptitude
aquarium n. aquarium
aquatique adj. aquatic
aqueux/se adj. watery
aqueux/se adj. aqueous
arabe n. Arab
arabe n. Arabian
arabe n. Arabic
arable adj. arable
arachide n. peanut
araignée n. spider
arbitrage n. arbitration
arbitraire adj. arbitrary
arbitraire adj. wrongful
arbitre n. arbiter
arbitre n. arbitrator
arbitre n. referee
arbitre n. scorer
arbitre n. umpire
arbitrer v. adjudicate
arbitrer v. arbitrate
arbre n. tree
arbrisseau n. sapling
arbuste n. shrub
arbuste n. bush
arc n. arc
arc n. bow
arc en ciel n. rainbow
arcade n. arcade
archaïque adj. archaic
archange n. archangel
arche n. arch
arche n. ark
archéologie n. archaeology
archer n. archer
archevêque n. archbishop
architecte n. architect
architecture n. architecture
archives n. archives
arctique adj. Arctic
ardent(e) adj. ardent
ardeur n. ardour
ardoise n. slate
ardu(e) adj. arduous
argent n. money
argent n. silver
argile n. clay
argot n. slang
argument n. argument
argumentaire n. blurb
argumentatif/ve adj. argumentative
argumenter v. argue
aride adj. arid
aristocrate n. aristocrat
aristocratie n. aristocracy
arithmétique n. arithmetic
arithmétique adj. arithmetical
arlequin n. harlequin
armada n. armada
arme n. weapon
armée n. army
armement n. armament
armistice n. armistice
armoire n. cupboard
armure n. armour
armurerie n. armoury
arnaque n. scam
aromathérapie n. aromatherapy
arôme n. aroma
arpenteur n. surveyor
arracher v. wrest
arrangement n. arrangement
arraser v. raze
arrestation v. arrest
arrêt n. standstill
arrêt n. stoppage
arrêter v. quit
arrêter v. stop
arrière n. back

arrière n. rear
arriérés n. arrears
arrivée n. arrival
arriver v. arrive
arriver v. happen
arriviste n. upstart
arrogance n. arrogance
arrogant(e) adj. arrogant
arrogant(e) adj. cocky
arrondi(e) adj. rounded
arrondissement n. borough
arrondissement n. precinct
arrosage n. sprinkling
arroser v. baste
arroser v. water
arroseur n. sprinkler
arsenal n. arsenal
arsenic n. arsenic
art n. art
art du portrait n. portraiture
artefact n. artefact
artère n. artery
artère n. thoroughfare
arthrite n. arthritis
artichaut n. artichoke
article n. article
article n. item
articles de toilette n. toiletries
articulation n. joint
articulation n. knuckle
articuler adj. articulate
artifice n. artifice
artificiel/le adj. artificial
artillerie n. artillery
artisan n. artisan
artisan n. craftsman
artisanat n. handicraft
artisanat n. craft
artiste n. artist
artistique adj. artistic
as n. ace
ascendance n. ancestry
ascendant(e) adj. ascendant
ascenseur n. elevator
ascension n. ascent
ascète adj. ascetic
aseptique adj. aseptic
asexué(e) adj. asexual
asiatique adj. Asian
aspect n. aspect
asperge n. asparagus
aspérité n. asperity
asphyxier v. asphyxiate
aspirant(e) n. aspirant
aspirateur n. Hoover
aspiration n. aspiration
aspiration n. suction
aspirer v. aspire
aspirer v. yearn
assailli(e) v. beset
assaillir v. assail
assainissement n. sanitation
assaisonnement n. seasoning
assassin(e) n. assassin
assassinat n. assassination
assassiner v. assassinate
assaut n. assault
assaut n. onslaught
assemblage n. assemblage
assemblée n. assembly
assembler v. assemble
assentiment n. acquiescence
assentiment n. assent
asservir v. enslave
asservissement n. subservience
assez adv. somewhat
assez adj. enough
assez adv. fairly
assez grand adj. sizeable
assidu(e) adj. assiduous
assiégé(e) adj. beleaguered
assiégé(e) adj. embattled
assiéger v. besiege

assignation n. assignation
assignation n. writ
assigner v. assign
assimilation n. assimilation
assimiler v. assimilate
assimiler v. equate
assistance n. assistance
assistance n. turnout
assistant(e) n. aide
assistant(e) n. assistant
assister v. assist
assister à v. attend
assitant(e) adj. junior
association n. association
associer v. associate
assoiffé(e) adj. thirsty
assombrir v. darken
assommer v. stun
assonance n. assonance
assorti(e) adj. assorted
assortiment n. assortment
assourdissant(e) adj. deafening
assouvir v. satiate
assumer v. assume
assurance n. assurance
assurance n. insurance
assuré(e) adj. assured
assurer v. assure
assurer v. belay
assurer v. insure
assurer la liaison v. liaise
astérisque n. asterisk
astéroïde n. asteroid
asthme n. asthma
astigmatisme n. astigmatism
astral(e) adj. astral
astringent(e) adj. styptic
astrologie n. astrology
astrologue n. astrologer
astronaute n. astronaut
astronome n. astronomer
astronomie n. astronomy
astuce n. hint
astuce n. tip
astuce n. trick
astucieux/se adj. shrewd
astucieux/se adj. astute
astucieux/se adj. canny
asyle n. asylum
atavique adj. atavistic
atelier n. workshop
athée n. atheist
athée adj. faithless
athéisme n. atheism
athlète n. athlete
athlétique adj. athletic
atlas n. atlas
atmosphère n. atmosphere
atoll n. atoll
atome n. atom
atomique adj. atomic
atout n. asset
atout n. trump
atrium n. atrium
atroce adj. atrocious
atrocité n. atrocity
attaché n. attache
attaché(e) adj. tied
attacher v. attach
attacher v.t. tether
attaquant n. striker
attaquer v. attack
atteindre v. achieve
atteindre v. attain
attelle n. splint
attendre v. await
attendre v. bide
attendre v. wait
attentif/ive adj. observant
attentif/ve adj. attentive
attentif/ve adj. mindful
attention n. attention
attention n. caution
atténuation n. mitigation
atténuer v. mitigate

atterrissage n. landing
attester v. attest
attirail n. paraphernalia
attirant(e) adj. attractive
attirer v. attract
attitude n. attitude
attraction n. attraction
attraper v. grab
attraper v. reach
attraper v. catch
attraper v. contract
attribuer v. ascribe
attribut v. attribute
attribution n. remit
attrister v. sadden
au courant adj. aware
au cours de prep. during
au hasard adj. haphazard
au hasard adj. indiscriminate
au large adj. offshore
au lieu de adv. instead
au milieu adv. midway
au milieu de prep. amid
au préalable adv. beforehand
au revoir excl. goodbye
au sein de prep. within
au verso adv. overleaf
aubaine n. bonanza
aube n. dawn
aubépine n. hawthorn
auberge n. inn
auberge de jeunesse n. hostel
aubergine n. aubergine
aucun pron. none
audace n. boldness
au-delà adv. hereafter
au-delà de adv. beyond
au-dessus de prep. above
au-dessus de prep. over
audible adj. audible
audience n. hearing
audio n. audio
audition n. audition
auditorium n. auditorium
auge n. trough
augmenter v. augment
augmenter v. increase
augurer v. bode
aujourd'hui adv. today
aumône n. alms
aumône n. handout
aumônier n. chaplain
aura n. aura
aussi adv. also
aussi adv. too
austère adj. austere
australien/ne n. Australian
autel n. altar
auteur n. author
auteur n. originator
auteur de la communication n. communicant
authenticité n. authenticity
authentique adj. authentic
authentique adj. bonafide
autisme n. autism
autobiographie n. autobiography
autochtone adj. indigenous
autocollant n. sticker
autocrate n. autocrat
autocratie n. autocracy
autocratique adj. autocratic
auto-cuiseur n. cooker
autodictate adj. self-made
autographe n. autograph
automatique adj. automatic
automne n. autumn
automobile n. automobile
automobiliste n. motorist
autonome adj. autonomous
autopsie n. autopsy
autorisation n. clearance
autorisé(e) adj. permissible
autoriser v. authorize

autoritaire adj. authoritative
autoritaire adj. bossy
autoritaire adj. overbearing
autorité n. authority
autoroute n. highway
autoroute n. interstate
autoroute n. motorway
autour adv. around
autour de prep. about
autre adj. & pron. other
autre adv. else
autrefois adj. erstwhile
autruche n. ostrich
auxiliaire n. adjunct
auxiliaire adj. auxiliary
avalanche n. avalanche
avance n. advance
avancée n. march
avancer v. advance
avancer v. posit
avancer lentement v. trundle
avant adv. before
avant adv. onward
avant tout adj. foremost
avantage n. advantage
avantage n. incentive
avantage n. perk
avantage n. vantage
avantage n. benefit
avantager v. advantage
avantageux/se adj. advantageous
avant-bras n. forearm
avant-dernier adj. penultimate
avant-garde n. vanguard
avant-gardiste adj. edgy
avant-poste n. outpost
avant-première n. premiere
avant-propos n. foreword
avare n. miser
avare adj. stingy
avec prep. with
avènement n. advent
aventure n. adventure
aventure n. venture
aventureux/se adj. adventurous
avenue n. avenue
avers n. obverse
averse n. downpour
aversion n. abhorrence
aversion n. aversion
aversion n. odium
avertir v. warn
avertissement n. notice
aveugle adj. blind
aviateur n. aviator
aviation n. aviation
avide adj. avid
avidement adv. avidly
avidité n. avarice
avion n. aeroplane
avion n. aircraft
avion n. plane
aviron n. oar
avis n. opinion
avis n. outlook
avocat n. advocate
avocat n. avocado
avocat n. lawyer
avocat n. solicitor
avocat n. counsel
avocat(e) n. barrister
avoine n. oat
avoir v. have
avoir la nausée v. retch
avoir un mouvement convulsif v. twitch
avortement n. abortion
avorter v.i abort
avouer v. avow
avunculaire adj. avuncular
axe n. axis

azote n. nitrogen

Babel n. Babel
babiole n. bauble
babouin n. baboon
bâche n. tarpaulin
bâclé(e) adj. sloppy
bacon n. bacon
bactérie n. bacteria
badaud(e) n. bystander
badin(e) adj. jocular
badinage n. dalliance
badminton n. badminton
bafouiller v. babble
bafouiller v. bumble
bagages n. baggage
bagages n. luggage
bagarre n. brawl
bagarre n. scuffle
bagarre n. tussle
bagatelle n. trifle
bagues n. brace
baguette n. baguette
baguette n. wand
baguettes n. chopstick
baie n. berry
baie n. bay
baignoire n. tub
bail n. yonks
bail n. lease
bâiller v. yawn
bailleur n. lessor
bain n. bath
bain oculaire n. eyewash
baïonnette n. bayonet
baisser v. subside
balai n. besom
balai n. broom
balai n. mop
balancer v. swing
balançoire n. swing
balayer v. sweep
balayeur/se n. sweeper
balcon n. balcony
baldaquin n. canopy
baleine n. whale
baleinier n. whaler
ballade n. ballad
balle n. bale
balle n. ball
balle n. husk
balle n. bullet
ballet n. ballet
ballon n. balloon
ballonner v. bloat
balsamine n. balsam
balustrade n. railing
bambou n. bamboo
banal(e) adj. banal
banal(e) adj. mundane
banal(e) adj. trite
banal(e) adj. unexceptional
banane n. banana
banc n. bench
banc n. shoal
bancal(e) adj. wonky
bandage n. bandage
bandage n. truss
bande n. band
bande n. swathe
bander les yeux v. blindfold
banderole n. streamer
bandit n. bandit
banjo n. banjo
banlieue n. suburb
banlieue n. suburbia
banlieusard(e) adj. suburban
banni(e) n. outcast
bannière n. banner
bannir v. banish
bannissement n. banishment
banque n. bank
banquet n. banquet
banquier n. banker

banquise n. floe
baptême n. baptism
baptiser v. baptize
baptiste n. Baptist
bar n. bar
bar n. saloon
baraque n. shanty
baratin n. blarney
baratter v. churn
barbare adj. barbaric
barbe n. whisker
barbe n. beard
barbecue n. barbecue
barbelé(e) adj. barbed
barbier n. barber
barde n. bard
bardeau n. shingle
barge n. barge
baril n. barrel
baromètre n. barometer
baron n. baron
barracuda n. barracuda
barrage n. barrage
barrage n. weir
barrage n. dam
barre n. helm
barre n. tiller
barricade n. barricade
barrière n. barrier
bas n. stocking
bas n. bottom
basané(e) adj. swarthy
basculer v. overbalance
base n. base
base n. basis
base de données n. database
basilic n. basil
basilique n. basilica
basique n. basic
basket n. sneaker
basse n. bass
bassin n. basin
bassin n. pelvis
bastion n. bastion
bastion n. stronghold
bataille n. battle
bataillon n. battalion
bâtard(e) n. bastard
bateau n. boat
batik n. batik
bâtiment n. building
batiste n. cambric
bâton n. baton
bâton n. stick
battage n. hoopla
battre v. shuffle
battre v. thresh
battre v. beat
battre des ailes v. flutter
baume n. balm
bavard(e) adj. talkative
bavardage n. chatter
baver v. slobber
baveux/se adj. runny
bavoir n. bib
bazar n. bazaar
bazar n. mess
bazooka n. bazooka
beagle n. beagle
béatitude n. beatitude
béatitude n. bliss
beau adj. handsome
beau/belle adj. beautiful
beaucoup pron. lot
beaucoup pron. plenty
beaucoup pron. much
beauté n. belle
beauté n. prettiness
beauté n. beauty
bébé n. baby
bec n. beak
bec n. spout
bec de lièvre n. harelip
bêche n. spade
bécher n. beaker

bedaine n. paunch
bégayer v. stammer
bégayer v. stutter
beige n. beige
bêler v. bleat
belette n. weasel
bélier n. ram
belle-fille n. daughter-in-law
belle-mère n. mother-in-law
belligérant(e) adj. belligerent
belliqueux/se adj. bellicose
belvédère n. gazebo
bénédiction n. benediction
bénédiction n. blessing
bénédiction n. boon
bénéfice n. benefice
bénéficiaire n. payee
bénéfique adj. beneficial
benêt n. simpleton
bénévole n. volunteer
béni(e) adj. blessed
bénin(e) adj. benign
bénir v. bless
benne n. dump
béquille n. crutch
berceau n. crib
berceau n. cradle
berceuse n. lullaby
bergamote n. bergamot
berge n. embankment
berger n. shepherd
bergeronnette n. wagtail
berline n. sedan
bestial(e) adj. bestial
bestial(e) adj. beastly
bétail n. cattle
bête n. beast
bêtise n. stupidity
béton n. concrete
betterave n. beet
betterave rouge n. beetroot
beugler v. blare
beurre n. butter
beuverie n. binge
bi comb. bi
biais n. bias
biaisé adj. biased
Bible n. Bible
bibliographie n. bibliography
bibliophile n. bibliophile
bibliothécaire n. librarian
bibliothèque n. library
bicentenaire n. bicentenary
biceps n. biceps
biche n. doe
bichonner v. titivate
bicyclette n. bicycle
bidet n. bidet
bidon n. jerry can
bidonville n. slum
bien adj. fine
bien adv. well
bien fermé(e) n. batten
bien mobilier n. chattel
bien que conj. although
bien que conj. whilst
bien que conj. though
bien réfléchir v. mull
bien-être n. welfare
bienfaisant(e) adj benevolent
bienfaiteur n. benefactor
biennal adj. biannual
bienséance n. propriety
bienséant(e) adj. decorous
bienséant(e) adj. seemly
bientôt adv. soon
bienveillance n. benevolence
bienvenue n. welcome
bière n. ale
bière n. beer
bière blonde n. lager
bifocal(e) adj. bifocal
bifteck n. steak
bigamie n. bigamy
bigarré(e) adj. motley
bigorneau n. winkle

bigot(e) n. bigot
bigoterie n. bigotry
bigoudi n. roller
bijou n. jewellery
bijou n. trinket
bijou n. jewel
bijoutier n. jeweller
bikini n. bikini
bilatéral(e) adj. bilateral
bile n. gall
bile n. bile
bilingue adj. bilingual
billard n. billiards
billet n. ticket
binaire adj. binary
biochimie n. biochemistry
biodégradable adj. biodegradable
biodiversité n. biodiversity
biographie n. biography
biologie n. biology
biologiste n. biologist
biopsie n. biopsy
bip n. beep
bip n. bleep
bipartite adj. bipartisan
bisannuel/le adj. biennial
biscotte n. Rusk
biscuit n. biscuit
biseau n. bevel
bisexuel/le adj. bisexual
bison n. bison
bistouri n. lancet
bizarre adj. bizarre
bizarre adj. weird
bizarrerie n. oddity
blague n. joke
blâmer v. blame
blanc/che adj. white
blanche n. minim
blanchir v. launder
blanchisserie n. laundry
blasé(e) adj. jaded
blazer n. blazer
blé n. wheat
blême adj. wan
blêmir v. blanch
blêmir v. blench
blessé(e) n. casualty
blesser v. hurt
blesser v. injure
blessure n. injury
bleu outremer n. ultramarine
bleu(e) adj. blue
blizzard n. blizzard
bloc n. bloc
bloc n. block
bloc de roche n. boulder
blocage n. blockage
bloc-notes n. notebook
blocus n. blockade
blog n. blog
blond(e) adj. blonde
blotir v. nestle
blouse n. smock
bluffer v. bluff
bobine n. coil
bobine n. spool
bobine n. reel
bobinoir n. winder
boeuf n. ox
boeuf n. beef
bogey n. bogey
boire v. tipple
boire v. drink
boire bruyamment v. slurp
bois n. antler
bois n. timber
bois n. wood
bois n. woodland
bois de santal n. sandalwood
boisé(e) adj. wooded
boisement n. afforestation
boisson n. beverage
boîte n. canister
boîte n. box

boîte de conserve n. can
boiter v. limp
boiteux/se adj. lame
bol n. bowl
bombardement n. blitz
bombardement n. bombardment
bombarder v. bombard
bombardier n. bomber
bombe n. bomb
bombe n. stunner
bon augure adj. auspicious
bon goût adj. tasteful
bon marché adj. cheap
bon mot n. quip
bon voisinage adj. neighbourly
bon/ne adj. good
bonbon n. candy
bonbonne n. carboy
bonbons n. sweet
bonde n. bung
bondir v. pounce
bonheur n. happiness
bonne affaire n. bargain
bonneterie n. hosiery
bonté n. goodness
bonus n. bonus
bord n. brim
bord n. edge
bord n. kerb
bord n. rim
bord n. verge
bord n. brink
bord de mer n. seaside
bordel n. brothel
bordereau n. docket
borne n. bollard
borne kilométrique n. milestone
bosse n. bump
bosse n. hump
bosse n. dent
bosse n. lump
bosselé(e) adj. bumpy
botanique n. botany
botte n. boot
botte en caoutchouc n. wellington
bouc émissaire n. scapegoat
boucan n. ruckus
boucan n. rumpus
bouche n. mouth
bouche d'égout n. manhole
bouche d'incendie n. hydrant
bouchée n. mouthful
boucher n. butcher
bouchon n. stopper
boucle n. loop
boucle n. ringlet
boucle n. buckle
boucler v. curl
bouclier n. shield
bouder v. sulk
bouderie n. strop
boudeur/euse adj. stroppy
boue n. muck
boue n. sludge
boue n. mud
bouée n. buoy
bouffée n. puff
bouffi(e) adj. puffy
bouffon n. buffoon
bouffon n. jester
bougie n. candle
bouillant(e) adj. ebullient
bouillie n. mush
bouillir v. boil
bouilloire n. kettle
bouillon n. broth
boulanger n. baker
boulangerie n. bakery
boule de neige n. snowball
bouleau n. birch
bouledogue n. bulldog
boulevard n. boulevard

bouleversant(e) adj. shattering
bouleversement n. upheaval
bouleverser v. upset
boulimie n. bulimia
boulon n. bolt
boum n. bang
bouquet n. bouquet
bourbier n. morass
bourbier n. slough
bourde n. howler
bourde n. blunder
bourdonement n. buzz
bourgeoisie n. gentry
bourgeon n. bud
bourgeonner v. burgeon
bourreau n. tormentor
bourse n. bursary
bourse n. mart
bourses d'études n. scholarship
bousculer v. hustle
bouse n. dung
boussole n. compass
bout n. scrap
bout n. bit
bouteille n. bottle
boutique n. boutique
boutique n. shop
bouton n. button
bouton n. knob
bouton n. pimple
bouvillon n. bullock
boxe n boxing
boxeur n. boxer
boxeur/se n. fighter
boycotter v. boycott
bracelet n. bangle
bracelet n. bracelet
bracelet de cheville n. anklet
braconner v. poach
braille n. Braille
brailler v. bawl
brailler v. bellow
braire v. bray
brancards n. bier
branche n. bough
branchée adj. trendy
brandir v. brandish
brandy n. brandy
branlant(e) adj. rickety
bras n. arm
brasse anglaise n. fathom
brasserie n. brewery
brave n. mettlesome
brave adj. gallant
bravoure n. bravery
bredouiller v. jabber
bredouiller v. splutter
bretzel n. pretzel
brevet n. patent
bricolage n. handiwork
bride n. bridle
briefing n. briefing
brièveté n. brevity
brigade n. brigade
brigadier n. brigadier
brillant n. gloss
brillant(e) adj. glossy
brillant(e) adj. shiny
brillant(e) adj. brilliant
briller v. glisten
briller v. flash
briller v. shine
brin n. sprig
brin n. whit
brin d'osier n. withe
brindille n. twig
bringé(e) adj. brindle
brinjal n. brinjal
brique n. brick
briquet n. lighter
bris n. breakage
brise n. breeze
britannique adj. British
brocart n. brocade

broche adj. broach
brochet n. pike
brochette n. skewer
brochure n. pamphlet
brochure n. brochure
brocoli n. broccoli
broderie n. embroidery
bronchique adj. bronchial
bronzage n. tan
bronze n. bronze
brosse n. brush
brouhaha n. hubbub
brouillard n. fog
brouillé(e) adj. estranged
brouiller v. blur
brouiller v. garble
brouiller v. scramble
brouillon n. draft
broussaille n. thicket
broyer v. grind
broyer v. mangle
broyer du noir v. mope
broyeur n. grinder
bruine n. drizzle
bruire v. rustle
bruissement n. whir
bruit n. noise
bruit sourd n. thud
brûler v. scorch
brûler v. burn
brûleur n. burner
brûlures d'estomac n. heartburn
brume n. haze
brume n. mist
brumeux/se adj. hazy
brumeux/se adj. misty
brun(e) n. brown
brunch n. brunch
brunette n. brunette
brusque adj. abrupt
brusque adj. brusque
brusque adj. curt
brut(e) adj. raw
brut(e) adj. crude
brutal(e) adj. brutal
brute n. brute
bruyant adj. noisy
bruyant(e) adj. boisterous
bruyant(e) adj. vociferous
bruyère n. heather
buccin n. whelk
bûcher n. pyre
budget n. budget
buffet n. buffet
buffle n. buffalo
bug n. glitch
bulle n. bubble
bulletin n. bulletin
bulletin de vote n. ballot
bunker n. bunker
bureau n. bureau
bureau n. office
bureau n. desk
bureau de poste n. post office
bureaucrate n. bureaucrat
bureaucratie n. bureaucracy
burin n. chisel
burlesque n. burlesque
bus n. bus
buse n. buzzard
buste n. bust
but n. purpose
buté(e) adj. mulish
butin n. swag
butin n. booty
butin n. loot

ça pron. & adj. that
cabane n. hut
cabane n. shack
cabaret n. cabaret
cabestan n. capstan

cabine n. cabin
cabine n. cubicle
cabinet n. cabinet
câblage n. wiring
câble n. cable
cacao n. cacao
cacao n. cocoa
cache n. cache
caché(e) adj. ulterior
cache-col n. muffler
cachemire n. cashmere
cacher v. hide
cacher v. conceal
cachet n. cachet
cactus n. cactus
cadavre n. cadaver
cadavre n. cadaver
cadavre n. corpse
cadeau n. freebie
cadeau n. gift
cadenas n. padlock
cadet n. cadet
cadmium n. cadmium
cadran n. dial
cadre n. ambit
cadre n. cadre
cadre n. framework
cadre n. frame
cafard n. doldrums
cafard n. cockroach
café n. cafe
café n. coffee
cafétéria n. cafeteria
caftans n. kaftans
cage n. cage
caille n. quail
caillot n. clot
caillot n. curd
caisse n. crate
caisse n. register
caissier/ère n. cashier
calamité n. calamity
calcium n. calcium
calcul n. calculation
calcul n. computation
calculatrice n. calculator
calculer v. calculate
calculer v. compute
cale n. wedge
calèche n. carriage
calendrier n. calendar
calibre n. calibre
calibrer v. calibrate
calice n. chalice
câliner v. cuddle
câliner v. hug
calligraphie n. calligraphy
calmar n. squid
calme adj. calm
calme adj. dispassionate
calme adj. quiet
calmer v. chasten
calomnie n. calumny
calomnie n. slander
calomnier v. vilify
calomnieux/se adj. scurrilous
calomnieux/se adj. slanderous
calorie n. calorie
calquage n. tracing
camarade n. comrade
camaraderie n. camaraderie
camaraderie n. fellowship
cambriolage n. burglary
cambrioleur n. burglar
camée n. cameo
caméscope n. camcorder
camion n. lorry
camion n. truck
camionneur n. trucker
camp n. camp
campagne n. campaign
camphre n. camphor
campus n. campus
canaille n. scoundrel
canal n. canal

canapé n. settee
canapé n. sofa
canapé n. couch
canard n. canard
canard n. duck
cancer n. cancer
candela n. candela
candidat(e) n. candidate
candidat(e) n. contestant
candidat(e) n. spoiler
candidat(e) n. examinee
candide adj. candid
canin(e) adj. canine
cannabis n. cannabis
canne n. cane
cannelle n. cinnamon
cannibal(e) n. cannibal
canoë n. canoe
canon n. babe
canon n. cannon
cantine n. canteen
canton n. canton
cantonnement n. cantonment
cantonnière n. pelmet
canular n. hoax
canyon n. canyon
CAO n. cad
caoutchouc n. rubber
cap n. cap
capable adj. able
capable adj. capable
capacité n. ability
capacité n. capability
capacité n. capacity
caparaçonner v. caparison
cape n. cape
cape n. mantle
capitaine n. captain
capitainerie n. captaincy
capital n. capital
capitaliser v. capitalize
capitalisme n. capitalism
capitaliste n. &adj. capitalist
capitation n. capitation
capiteux/se adj. heady
capituler v. capitulate
caporal n. corporal
capot n. bonnet
caprice n. caprice
caprice n. vagary
caprice n. whim
capricieux/se adj. temperamental
capricieux/se adj. capricious
capsule n. capsule
capteur n. sensor
captif/ve adj. rapt
captif/ve n. captive
captiver v. captivate
captivité n. captivity
capturer v. capture
capuche n. hood
caractéristique n. characteristic
carafe n. decanter
caramel n. caramel
caramel n. toffee
caramel mou n. fudge
carat n. carat
caravane n. caravan
carbonate adj. carbonate
carbone n. carbon
carburant n. fuel
carcasse n. carcass
cardamome n. cardamom
cardiaque adj. cardiac
cardigan n. cardigan
cardinal n. cardinal
cardiographe n. cardiograph
cardiologie n. cardiology
carence n. deficiency
caresser v. caress
caresser v. fondle
cargo n. freighter
caricature n caricature
carillon n. chime

carillon n. peal
carmin n. carmine
carnage n. carnage
carnage n. gore
carnaval n. carnival
carnet de voyage n. travelogue
carnivore n. carnivore
caroncule n. wattle
carotte n. carrot
carpien adj. carpal
carré n. square
carrière n. career
carrière n. quarry
carte n. card
carte n. map
carte mère n. motherboard
carte postale n. postcard
cartel n. cartel
cartilage n. cartilage
carton n. cardboard
carton n. carton
cartouche n. cartridge
Casanova n. Casanova
cascade n. cascade
cascade n. waterfall
case n. pigeonhole
caserne n. barrack
caserne n. billet
casher adj. kosher
casier n. locker
casino n. casino
casque n. helmet
cassant(e) adj. brittle
cassé(e) adj. broken
casser v. break
caste n. caste
casting n. casting
castor n. beaver
castrer v. castrate
cataclysme n. cataclysm
catalogue n. catalogue
catalyser v. catalyse
catalyseur n. catalyst
cataracte n. cataract
catastrophe n. catastrophe
catastrophe n. disaster
catéchisme n. catechism
catégorie n. category
catégorique adj. categorical
catharsis n. catharsis
cathédrale n. cathedral
cathédrale n. minster
catholique adj. catholic
catin n. strumpet
caucasien/ne adj. Caucasian
cauchemar n. nightmare
causal(e) adj. causal
causalité n. causality
cause n. cause
caustique adj. caustic
caution n. surety
caution n. bail
cavalcade n. cavalcade
cavalerie n. cavalry
cavalier n. jumper
cavalier/ère adj. cavalier
cavalier/ère n. rider
cave n. cellar
caverne n. cavern
caverneux/se adj. cavernous
cavité n. cavity
ce soir adv. tonight
ceci pron.& adj. this
cécité n. blindness
céder v. budge
céder v. cede
céder v. relent
céder v. yield
cèdre n. cedar
ceinture n. sash
ceinture n. waistband
ceinture n. belt
célébration n. celebration
célèbre adj. famous
célébrer v. celebrate

célébrité n. celebrity
céleste adj. celestial
céleste adj. heavenly
célibat n. celibacy
célibataire n. bachelor
célibataire adj. celibate
célibataire n. singleton
cellier n. pantry
cellulaire adj. cellular
cellule n. cell
cellulite n. cellulite
celluloïd n. celluloid
cellulose n. cellulose
Celsius n. Celsius
celtique adj. Celtic
cendre n. ash
censeur n. censor
censure n. censorship
cent n. cent
cent adj.& n. hundred
centenaire n. centenary
centenaire n. centennial
centigrade adj. centigrade
centimètre n. centimetre
central(e) adj. central
centraliser v. centralize
centre n. center
centre n. centre
centre commercial n. mall
cependant adv. however
céramique n. ceramic
cerceau n. hoop
cercle n. circle
cercueil n. casket
cercueil n. pall
cercueil n. coffin
céréales n. cereal
cérébral(e) adj. cerebral
cérémonial(e) adj. ceremonial
cérémonie n. ceremony
cérémonieux/se adj. ceremonious
cerf n. deer
cerf n. stag
cerf-volant n. kite
certainement adv. certainly
certains/certaines adj. some
certifiable adj. certifiable
certificat n. certificate
certifier v. certify
certitude n. certitude
cerveau n. mastermind
cerveau n. brain
césarienne n. caesarean
cessation n. cessation
cesser v. cease
cesser v. desist
cessez-le-feu n. ceasefire
cession n. cession
chacal n. jackal
chagrin n. grief
chagrin n. heartache
chagriner v. grieve
chahuteur/se adj. rowdy
chaîne n. chain
chaîne n. channel
chaîne n. string
chair n. flesh
chaire n. pulpit
chaise n. chair
chaise d'aisance n. commode
châle n. shawl
chalet n. chalet
chaleur n. heat
chaleur n. warmth
chaleureux/se adj. homely
chalutier n. trawler
chamarré(e) adj. gaudy
chamberlain n. chamberlain
chambre n. chamber
chambre n. room
chambre libre n. vacancy
chameau n. camel
champ n. purview

champ n. scope
champ n. field
champagne n. champagne
champignon n. fungus
champignon n. mushroom
champion n. champion
chance n. chance
chance n. luck
chanceler v. teeter
chanceler v. stagger
chancelier n. chancellor
chancellerie n. Chancery
chanceux/se adj. lucky
chanceux/se adj. fortunate
changer v. change
chanson n. song
chant n. chant
chant de Noël n. carol
chantage n. blackmail
chanter v. sing
chanteur/se n. singer
chanteur/se n. vocalist
chantier naval n. shipyard
chantre n. songster
chaos n. chaos
chaotique adj. chaotic
chapeau n. hat
chapelle n. chapel
chapitre n. chapter
chaque adj. each
chaque adj. every
char n. chariot
charabia n. rigmarole
charançon n. weevil
charbon n. coal
charbon de bois n. charcoal
chardon n. thistle
charge n. onus
charge n. load
chargé(e) adj. laden
chargeur n. charger
chariot n. caddy
chariot n. trolley
chariot n. wain
charismatique adj. charismatic
charisme n. charisma
charitable adj. charitable
charlatan n. charlatan
charlatanisme n. quackery
charmant(e) adj. charming
charmant(e) adj. lovely
charme n. charm
charmille n. arbour
charmille n. bower
charnel/le adj. carnal
charnière n. hinge
charpentier n. carpenter
charrue n. plough
charte n. charter
chasse n. shooting
chasser v. hunt
chasseur n. hunter
châssis n. chassis
chaste adj. chaste
chasteté n. chastity
chat n. cat
châtaigne n. chestnut
château n. castle
château n. chateau
châtier v. chastise
chaton n. kitten
chatouiller v. tickle
chatouilleux/se adj. ticklish
chatoyer v. shimmer
chaud(e) adj. snug
chaud(e) adj. warm
chaud(e) adj. hot
chaudière n. boiler
chaudron n. cauldron
chauffage n. heater
chauffage n. heating
chauffeur n. chauffeur
chauffeur n. stoker
chaume n. stubble
chaume n. thatch

chaussée n. causeway
chaussée n. pavement
chaussette n. sock
chausson n. strudel
chaussure n. shoe
chauve adj. bald
chauve-souris n. bat
chauvin(e) n. &adj. chauvinist
chauvinisme n. chauvinism
chaux n. lime
chavirer v. capsize
chef n. chef
chef n. chieftain
chef n. leader
chef de cabine n. purser
chef d'oeuvre n. masterpiece
chef d'orchestre n. conductor
chélidoine n. celandine
chemin n. path
chemin n. way
chemin de fer n. railway
cheminée n. chimney
chemise n. shirt
chemisier n. blouse
chêne n. oak
chenil n. kennel
chenille n. caterpillar
chèque n. cheque
cher/chère adj. dear
cher/chère adj. expensive
chercher v. seek
chéri(e) n. sweetheart
chéri(e) n. darling
chérir v. cherish
chétif/ve adj. puny
cheval n. horse
chevaleresque adj. chivalrous
chevalerie n. chivalry
chevalerie n. knighthood
chevalier n. knight
cheval-vapeur n. horsepower
cheveux n. hair
cheville n. ankle
chèvre n. goat
chevreuil n. roe
chevron n. chevron
chevroter v. quaver
chic adj. chic
chic adj. natty
chic adj. posh
chic adj. snazzy
chic v. swanky
chiche adj. niggardly
chien n. dog
chien de chasse n. hound
chienne n. bitch
chiffon n. duster
chiffon n. rag
chiffonner v. scrunch
chiffre n. numeral
chiffre n. digit
chiffre n. figure
chiffre d'affaires n. turnover
chignon n. bun
chimie n. chemistry
chimiothérapie n. chemotherapy
chimique adj. chemical
chimpanzé n. chimpanzee
chiot n. pup
chiot n. whelp
chiot n. cub
chiot n. puppy
chiromancie n. palmistry
chiromancien/ne n. palmist
chirurgie n. surgery
chirurgien/ne n. surgeon
chlore n. chlorine
chloroforme n. chloroform
choc n. shock
chocolat n. chocolate
choeur n. chorus
choisir v. choose
choisir v. pick

choix n. choice
choléra n. cholera
chômeur/se adj. unemployed
choquant(e) adj. shocking
choquer v. shock
choquer v. jolt
choral adj. choral
chorale n. choir
chose n. thing
chou n. cabbage
chouchouter v. dote
chouette n. owl
chou-fleur n. cauliflower
choyer v. pamper
chrétien adj. Christian
Christ n. Christ
christianisme n. Christianity
chrome n. chrome
chronique adj. chronic
chronique n. chronicle
chronographe n. chronograph
chronologie n. chronology
chuchoter v. whisper
chute n. downfall
chuter v. plummet
chuter v. tumble
chutney n. chutney
cible n. target
cicatrice n. scar
ci-dessous prep. below
cidre n. cider
ciel n. sky
cieux n. heaven
cigare n. cigar
cigarette n. cigarette
cigogne n. stork
ciment n. cement
cimetière n. cemetery
cimetière n. churchyard
cimetière n. graveyard
cinéma n cinema
cinétique adj. kinetic
cinglant(e) adj. biting
cinglant(e) adj. scathing
cinq adj. & n. five
cinquante adj. & n. fifty
cintre n. hanger
circoncire v. circumcise
circonférence n. circumference
circonscription n. constituency
circonscrire v. circumscribe
circonspect adj. circumspect
circonstance n. circumstance
circuit n. circuit
circulaire adj. circular
circulation n. circulation
circuler v. circulate
cire n. wax
cireux/se adj. sallow
cirque n. circus
ciseaux n. scissors
ciste n. cist
citadelle n. citadel
citation n. summons
citer v. cite
citer v. quote
citerne n. cistern
cithare n. zither
citoyen/ne n. citizen
citoyenneté n. citizenship
citrique adj. citric
citron n. lemon
citrouille n. pumpkin
civière n. stretcher
civil n. civilian
civil(e) adj. civil
civilisation n. civilization
civiliser v. civilize
civique adj. civic
clair de lune n. moonlight
clairement adv. clearly
clairière n. glade

clairon n. bugle
clairon adj. clarion
clairsemé(e) adj. sparse
clameur n. clamour
clan n. clan
clandestin(e) adj. clandestine
claque n. smack
claquer v. flap
claquer v. slam
clarification n. clarification
clarifier v. clarify
clarté n. clarity
classe n. class
classer v. categorize
classer v. rank
classer v. classify
classification n. classification
classique adj. classic
classique adj. classical
clause n. clause
claustrophobie n. claustrophobia
clavier n. keyboard
clé n. spanner
clé n. key
clémence n. clemency
clémence n. leniency
clément(e) adj. clement
clément(e) adj. lenient
clémentine n. Clementine
clergé n. clergy
client(e) n. client
client(e) n. customer
clientèle n. goodwill
cligner des yeux v. blink
climat n. climate
clin d'oeil n. trice
clinique n. clinic
clinquant(e) adj. meretricious
clip n. clip
cliquet n. ratchet
cliqueter v. rattle
clocher n. steeple
cloître n. cloister
clone n. clone
clopiner v. hobble
clôture n. fence
clou de girofle n. clove
clous n. stud
clouter v. stud
clown n. clown
club n. club
coalition n. coalition
coassement n. croak
cobalt n. cobalt
cobra n. cobra
coca n. coke
cocaïne n. cocaine
cocarde n. cockade
coccinelle n. ladybird
cochon n. pig
cocktail n. cocktail
cocon n. cocoon
cocotte n. casserole
cocu n. cuckold
code n. code
code postal n. postcode
coefficient n. coefficient
coeur n. heart
coexistence n. coexistence
coexister v. coexist
coffre n. coffer
cogiter v. cogitate
cogner v. wallop
cogner v. punch
cohabiter v. cohabit
cohérence n. consistency
cohérent(e) adj. consistent
cohérent(e) adj. coherent
cohésif/ve adj. cohesive
cohésion n. cohesion
coiffure n. hairstyle
coin n. corner
coïncidence n. coincidence
coïncider v. coincide
coin-coin n quack

coing n. quince
col n. collar
colère n. anger
colère n. huff
colère n. tantrum
colère n. wrath
colère n. ire
coliques n. colic
colis n. packet
collaboration n. collaboration
collaborer v. collaborate
collage n. collage
collant(e) adj. sticky
colle n. glue
collecter v. collate
collecteur adj. manifold
collectif/ve adj. collective
collection n. compendium
collection n. collection
collectionneur/se n. collector
collègue n. colleague
coller v. splice
collier n. necklace
colline n. hill
colline n. wold
colline rocailleuse n. tor
collision n. collision
colloque n. symposium
collusion n. collusion
cologne n. cologne
colon n. settler
côlon n. colon
colonel n. colonel
colonial(e) adj. colonial
colonie n. colony
colonie n. rookery
colonne n. column
colonne vertébrale n. backbone
colonne vertébrale n. spine
colorant n. dye
coloration n. colouring
colossal(e) adj. colossal
colosse n. colossus
colporter v. peddle
colporteur/se n. pedlar
colporteur/se n. hawker
coma n. coma
combat n. bout
combat n. combat
combattant(e) n combatant
combattre v. contend
combattre v. fight
combinaison n. combination
combiner v. conflate
combiner v. combine
combles n. loft
combustible adj. combustible
combustion adj. burning
combustion n. combustion
comédie n. acting
comédie n comedy
comédien/ne n. comedian
comestible adj. edible
comestible adj. eatable
comète n. comet
comique adj. comic
comité n. committee
commandant n. commandant
commandant n. commander
commandement n. behest
commando n. commando
comme adj. alike
comme adv. as
comme prep. like
commémoration n. commemoration
commémorer v. commemorate
commencement n. onset
commencement n. outset
commencer v. begin
commencer v. commence
comment adv. how
commentaire n. comment

commentateur/rice n. commentator
commerçant n. tradesman
commerçant(e) n. shopkeeper
commerçant(e) n. trader
commerce n. commerce
commerce n. trade
commercial(e) adj. commercial
commission n. commission
commissionaire n. commissioner
commissure n. commissure
commode adj. serviceable
commode adj. convenient
commodité n. convenience
Commonwealth n. commonwealth
commotion n. commotion
commotion cérébrale n. concussion
commun(e) adj. common
communal(e) adj. communal
communauté n. community
commune n. commune
commune n. township
communication n. communication
communion n. communion
communiquer v. communicate
communisme n. communism
compact(e) adj. compact
compagnon/ne n. companion
comparaison n. simile
comparaison n. comparison
comparatif/ve adj. comparative
comparer v. liken
comparer v. compare
compartiment n. compartment
compassion n. compassion
compatible adj. compatible
compatissant(e) adj. humane
compatriote n. compatriot
compensation n. compensation
compenser v. compensate
compère n. compere
compétence n. proficiency
compétence n. competence
compétences n. skill
compétent adj. proficient
compétent(e) adj. competent
compétition n. competition
compiler v. compile
complainte n. lament
complaisant(e) adj. complaisant
complément n. complement
complémentaire adj. supplementary
complémentaire adj. complementary
complet/ète adj. complete
complet/ète adj. full
complètement adv. quite
complètement adv. outright
complexe adj. complex
complexe adj. intricate
complexité n. complexity
complication n. complication
complice n. accomplice
complice adj. complicit
complicité n. complicity
compliment n. compliment
complimenter v. compliment
compliquer v. complicate
comploter v. contrive
componction n. compunction
comportement n. behaviour
composant n. component
composer v. compose
composite adj. composite

compositeur n. composer
compositeur n. compositor
composition n. composition
compost n. compost
compréhensible adj. comprehensible
compréhension n. understanding
compréhension n. comprehension
comprendre v. comprise
comprendre v. grapple
comprendre v. relate
comprendre v. understand
comprendre v. comprehend
compresseur n. supercharger
compression n. compression
comprimer v. compress
compromettre v. jeopardize
compromis n. compromise
comptabilité n. accountancy
comptable n. accountant
compte n. account
compte n. tally
compte tenu de adj. given
compter v. count
compteur n. meter
compteur n. counter
compulsif/ve adj. compulsive
compulsion n. compulsion
comté n. shire
comte n. earl
comté n. county
concaténation n. concatenation
concave adj. concave
concéder v. concede
concentration n. concentration
concentré v. concentrate
concept n. concept
conception n. design
conception n. conception
concernant prep. concerning
concerner v. pertain
concert n. concert
concerté(e) adj. concerted
concession n. concession
concevable adj. conceivable
concevoir v. t conceive
concevoir v. devise
concierge n. caretaker
concierge n. janitor
concilier v. conciliate
concis(e) adj. compendious
concis(e) adj. concise
concluant(e) adj. conclusive
conclure n. conclude
conclusion n. conclusion
concocter v. concoct
concoction n. concoction
concombre n. cucumber
concomitant(e) adj. concomitant
concordance n. accordance
concordance n. concordance
concorde n. concord
concours n. contest
concubine n. concubine
concurrent/te n. competitor
concurrentiel/le adj. competitive
condamnation n. condemnation
condamnation n. conviction
condamner v. condemn
condensateur n. capacitor
condenser v. condense
condescendre v. condescend
condiment n. condiment
condition n. condition
condition préalable n. precondition
conditionnel/le adj. conditional

condoléances n. condolence
condominium n. condominium
conduire v. conduct
conduire v. steer
conduire v. drive
conduite n. conduct
cône n. cone
confection n. confection
confédération n. confederation
confédéré(e) adj. confederate
conférence n. lecture
conférence n. conference
conférer v. confer
confesser v. confess
confession n. confession
confiance n. confidence
confiance n. trust
confiant(e) adj. trustful
confiant(e) adj. confident
confident(e) n. confidant
confidentiel/le adj. confidential
confier v. entrust
configuration n. configuration
confinement n. containment
confinement n. confinement
confiner v. confine
confirmation n. confirmation
confirmer v. confirm
confiscation n. confiscation
confiserie n. confectionery
confiseur n. confectioner
confisquer v. impound
confisquer v. confiscate
confiture n. jam
conflit n. conflict
confluence n. confluence
confluent(e) adj. confluent
confondre v. confuse
conforme adj. compliant
conformité n. compliance
conformité n. conformity
confort n. comfort
confortable adj. comfortable
conforter v. comfort
confrontation n. confrontation
confrontation n. showdown
confronter v. confront
confus(e) adj. muzzy
confusion n. confusion
congélateur n. freezer
congénital(e) adj. congenital
congestion n. congestion
congestionné(e) adj. congested
conglomérat n. conglomerate
conglomérat n. conglomeration
congrès n. congress
congruent adj. congruent
conique adj. conical
conjecture n. &v. conjecture
conjecturer v. surmise
conjoint(e) n. consort
conjoint(e) n. spouse
conjonction n. conjunction
conjonctivite n. conjunctivitis
conjoncture n. conjuncture
conjugal(e) v.t. & i. conjugal
conjuguer v. conjugate
conjurer v. conjure
connaissance n. acquaintance
connaissance n. knowledge
connaissance n. cognizance
connexion n. connection
connivence n. cahoots
connotation n. overtone
conque n. conch
conquérir v. conquer
conquête n. conquest
consacrer v. consecrate
consacrer v. devote

consanguin(e) adj. inbred
conscience n. conscience
conscient(e) adj. sentient
conscient(e) adj. conscious
consécutif/ve adj. consecutive
consécutif/ve adj. consequent
consécutivement adv. consecutively
conseil n. advice
conseil n. council
conseillé(e) adj. advisable
conseiller v. advise
conseiller n. councillor
conseiller v. counsel
consensus n. consensus
consentement n. consent
consentir v. consent
conséquence n. consequence
conservateur n. curator
conservateur n. preservative
conservateur adj. conservative
conservation n. conservation
conservation n. keeping
conservatoire n. conservatory
conserver v. retain
conserver v. conserve
considérable adj. major
considérable adj. substantive
considérable adj. considerable
considération n. consideration
considérer v. regard
consignation n. consignment
consister v. consist
consolation n. consolation
consoler v. console
consolidation n. consolidation
consolider v. consolidate
consommateur/rice n. consumer
consommation n. consumption
consommer v. consume
consonne n. consonant
consortium n. consortium
conspirateur/rice n. conspirator
conspiration n. conspiracy
conspirer v. conspire
constance n. steadiness
constant(e) adj. constant
constant(e) adj. steady
constellation n. constellation
consternation n. consternation
consternation n. dismay
constipation n. constipation
constituant(e) adj. constituent
constituer v. constitute
constitution n. constitution
constitutionnel/le adj. constitutional
constructif/ve adj. constructive
construction n. construction
construire v. build
construire v. construct
consul n. consul
consulaire n. consular
consulat n. consulate
consultant n. consultant
consultation n. consultation
consulter v. consult
contact n. contact
contagieux/se adj. catching
contagieux/se adj. contagious

contagion n. contagion
contaminer v. contaminate
conte n. tale
contemplation n. contemplation
contempler v. contemplate
contemporain(e) adj. coeval
contemporain(e) adj. contemporary
contenance n. countenance
conteneur n. container
contenir v. contain
contentement n. contentment
contentieux/se adj. contentious
contention n. contention
contenu n. content
contester v. decry
contexte n. context
contigu(e) adj. contiguous
continent n. continent
continental(e) adj. continental
contingence n. contingency
continu(e) adj. nonstop
continu(e) adj. continuous
continuation n. continuation
continuel/le adj. continual
continuer v. continue
continuité n. continuity
contorsionner v. contort
contour n. contour
contour n. outline
contournement n. bypass
contra prep. contra
contraceptif/ve n. contraceptive
contraception n. contraception
contracter v. flex
contraction n. contraction
contractuel/le adj. contractual
contradiction n. contradiction
contraindre v. coerce
contraindre v. constrain
contraindre v. straiten
contraindre v. compel
contrainte n. constraint
contraire adj. opposite
contraire adj. contrary
contrarier v. vex
contraste n. contrast
contrat n. contract
contrat synallagmatique n. indenture
contre prep. against
contrebalancer v. offset
contrebande n. contraband
contrecarrer v. counteract
contrecarrer v. stymie
contrecarrer v. thwart
contredire v. contradict
contrefait(e) adj. counterfeit
contremaître n. foreman
contrevenant n. offender
contrevenir à v. contravene
contribuer v. contribute
contribution n. contribution
contrôle n. control
contrôleur n. controller
controverse n. controversy
controversé(e) adj. controversial
controversé(e) adj. moot
contusion n. bruise
contusion n. contusion
convaincre v. convince
convenir v. befit
convention n. convention
converger v. converge
conversation n. conversation
converser v. converse
conversion n. conversion
converti(e) n. convert
convertir v. convert

convive n. diner
convivial(e) adj. convivial
convocation n. convocation
convoi n. convoy
convoiter v. covet
convoquer v. summon
convoquer v. convene
convulser n. convulse
convulsion n. convulsion
cookie n. cookie
coopératif/ve adj. cooperative
coopération n. cooperation
coopérer v. cooperate
coordination n. coordination
coordonner v. coordinate
copie n. copy
copier v. copy
copieur n. copier
copieux/se adj. fulsome
copieux/se adj. copious
copuler v. copulate
coq n. rooster
coq n. cock
coque n. hull
coquille n. shell
coquille Saint-Jacques n. scallop
coquin(e) adj. cheeky
coquin(e) adj. saucy
coquin(e) n. scamp
corail n. coral
corbeau n. raven
corbeau n. rook
corbeille n. bin
corbeille n. trash
corbillard n. hearse
corde n. chord
corde n. rope
cordial(e) adj. cordial
cordon n. cord
cordonnier n. cobbler
coriandre n. coriander
cormoran n. shag
cornac n. mahout
corne n. horn
cornée n. cornea
corneille n. crow
cornet n. cornet
cornette n. wimple
corporation n. corporation
corporel/le adv. bodily
corps n. body
corps n. corps
corpulence n. girth
corpulent(e) adj. corpulent
corpulent(e) adj. stout
correct(e) adj. proper
correctif/ve adj. corrective
correctif/ve adj. remedial
correction n. correction
corrélation n. correlation
corréler v. correlate
correspondance n. mail order
correspondance n. correspondence
correspondant(e) n. correspondent
correspondre v. correspond
corridor n. corridor
corrigé(e) adj. correct
corriger v. emend
corriger v. correct
corroboration n. substantiation
corroborer v. corroborate
corroder v. corrode
corrompre v. corrupt
corrompu(e) adj. corrupt
corrosif/ve adj. corrosive
corrosion n. corrosion
corruption n. corruption
corsage n. bodice
cortège n. pageant

cortège n. retinue
cortisone n. cortisone
cosmétique adj. cosmetic
cosmétique n. cosmetic
cosmique adj. cosmic
cosmologie n. cosmology
cosmopolite adj. cosmopolitan
cosmos n. cosmos
cosse n. pod
costaud adj. beefy
costaud(e) adj. strapping
costume n. outfit
costume n. costume
costume n. garb
costume n. suit
côte n. rib
côte n. coast
côté n. side
côte à côte adv. abreast
coton n. cotton
cottage n. cottage
cou n. neck
couche n. diaper
couche n. layer
couche n. nappy
couchette n. couchette
coucou n. cuckoo
coude n. elbow
coudre v. sew
coudre v. stitch
couette n. duvet
couette n. quilt
couinement n. squeak
coulé(e) adj. sunken
couler v. flow
couler v. sink
couleur n. colour
coulis n. grout
coulisses adv. backstage
coup de chance n. fluke
coup de fouet n. fillip
coup de vent n. gale
coup d'État n. coup
coup sec n. jerk
coupable adj. guilty
coupable adj. culpable
coupable n. culprit
coupe n. cutting
coupé n. coupe
coupe n. cup
coupe de cheveux n. haircut
coupe-bordures n. trimmer
couper v. interject
couper v. sever
couper v. shear
couper v. cut
couper en deux v. bisect
couple n. couple
coupon n. coupon
cour n. quad
cour n. court
cour n. courtship
cour n. courtyard
courage n. fortitude
courage n. mettle
courage n. courage
courageusement adj. gamely
courageux/se adj. gutsy
courageux/se adj. brave
courageux/se adj. courageous
couramment adj. fluent
courant n. current
courant d'air n. draught
courant(e) adj. rife
courbe n. curve
courbé(e) adj. crooked
courbure n. camber
courir v. run
courir les femmes v. womanize
couronne n. crown
couronnement n. coronation
couronner v. crown
courriel n. email

courrier n. mail
courrier n. post
cours n. tuition
cours n. course
course n. run
course n. errand
course n. race
coursier n. runner
coursier n. courier
court(e) adj. brief
court(e) adj. short
courtier n. broker
courtier en valeurs mobilières n. stockbroker
courtisan n. courtier
courtisan(e) n. courtesan
courtiser v. woo
courtois(e) adj. urbane
courtois(e) adj. courteous
courtoisie n. courtesy
cousin(e) n. cousin
coussin n. hassock
coussin n. cushion
couteau n. knife
coûteux/se adj. costly
coûter v. cost
coutume n. custom
coutumier/ère adj. wonted
coutumier/ère adj. customary
couture n. seam
couvée n. brood
couvée n. hatch
couvent n. nunnery
couvent n. convent
couvercle n. lid
couvert n. guise
couvert(e) adj. overcast
couverture n. blanket
couverture n. cover
couvre-feu n. curfew
couvrir v. cover
crabe n. crab
crachat n. spit
crachoir n. spittoon
cracker n. cracker
craie n. chalk
craintif/ve adj. fearful
cramoisi(e) n. crimson
crampe n. cramp
crampe n. pang
crâne n. skull
crâner v. swank
crapaud n. toad
craquement n. creak
craquer v. creak
crasse n. grime
crasse n. filth
cravate n. tie
crayon n. pencil
crayon de couleur n. crayon
créancier n. creditor
créancier hypothécaire n. mortgagee
créateur/rice n. creator
créatif/ve adj. creative
création n. inception
création n. creation
créature n. Wight
créature n. creature
crèche n. creche
crèche n. kindergarten
crédible adj. credible
crédit n. credit
crédule adj. gullible
crédulité adv. credulity
créer v. create
crémation n. cremation
crématorium n. crematorium
crème n. cream
crème pâtissière n. custard
crêpe n. pancake
crépiter v. splatter
crépiter v. crackle
crépuscule n. dusk
crépuscule n. twilight

crête n. ridge
crête n. crest
crétin n. berk
crétin(e) n. jackass
creuser v. dig
creux/se adj. hollow
cri n. whoop
cri n. cry
cri perçant n. yelp
criard(e) adj. garish
criard(e) adj. lurid
criblé(e) adj. riddled
cric n. jack
cricket n. cricket
crier v.i. shout
crier v. squawk
crime n. crime
criminel/le n. felon
criminel/le n. criminal
criminologie n. criminology
crinière n. mane
crise n. crisis
crissement n. squeal
cristal n. crystal
critère n. canon
critère n. criterion
critique n. critique
critique n. critic
critique adj. critical
critique n. criticism
critique n. quibble
critiquer v. censure
critiquer v. criticize
croc n. fang
crochet n. bracket
crochet n. crochet
crochet n. hook
crocodile n. crocodile
croire v. believe
croisade n. crusade
croisée n. casement
croiser v. intersect
croiseur n. cruiser
croissance n. growth
croissant n. croissant
croissant de lune n. crescent
croix n. cross
croquant(e) adj. crisp
croque-mort n. undertaker
croquer v. crunch
croquis n. sketch
crosse n. lacrosse
croûte n. scab
croûte n. crust
croyance n. belief
croyance erronnée n. misbelief
cruauté adv. cruelty
crucial(e) adj. crucial
cruel/le adj. cruel
crypte n. crypt
crypter v. encrypt
cube n. cube
cubique adj. cubical
cueillette n. pickings
cuillère n. spoon
cuillère à glace n. scoop
cuillérée n. spoonful
cuir n. leather
cuir chevelu n. scalp
cuire v. bake
cuiseur vapeur n. steamer
cuisine n. cuisine
cuisine n. kitchen
cuisiner v. cook
cuisinier n. cook
cuisse n. thigh
cuivre n. copper
cul n. ass
culinaire adj. culinary
culminer v. culminate
culotte n. breeches
culotte n. panties
culotte bouffante n. bloomers
culotté(e) adj. daring

culpabilité n. guilt
culte n. cult
culte n. worship
cultivé(e) adj. literate
cultiver v. cultivate
culture n. culture
culturel/le adj. cultural
cumin n. cumin
cumulatif/ve adj. cumulative
cupide adj. greedy
cupidité n. cupidity
cupidité n. greed
curateur n. trustee
curatif/ve adj. curative
curcuma n. turmeric
cure-dents n. toothpick
curieux/se adj. inquisitive
curieux/se adj. curious
curiosité n. curiosity
curriculum n. curriculum
curry n. curry
curseur n. cursor
cursif/ve adj. cursive
cursus n. syllabus
cutter n. cutter
cyan n. cyan
cyanure n. cyanide
cyber comb. cyber
cyberespace n. cyberspace
cycle n. cycle
cyclique adj. cyclic
cycliste n. cyclist
cyclomoteur n. moped
cyclone n. cyclone
cygne n. swan
cylindre n. cylinder
cynique n. cynic
cyprès n. cypress

D

dacoïte n. dacoit
dactylo n. typist
dague n. dagger
daigner v. deign
daim n. buck
daim n. suede
dalle n. slab
dame n. dame
dame n. lady
damnation n. damnation
damner v. damn
dandy n. dandy
danger n. hazard
danger n. jeopardy
danger n. danger
danger n. peril
dangereux/se adj. hazardous
dangereux/se adj. dangerous
dans prep. in
dans prep. into
dans le cirage adj. woozy
danser v. bob
danser v. dance
danseur/se n. dancer
date n. date
date limite n. deadline
d'avertissement adj. cautionary
de prep. from
de prep. of
dé à coudre n. thimble
de base n. staple
de bureau adj. clerical
de ce côté-là adv. thither
de contrebande adj. bootleg
de côté adv. aside
de froment adj. wheaten
de là adv. thence
de la part de n. behalf
de l'est adj. eastern
de loin adv. afar
de l'ouest adj. western
de marée adj. tidal
de même adv. likewise
de nouveau adv. afresh

de nouveau adv. anew
de peur que conj. lest
de rechange adj. spare
de renfermé adj. fusty
de stentor adj. stentorian
de toute une vie adj. lifelong
de travers adv. askew
de travers adj. lopsided
de troisième cycle n. postgraduate
déambuler v. perambulate
débâcle n. debacle
déballer v. unpack
débardeur n. vest
débarquer v. disembark
débarras n. riddance
débarrasser v. rid
débat n. debate
débattre v. debate
débattre v. dispute
débauche n. debauchery
débauche n. profligacy
débaucher v. debauch
débile adj. retarded
débilité n. debility
débiliter v. debilitate
débit n. debit
débiteur n. debtor
débiteur hypothécaire n. mortgagor
déboiser v. deforest
débonnaire adj. debonair
débordement n. overspill
déborder v. overflow
débourser v. disburse
debout adj. erect
debout n. standing
débraillé(e) adj. bedraggled
débraillé(e) adj. scruffy
débrayer v. disengage
débridé(e) adj. unbridled
débris n. debris
débris n. wreckage
débrouillard(e) adj. resourceful
début n. beginning
début n. commencement
débutante n. debutante
débuts n. debut
décadent(e) adj. decadent
décaféiné(e) adj. decaffeinated
décalage horaire n. jet lag
décanter v. decant
décapiter v. decapitate
décapiter v. behead
décélérer v. decelerate
décembre n. December
décence n. decency
décennie n. decade
décent(e) adj. decent
décentraliser v. decentralize
déception n. anticlimax
déception n. deception
décevoir v. disappoint
décharger v. discharge
décharger v. unload
décharné(e) adj. gaunt
décharné(e) adj. scraggy
déchets n. garbage
déchets n. refuse
déchiffrer v. decipher
déchirer v. rip
déchirer v. rive
déchirer v. sunder
déchirer v. tear
déchirure n. tear
décibel n. decibel
décidé(e) adj. decided
décider v. decide
décimal(e) adj. decimal
décimer v. decimate
décisif/ve adj. decisive
décision n. ruling
décision n. decision
déclamer v. declaim

déclaration n. declaration
déclaration n. statement
déclaration sous serment n. affidavit
déclarer *v.* declare
déclassifier v. declassify
déclic n. click
décliner v. decline
décliner v. slump
décliner v. wane
déclivité n. declivity
décoder v. decode
décolorer v. discolour
décombres n. rubble
décommander v. countermand
décomposer n. decompose
décomposition v. t decomposition
décompresser v. decompress
déconcerter v. discomfit
déconcerter v. perplex
déconcerter v. baffle
décongestionnant n. decongestant
déconnecter v. disconnect
déconstruire v. deconstruct
décontaminer v. decontaminate
décor n. decor
décoratif/ve adj. decorative
décoration n. ornamentation
décoration n. decoration
décorer v. decorate
décorum n. decorum
découper v. snip
découragé(e) adj. dispirited
décourager v. discourage
décourager v. dishearten
découvert n. overdraft
découverte n. discovery
découvrir v. uncover
découvrir v. discover
décrépit(e) adj. decrepit
décret n. edict
décret n. decree
décréter v. enact
décrire v. describe
décroître v. abate
dédaigneux/se adj. dismissive
dédain n. disdain
dédicace n. dedication
dédier v. dedicate
déduction n. deduction
déduire v. deduce
déduire v. infer
déesse n. goddess
défaitiste n. defeatist
défaut n. defect
défaut n. failing
défaveur n. disfavour
défavorisé(e) adj. underprivileged
défectueux/se adj. defective
défectueux/se adj. faulty
défendable adj. defensible
défendeur n. defendant
défendre v. advocate
défendre v. defend
défense n. defence
défense n. tusk
défensif/ve adj. defensive
déféquer v. defecate
déférence n. deference
déférent(e) adj. solicitous
défi n. defiance
défi n. challenge
déficient(e) adj. deficient
déficit n. deficit
déficit n. shortfall
défier v. defy
défigurer v. deface
défilé n. parade

définir v. define
définitif/ve adj. definite
définition n. definition
déflation n. deflation
déformation n. deformity
déformer v. deform
déformer les propos v. misquote
défrayer v. defray
défunt(e) adj. deceased
dégeler v. thaw
dégénérer v. degenerate
dégingandé(e) adj. gangling
dégingandé(e) adj. lanky
dégivrer v. defrost
dégonfler v. deflate
dégouliner v. trickle
dégoût n. disgust
dégoût n. distaste
dégoûter v. repulse
dégrader v. debase
dégrader v. degrade
degré n. degree
déguiser v. disguise
dehors adv. out
déifier v. deify
déjà adv. already
déjà-vu n. deja vu
déjeuner n. luncheon
déjeuner n. lunch
déjouer v. foil
délabré(e) adj. dilapidated
délabré(e) adj. ramshackle
délabré(e) adj. rundown
délabrement n. disrepair
délectable adj. delectable
délectation n. delectation
délégation n. delegation
délégué(e) n. delegate
déléguer v. devolve
délétère adj. deleterious
délibération n. deliberation
délibéré(e) adj. knowing
délibéré(e) adj. deliberate
délicat(e) adj. tactful
délicat(e) adj. touchy
délicat(e) adj. dainty
délicat(e) adj. delicate
délicatement adv. gingerly
délicatesse n. delicacy
délicieux/se adj. delightful
délicieux/se adj. delicious
délimiter v. delineate
délinquant(e) adj. delinquent
délirant(e) adj. delirious
délire n. delirium
délirer v. rave
délit n. misdemeanour
délivrance n. deliverance
déloger v. dislodge
déloyal(e) adj. disingenuous
déloyal(e) adj. disloyal
déloyal(e) adj. sly
delta n. delta
déluge n. deluge
demain adv. tomorrow
demande n. solicitation
demande n. demand
demande n. request
demander v. ask
demandeur/se n. applicant
demandeur/se n. claimant
démanger v. itch
démanteler v. dismantle
démarcation n. demarcation
démarche n. gait
démarche n. strut
démarrer v. start
démarreur n. starter
démasquer v. unmask
démêler v. disentangle
déménagement adj. moving
déménager v. move
déménager v. relocate
démence n. dementia
dément(e) adj. demented

démentir v. belie
démentir v. disclaim
démérite n demerit
demi-cercle n. semicircle
demi-hectare n. acre
démission n. resignation
démissionner v. resign
démobiliser v. demobilize
démocratie n. democracy
démocratique adj. democratic
démographie n. demography
demoiselle n. damsel
démolir v. demolish
démolisseur n. wrecker
démon n. demon
démon n. fiend
démontrer v. demonstrate
démoraliser v. deject
démoraliser v. demoralize
démuni(e) adj. destitute
démystifier v. demystify
dénationaliser v. denationalize
dénaturer v. misrepresent
d'encadrement adj. managerial
dénervé(e) adj. nerveless
déni n. denial
dénicher v. unearth
dénigrer n. aspersions
dénigrer v. denigrate
dénigrer v. deprecate
dénominateur n. denominator
dénomination n. denomination
dénoncer v. denounce
dénonciation n. denunciation
dense adj. dense
densité n. density
dent n. tooth
dentaire adj. dental
denté(e) adj. jagged
dentelé(e) adj. serrated
dentelle n. lace
dentier n. denture
dentifrice n. toothpaste
dentiste n. dentist
dénuder v. denude
déodorant n. deodorant
départ n. departure
départ n. going
département n. department
dépasser v. exceed
dépasser v. outstrip
dépasser v. overreach
dépasser v. overtake
dépasser v. protrude
dépasser v. surpass
dépeindre v. depict
dépeindre v. portray
dépénaliser v. decriminalize
dépendance n. addiction
dépendance n. dependency
dépendance n. reliance
dépendant(e) adj. addicted
dépendre v. depend
dépenser v. expend
dépenses n. outlay
dépenses n. expenditure
dépensier n. spendthrift
dépensier/ère adj. wasteful
dépilatoire adj. depilatory
dépit n. pique
déplacé(e) adj. improper
déplacer v. displace
déplacer v. drag
déplacer v. shift
déplaire v. displease
déplaisir n. displeasure
dépliant n. leaflet
déplier v. unfold
déploiement n. extravaganza
déplorable adj. deplorable
déplorer v. bemoan

déplorer v. bewail
déployer v. deploy
déporter v. deport
dépositaire n. depository
déposséder v. dispossess
dépôt n. deposit
dépôt n. depot
dépourvu(e) adj. devoid
dépravé(e) n. reprobate
dépraver v. deprave
dépression n. depression
dépression n. melancholia
déprimant(e) adj. cheerless
déprimer v. depress
depuis prep. since
députation n. deputation
député des premières banquettes n. frontbencher
députer v. depute
déraciner v. uproot
dérailler v. derail
déraisonnable adj. unreasonable
dérangé(e) adj. deranged
déranger v. disarrange
déranger v. disturb
déraper v. skid
déréglementer v. deregulate
dérisoire adj. paltry
dérivé(e) adj. derivative
dériver v. derive
dériver v. drift
dernier adj. last
dernier adj. latter
dernièrement adv. lately
dérober v. pilfer
déroute n. rout
dérouté(e) adj. nonplussed
dérouté(e) adj. nonplussed
dérouter v. disconcert
dérouter v. bewilder
dérouter v. puzzle
derrière n. breech
derrière prep. behind
dés n. dice
désaccord n. rift
désaccord n. disagreement
désactiver v. disable
désagréable adj. unpleasant
désagréable adj. disagreeable
désamorcer v. defuse
désapprobateur adv. askance
désapprobation n. disapproval
désapprouver v. disapprove
désarmement n. disarmament
désarmer v. disarm
désarroi n. disarray
désastreux/se adj. disastrous
désavantage n. disadvantage
descendance n. progeny
descendant(e) n. descendant
descendre v. alight
descendre v. descend
descendre v. quaff
descente n. descent
descente n. raid
description n. description
désenchantement n. bathos
désenchanter v. disenchant
déséquilibre n. imbalance
déséquilibré(e) adj. unbalanced
déserter v. desert
désespéré(e) adj. desperate
désespéré(e) adj. hopeless
désespoir n. despair
déshabiller v. strip
déshériter v. disinherit
déshonneur n. dishonour
déshumaniser v. dehumanize
déshydrater v. dehydrate

désignation n. nomination
désigner v. designate
désillusion v. disillusion
désincarné(e) adj. disembodied
désinfecter v. disinfect
désinfecter v. sanitize
désinformer v. misinform
désintéressé(e) adj. selfless
désintéressé(e) adj. unselfish
désinvolte adj. flippant
désir n. longing
désir n. yearning
désir n. desire
désirer v. crave
désirer v. pine
désireux/se adj. eager
désireux/se adj. desirous
désobéir v. disobey
désobéissant(e) adj. disobedient
désolé(e) adj. sorry
désolé(e) adj. stark
désordonné(e) adj. messy
désordre n. mayhem
désordre n. shambles
désorganisé(e) adj. disorganized
désorienter v. disorientate
désormais adv. henceforth
despote n. despot
desséché(e) adj. parched
desséché(e) adj. wizened
desserrer v. loosen
dessert n. dessert
dessert n. pudding
dessin n. drawing
dessin animé n. cartoon
dessiner v. draw
dessous prep. underneath
déstabiliser v. destabilize
destin n. destiny
destin n. fate
destinataire n. addressee
destinataire n. recipient
destination n. destination
destituer v. depose
destroyer n. destroyer
destruction n. destruction
destruction n. wrack
désuet/ète adj. outmoded
détachement n. detachment
détacher v. detach
détail n. detail
détaillant(e) n. retailer
détecter v. detect
détecteur de mensonges n. polygraph
détective n. detective
détenir v. detain
détente n. trigger
détention n. detention
détenu n. inmate
détenu(e) n. detainee
détenu(e) n. convict
détergent n. detergent
détermination v. determination
déterminer v. determine
détestable adj. abhorrent
détester v. detest
détester v. loathe
détester v. dislike
détour n. detour
détournement n. misappropriation
détourner v. hijack
détourner v. misappropriate
détourner v. divert
détoxifier v. detoxify
détrempé(e) adj. sodden
détrempé(e) adj. soggy
détresse n. distress
détriment n. detriment
détritus n. detritus
détroit n. strait

détromper v. undeceive
détrôner v. dethrone
détruire v. destroy
détruire v. obliterate
dette n. debt
deuil n. mourning
deuil n. bereavement
deux adj.&n. two
deux fois adv. twice
dévalorisation n. depreciation
dévaluer v. devalue
devant adv. ahead
devant adj. fore
devant n. front
dévaster v. devastate
développement n. development
développer v. develop
devenir v. become
devenir fou/folle furieux/se adv. amok
devenir trop grand v. outgrow
déversement n. spillage
déverser v. spill
déviant(e) adj. deviant
déviation n. diversion
dévier v. deflect
dévier n. veer
dévier v. waylay
deviner v. guess
devis n. quotation
devise n. motto
devise n. watchword
dévoiler v. unveil
devoir n. duty
devoir v. must
devoir v. owe
devoir v. should
devoir v. need
devoir v. shall
dévolution n. devolution
dévorer v. devour
dévot(e) n. devotee
dévotion n. devotion
dévoué(e) adj. staunch
dextérité n. dexterity
dextérité n. sleight
diabète n. diabetes
diable n. devil
diaboliser v. demonize
diadème n. tiara
diadème n. coronet
diagnostic n. diagnosis
diagnostiquer v. diagnose
diagramme n. diagram
dialecte n. dialect
dialogue n. dialogue
dialyse n. dialysis
diamant n. diamond
diamètre n. diameter
diarrhée n. diarrhoea
diaspora n. Diaspora
dictateur n. dictator
dictée n. dictation
dicter v. dictate
diction n. diction
dictionnaire n. dictionary
dicton n. saying
didactique adj. didactic
diesel n. diesel
diététicien/ne n. dietician
dieu n. god
diffamation n. defamation
diffamation n. libel
diffamer v. defame
diffamer v. traduce
différence n. difference
différent(e) adj. different
différer v. differ
difficile adj. fussy
difficile adj. tough
difficile adj. tricky
difficile adj. difficult
difficulté n. difficulty

difficultés n. hardship
diffuser v. broadcast
diffuser v. diffuse
diffuser v. telecast
digérer v. digest
digestif/ve adj. peptic
digestion n. digestion
digital(e) adj. digital
digne adj. dignified
digne adj. worthy
dignitaire n. dignitary
dignité n. dignity
digresser v. digress
dilapider v. squander
dilater v. dilate
dilemme n. dilemma
dilemme n. quandary
diligence n. stagecoach
diligent(e) adj. sedulous
diluer v. dilute
dimanche n. Sunday
dîme n. tithe
dimension n. dimension
diminuer v. deplete
diminuer v. detract
diminuer v. lessen
diminuer v. decrease
diminuer v. diminish
diminuer v. taper
diminunition *n.* decrement
diminution n. diminution
dinde n. turkey
dîner n. dinner
dîner v. dine
dingue adj. nutty
dingue adj. wacky
dinosaure n. dinosaur
diplomate n. diplomat
diplomatie n. diplomacy
diplomatique adj. diplomatic
diplôme n. diploma
diplômé(e) n. graduate
dire n. say
dire v. tell
dire n'importe quoi v. gibber
direct(e) adj. direct
direct(e) adj. outspoken
directement adv. directly
directeur n. chief
directeur n. manager
directeur/rice n. director
direction n. direction
directive n. directive
discerner v. discern
disciple n. disciple
discipline n. discipline
discordant(e) adj. discordant
discorde n. discord
discothèque n. disco
discours n. speech
discours n. discourse
discourtois(e) adj. discourteous
discréditer v. debunk
discréditer v. discredit
discret/crète adj. discreet
discrétion n. stealth
discriminer v. discriminate
discursif/ve adj. discursive
discussion n. discussion
discutable adj. debatable
discutable adj. questionable
discuter v. discuss
disgrâce n. disgrace
disjoint(e) adj. disjointed
disloquer v. dislocate
disparaître v. vanish
disparaître v. disappear
disparité n. disparity
dispensable adj. dispensable
dispensaire n. dispensary
disponible adj. available
disponible adj. obtainable
disposer v. dispose
dispositif n. device

disproportionné(e) adj. disproportionate
dispute n. spat
disputer v. compete
disqualification n. disqualification
disqualifier v. disqualify
disque n. disc
disque dur n. hard drive
disséquer v. dissect
dissertation n. dissertation
dissident(e) n. dissident
dissident(e) n. maverick
dissimuler v. dissimulate
dissiper v. dispel
dissiper v. dissipate
dissoudre v. disband
dissoudre v. dissolve
dissuader v. deter
dissuader v. dissuade
distance n. distance
distancer v. outrun
distant(e) adj. aloof
distant(e) adj. remote
distiller v. distil
distillerie n. distillery
distinct(e) adj. discrete
distinct(e) adj. distinct
distinction n. accolade
distinction n. distinction
distingué(e) adj. genteel
distinguer v. distinguish
distique n. couplet
distraction n. distraction
distraire v. distract
distribuer v. dispense
distribuer v. mete
distribuer v. distribute
distributeur n. distributor
divaguer v. maunder
divaguer v. ramble
divergence n. discrepancy
diverger v. diverge
divers adj. miscellaneous
divers(e) adj. sundry
divers(e) adj. various
divers(e) adj. diverse
diversité n. diversity
divertir v. entertain
divertissement n. entertainment
dividende n. dividend
divin(e) adj. godly
divin(e) adj. divine
divinité n. deity
divinité n. divinity
diviser v. divide
division n. division
divorce n. divorce
divorcée n. divorcee
divulguer v. blab
divulguer v. disclose
divulguer v. divulge
dix adj. & adv. ten
dix-huit adj. & n. eighteen
dixième adj. & n. tenth
dix-neuf adj. & n. nineteen
dix-neuvième adj. & n. nineteenth
dix-sept ans adj. & n. seventeen
dix-septième adj. & n. seventeenth
docile adj. biddable
docile adj. submissive
docile adj. docile
docilement adv. tamely
docteur n. medic
doctorat n. doctorate
doctrine n. doctrine
document n. document
documentaire n. documentary
dodu(e) adj. plump
dogmatique adj. dogmatic
dogme n. dogma

doigt n. finger
dollar n. dollar
domaine n. domain
dôme n. dome
domestique adj. domestic
domicile n. abode
domicile n. home
domicile n. domicile
dominant(e) adj. dominant
dominé adj. henpecked
dominer v. dominate
dominion n. dominion
dommage n. damage
dommage n. harm
dommage n. pity
don n. knack
don n. offering
donateur n. donor
donc adv. hence
donc adv. so
donjon n. dungeon
donnée n. data
donnée n. datum
donner v. give
donner de la dignité v. dignify
donner un coup v. whack
donner un coup de pouce v. nudge
doré adj. golden
dorer v. gild
dormeur/se n. sleeper
dormir v. rest
dortoir n. dormitory
dorure adj. gilt
dose n. dose
dossier n. dossier
dot n. dowry
doter v. endow
d'où adv. whence
double adj. double
double adj. dual
double adj. twofold
doublure n. lining
douceur n. sweetness
douche n. shower
doué(e) adj. gifted
douille n. nozzle
douillet/te adj. cosy
douillet/te adj. cosy
douleur n. ache
douleur n. twinge
douleur n. pain
douloureux/se adj. painful
doute n. doubt
douteux/se adj. dubious
douves n. moat
doux/ce adj. gentle
doux/ce adj. meek
doux/ce adj. mild
doux/ce adj. soft
doux/ce adj. sweet
douzaine n. dozen
douze adj.&n. twelve
douzième adj.&n. twelfth
douzième adj.&n. twelfth
doyen/ne n. dean
draconien/ne adj. swingeing
dragon n. dragon
drainer v. drain
dramatique adj. dramatic
dramatiser v. overreact
dramatiser v. sensationalize
dramaturge n. playwright
dramaturge n. dramatist
drame n. drama
drapeau n. flag
drastique adj. drastic
dresseuse n. trimming
drisse n. halyard
droit n. law
droit n right
droit(e) adj. right
droit(e) adj. straight

drôle adj. droll
drôle adj. funny
dû adj. owing
du conjoint n. spousal
du nord adj. northerly
du sud adj. southern
du(e) adj. due
duel n. duel
dûment adv. duly
duo n. duet
duo n. duo
duper v. dupe
duplex n. duplex
duplicité adv. insincerity
duplicité n. duplicity
dupliquer adj. duplicate
dur(e) adj. callous
dur(e) adj. hard
dur(e) adj. harsh
durable adj. abiding
durable adj. durable
durable adj. lasting
durable adj. sustainable
durcir v. harden
durcir v. toughen
durée n. duration
dynamique adj. dynamic
dynamique n. dynamics
dynamite n. dynamite
dynamo n. dynamo
dynastie n. dynasty
dysenterie n. dysentery
dysfonctionnel/le adj. dysfunctional
dyslexie n. dyslexia
dyspepsie n. dyspepsia

E

eau n. water
eau de Javel n. bleach
eaux usées n. sewage
ébène n. ebony
éblouir v. dazzle
ébouillanter v. scald
ébouriffer v. tousle
ébrouement n. snort
écarlate n. scarlet
écart n. gap
écarté(e) adv. asunder
écarter v. splay
écervelé(e) adj. madcap
échafaudage n. scaffold
échafaudage n. scaffolding
échalier n. stile
échanger v. exchange
échanger v. swap
échantillon n. sample
échantillonneur n. sampler
échapper v. slip
échapper à v. elude
écharde n. splinter
écharpe n. scarf
échasses n. stilt
échassier n. wader
échec n. failure
échec et mat n checkmate
échelle n. ladder
échelle n. scale
échelon n. rung
écheveau n. skein
écheveau n. hank
échiquier n. exchequer
écho n. echo
échographie n. ultrasound
échoué(e) adj. aground
échouer v. fail
échouer v. strand
éclabousser v. spatter
éclabousser v. splash
éclairage n. lighting
éclairage n. lightening
éclaircir v. lighten
éclairer v. enlighten
éclaireur n. scout
éclat n. radiance

éclat n. sheen
éclat n. brilliance
éclater v. pop
éclater v. burst
éclats d'obus n. shrapnel
éclipse n. eclipse
éclipser v. outshine
éclipser v. overshadow
éclore v. bloom
éclosion n. outbreak
écluser v. swill
écoeurer v. nauseate
école n. school
écologie n. ecology
éconduire v. spurn
économe adj. sparing
économe adj. thrifty
économie n. economics
économie n. economy
économie n. thrift
économique adj. economic
économique adj. economical
économiser v. scrimp
écorce n. bark
écorcher v. excoriate
écossais(e) n. Scot
écouter v. hark
écouter v. heed
écouter v. listen
écouteur n. headphone
écouteur n. listener
écouvillon n. swab
écran n. screen
écraser v. squish
écraser v. swat
écraser v. trounce
écraser v. crush
écraser v. mash
écrémer v. skim
écrire v. write
écriture n. scripture
écriture n. writing
écrivain n. writer
écrou n. nut
écume n. scum
écume n. spume
écureuil n. squirrel
édenté(e) adj. toothless
édifice n. edifice
éditeur n. publisher
édition n. edition
éditorial(e) adj. editorial
éducation n. education
édulcorant n. sweetener
éduquer v. educate
effacer v. efface
effacer v. erase
effarer v. appal
éffeminé(e) adj. effeminate
effet n. effect
effet de levier n. leverage
effet dissuasif n. disincentive
effets personnels n. belongings
efficace adj. effective
efficace adj. efficient
efficacité n. efficacy
efficacité n. efficiency
effigie n. effigy
effort n. effort
effrayant(e) adj. scary
effrayer v. frighten
effrayer v. scare
effrayer v. daunt
effronté(e) adj. shameless
effusion de sang n. bloodshed
égal(e) adj. equal
égaliser v. equalize
égaré(e) adv. astray
égarer v. mislay
égarer v. misplace
égayer v. brighten
égide n. aegis
église n. church
ego n. ego

égoïsme n. egotism
égoïste adj. selfish
égout n. sewer
égratigner v. scratch
éjaculer v. ejaculate
éjecter v. eject
élaborer adj. elaborate
élan n. impetus
élan n. momentum
élargir v. widen
élastique adj. elastic
électeur/trice n. voter
élection n. election
élection partielle n. by-election
électorat n. electorate
électricien n. electrician
électricité n. electricity
électrifier v. electrify
électrique adj. electric
électrocuter v. electrocute
électronique adj. electronic
élégance n. elegance
élégant(e) adj. courtly
élégant(e) adj. elegant
élégant(e) adj. sleek
élégant(e) adj. stylish
élément n. element
élémentaire adj. elementary
éléphant n. elephant
élevage n husbandry
élève n. learner
élève n. pupil
élève absentéiste n. truant
élevé(e) adj. lofty
élever v. breed
élever v. elevate
élever v. nurture
elfe n. elf
élimé(e) adj. shabby
élimination n. disposal
éliminer v. eliminate
éliminer v. purge
élire v. elect
élite n. elite
elle pron. she
elle-même pron. herself
ellipse n. ellipse
élocution n. elocution
éloge n. commendation
éloquence n. eloquence
élucider v. elucidate
éluder v. evade
émacié(e) adj. emaciated
émail n. enamel
émanciper v. emancipate
émanciper v. enfranchise
émasculer v. emasculate
emballage n. packing
embarder v. yaw
embargo n. embargo
embarrassé(e) adj. abashed
embarrasser v. embarrass
embaumer v. embalm
embellir v. embellish
embellir v. smarten
embellir v. beautify
embêter v. bother
emblème n. emblem
embranchement n. offshoot
embrasser v. kiss
embrouillé(e) adj. addled
embrouillé(e) adj. befuddled
embrouiller v. muddle
embryon n. embryo
embuscade n. ambush
émeraude n. emerald
émerger v. emerge
émerveillement n. awe
émetteur n. transmitter
émetteur/récepteur n. transceiver
émetttre v. emit
émeute n. riot
émigrer v. emigrate
émincer v. chop

éminence n. eminence
éminent(e) adj. prominent
éminent(e) adj. eminent
émissaire n. emissary
emmailloter v. swaddle
emmêler v. entangle
émollient(e) adj. emollient
émoluments n. emolument
émotif/ve adj. emotive
émotion n. emotion
émotionnel/le adj. emotional
émoussé(e) adj. blunt
émouvant(e) adj. soulful
empathie n. empathy
empereur n. emperor
emphase n. pomposity
emphatique adj. emphatic
empiéter v. encroach
empire n. empire
emplacement n. location
emploi n. job
employé(e) n. employee
employé(e) n. clerk
employer v. employ
employeur/se n. employer
empoigner v. clench
empressé(e) adj. alacritous
empressement n. alacrity
emprisonner v. imprison
emprunter v. borrow
émuler v. emulate
en apparence adv. outwardly
en arrière adj. backward
en attendant adv. meantime
en attente adj. pending
en avant adv. &adj. forward
en bas adv. down
en bois adj. wooden
en bonne santé adj. healthy
en ce qui concerne prep. regarding
en civil adj. undercover
en colère adj. angry
en conséquence adv. accordingly
en cours adv. afoot
en dentelle adj. lacy
en effet adv. indeed
en faire trop v. overact
en fait adv. actually
en feu adv. ablaze
en flammes adj. aflame
en forme adj. fit
en hausse adj. rising
en haut adv. overhead
en haut adv. up
en instance loc. subjudice
en l'air adv. aloft
en larmes adj. tearful
en loques adj. ragged
en option adj. optional
en outre adv. furthermore
en outre adv. moreover
en outre adv. withal
en partie adv. partly
en peluche adj. cuddly
en plein air adj. outdoor
en pleine forme adj. hale
en plomb adj. leaden
en quelque sorte adv. somehow
en retard adj. overdue
en retard adj. late
en série adj. serial
en supplément n. surcharge
en terre adj. earthen
en tissu éponge n. towelling
en tout adv. altogether
en tout cas adv. anyhow
en vain adv. vainly
en vogue adj. modish
en vouloir v. resent
encalminé(e) adj. becalmed
encapsuler v. encapsulate
en-cas n. snack
enceinte n. enclosure

enceinte adj. expectant
enceinte adj. pregnant
encens n. incense
encensoir n. censer
encercler v. surround
encercler v. encircle
enchanté(e) adj. spellbound
enchanter v. delight
enchanter v. enchant
enchanter v. enthral
enchérir v. outbid
enchérisseur/enchérisseuse n. bidder
enclave n. enclave
enclos n. paddock
enclume n. anvil
encoche n. notch
encoder v. encode
encombrant(e) adj. cumbersome
encombrant(e) adj. bulky
encombrer v. encumber
encore adv. yet
encore existant(e) adj. extant
encore une fois adv. again
encourageant(e) adj. heartening
encourager v. nudge
encourager v. abet
encourager v. encourage
encourager v. nudge
encourager v. boost
encourager v. foster
encourager v. hearten
encourir v. incur
encre n. ink
encyclopédie n. encyclopaedia
endémique adj. endemic
endetté(e) adj. indebted
endeuillé(e) v. bereaved
endeuillé(e) adj. bereft
endormi(e) adj. asleep
endormi(e) adj. sleepy
endormir v. lull
endroit n. locale
endurance n. stamina
endurance n. sufferance
endurer v. endure
énergie n. energy
énergique adj. energetic
énergique adj. forceful
énervé(e) adj. nervy
enfance n boyhood
enfance n. childhood
enfant n. child
enfant n. youngster
enfant abandonné n. waif
enfant en bas âge n. infant
enfant en bas âge n. toddler
enfeindre v. violate
enfer n. hell
enflammer v. inflame
enflé(e) adj. turgid
enfler v. swell
enflure n. weal
enfoncer v. poke
enfoncer v. thrust
enfourcher v. bestride
enfourcher v. straddle
enfreindre v. infringe
enfumé(e) adj. smoky
engageant(e) adj. prepossessing
engageant(e) adj. winsome
engagement n. commitment
engagement n. engagement
engagement n. pledge
engelure n. blain
engendrer v. beget
engendrer v. spawn
englober v. encompass
englober v. subsume
engloutir v. engulf
engloutir v. gobble
engloutir v. gulp

engloutir v. guzzle
engloutir v. whelm
engouement n. craze
engouement n. fad
engourdi(e) adj. numb
engrais n. fertilizer
engranger v. garner
enhardir v. embolden
énigme n. conundrum
énigme n. enigma
énigme n. riddle
enivrer v. intoxicate
enjeu n. stake
enjoué(e) adj. jocose
enlèvement n. abduction
enlèvement n. removal
enlever v. abduct
enlever v. divest
enmurer v. immure
ennemi n. enemy
ennemi n. foe
ennui n. annoyance
ennui n. tedium
ennuyer v. annoy
ennuyer v. bore
ennuyeux/se adj. soporific
énoncer v. enunciate
énonciation n. utterance
énorme adj. enormous
énorme adj. huge
énorme adj. outsize
énormément adv. dearly
enquête n. enquiry
enquête n. inquest
enquête n. inquiry
enquête n. investigation
enquêter v. investigate
enquêteur/rice n. pollster
enraciné(e) adj. ingrained
enraciné(e) adj. rooted
enraciner v. entrench
enragé(e) adj. rabid
enregistrement n. registration
enregistrement n. record
enregistrer v. tape
enregistreur n. recorder
enrichir v. enrich
enrobage n. coating
enrouler v. wreathe
enseignant(e) n. teacher
enseigner v. teach
ensemble adj. entire
ensemble adv. together
ensemble adj. conjunct
ensemble adj. whole
ensemencer v. inoculate
ensoleillé(e) adj. sunny
ensorceler v. bewitch
entâcher v. besmirch
entaille n. nick
entendre v. hear
entendre v. overhear
entériner v. enshrine
enterrement n. burial
enterrer v. shelve
enterrer v. bury
enthousiasme n. enthusiasm
enthousiasmer v. excite
enthousiaste n. enthusiastic
entièrement adv. wholly
entité n. entity
entomologie n. entomology
entonner v. intone
entonnoir n. funnel
entortiller v. twist
entourage n. entourage
entracte n. intermission
entrailles n. entrails
entrain n. zing
entraîneur n. coach
entrave n. trammel
entraver v. hinder
entraver v. impede
entre adv. between

entrée n. admittance
entrée n. appetizer
entrée n. entrance
entrée n. entry
entrée n. foyer
entrée n. input
entrelardé(e) adj. streaky
entremetteur/se n. matchmaker
entrepôt n. repository
entrepôt n. warehouse
entreprendre v. undertake
entrepreneur n. contractor
entrepreneur n. entrepreneur
entreprise n. enterprise
entreprise n. business
entreprise vinicole n. winery
entrer v. enter
entrer en collision v. collide
entrer en éruption v. erupt
entretien n. maintenance
entrevue n. interview
entrouvert(e) adv. ajar
énumérer v. enumerate
envahi(e) par la végétation adj. overgrown
envahir v. invade
envahir v. overrun
enveloppe n. casing
enveloppe n. envelope
envelopper v. enfold
envelopper v. envelop
envelopper v. encase
envelopper v. wrap
enviable adj. enviable
envie n. envy
envieux/se adj. envious
environ adv. about
environnement n. environment
environs n. surroundings
envisager v. envisage
envisager v. consider
envoûter v. beguile
envoyé(e) n. envoy
envoyer v. dispatch
envoyer v. send
envoyer v. submit
envoyer avec le pied v. kick
épagneul n. spaniel
épais/sse adj. thick
épaissir v. thicken
épargne n. savings
épaule n. shoulder
épave n. wreck
épée n. sword
éperon n. spur
épice n. spice
épicé(e) adj. spicy
épicerie n. grocery
épicerie fine n. delicatessen
épicier n. grocer
épicurien/ne n. epicure
épidémie n. epidemic
épiderme n. epidermis
épigramme n. epigram
épilepsie n. epilepsy
épilogue n. epilogue
épinards n. spinach
épine n. thorn
épineux/se adj. thorny
épingle n. pin
épinoche n. stickleback
épisode n. episode
épitaphe n. epitaph
épître n. epistle
éponge n. sponge
épopée n. epic
épouser v. espouse
épouvantable adj. ghastly
épouvantail n. scarecrow
épreuve n. ordeal
épris(e) adj. besotted
épuisant(e) adj. wearisome
épuiser v. exhaust
équateur n. equator

équation n. equation
équestre adj. equestrian
équidistant(e) adj equidistant
équilatéral(e) adj. equilateral
équilibre n. equilibrium
équipage n. crew
équipe n. team
équipement n. accoutrement
équipement n. equipment
équipement militaire n. ordnance
équiper v. equip
équitable adj. equitable
équivalent(e) adj. equivalent
équivalent(e) adj. tantamount
équivoque adj. ambiguous
équivoque adj. equivocal
érable n. maple
éradication n. obliteration
éradiquer v. eradicate
érafler v. scuff
ère n. epoch
ère n. era
ergoter v. niggle
ergoteur/se n. pedant
ériger adj. erect
ermitage n. hermitage
ermite n. hermit
éroder v. erode
érogène adj. erogenous
érosion n. erosion
érotique adj. erotic
errant(e) adj. errant
errer v. meander
errer v. roam
errer v. rove
errer v. wander
errer v. stray
erreur n. error
erreur n. fallacy
erreur n. lapse
erreur n. mistake
erreur de calcul n. miscalculation
erroné(e) adj. erroneous
erroné(e) adj. mistaken
érudit(e) adj. erudite
érudit(e) adj. learned
érudit(e) n. scholar
escadron n. squadron
escalader v. climb
escalader v. escalate
escalator n. escalator
escalier n. staircase
escalope n. cutlet
escapade n. escapade
escapade n. jaunt
escargot n. snail
escarmouche n. skirmish
escarpement n. scarp
esclavage n. slavery
esclavage n. thrall
esclave n. slave
escorte n. escort
escouade n. squad
escrime n. fencing
escroc n. crook
escroc n. swindler
escroquer v. swindle
ésotérique adj. esoteric
espace n. space
espagnol n. Spaniard
espagnol n. Spanish
espèce n. species
espérer vtr. hopefully
esperluette n. ampersand
espiègle adj. mischievous
espiègle adj. naughty
espiègle adj. roguish
espion n. spy
espionnage n. espionage
espoir n. hope
esprit n. mind
esprit n. spirit
esquive n. elusion

esquiver v. shirk
essai n. essay
essaim n. swarm
essayer v. try
essence n. essence
essence n. petrol
essentiel n. gist
essentiel/le adj. essential
essieu n. axle
essoreuse n. spinner
essuyer v. wipe
est n. east
estamper v. emboss
esthéticienne n. beautician
esthétique adj. aesthetic
esthétisme n. aesthetics
estime n. esteem
estimer v. appraise
estomac n. stomach
estrade n. dais
estrade n. rostrum
et conj. and
et cetera adv. et cetera
étable n. byre
étable n. stable
établissement n. establishment
étage n. storey
étagère n. shelf
étain n. tin
étaler v. flaunt
étaler v. smear
étalon n. stallion
étalon n. steed
étamine n. stamen
étanche adj. watertight
étancher v. quench
étancher v.t. slake
étang n. pond
étape n. step
état n. state
état de marche adj. roadworthy
été n. summer
éteindre v. extinguish
éteint(e) adj. extinct
étendre v. extend
étendre v. stretch
étendue n. expanse
étendue sauvage n. wilderness
éternel/le adj. eternal
éternel/le adj. unending
éternité n. aeon
éternité n. eternity
éternuer v. sneeze
éthique n ethic
éthique n. ethical
ethnique adj. ethnic
ethos n. ethos
étincelle n. spark
étiquette n. etiquette
étiquette n. tag
étiquette n. label
étoile n. star
étoilé(e) adj. starry
étole n. stole
étonnement n. amazement
étonnement n. astonishment
étonner v. amaze
étonner v. astonish
étouffé(e) adj. stuffy
étouffer v. smother
étouffer v. stifle
étourdi(e) adj. forgetful
étrange adj. odd
étrange adj. strange
étrange adj. uncanny
étrange adj. peculiar
étranger adj. foreign
étranger n. foreigner
étranger n. stranger
étranger/ère n. outsider
étrangler v. strangle
être v. be
être n. being

être abasourdi(e) v. boggle
être accepté(e) à l'université v. matriculate
être avachi(e) v. slouch
être d'accord v. agree
être d'accord v. concur
être de connivence v. connive
être en dissidence v. dissent
être en pente v. slope
être étouffant(e) v. swelter
être indiscret/ète v. pry
être le/la plus touché(e) par n. brunt
être plus malin v. outwit
être quitte adj. quits
étreindre v. embrace
étrier n. stirrup
étriller v. lambast
étroit(e) adj. narrow
étude n. study
étudiant de premier cycle n. undergraduate
étudiant(e) n. student
étudier v. study
étui n. holster
étuve n. damper
étymologie n. etymology
eunuque n. eunuch
euphorie n. euphoria
euro n. euro
européen/ne n. European
euthanasie n. euthanasia
eux pron. them
eux-mêmes pron. themselves
évacuer v. evacuate
évaluation n. assessment
évaluation n. rating
évaluation n. valuation
évaluer v. assess
évaluer v. estimate
évaluer v. evaluate
évangile n. gospel
évasif/ve adj. evasive
évasion n. evasion
se réveiller v. awake
éveiller v. arouse
éveiller v. awaken
éveiller v. rouse
événement n. event
événement n. happening
événement n. occurrence
évent n. vent
évêque n. bishop
évident(e) adj. obvious
évident(e) adj. conspicuous
évident(e) adj. evident
évier n. sink
évincer v. oust
évincer v. unseat
évitement n. avoidance
éviter v. avert
éviter v. avoid
éviter v. dodge
évoluer v. evolve
évolution n. evolution
évoquant(e) adj. redolent
évoquer v. evoke
exact(e) adj. accurate
exact(e) adj. exact
exagération n. exaggeration
exagéré(e) adj. overblown
exagérer v. overdo
exagérer v. exaggerate
exalter v. exalt
examen n. exam
examen n. scrutiny
examen n. examination
examen n. review
examiner v. examine
exaspérer v. exasperate
excaver v. excavate
excédent n. surplus
excellence n. excellence
excellent(e) adj. excellent
exceller v. excel

excentricité n. quirk
excentrique adj. eccentric
excentrique adj. outlandish
excepté prep. barring
exception n. exception
exceptionnel/le adj. outstanding
excès n. glut
excès n. surfeit
excès n. excess
excessif/ve adj. excessive
excitation n. excitement
exclamation n. exclamation
exclure v. exclude
exclure v. debar
exclusif/ve adj. exclusive
excréter v. excrete
excursion n. excursion
excuser v. excuse
excuses n. apology
exécuter v. execute
exécuteur testamentaire n. executor
exécutif/ve n. executive
exécution n. execution
exemple n. example
exercer v. exert
exercer v. wield
exercice n. exercise
exhaustif/ve adj. exhaustive
exhaustif/ve adj. comprehensive
exhorter v. exhort
exigeant(e) adj. demanding
exigence n. requirement
exiger v. require
exigu(ë) adj. poky
exil n. exile
existence n. existence
exister v. exist
exonéré(e) adj. exempt
exonérer v. exonerate
exorbitant(e) adj. exorbitant
exotique adj. exotic
expatrié(e) n. expatriate
expectoration n. sputum
expédient adj. expedient
expédier v. consign
expédition n. expedition
expédition n. shipment
expérience n. experiment
expérience n. experience
expert n. expert
expert(e) n. trouble-shooter
expertise n. expertise
expiation n. atonement
expier v. atone
expier v. expiate
expiration n. expiry
expirer v. exhale
expirer v. expire
explication n. commentary
explicite adj. explicit
expliquer v. explain
exploit n. feat
exploiter v. exploit
exploration n. exploration
explorer v. explore
exploser v. explode
explosif/ve adj. volatile
explosif/ve adj. explosive
explosion n. explosion
explosion n. outburst
explosion n. blast
exporter v. export
exposant n. exponent
exposant adj. superscript
exposer v. expose
exposer v. exhibit
exposition n. exhibition
exposition n. exposure
expressif/ve adj. expressive
expression n. expression
expression n. phrase
expresso n. espresso
exprimer v. express

exproprier v. expropriate
expulser v. evict
expulser v. expel
expulsion n. eviction
expulsion n. expulsion
exsuder v. exude
extase n. ecstasy
extension n. extension
extérieur(e) adj. exterior
extérieur(e) adj. outer
externaliser v. outsource
externe adj. external
extirper v. extirpate
extirper v. extricate
extorquer v. extort
extraction n. extraction
extraire v. elicit
extraire v. t extract
extrait n. excerpt
extrait n. snippet
extraordinaire adj. extraordinary
extraordinaire adj. wondrous
extraterrestre adj. alien
extravagance n. extravagance
extravagant(e) adj. extravagant
extraverti n. extrovert
extrême adj. extreme
extrémiste n. extremist
extruder v. extrude
exubérant(e) adj. exuberant
exubérant(e) adj. rumbustious

F

fable n. fable
fabricant n. manufacturer
fabrication n. making
fabrication n. workmanship
fabriquer v. fabricate
fabriquer v. manufacture
fabuleux/se adj. fabulous
façade n. fascia
façade n. facade
face à n. facing
facétieux/se adj. facetious
facette n. facet
fâcheux/se adj. untoward
facial(e) adj. facial
facile adj. easy
facile adj. facile
facilement adv. readily
facilité n. ease
faciliter v. facilitate
fac-similé n. facsimile
facteur n. factor
facteur déterminant n. determinant
factice adj. factitious
faction n. faction
factionnaire n. sentry
facture n. invoice
facture n. bill
facturer v. charge
faculté n. college
faculté n. faculty
fade adj. bland
Fahrenheit n. Fahrenheit
faible adj. groggy
faible adj. weak
faible adj. dim
faible adj. faint
faible adj. feeble
faible adj. low
faiblesse n. weakness
faiblir v. falter
faille n. flaw
faillible adj. fallible
faillite n. bankruptcy
faim n. hunger
fainéant n. bum
fainéant(e) n. shirker
fainéant(e) n. sluggard

fainéanter v. loll
fair une fausse-couche v. miscarry
faire v. make
faire v. do
faire aimer v. endear
faire allusion v. allude
faire attention à v. beware
faire campagne v. canvass
faire de la publicité v. advertise
faire exploser v. detonate
faire fondre v. melt
faire infuser v. infuse
faire intrusion v. trespass
faire la course v. race
faire la fête v. roister
faire la morale v. moralize
faire le trajet v. commute
faire marche arrière v. backtrack
faire mariner v. marinate
faire mijoter v. simmer
faire plaisir v. please
faire remarquer v. opine
faire respecter v. uphold
faire sauter sur les genoux v. dandle
faire sécession v. secede
faire semblant v. pretend
faire ses dents v. teethe
faire tournoyer v. twirl
faire tremper v. soak
faire un clin d'oeil v. wink
faire un don v. donate
faire un écart v. swerve
faire un signe de la main v. wave
faire un stage v. intern
faire une offre v. bid
faire-valoir n. stooge
faisable adj. feasible
faisceau n. beam
fait n. fact
falaise n. cliff
fallacieux/se adj. spurious
familier/ère adj. colloquial
familier/ère adj. familiar
famille n. kin
famille n. family
famine n. starvation
famine n. famine
fanatique n. fanatic
fanfare n. fanfare
fanfaronnades v. bluster
fantaisie n. fantasy
fantaisie n. whimsy
fantaisie n. fancy
fantaisiste adj. fanciful
fantasmer v. fantasize
fantasque adj. whimsical
fantastique adj. fantastic
fantôme n. ghost
fantôme n. phantom
fantôme a. shadow
farce n. filling
farce n. prank
farce n. stuffing
farce n. farce
farceur/se n. trickster
fard à joues n. blusher
fardeau n. burden
farfadet n. hobgoblin
farine n. flour
farineux/se adj. mealy
fasciner v. enrapture
fasciner v. fascinate
fascisme n. fascism
fastidieux/se adj. tedious
fastidieux/se adj. tiresome
fatal(e) adj. fatal
fatidique adj. fateful
fatigue n. fatigue
fatigué(e) adj. tired
fatiguer v. tire
fauché(e) adj. broke

faucheur/se n. reaper
faucille n. sickle
faucon n. hawk
faucon n. falcon
faune n. fauna
fausse couche n. miscarriage
faussement timide adj. coy
fausser v. distort
faute n. fault
faute de frappe n. misprint
faute professionnelle n. malpractice
fauvette n. warbler
faux n. forgery
faux n. scythe
faux/sse adj. bogus
faux/sse adj. fake
faux/sse adj. false
faveur n. favour
favorable adj. favourable
favori(e) adj. favourite
fax n. fax
fébrile adj. febrile
féculents adj. starchy
fédéral(e) adj. federal
fédération n. federation
fédérer v. federate
fée n. fairy
feindre v. feign
félicitations n. felicitation
félicitations n. congratulation
félicité n. felicity
féliciter v. congratulate
féliciter v. commend
féliciter v. felicitate
femelle adj. female
féminin(e) adj. girlish
féminin(e) adj. feminine
féminisme n. feminism
féminité n. womanhood
femme n. wife
femme n. woman
femme au foyer n. housewife
femme célibataire n. spinster
femme de ménage n. maid
fendre v. cleave
fendre v. crack
fendre v. slit
fenêtre n. window
feng shui n. feng shui
fenouil n. fennel
fente n. lunge
fente n. slot
féodalisme n. feudalism
fer n. iron
fer de lance n. spearhead
ferme adj. firm
ferme adj. earnest
ferme n. farm
fermentation n. fermentation
fermenter v. brew
fermenter v. ferment
fermer v. shut
fermeture n. closure
fermeture éclair n. zip
féroce adj. ferocious
féroce adj. fierce
ferry n. ferry
fers n. shackle
fertile adj. fertile
fertiliser v. fertilize
fertilité n. fertility
fervent(e) adj. fervid
fervent(e) n. votary
fervent(e) adj. fervent
ferveur n. fervour
fessée n. spanking
fesser v. spank
fesses n. backside
fesses n. buttock
festif/ve adj. festive
festin n. feast
festival n. festival
festivité n. festivity
fête n. jamboree
fête n. party

fête n. spree
fétiche n. fetish
feu de joie n. bonfire
feuillage n. foliage
feuille n. leaf
feuille n. ply
feuille n. sheet
feuille de calcul n. spreadsheet
feux clignotants n. blinkers
feux de la rampe n. limelight
février n. February
fiable adj. reliable
fiable adj. trustworthy
fiancé n. fiance
fiasco n. fiasco
fibre n. fibre
fibre de coco n. coir
ficelle n. twine
fiche n. plug
fichier n. file
fictif/ve adj. fictitious
fiction n. fiction
fidèle adj. loyal
fidèle adj. stalwart
fidèle adj. trusty
fidèle adj. faithful
fidélité adj. fidelity
fier/ère adj. proud
fierté n. pride
fièvre n. fever
fièvre charbonneuse n. anthrax
figue n. fig
figuratif/ve adj figurative
figurine n. figurine
fil n. thread
fil n. wire
fil dentaire n. floss
filament n. filament
filandreux/se adj. stringy
file d'attente n. queue
filer v. scud
filer v. dash
filet n. net
filiale n. branch
filiale adj. subsidiary
filiation n. parentage
filiforme adj. spindly
filigrane n. watermark
fille n. girl
fille n. lass
fille n. daughter
filleul/le n. godchild
film n. film
films n. movies
fils n. son
filtrat n. filtrate
filtre n. filter
filtrer v. debrief
filtrer v. percolate
fin n. end
final(e) adj. final
finalement adv. eventually
finalement adv. ultimately
finaliste n. finalist
finances n. finance
financier n. financier
financier/ère adj. financial
finesse n. finesse
fini(e) adj. finite
finir v. finish
fiol n. phial
fiole n. flask
firmament n. firmament
fiscal(e) adj. fiscal
fiscalité n. taxation
fissure n. crack
fissure n. fissure
fixation n. fixation
fixe adv. immovable
fixer v. affix
fixer v. fasten
fixer v. stare
fjord n. fjord
flacon n. vial

flageller v. flagellate
flagornerie n. sycophancy
flagrant(e) adj. blatant
flagrant(e) adj. flagrant
flair n. flair
flamboiement n. flare
flamboyant(e) adj. flamboyant
flamboyant(e) adj. scintillating
flamme n. flame
flanc n. flank
flanelle n. flannel
flâner v. amble
flâner v. saunter
flaque d'eau n. puddle
flasque adj. flabby
flatter v. flatter
flatter v. wheedle
flatulent(e) adj. flatulent
fléau n. bane
fléau n. nemesis
fléau n. scourge
flèche n. arrow
flèche n. dart
flèche n. spire
flegmatique adj. phlegmatic
flétrir v. shrivel
fleur n. flower
fleur n. blossom
fleuri(e) adj. flowery
fleuriste n. florist
fleuron n. finial
flexible adj. flexible
flirter v. flirt
flocon n. flake
floral(e) adj. floral
flore n. flora
flottabilité n. buoyancy
flottable adj. buoyant
flottation n. flotation
flotte n. fleet
flotte n. shipping
flotter v. float
flotter v. waft
fluctuer v. fluctuate
fluide n. fluid
fluorescent(e) adj. fluorescent
fluorure n. fluoride
flûte n. flute
fluvial(e) adj. fluvial
flux n. flux
flux n. stream
focal(e) adj. focal
foi n. faith
foie n. liver
foin n. hay
folie n. folly
folie n. insanity
folie n. lunacy
folio n. folio
foncer v. hurtle
fonction n. function
fonctionnaire n. functionary
fonctionnalité n. feature
fonctionnel/le adj. functional
fond n. background
fondamental(e) adj. fundamental
fondation n. founder
fondement n. foundation
fonder v. establish
fonderie n. foundry
fondre sur v. swoop
fonds n. fund
fondu(e) adj. molten
fondu(e) adj. slushy
fontaine n. fountain
football n. football
football n. soccer
force n. strength
force n. force
forcément adv. necessarily
foresterie n. forestry
forêt n. forest

forêt tropicale n. rainforest
forger v.t forge
forgeron n. smith
forgeron n. blacksmith
formalité n. formality
format n. format
formateur n. trainer
formation n. formation
formation n. training
forme n. blob
forme n. fettle
forme n. shape
formel/le adj. formal
formidable adj. formidable
formidable adj. smashing
formidable adj. terrific
formidable adj. tremendous
formulaire n. form
formulation n. wording
formule n. formula
formuler v. formulate
fort n. fort
fort(e) adj. loud
fort(e) adj. strong
forte n. forte
forteresse n. fortress
fortifier v. fortify
fortune n. fortune
forum n. forum
fosse n. pit
fossé n. ditch
fossette n. cleft
fossile n. fossil
fou/folle n. freak
fou/folle adj. insane
fou/folle adj. mad
fou/folle adj. zany
fou/folle adj. crazy
fou/folle de adj. gaga
fou/folle furieux/euse adj. berserk
fouet n. whip
fouetter v. flog
fouetter v. lash
fouetter v. whisk
fougère n. fern
fougueux/se adj. fiery
fougueux/se adj. feisty
fouiller v. frisk
fouiller v. rifle
fouiller v. rummage
fouillis n. jumble
fouineur(se) adj. nosy
foulard n. cravat
foulard n. kerchief
foule n. mob
foule n. rabble
foule n. throng
foule n. crowd
fouler v. tread
fouler à nouveau v. retread
four n. furnace
four n. oven
four à céramique n. kiln
fourbe adj. deceitful
fourbe adj. underhand
fourberie n. chicanery
fourchette n. fork
fourgon n. van
fourmi n. ant
fournir v. provide
fournir v. purvey
fournisseur n. supplier
fournisseur n. vendor
fourrage n. fodder
fourreau n. scabbard
fourrer v. cram
fourre-tout n. holdall
fourrure n. fur
foyer n. hearth
fraction n. fraction
fracturer v. fracture
fragile adj. flimsy
fragile adj. fragile
fragile adj. shaky
fragment n. fragment

fraîcheur n. chill
frais adj. cool
frais n. expense
frais n. fee
frais/che adj. fresh
fraise n. strawberry
framboise n. raspberry
franc/che adj. frank
français adj. French
franchise n. candour
franchise n. franchise
frange n. valance
frange n. fringe
frappant(e) adj. striking
frapper v. hit
frapper v. strike
fraternel/le adj. fraternal
fraternel/le adj. sisterly
fraternité n. fraternity
fraternité n. brotherhood
fraude n. fraud
frauder v. defraud
frauder v. hoodwink
frauduleux/se adj. fraudulent
frayer v. wend
frayeur n. fright
fredonner v. hum
frein n. deterrent
frein n. brake
frelatage n. adulteration
frelater v. adulterate
frêle adj. frail
frelon n. hornet
frénésie n. frenzy
frénétique adj. frantic
frénétique adj. frenetic
fréquemment adv. oft
fréquence n. frequency
fréquent(e) adj. frequent
fréquentation n. attendance
frère n. sibling
frère n. brother
fret n. cargo
fret n. freight
frétiller v. waggle
friable adj. friable
friand n. pasty
friand(e) adj. fond
friandise n. sweetmeat
friandise n. titbit
friction n. friction
frigide adj. frigid
fringant(e) adj. dashing
fringant(e) adj. spry
fringues n. tog
fripon n. knave
fripon n. rascal
friponne n. minx
fripouille n. rogue
frire v. fry
frisquet adj. chilly
frisquet adj. nippy
frisquet adj. parky
frisson n. thrill
frivole adj. frivolous
froid(e) adj. cold
froisser v. crumple
froisser v. rumple
froisser v. ruffle
fromage n. cheese
froncer les sourcils v. frown
fronde n. sling
front n. forehead
frontière n. frontier
frontière n. border
fronton n. marquee
frotter v. rub
frotter v. scrub
frotter v. scour
frousse n. jitters
fructueux/se adj. fruitful
frugal(e) adj. frugal
fruit n. fruit
fruit n. figment
frustrer v. frustrate
fugitif n. fugitive

fuir v. flee
fuir v. shun
fuir v. leak
fuite n. leakage
fulgurant(e) adj. meteoric
fumée n. fume
fumée n. smoke
fumer v. smoulder
fumier n. manure
fumier n. swine
fumigation v. fumigate
funérailles n. funeral
fureur n. fury
furieux/se adj. furious
furieux/se adj. irate
furlong n. furlong
furtif/eve adj. surreptitious
furtif/ve adj. elusive
furtif/ve adj. stealthy
furtivement adv. stealthily
fuseau n. spindle
fusée n. rocket
fusil n. rifle
fusion n. amalgamation
fusion n. fusion
fusion n. meld
fusion n. merger
fusionner v. amalgamate
fusionner v. fuse
fusionner v. merge
fustiger v. castigate
futile adj. futile
futile adj. nugatory
futilité n. futility
future n. future
futuriste adj. futuristic
fuyant(e) adj. shifty

G

gabarit n. jig
gâcher v. spoil
gâcher v. waste
gadget n. gadget
gadget n. gimmick
gaffe n. gaffe
gag n. gag
gagnant(e) n. winner
gagnant(e) adj. winning
gagne-pain n. livelihood
gagner v. earn
gagner v. gain
gagner v. win
gai(e) adj. cheery
gai(e) adj. giddy
gai(e) adj. jolly
gaiement adv. gaily
gaieté n. gaiety
gaine n. duct
gaine n. sheath
gaine n. girdle
gala n. gala
galanterie n. gallantry
galaxie n. galaxy
gale n. scabies
galerie n. gallery
galet n. cobble
galet n. pebble
galette à l'avoine n. flapjack
gallon n. gallon
galop n. gallop
galoper v. scamper
galvaniser v. galvanize
gambader v. frolic
gambader v. gambol
gambit n. gambit
gamin(e) n. kid
gamin(e) n. tot
gamine n. chit
gamme n. array
gamme n. gamut
gamme n. range
gang n. gang
gangster n. gangster
gant n. glove
gantelet n. gauntlet

garage n. garage
garant n. guarantor
garant(e) n. warrantor
garantie n. collateral
garantie n. warranty
garantir v. guarantee
garçon n. boy
garçon manqué n. tomboy
garde n. custody
garde du corps n bodyguard
gardé(e) adj. guarded
garde-forestier n. ranger
garde-manger n. larder
garder v. keep
garder v. save
garder v. guard
garderie n. nursery
garde-robe n. wardrobe
gardien de but n. goalkeeper
gardien/ne n. keeper
gardien/ne n. warden
gardien/ne n. warder
garenne n. warren
gargouiller v. gurgle
garnir v. garnish
garniture n. lagging
garniture n. topping
gars n. lad
gaspillage n. wastage
gaspiller v. fritter
gastrique adj. gastric
gastronomie n. gastronomy
gâteau n. cake
gâteau n. gateau
gâter v. mar
gauche adj. gawky
gauche n. left
gauchir v. warp
gauchiste n. leftist
gaufre v. waffle
gaufrette n. wafer
gay adj. gay
gaz n. gas
gaze n. gauze
gazette n. gazette
gazon n. turf
gazouiller v. chirp
gazouiller v. twitter
gazouiller v. warble
geai n. jay
géant n. whopper
géant(e) n. giant
géant(e) adj. jumbo
geek n. geek
geindre n. whine
gel n. frost
gel n. gel
gelé(e) adj. frosty
gelée n. jelly
geler v. freeze
gémir v. whimper
gémir v. whinge
gémir v. groan
gémir n. wail
gémissement n. moan
gênant(e) adj. troublesome
général(e) adj. general
généralisé(e) adj. widespread
généraliser v. generalize
générateur n. generator
génération n. generation
générer v. generate
généreux/se adj. beneficent
généreux/se adj. generous
généreux/se adj. munificent
générosité n. generosity
genèse n. genesis
génétique adj. genetic
génial adj. awesome
génie n. genius
genou n. knee
genre n. kind
gens n. folk
gentilhomme n. gentleman
géographe n. geographer
géographie n. geography

géographique adj. geographical
geôlier n. jailer
géologie n. geology
géologue n. geologist
géométrie n. geometry
géométrique adj. geometric
gérable adj. manageable
gerbe n. sheaf
gérer v. manage
germe n. germ
germer v. germinate
germer v. sprout
germination n. germination
gérondif n. gerund
gestation n. gestation
geste n. gesture
gestion n. management
geyser n. geyser
gicler v. squirt
gifler v. slap
gigabyte n. gigabyte
gigantesque adj. gigantic
gilet n. waistcoat
gingembre n. ginger
girafe n. giraffe
girouette n. vane
gisant(e) adj. recumbent
gitan(e) n. gypsy
glaçage n. icing
glace n. ice-cream
glace n. ice
glacer v. glaze
glacial(e) adj. glacial
glacier n. glacier
glacière n. cooler
glaire n. mucus
glamour n. glamour
gland n. acorn
gland n. tassel
glande n. gland
glaner v. glean
glauque adj. murky
glissant(e) adj. slick
glissant(e) adj. slippery
glisser v. glide
glisser v. slide
global(e) adj. global
global(e) adj. overall
globe n. globe
globe n. orb
globe oculaire n. eyeball
globetrotter n. globetrotter
globuleux/se adj. beady
gloire n. glory
gloire n. kudos
gloire n. fame
glorieux/se adj. glorious
glorification n. glorification
glorifier v. glorify
glossaire n. glossary
gloussement n. cackle
glousser v. chuckle
glousser v.t. giggle
glouton n. glutton
gluant(e) adj. viscous
glucose n. glucose
glycérine n. glycerine
glycine n. wisteria
gobelet n. goblet
gogo n. sucker
golf n. golf
golfe n. gulf
gomme n. gum
gondole n. gondola
gonflement n. swelling
gonfler v. expand
gonfler v. inflate
gong n. gong
gorge n. throat
gorgée v. gulp
gorille n. gorilla
gosier n. gullet
goudron n. tar
gouge v. gouge
goujat n. boor

goujon n. gudgeon
gourde n. gourd
gourdin n. bludgeon
gourdin n. cudgel
gourmand(e) n. gourmand
gourmandise n. gluttony
gourmet n. gourmet
goût n. liking
goût n. taste
goûter v. taste
goutte n. gout
goutter v. i drip
gouttière n. gutter
gouvernail n. rudder
gouvernance n. governance
gouvernante n. governess
gouvernement n. government
gouverneur n. governor
goyave n. guava
grâce n. grace
gracieux/se adj. graceful
gradation n. gradation
grade n. grade
grade n. rank
gradient n. gradient
graffiti n. graffiti
grain n. grain
grain n. mote
grain n. speck
graine n. seed
graines de lin n. linseed
graisse n. grease
graisse n. fat
graisse n. flab
grammaire n. grammar
gramme n. gram
gramophone n. gramophone
grand livre n. ledger
grand(e) adj. grand
grand(e) adj. large
grand(e) adj. tall
grande cape n. cloak
grande tasse n. mug
grandement adv. greatly
grandement adv. sorely
grandeur n. grandeur
grandeur n. magnitude
grandiose adj. grandiose
grand-mère n. grandmother
grange n. barn
grange n. grange
granit n. granite
granule n. granule
graphique n. chart
graphique n. graph
graphique adj. graphic
graphite n. graphite
grappe n. cluster
gras /se adj. bold
gratification n. gratification
gratification n. gratuity
gratification n. perquisite
gratifier v. praise
gratitude n. gratitude
gratte-ciel n. skyscraper
gratter v. scrape
gratter v. strum
gratuit adv. &adj. gratis
gratuit adj. free
gratuit(e) adj. gratuitous
grave adj. grievous
grave adj. serious
graver v. engrave
gravier n. gravel
gravitation n. gravitation
gravité n. gravitas
gravité n. gravity
gravité n. severity
graviter v. gravitate
gréement n. rigging
greffe n. graft
grêle n. hail
grenade a. grenade
grenade n. pomegranate
grenat n. garnet

grenier n. attic
grenier n. granary
grenouille n. frog
grésiller v. sizzle
gribouiller v. scrawl
gribouiller v. scribble
grief n. grievance
griffe n. claw
grignoter v. munch
grignoter v. nibble
grill en fonte n. griddle
grille n. grating
grille n. grid
grille-pain n. toaster
griller v. grill
griller v. sear
grimacer v. wince
grimacer v. cringe
grincheux/se adj. grumpy
grincheux/se adj. querulous
gringalet n. weakling
grippe n. flu
grippe n. influenza
grippe aviaire n. bird flu
gris n. grey
gris(e) adj. dreary
grive n. thrush
grogner v. grunt
grogner v. growl
grogner v. snarl
gronder v. chide
gronder v. rumble
gronder v. scold
gronder v.t. snarl
gros rire n. guffaw
gros/se adj. big
gros/se adj. hefty
groseille n. currant
groseille à maquereau n. gooseberry
grossesse n. pregnancy
grossier adj. gross
grossier/ère adj. rude
grossier/ière adj. coarse
grossiste n. wholesaler
grotesque adj. grotesque
grotte n. cave
grotte n. grotto
grouiller v. teem
groupe n. group
groupement n. grouping
gruau n. gruel
gruau d'avoine n. oatmeal
grue n. crane
guède n. woad
guépard n. cheetah
guêpe n. wasp
guérilla n. guerrilla
guérir v. heal
guérir v. cure
guérissable adj. curable
guerre n. warfare
guerre n. war
guerrier/ère adj. warlike
guerrier/ère n. warrior
gueule de bois n. hangover
gueuse n. wench
gui n. mistletoe
guichet n. wicket
guichetier/ère n. teller
guide n. guide
guide n. guidebook
guide n. outrider
guilde n. guild
guile n. guile
guilleret/te adj. perky
guillotine n. guillotine
guimauve n. marshmallow
guindé(e) adj. prim
guindé(e) adj. staid
guindé(e) adj. stilted
guirlande n. tinsel
guirlande n. wreath
guirlande n. garland
guitare n. guitar
gurdwara n. gurdwara

gymnase n. gymnasium
gymnaste n. gymnast
gymnastique n. gymnastic
gynécologie n. gynaecology

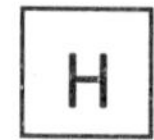

habile adj. deft
habile adj. skilful
habillement n. clothing
habitable adj. habitable
habitable adj. inhabitable
habitant de l'ouest n. westerner
habitant(e) n. inhabitant
habitat n. habitat
habitation n. habitation
habiter v. dwell
habiter v. inhabit
habitude n. habit
habitude n. wont
habitué(e) adj. accustomed
habitué(e) n. habitue
habituel/le adj. usual
habituellement adv. usually
habituer v. accustom
habituer v. habituate
hache n. axe
hache de guerre n. hatchet
hacher v. mince
hachoir n. chopper
hadj n. hajj
hagard(e) adj. haggard
haie n. hedge
haie n. hurdle
haineux adj. hateful
haïr v. hate
halal adj. halal
haleter v. gasp
haleter v. pant
halitose n. halitosis
hall n. concourse
hall n. hall
hall n. lobby
hallebardier n. yeoman
halluciner v. hallucinate
halogène n. halogen
haltérophilie n. weightlifting
hamac n. hammock
hamburger n. burger
hamburger n. hamburger
hameau n. hamlet
hamster n. hamster
hanche n. haunch
hanche n. hip
handicap n. handicap
handicapé(e) n. handicapped
hangar n. hangar
hangar n. shed
hanté(e) adj. haunted
hanter v. haunt
harcèlement n. harassment
harceler v. harass
harceler v. pester
harceler v. nag
harceleur/se n. stalker
harem n. harem
hareng n. herring
hareng saur n. bloater
haricot n. bean
harmonie n. harmony
harmonieux/se adj. shapely
harmonieux/se adj. harmonious
harmoniser v. harmonize
harmonium n. harmonium
harnais n. harness
harpe n. harp
harpie n. harpy
hâte n. haste
hâter v. hasten
hâtif/ve adj. hasty
hausser les épaules v. shrug
haut n. top
haut(e) adj. high
hautain(e) adj. haughty

hautain(e) adj. supercilious
hautement adv. highly
hauteur n. height
haut-parleur n. speaker
haut-parleur n. tweeter
haut-parleur n. woofer
havre n. haven
hebdomadaire adj. weekly
hébergement n. lodging
hectare n. hectare
hédonisme n. hedonism
hédoniste n. voluptuary
hégémonie n. hegemony
hélas conj. alas
hélice n. propeller
hélicoptère n. helicopter
héliport n. heliport
hémisphère n. hemisphere
hémoglobine n. haemoglobin
hémorragie n. haemorrhage
henné n. henna
hennissement n. whinny
hennissement n. neigh
hépatite adj. hepatitis
heptagone n. heptagon
héraut n. herald
herbe n. grass
herbe n. herb
herculéen/ne adj. herculean
héréditaire adj. hereditary
hérédité n. heredity
hérissé(e) adj. spiky
héritage n. inheritance
héritage n. legacy
hériter v. inherit
héritier/ère n. heir
hermétique adj. hermetic
hernie n. hernia
héroïne n. heroine
héroïque adj. heroic
héros n. hero
herpès n. herpes
hersage adj. harrowing
herse n. harrow
hésitant(e) adj. halting
hésitant(e) adj. hesitant
hésitation n. misgiving
hésiter v. dither
hésiter v. hesitate
hésiter v. misgive
hésiter v. waver
hétérogène adj. heterogeneous
hétérosexuel/le adj. heterosexual
hêtre n. beech
heure n. hour
heures supplémentaires n overtime
heureux/se adj. glad
heureux/se adj. happy
hexogène n. hexogen
hiberner v. hibernate
hic n. snag
hideux/se adj. hideous
hier adv. yesterday
hiérarchie n. hierarchy
hilarant(e) adj. hilarious
hilarant(e) adj. uproarious
hilarité n. hilarity
hilarité n. mirth
hirondelle n. swallow
hirsute adj. hirsute
hirsute adj. unkempt
hisser v. hoist
histogramme n. histogram
histoire n. history
histoire n. story
histoires n. fuss
historien/ne n. historian
historique adj. historic
historique adj. historical
hiver n. winter
hivernal(e) adj. wintry
hochement v. nod
hockey n. hockey

holistique adj. holistic
holmium n. holmium
Holocauste n. holocaust
hologramme n. hologram
homard n. lobster
homéopathe n. homoeopath
homéopathie n. homeopathy
homicide n. homicide
hommage n. homage
hommage n. tribute
homme n. man
homme d'affaires n. businessman
homme d'État n. statesman
homme/femme d'action n. mover
homogène adj. homogeneous
homogène a. homogeneous
homogène adj. seamless
homologation n. probate
homologue n. counterpart
homonyme n. namesake
homophobie n. homophobia
homosexuel/ le adj. queer
homosexuel/le n. homosexual
hongrer v. geld
honnête adj. honest
honnête adj. truthful
honnêteté n. honesty
honneur n. honour
honorable adj. honourable
honorable adj. creditable
honoraire adj. honorary
honte n. shame
honteux/se adj. shameful
honteux/se adj. ashamed
hooligan n. hooligan
hôpital n. hospital
hoquet n. hiccup
horaire variable n. flexitime
horde n. horde
horizon n. horizon
horizontal(e) adj. horizontal
horloge n. clock
hormone n. hormone
horoscope n. horoscope
horreur n. horror
horrible adj. gruesome
horrible adj. horrendous
horrible adj. horrible
horrible adj. horrid
horrible adj. horrific
horrifié(e) adj. aghast
horrifier v. horrify
hors la loi n. outlaw
hors sujet adj. irrelevant
hors-bord adj. outboard
hors-jeu adj. offside
horticulture n. horticulture
hospice n. hospice
hospitalier/ère adj. hospitable
hospitalité n. hospitality
hostile adj. hostile
hostile adj. inimical
hostilité n. hostility
hôte n. host
hôtel n. hotel
hôtel n. resort
hôtel particulier n. mansion
hôtesse n. hostess
hôtesse n. landlady
houle n. swell
houx n. holly
huche n. hutch
huée n. hoot
huile n. oil
huile de ricin a. castor oil
huileux/se adj. oily
huissier de justice n. bailiff
huit adj. & n. eight
huître n. oyster
humain(e) adj. human
humaniser v. humanize

humanisme n. humanism
humanitaire adj. humanitarian
humanité n. humanity
humanité n. mankind
humble adj. humble
humble adj. lowly
humeur n. mood
humide adj. damp
humide adj. dank
humide adj. humid
humide adj. moist
humide adj. wet
humidifier v. dampen
humidifier v. moisten
humidité n. dampness
humidité n. humidity
humidité n. moisture
humilier v. humiliate
humilité n. humility
humoriste n. humorist
humoristique adj. humorous
humour n. humour
hurlement n. howl
hurlement n. screech
hurlement n. screech
hurler n. yell
hurler v. scream
hurler v. shriek
hutte n. lodge
hybride n. hybrid
hybride n. mongrel
hydrate de carbone n. carbohydrate
hydrater v. hydrate
hydrater v. moisturize
hydraulique adj. hydraulic
hydrogène n. hydrogen
hydromel n. mead
hydroptère n. hydrofoil
hyène n. hyena
hygiène n. hygiene
hymne n. anthem
hymne n. hymn
hyper pref. hyper
hyperactif/ve adj. hyperactive
hyperbole n. hyperbole
hypermarché n. superstore
hypertension artérielle n. hypertension
hypnose n. hypnosis
hypnotique adj. mesmeric
hypnotiser v. hypnotize
hypnotiser v. mesmerize
hypnotisme n. hypnotism
hypocrisie n. hypocrisy
hypocrite n. hypocrite
hypocrite adj. insincere
hypotension n. hypotension
hypothèque n. mortgage
hypothèse n. hypothesis
hypothétique adj. hypothetical
hystérie n. hysteria
hystérique adj. hysterical

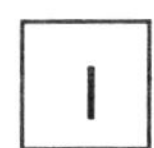

iceberg n. iceberg
ici adv. hither
ici adv. here
icône n. icon
idéal n. ideal
idéalement adv. ideally
idéaliser v. idealize
idéalisme n. idealism
idéaliste n. idealist
idéaliste adj. idealistic
idéaliste adj. quixotic
idée n. idea
idée fausse n. misconception
idem n. ditto
identification n. identification
identique adj. identical
identité n. identity
identité n. identity

idéologie n. ideology
idiomatique adj. idiomatic
idiome n. idiom
idiosyncrasie n. idiosyncrasy
idiot n. fool
idiot n. moron
idiot(e) adj. daft
idiot(e) n. idiot
idiot(e) adj. idiotic
idiot(e) adj. silly
idiotie n. idiocy
idolâtrer v. idolize
idolâtrie n. idolatry
idole n. idol
idylle n. idyll
if n. yew
igloo n. igloo
igname n. yam
ignare n. ignoramus
igné(e) adj. igneous
ignoble adj. dastardly
ignoble adj. ignoble
ignominie n. ignominy
ignominieux/se adj. ignominious
ignorance n. ignorance
ignorant(e) adj. ignorant
ignorant(e) adj. unaware
ignorer v. ignore
il pron. he
il y a adv. ago
île n. island
île n. isle
illégal(e) adj. illegal
illégitime adj. illegitimate
illicite adj. illicit
illimité(e) adj. unlimited
illisibilité n. illegibility
illisible adj. illegible
illogique adj. illogical
illumination n. illumination
illuminer v. illuminate
illusion n. delusion
illusion v. illusion
illusoire adj. illusory
illustration n. illustration
illustre adj. illustrious
illustre adj. noted
illustrer n. illustrate
îlot n. islet
ils/elles pron. they
image n. image
imagerie n. imagery
imaginaire adj. imaginary
imaginatif/ve adj. imaginative
imagination n. imagination
imaginer v. imagine
imbécile n. dullard
imbiber v. imbibe
imbroglio n. imbroglio
imitateur n. mimic
imitateur/rice n. imitator
imitation n. imitation
imiter v. imitate
imiter v. impersonate
immaculé(e) adj. immaculate
immaculé(e) adj. pristine
immanent(e) adj. immanent
immatériel/le adj. immaterial
immature adj. immature
immaturité n. immaturity
immédiat(e) adj. immediate
immédiatement adv. forthwith
immémorial(e) adj. immemorial
immense adj. immense
immensité n. immensity
immerger v. immerse
immerger v. souse
immerger v. submerse
immersion n. immersion
immeuble n. tenement
immigrant(e) n. immigrant
immigration n. immigration
immigrer v. immigrate

imminent(e) adj. imminent
imminent(e) adj. impending
immobile adj. motionless
immobilier n. estate
immobilité n. stillness
immodéré(e) adj. immoderate
immoler v. immolate
immonde adj. sinful
immoral(e) adj. immoral
immoralité n. immorality
immortaliser v. immortalize
immortalité n. immortality
immortel/le adj. immortal
immortel/le adj. undying
immuable adj. immutable
immunisé(e) adj. immune
immuniser v. immunize
immunité n. immunity
immunologie n. immunology
impact n. impact
impalpable adj. impalpable
imparable adj. unexceptionable
imparfait(e) adj. imperfect
impartial(e) adj. impartial
impartialité n. impartiality
impasse n. impasse
impasse n. stalemate
impasse n. deadlock
impassible adj. impassive
impassible adj. stolid
impatience n. tenterhook
impatient(e) adj. impatient
impatient(e) adj. raring
impeccable adj. impeccable
impeccable adj. spotless
impénétrable adj. impenetrable
impensable adj. unthinkable
impératif/ve adj. imperative
impératrice n. empress
imperfection n. imperfection
impérial(e) adj. imperial
impérialisme n. imperialism
imperméable adj. impervious
imperméable n. mackintosh
imperméable n. raincoat
imperméable adj. waterproof
impersonnel/le adj. impersonal
impertinence n impertinence
impertinent(e) adj. brash
impertinent(e) adj. impertinent
impétueux/se adj. impetuous
impie adj. impious
impie adj. unholy
impitoyable adj. pitiless
impitoyable adj. ruthless
implacable adj. implacable
implacable adj. relentless
implanter v. implant
implanter v. locate
implication n. implication
implicite adj. implicit
impliquer v. implicate
impliquer v. imply
impliquer v. involve
implorer v. entreat
implorer v. implore
imploser v. implode
impoli(e) adj. impolite
impopulaire adj. unpopular
importance n. importance
important(e) adj. important
importateur n. importer
importer v. import
imposable adj. taxable
imposant(e) adj. imposing
imposer v. impose
imposer v. obtrude
imposition n. imposition
impossibilité n. impossibility
impossible adj. impossible
imposteur n. imposter
imposture n. impersonation

imposture n. sham
impôt n. tax
impraticable adj. impracticable
imprécision n. vagueness
imprégner v. imbue
imprégner v. pervade
imprégner v. suffuse
impression n. impression
impression n. printout
impressionnant(e) adj. impressive
impressionner v. impress
imprévoyant(e) adj. improvident
imprévu(e) adj. unforeseen
imprimante n. printer
imprimer v. print
imprimer v. imprint
improbable adj. improbable
improviser v. improvise
imprudent(e) adj. careless
imprudent(e) adj. unwise
imprudent(e) adj. imprudent
impudent(e) adj. impudent
impudeur a. immodesty
impudique n. immodest
impuissance n. impotence
impuissant(e) adj. helpless
impuissant(e) adj. impotent
impulsif/ve adj. impulsive
impulsion n. impulse
impulsion n. pulse
impuni(e) adv. scot-free
impunité n. impunity
impur(e) adj. impure
impur(e) adj. unclean
impureté n. impurity
imputer v. impute
inactif adv. off
inactif/ve adj. inactive
inaction n. inaction
inadapté(e) adj. maladjusted
inadéquate adj. inadequate
inaltéré(e) adj. unadulterated
inanimé(e) adj. inanimate
inanimé(e) adj. lifeless
inaperçu(e) adj. inconspicuous
inapplicable adj. inapplicable
inapproprié(e) adj. inappropriate
inapte adj. unfit
inattaquable adj. unassailable
inattaquable adj. unimpeachable
inattendu(e) adj. unexpected
inattentif/ve adj. inadvertent
inattentif/ve adj. inattentive
inaudible adj. inaudible
inaugural(e) adj. inaugural
inaugurer v. inaugurate
incalculable adj. incalculable
incapable adj. incapable
incapable adj. unable
incapable de s'exprimer adj. inarticulate
incapacité n. inability
incapacité n. incapacity
incarcérer v. incarcerate
incarnation n. embodiment
incarnation n. incarnation
incarner adj. incarnate
incendie n. blaze
incendie n. fire
incendie criminel n. arson
incertain(e) adj. uncertain
incessant(e) adj. ceaseless
inceste n. incest
incidence n. incidence
incident n. incident
incinérer v. cremate
incisif/ve adj. incisive
incisif/ve adj. trenchant
incitation n. inducement

inciter v. impel
inciter v. incite
inciter v. entice
inclinaison n. inclination
incliner v. incline
incliner v. skew
inclure v. include
inclusif/ve adj. inclusive
inclusion n. inclusion
incohérent(e) adj. incoherent
incolore n. colourless
incommensurable adj. immeasurable
incommodité n. inconvenience
incomparable adj. unmistakable
incomparable adj. incomparable
incompatibilité n. mismatch
incompatible adj. incompatible
incompatible adj. inconsistent
incompétent(e) adj. incompetent
incomplet/ète adj. incomplete
inconditionnel/le adj. unconditional
inconditionnel/le adj. unqualified
inconditionnel/le adj. unreserved
inconfort n. discomfort
inconnu(e) adj. unknown
inconscient(e) adj. oblivious
inconscient(e) adj. unconscious
inconsidéré(e) adj. inconsiderate
inconsolable adj. disconsolate
inconsolable adj. inconsolable
incontestable adj. indisputable
incontournable adj. inescapable
incontrôlé(e) adj. runaway
inconvenance n. impropriety
inconvénient n. drawback
incorporation n. incorporation
incorporer v. embed
incorporer v. incorporate
incorrect(e) adj. incorrect
incorrigible adj. incorrigible
incorruptible adj. incorruptible
incrédulité n. disbelief
incrément n. increment
incriminer v. incriminate
incroyable adj. incredible
incroyable adj. unbelievable
incuber v. incubate
inculpation n. indictment
inculquer v. inculcate
incurable adj. incurable
incursion n. foray
incursion n. incursion
indécence n. indecency
indécent(e) adj. indecent
indécis(e) adj. irresolute
indécis(e) adj. undecided
indécision n. indecision
indécision n. vacillation
indéfectible adj. unfailing
indéfendable ad.j indefensible
indéfini(e) adj. indefinite
indemne adj. unscathed
indemnité n. indemnity
indemnité de licenciement n. severance
indéniable adj. undeniable

indépendamment adv. regardless
indépendance n. independence
indépendant(e) adj. independent
indescriptible adj. indescribable
indésirable adj. undesirable
index n. forefinger
index n. index
indicateur n. indicator
indicatif adj. indicative
indication n. indication
indice n. clue
indicible adj. untold
indicible adj. unutterable
indien/ne n. Indian
indifférence n. indifference
indifférent(e) adj. indifferent
indigeste adj. indigestible
indigestion n. indigestion
indignation n. indignation
indigne adj. unworthy
indigné(e) adj. indignant
indignité n. indignity
indigo n. indigo
indiquer v. indicate
indirect(e) adj. indirect
indirect(e) adj. vicarious
indiscipline n. indiscipline
indiscipliné(e) adj. unruly
indiscipliné(e) adj. wayward
indiscret/ète adj. indiscreet
indiscrétion n. indiscretion
indispensable adj. indispensable
indistinct(e) adj. indistinct
individualisme n. individualism
individualité n. individuality
individuel/le adj. individual
indivisible adj. indivisible
indolent(e) adj. indolent
indomptable adj. indomitable
indu(e) adj. undue
induction n. induction
induire v. induce
induire en erreur v. misguide
induire en erreur v. mislead
indulgence n. indulgence
indulgent(e) adj. indulgent
industrie n. industry
industriel/le adj. industrial
industrieux/se adj. industrious
inébranlable adj. steadfast
inébranlable adj. unshakeable
inefficace adj. feckless
inefficace adj. ineffective
inefficace adj. inefficient
inégal(e) adj. patchy
inégal(e) adj. uneven
inégalé(e) adj. unequalled
inégalé(e) adj. unrivalled
inégalité n. inequality
inemployable adj. unemployable
inepte adj. inane
ineptie n. nonsense
inépuisable adj. inexhaustible
inerte adj. inert
inertie n. inertia
inestimable adj. invaluable
inestimable adj. priceless
inévitable adj. inevitable
inévitable adj. unavoidable
inexact(e) adj. inaccurate
inexact(e) adj. inexact
inexcusable adj. inexcusable
inexorable adj. inexorable
inexpérience n. inexperience
inexpiable adj. irredeemable
inexplicable adj. inexplicable

inexplicable adj. unaccountable
inextricable adj. inextricable
infaillible adj. foolproof
infaillible adj. infallible
infâme adj. infamous
infamie n. infamy
infanterie n. infantry
infanticide n. infanticide
infantile adj. infantile
infatigable adj. tireless
infecter v. infect
infecter v. taint
infectieux/se adj. infectious
infection n. infection
inféodé(e) adj. subservient
inférence n. inference
inférieur(e) adj. inferior
inférieur(e) adj. lower
inférieur(e) adj. nether
infériorité n. inferiority
infernal(e) adj. infernal
infertile adj. infertile
infester v. infest
infidèle adj. unfaithful
infidélité n. infidelity
infiltrer v. infiltrate
infini n. infinity
infini(e) adj. infinite
infirme adj. gammy
infirme adj. infirm
infirme n. cripple
infirmière n. nurse
infirmité n. infirmity
inflammable adj. flammable
inflammable adj. inflammable
inflammation n. inflammation
inflammatoire adj. inflammatory
inflation n. inflation
infléchir v. inflect
inflexible adj. inflexible
infliger v. wreak
infliger v. inflict
influence n. influence
influent(e) adj. influential
infondé(e) adj. groundless
infondé(e) adj. unfounded
informateur/rice n. informer
informatif/ve adj. informative
information n. information
informations n. news
informe adj. shapeless
informel/le adj. casual
informel/le adj. informal
informer v. apprise
informer v. inform
infraction n. infringement
infraction n. offence
infranchissable adj impassable
infrastructure n. infrastructure
infusion n. infusion
ingénieur n. engineer
ingénu(e) adj. artless
ingénu(e) adj. unworldly
ingouvernable adj. ungovernable
ingrat(e) adj. thankless
ingrat(e) adj. ungrateful
ingratitude n. ingratitude
ingrédient n. ingredient
inhabité(e) adj. uninhabited
inhalateur n. inhaler
inhérent(e) adj. inherent
inhiber v. inhibit
inhibition n. inhibition
inhospitalier/ère adj. inhospitable
inhumain(e) adj. inhuman
inimitable adj. inimitable
inimitié n. enmity
initial(e) adj. initial
initiative n. initiative
injecter v. inject

injection n. injection
injonction n. injunction
injuste adj. unfair
injuste adj. unjust
injustice n. injustice
injustifié(e) adj. baseless
injustifié(e) adj. uncalled
injustifié(e) adj. unwarranted
injustifié(e) adj. wanton
innavouable adj. unmentionable
inné(e) adj. innate
inné(e) adj. inborn
innocence n. innocence
innocent(e) adj. innocent
innocenter v. vindicate
innombrable adj. innumerable
innombrable adj. numberless
innombrable adj. countless
innovateur n. innovator
innovation n. innovation
innover v. innovate
in-octavo n. octavo
inoculation n. inoculation
inoffensif/ve adj. harmless
inondation n. flood
inonder v. inundate
inopérant(e) adj. inoperative
inopportun(e) adj. inopportune
inoubliable adj. unforgettable
inquiet/ète adj. worried
inquiétant(e) adj. worrisome
inquiéter v. unsettle
inquiétude n. disquiet
inquisition n. inquisition
insatiable adj. insatiable
insatisfaction n. dissatisfaction
insatisfait(e) n. malcontent
inscription n. inscription
inscrire v. inscribe
insecte n. insect
insecte n. bug
insecticide n. insecticide
insécurité adj. insecure
insécurité n. insecurity
insensé(e) adj. senseless
insensible adj. crass
insensible adj. insensible
insensible adj. unmoved
inséparable adj. inseparable
insérer v. insert
insérer v. swipe
insertion n. insertion
insigne n. badge
insignifiance n. insignificance
insignifiant n. nonentity
insignifiant(e) adj. insignificant
insignifiant(e) adj. petty
insinuation n. insinuation
insinuer v. insinuate
insipide adj. insipid
insipide adj. tasteless
insipide adj. vapid
insistance n. insistence
insistant(e) adj. insistent
insistant(e) adj. pushy
insister v. insist
insociable adj. unsocial
insolence n. insolence
insolent(e) adj. insolent
insolite adj. unusual
insoluble adj. insoluble
insolvabilité n. insolvency
insolvable adj. insolvent
insonorisé(e) adj. soundproof
insouciant(e) adj. blithe
insouciant(e) adj. carefree
inspecter v. inspect
inspecter v. survey
inspecteur/rice n. inspector
inspection n. inspection
inspiration n. inspiration

inspirer v. inhale
inspirer v. inspire
instabilité n. instability
instable adj. unstable
installateur n. fitter
installation n. installation
installation n. facility
installer v. install
installer v. rig
instance n. instance
instantané(e) adj. instantaneous
instantané(e) adj. instant
instiller v. instil
instinct n. instinct
instinctif/ve adj. instinctive
institut n. institute
institution n. institution
instructeur n. instructor
instruction n. instruction
instruction civique n. civics
instruire v. instruct
instrument n. instrument
instrumental(e) adj. instrumental
instrumentiste n. instrumentalist
insubordination n. insubordination
insubordonné(e) adj. insubordinate
insuffisant(e) adj. insufficient
insulaire adj. insular
insuline n. insulin
insulter v. insult
insupportable adj. insupportable
insurgé n. insurgent
insurmontable adj. insurmountable
insurrection n. insurrection
intact(e) adj. intact
intangible adj. intangible
intégral(e) adj. integral
intégralité n. entirety
intégrité n. integrity
intellectuel/le adj. intellectual
intelligence n. intellect
intelligence n. intelligence
intelligent(e) adj. intelligent
intelligent(e) adj. clever
intelligent(e) adj. smart
intelligible adj. intelligible
intendant(e) n. bursar
intense adj. intense
intense adj. strenuous
intensif/ve adj. intensive
intensifier v. heighten
intensifier v. intensify
intensité n. intensity
intensité n. poignancy
intention n. intention
intention n. intent
intentionnel/le adj. intentional
intentionnellement adv. purposely
interaction n. interplay
interagir v. interact
intercéder v. intercede
interception n. interception
interchanger v. interchange
interconnecter v. interconnect
interdépendant(e) adj. interdependent
interdiction n. prohibition
interdire v. ban
interdire v. forbid
interdire v. prohibit
intéressant(e) adj. interesting
intérêt n. interest
interface n. interface
interférence n. interference
interférer v. interfere
intérieur adj. indoor

intérieur des terres adj. inland
intérieur(e) adj. inner
intérieur(e) adj. interior
intérimaire adj. acting
intérimaire n. interim
interlocuteur/rice n. interlocutor
interlude n. interlude
intermédiaire n. intermediary
intermédiaire adj. intermediate
intermédiaire n. middleman
interminable adj. interminable
intermittent(e) adj. intermittent
international(e) adj. international
internaute adj. webby
interne adj. internal
internet n. internet
internet n. web
interphone n. intercom
interprète n. interpreter
interprète n. performer
interpréter v. construe
interpréter v. interpret
interracial/le adj. interracial
interrogateur adj. quizzical
interrogatif/ve adj. interrogative
interroger v. interrogate
interrompre v. heckle
interrompre v. intercept
interrompre v. interrupt
interrompre v. discontinue
interrupteur n. switch
interruption n. interruption
intervalle n. interval
intervenir v. intervene
intervention n. intervention
interverrouiller v. interlock
intestin n. intestine
intestin n. bowel
intestin n. gut
intime adj. intimate
intimidation n. intimidation
intimider v. intimidate
intimider v. overawe
intimité n. intimacy
intimité n. privacy
intitulé(e) adj. titled
intituler v. entitle
intolérable adj. intolerable
intolérant(e) adj. intolerant
intouchable adj. untouchable
intoxication n. intoxication
intraitable adj. intractable
intranet n. intranet
intransigeant(e) adj. uncompromising
intransitif adj. intransitive
intrépide adj. dauntless
intrépide adj. intrepid
intriguer v. intrigue
intrinsèque adj. intrinsic
introduction n. introduction
introduire v. introduce
introniser v. enthrone
introniser v. induct
introspection n. introspection
introverti n. introvert
intrus(e) n. interloper
intrusif/ve adj. intrusive
intrusion n. intrusion
intuitif/ve n. intuitive
intuition v. hunch
intuition n. intuition
inutile adj. needless
inutile adj. pointless
inutile adj. unnecessary
inutile adj. useless
invalide n. invalid
invalide adj. null
invalide adj. disabled

invalider v. invalidate
invalider v. nullify
invalidité n. disability
invariable adj. invariable
invasion n. invasion
invectives n. invective
inventaire n. inventory
inventer v. invent
inventeur n. inventor
invention n. invention
inverse adj. inverse
inverse v. reverse
inverser v. invert
inversion n. reversal
invertébré(e) adj. spineless
investir v. invest
investissement n. investment
invincible adj. invincible
inviolable adj. inviolable
invisible adj. invisible
invitant(e) adj. inviting
invitation n. invitation
invité n. guest
inviter v. invite
invocation n. invocation
involontaire adj. involuntary
involontairement adv. unwittingly
invoquer v. invoke
invraisemblable adj. implausible
invulnérable adj. invulnerable
iris n. iris
ironie n. irony
ironique adj. ironical
ironique adj. wry
irradier v. irradiate
irrascible adj. tetchy
irrationnel/le adj. irrational
irrecevable adj. inadmissible
irréconciliable adj. irreconcilable
irréfléchi(e) adj. thoughtless
irréfutable adj. irrefutable
irrégularité n. irregularity
irrégulier/ère adj. erratic
irrégulier/ère adj. irregular
irremplaçable adj. irreplaceable
irrésistible adj. irresistible
irresponsable adj. irresponsible
irréversible adj. irreversible
irrévocable adj. irrevocable
irrigation n. irrigation
irriguer v. irrigate
irritable adj. fractious
irritable adj. irritable
irritable adj. pettish
irritable adj. splenetic
irritable adj. testy
irritant n. irritant
irrité(e) adj. sore
irriter v. irritate
irriter v. rankle
irruption n. irruption
ischio-jambiers n. hamstring
islam n. Islam
isobare n. isobar
isolant n. insulator
isolation n. insulation
isolé(e) adj. secluded
isolement n. isolation
isolement n. seclusion
isoler v. insulate
isoler v. isolate
isoler v. seclude
italique adj. italic
itérer v. iterate
itinéraire n itinerary
itinéraire n. route
itinérant adj. nomadic
ivoire n. ivory
ivrogne adj. drunkard

J

jacasser v. burble
jacasser v. gabble
jachère n. fallow
jackpot n. jackpot
jacuzzi n. Jacuzzi
jade n. jade
jaillir v. spurt
jalousie n. jealousy
jaloux/se adj. jealous
jamais adv. ever
jamais adv. never
jambe n. leg
jambières n. leggings
jambon n. ham
janvier n. January
japper v. yap
jardin n. garden
jardin n. yard
jardinier n. gardener
jargon n. jargon
jargon n. lingo
jargon n. parlance
jarret n. shank
jarretière n. garter
jasmin n. jasmine
jauge n. gauge
jaune adj. yellow
jaune d'oeuf n. yolk
jaunisse n. jaundice
javelot n. javelin
jazz n. jazz
je pron. I
jean n. jeans
jeep n. jeep
jet n. jet
jetable adj. disposable
jetée n. pier
jeter v. cast
jeter v. discard
jeter v. pelt
jeter v. throw
jeter un coup d'oeil v. peek
jeter un coup d'oeil v. glance
jeter un coup d'oeil v. peep
jeter un sort v. spell
jeton n. token
jeu n. game
jeu de mots n. pun
jeu d'échecs n. chess
jeudi n. Thursday
jeune adj. young
jeune adj. youthful
jeune fille n. maiden
jeunesse n. youth
jingle n. jingle
jockey n. jockey
joie n. joy
joindre v. enclose
joindre v. join
joint d'étanchéité n. gasket
joker n. joker
joli(e) adj. pretty
jonction n. junction
jongler v. juggle
jongleur n. juggler
jonquille n. daffodil
joue n. cheek
jouer v. perform
jouer v. play
jouer avec v. tinker
jouet n. toy
joueur/se n. player
joug n. yoke
jour de la semaine n. weekday
journal n. log
journalisme n. journalism
journaliste n. journalist
journaliste n. reporter
journée n. day
jouvenceau n. stripling
jouxter v. adjoin

jovial(e) adj. hearty
jovial(e) adj. jovial
jovialité adv. joviality
joyeux/se adj. cheerful
joyeux/se adj. joyous
joyeux/se adj. merry
joyeux/se adj. mirthful
joyeux/se adj. joyful
jubilation n. jubilation
jubilé n. jubilee
jubiler v. gloat
judiciaire adj. judicial
judicieux/se adj. judicious
judo n. judo
juge n. judge
jugement n. judgement
juger v. deem
juguler v. curb
juillet n. July
juin n. June
jumeau n. twin
jumelles adj. binocular
jument n. mare
jungle n. jungle
junior n. junior
jupe n. skirt
jupiter n. Jupiter
jupon n. petticoat
juré(e) n. juror
jurer v. clash
jurer v. swear
juridiction n. jurisdiction
jurisprudence n. jurisprudence
juriste n. jurist
jury n. jury
jus n. juice
jusqu'à prep. till
jusqu'au prep. until
jusqu'ici adv. hitherto
justaucorps n. jerkin
juste adj. righteous
juste adj. fair
juste adj. just
justice n. justice
justifiable adj. justifiable
justification n. justification
justification n. vindication
justifier v. justify
justifier v. substantiate
jute n. jute
juteux/se adj. juicy
juvénile adj. juvenile

kaléidoscope n. kaleidoscope
kangourou n. kangaroo
karaoké n. karaoke
karaté n. karate
karma n. karma
kébab n. kebab
kermesse n. fete
kérosène n. kerosene
ketchup n. ketchup
kidnapper v. kidnap
kilo n. kilo
kilométrage n. mileage
kilomètre n. kilometre
kilomètre n. mile
kilo-octet n. kilobyte
kilt n. kilt
kimono n. kimono
kitsch adj. tacky
klaxon n. honk
kung fu n. kung fu
kyste n. cyst
kyste n. wen
kystique adj. cystic

là adv. there
la nuit adv. overnight
là-bas adj. yonder

labial(e) adj. labial
laboratoire n. laboratory
laborieux/se adj. laborious
laboureur n. ploughman
labyrinthe n. labyrinth
labyrinthe n. maze
lac n. lake
lac de montagne n. tarn
lacérer v. lacerate
lacet n. shoestring
lâche adj. slack
lâche n. coward
lâche adj. loose
lâcher v. blurt
lâcher v. drop
lâcheté n. cowardice
laconique adj. terse
laconique adj. laconic
lactose n. lactose
lacune n. lacuna
lacune n. shortcoming
lagon n. lagoon
laid(e) adj. ugly
laideur n. ugliness
laine n. wool
laineux/se adj. woolly
laineux/se adj. woollen
laïque adj. secular
laisse n. leash
laisser v. let
laisser tomber v. fumble
lait n. milk
lait de chaux n. whitewash
laiteux/se adj. milky
laitier/ère adj. dairy
laiton n. brass
lambeau n. shred
lambeau n. tatter
lambris n. wainscot
lame n. blade
lamelle n. slat
lamentable adj. dismal
lamentable adj. lamentable
lamentable adj. woeful
lampe n. lamp
lampe de poche n. flash light
lance n. lance
lance n. spear
lancer v. fling
lancer v. heave
lancer v. hurl
lancer v. initiate
lancer v. launch
lancer v. slink
lancer v. toss
lancer un regard v. glare
lancier n. lancer
landau n. pram
lande n. heath
lande n. moor
langoureux/se adj. languid
langue n. language
langue n. lingua
langue n. tongue
languir v. languish
lanterne n. lantern
lapin n. rabbit
laquais n. lackey
laquais n. minion
laque n. lacquer
large adj. broad
large adj. wide
largesse n. largesse
largeur n. width
largeur n. breadth
larmoyant(e) adj. lachrymose
larmoyant(e) adj. maudlin
larmoyant(e) adj. weepy
larve n. larva
larynx n. larynx
las/se adj. weary
lasagne n. lasagne
lascif/ve adj. lascivious
laser n. laser
latent(e) adj. latent
latitude n. latitude

latrine n. latrine
latte n. lath
latte n. latte
lauréat n. laureate
laurier n. laurel
lavable adj. washable
lavabo n. lavatory
lavage n. washing
lavande n. lavender
lave n. lava
lave-linge n. washer
laver v. wash
laverie automatique n. launderette
laxatif/ve n. laxative
laxisme n. laxity
le long de prep. along
le/la adj. the
le/la plus éloigné(e) adj.& adv. furthest
le/la plus intime adj. innermost
lécher v. lick
leçon n. lesson
lecteur/rice n. reader
lecture n. reading
lecture attentive n. perusal
légal(e) adj. legal
légaliser v. legalize
légalité n. legality
légendaire adj. legendary
légende n. caption
légende n. legend
léger/ère adj. slight
légèrement adv. lightly
légèrement adv. slightly
légèreté n. levity
légiférer v. legislate
légion n. legion
législateur n. legislator
législatif/ve adj. legislative
législation n. legislation
législature n. legislature
légitime adj. legitimate
légitime adj. rightful
légitimité n. legitimacy
legs n. bequest
léguer v. bequeath
légume n. vegetable
lendemain n. morrow
lent(e) adj. sluggish
lent(e) adj. slow
lentement adv. slowly
lenteur n. slowness
lentille n. lens
lentilles n. lentil
léopard n. leopard
lèpre n. leprosy
lèpreux/se n. leper
lesbien/ne n. lesbian
lésiné(e) adj. skimp
létal(e) adj. lethal
léthargie n. lethargy
léthargique adj. lethargic
lettre n. letter
leur adj. their
leurre n. decoy
lever le camp v. decamp
levier n. lever
lèvres n. lip
lévrier n. greyhound
levure n. yeast
lexical(e) adj. lexical
lexique n. lexicon
lézard n. lizard
liaison n. liaison
liaison n. nexus
libéral(e) adj. liberal
libération n. liberation
libérer v. liberate
libérer v. unleash
libérer v. release
liberté n. liberty
liberté n. freedom
liberté conditionnelle n. parole

libido n. libido
libraire n. bookseller
licence n. licence
licencié(e) adj. redundant
licencieux/se adj. licentious
licite adj. lawful
licou n. halter
liège n. cork
liège n. liege
lien n. link
lien n. bond
lier v. tie
lier v. bind
lier v. bound
lierre n. ivy
lieu n. lieu
lieu n. locus
lieu n. venue
lieu n. place
lieutenant n. lieutenant
lièvre n. hare
ligament n. ligament
ligne n. row
ligne n. line
ligne de touche n. sideline
lignée n. lineage
lignicole adj. xylophilous
lignite n. lignite
ligue n. league
lilas n. lilac
limace n. slug
limaille n. filings
limbes n. limbo
limerick n. limerick
limier n. sleuth
limitation n. limitation
limite n. boundary
limite n. limit
limité(e) adj. limited
limonade n. lemonade
limousine n. limousine
lin n. linen
lingerie n. lingerie
linguiste adj. linguist
linguistique n. lingual
linguistique adj. linguistic
linteau n. lintel
lion n. Leo
lion n. lion
liposuccion n. liposuction
liquéfier v. liquefy
liqueur n. liquor
liquidation n. liquidation
liquide n. cash
liquide n. liquid
liquide de refroidissement n. coolant
liquider v. liquidate
lire v. read
lire attentivement v. peruse
lisible adj. legible
lisière n. selvedge
lisse adj. smooth
liste n. list
liste noire n. blacklist
lit n. bed
lit d'enfant n. cot
lit superposé n. bunk
litchi n. lychee
literie n. bedding
litham n. yashmak
litière n. litter
litige n. litigation
litre n. litre
littéraire adj. literary
littéral(e) adj. literal
littérature n. literature
livraison n. delivery
livre n. pound
livre n. book
livre de poche n. paperback
livre sterling n. quid
livre sterling n. sterling
livrée n. livery
livrer v. deliver
livresque adj. bookish

livret n. booklet
livret n. booklet
lobe n. lobe
local(e) adj. local
localiser v. localize
localité n. locality
locataire n. tenant
locataire n. lodger
location n. rental
location n. tenancy
locaux n. premises
locomotion n. locomotion
locomotive n. locomotive
locuste n. locust
locution n. locution
logarithme n. logarithm
logement n. accommodation
logement n. dwelling
logement n. housing
logique n. logic
logique adj. logical
logistique n. logistics
logo n. logo
loin adv. afield
loin adv. away
loin adv. far
lointain(e) adj. distant
loisir n. hobby
loisir n. leisure
long/ue adj. lengthy
long/ue adj. long
longe n. loin
longévité n. longevity
longitude n. longitude
longueur n. length
loquace adj. garrulous
loquet n. latch
lorgner v. ogle
losange n. rhombus
lot n. pack
lot n set
lot n. batch
loterie n. lottery
lotion n. lotion
lotus n. lotus
louable adj. laudable
louable adj. commendable
loubard n. yob
louche adj. fishy
louche n. ladle
loucher v. squint
louer v. hire
louer v. laud
loup n. wolf
lourd(e) adj. heavy
lourd(e) adj. weighty
lourdaud n. oaf
loutre n. otter
Louvre n. Louvre
loyaliste n. loyalist
loyer n. rent
lubrifiant n. lubricant
lubrification n. lubrication
lubrifier v. lubricate
lubrique adj. lewd
lubrique adj. lustful
lucarne n. skylight
lucide adj. lucid
lucidité adv. lucidity
lucratif/ve adj. gainful
lucratif/ve adj. lucrative
lucre n. lucre
luge n. sledge
lugubre adj. mournful
lui pron. him
lui-même pron. himself
luire v. gleam
luire v. glow
lumière n. light
luminaire n. luminary
lumineux/se adj. bright
lumineux/se adj. lucent
lumineux/se adj. luminous
lunaire adj. lunar
lunatique adj. moody
lundi n. Monday

lune n. moon
lune de miel n. honeymoon
lunettes n. goggle
lustre n. chandelier
lustre n. lustre
lustré(e) adj. lustrous
luth n. lute
lutte n. strife
lutter v. vie
lutter v. wrestle
lutter v. struggle
luttes intestines n. infighting
lutteur n. wrestler
luxe n. luxury
luxueux/se adj. luxurious
luxure n. lust
luxuriant(e) adj. lush
luxuriant(e) adj. luxuriant
lymphe n. lymph
lyncher n. lynch
lyre n. lyre
lyrique adj. lyrical
lyrique n. lyric
lys n. lily

macabre adj. macabre
mâcher v. chew
machine n. contrivance
machine n. machine
machinerie n. machinery
macho adj. macho
mâchoire n. jaw
maçon n. mason
maçonnerie n. masonry
madame n. madam
mademoiselle n. miss
mafia n. Mafia
magasin n. store
magazine n. magazine
magenta n. magenta
magicien/ne n. magician
magie n. magic
magistral(e) adj. magisterial
magistrat n. magistrate
magistrature n. judiciary
magnanime adj. magnanimous
magnat n. magnate
magnat n. tycoon
magnétique adj. magnetic
magnétisme n. magnetism
magnifier v. magnify
magnifique adj. gorgeous
magnifique adj. magnificent
magot n. hoard
magouiller v. wangle
mai n. May
maigre adj. meagre
maigre adj. measly
maigre adj. scant
maigre adj. skinny
maille n. mesh
maille n. netting
maillet n. mallet
maillot n. jersey
maillot de corps n. singlet
main n. hand
main-d'oeuvre n. manpower
maintenant adv. now
maintenir v. maintain
maintien n. poise
maire n. mayor
mais conj. but
maïs n. corn
maison n. house
maisonnette n. maisonette
maître n. master
maître de conférences n. lecturer
maîtresse n. mistress
maîtrise n. mastery
maîtriser v. restrain
majesté n. majesty

majestueux/se adj. majestic
majestueux/se adj. stately
majordome n. butler
majorité n. majority
mal adv. badly
mal adv. poorly
mal adj. evil
mal à l'aise adj. uncomfortable
mal à l'aise adj. uneasy
mal calculer v. miscalculate
mal comprendre v. misapprehend
mal comprendre v. misconceive
mal de dents n. toothache
mal employer v. misuse
mal fagoté(e) n. frump
mal fonctionner v. malfunction
mal gérer v. mishandle
mal interpréter v. misconstrue
mal interpréter v. misinterpret
mal lu(e) v. misread
mal orienter v. misdirect
mal orthographier v. misspell
mal se comporter v. misbehave
mal tourné(e) adv. awry
mal utiliser v. misapply
malade adj. ailing
malade adj. ill
malade adj. sick
malade adj. unwell
maladie n. illness
maladie n. malady
maladie n. sickness
maladie n. decease
maladie n. disease
maladif/ve adj. sickly
maladroit(e) adj. awkward
maladroit(e) adj. ungainly
maladroit(e) adj. clumsy
malaise n. malaise
malchance n. mischance
malchanceux/se adj. hapless
malchanceux/se adj. luckless
mâle n. male
malédiction n. jinx
malédiction n. malediction
malédiction n. curse
malencontreux/se adj. inauspicious
malentendu n. misapprehension
malentendu n. misunderstanding
malformation n. malformation
malfrat n. thug
malgré prep. despite
malheur n. misfortune
malheur n. predicament
malheur n. woe
malheureux/se adj. unfortunate
malheureux/euse adj. unhappy
malhonnête adj. dishonest
malhônneteté n. roguery
malice n. malice
maligne adj. malignant
malléable adj. malleable
malléable adj. tensile
malmener v. manhandle
malmener v. maul
malnutrition n. malnutrition
malodorant(e) adj. odorous
malodorant(e) adj. smelly
malsain(e) adj. unhealthy
malt n. malt
maltraiter v. abuse
maltraiter v. maltreat
maltraiter v. mistreat

malveillant(e) adj. malicious
malveillant(e) adj. spiteful
maman n. mum
mamelon n. nipple
mammaire adj. mammary
mammifère n. mammal
mammouth n. mammoth
manche n. haft
manche n. sleeve
manchette n. headline
mandarine n. tangerine
mandat n. mandate
mandat n. tenure
mandat n. warrant
manganèse n. manganese
mangeoire n. feeder
mangeoire n. manger
manger v. eat
mangouste n. mongoose
mangue n. mango
maniable adj. amenable
maniaque n. maniac
maniaque n. stickler
manie n. mania
manière n. manner
maniéré(e) adj. twee
manières n. ado
manières n. affectation
maniérisme n. mannerism
manifestation n. manifestation
manifestation n. demonstration
manifeste adj. manifest
manifeste n. manifesto
manifeste adj. overt
manifester v. evince
manipulation n. manipulation
manipuler v. handle
manipuler v. manipulate
manne n. manna
mannequin n. dummy
mannequin n. mannequin
manoeuvre n. manoeuvre
manoir n. manor
manquant(e) adj. missing
manquant(e) adj. wanting
manque de respect n. disrespect
manquer v. miss
mansarde n. garret
manteau n. overcoat
manteau n. coat
mantra n. mantra
manucure n. manicure
manuel n. handbook
manuel n. textbook
manuel/le adj. manual
manumission n. manumission
manuscrit n. manuscript
maquillage n. make-up
marais n marsh
marais n. swamp
marathon n. marathon
marauder v. maraud
maraudeur n. marauder
marbre n. marble
marbrure n. mottle
marchand n. dealer
marchand n. merchant
marchand n. monger
marchand de légumes n. greengrocer
marchander v. cheapen
marchander v. haggle
marchandise n. merchandise
marchandises n. ware
marché n. market
marcher v. march
marcher v. walk
marcher v. lope
marcher à grand pas v. stride
marcher avec peine v. plod

marcher d'un pas lourd v. tramp
marcher sur la pointe des pieds v. tiptoe
marches n. stair
mardi n. Tuesday
marécage n. bog
maréchal n. marshal
marée n. tidally
marée n. tide
margarine n. margarine
marge n. margin
marginal(e) adj. marginal
marginal(e) n. misfit
marguerite n. daisy
mari n. husband
mariage n. marriage
mariage n. matrimony
mariage n. wedding
mariage n. wedlock
marié n. bridegroom
mariée n. bride
marin n. sailor
marin(e) adj. marine
marina n. marina
marinade n. marinade
marine militaire n. navy
marionnette n. marionette
marionnette n. puppet
maritime adj. maritime
marketing n. marketing
marmelade n. marmalade
marmonner v. mumble
marmonner v. mutter
marmonner v. slur
marne n. marl
marner v. moil
marquage n. marking
marque n. brand
marque n. mark
marque n. trademark
marque de fabrique n. hallmark
marquer v. score
marqueur n. marker
marraine n. godmother
marron n. conker
marron n. maroon
Mars n. Mars
marsupial n. marsupial
marteau n. hammer
martial(e) adj. martial
martyr n. martyr
martyre n. martyrdom
Marxisme n. Marxism
mascara n. mascara
mascarade n. masquerade
mascotte n. mascot
masculin(e) adj. masculine
masochisme n. masochism
masque n. mask
massacre n. massacre
massage n. massage
masse n. mass
masse n. sledgehammer
masseur n. masseur
massive adj. massive
mastic n. sealant
mastiquer v. masticate
mastodonte n. hulk
masure n. hovel
mat n. mat
mât n. mast
matador n. matador
matelas n. mattress
matelassé(e) adj. quilted
matelot n. mariner
matérialiser v. materialize
matérialisme n. materialism
matériel n. material
maternel/le adj. maternal
maternel/le adj. motherly
maternité n. maternity
maternité n. motherhood
mathématicien n. mathematician

mathématique adj. mathematical
mathématiques n. mathematics
matin n. morning
matinée n. matinee
matraquage n. hype
matraque n. truncheon
matriarche n. matriarch
matrice n. matrix
matricide n. matricide
matriculation n. matriculation
matrimonial(e) adj. marital
matrimonial(e) adj. matrimonial
matrone n. matron
mature adj. mature
maturité n. maturity
maudire v. rue
maudit adj. damnable
mausolée n. mausoleum
maussade adj. sullen
mauvais moment n. blip
mauvais(e) adj. shoddy
mauvais(e) adj. bad
mauvais(e) adj. wrong
mauvaise administration n. maladministration
mauvaise conduite n. misbehaviour
mauvaise conduite n. misconduct
mauvaise gestion n. mismanagement
mauvaise réputation n. disrepute
mauvaises herbes n. weed
maux de tête n. headache
maximal(e) n. maximum
maxime n. dictum
maxime n. maxim
maximiser v. maximize
maximum adj. & n. uttermost
mayonnaise n. mayonnaise
mec n. bloke
mécanicien n. mechanic
mécanique adj. mechanical
mécanique n. mechanics
mécanisme n. mechanism
méchant(e) n. catty
méchant(e) adj. nasty
méchant(e) adj. unkind
méchant(e) n. villain
méchant(e) adj. wicked
mèche n. wisp
mèche n. wick
méconnaître v. misjudge
méconnu(e) adj. unsung
mécontent(e) adj. disaffected
mécontent(e) adj. disgruntled
mécontentement n. discontent
mécréant(e) n. miscreant
médaille n. medal
médaillé(e) *n.* medallist
médaillon n. locket
médaillon n. medallion
médecin n. physician
médecin n. doctor
médecin légiste n. coroner
médecine n. medicine
médecine légale adj. forensic
médiane adj. median
médias n. media
médiation n. mediation
médiation n. mediation
médical(e) adj. medical
médicament n. drug
médicament n. medication
médicinal(e) adj. medicinal
médiéval(e) adj. medieval
médiocre adj. mediocre
médiocrité n. mediocrity
méditatif/ve adj. meditative
méditer v. meditate

méditerranéen/ne adj. Mediterranean
médium n. medium
méduse n. jellyfish
méfait n. mischief
méfait n. misdeed
méfiance n. distrust
méfiant(e) adj. wary
méga adj. mega
mégahertz n. megahertz
mégalithe n. megalith
mégalithique adj. megalithic
mégaoctet n. megabyte
mégaphone n. megaphone
mégapixels n. megapixel
mégère n. termagant
meilleur(e) adj. best
mélamine n. melamine
mélancolie n. melancholy
mélancolique adj. forlorn
mélancolique adj. wistful
mélange n. melange
mélange n. mixture
mélange n. compound
mélanger v. mix
mélanger v. blend
mélasse n. molasses
mélasse n. treacle
mêlée n. scrimmage
mêlée n. melee
mélodie n. melody
mélodie n. tune
mélodieux/se adj. melodious
mélodique adj. melodic
mélodramatique adj. melodramatic
mélodrame n. melodrama
melon n. melon
membrane n. membrane
membre n. limb
membre n. member
membre de la famille royale n. royalty
membre de la police montée n. trooper
membre du SAMU n. paramedic
même adj. same
mémoire n. memoir
mémoire n. memory
mémorable adj. memorable
mémorable adj. momentous
mémorandum n. memorandum
mémorial n. memorial
menaçant(e) adj. ominous
menace n. menace
menace n. threat
menacer v. threaten
mendiant(e) adj. mendicant
mendiant(e) n. beggar
meneau n. mullion
mener v. lead
méningite n. meningitis
ménopause n. menopause
menottes n. handcuff
menottes n. handcuff
mensonge n. falsehood
mensonger/ère adj. mendacious
menstruation n. menstruation
menstruel/le adj. menstrual
mensuel/le adj. monthly
mental(e) adj. mental
mentalité n. mentality
menteur/se n. liar
menthe n. mint
menthe poivrée n. peppermint
menthe verte n. spearmint
mentionner v. mention
mentir v. lie
menton n. chin
mentor n. mentor
menu n. menu
menu(e) adj. minute

menuiserie n. carpentry
menuisier n. joiner
mépris n. scorn
mépris n. contempt
méprisable adj. despicable
méprisant(e) adj. scornful
méprisant(e) adj. contemptuous
mépriser v. despise
mer n. sea
mercantile adj. mercantile
mercantilisme n. profiteering
mercenaire adj. mercenary
mercredi n. Wednesday
mercure n. mercury
mercurial/le adj. mercurial
mère n. mother
mère n. mother
mère porteuse n. surrogate
méridien n. meridian
méridienne n. chaise
mérite n. merit
mériter v. deserve
méritoire adj. meritorious
merlan n. whiting
merveilleux/se adj. wonderful
merveilleux/se adj. marvellous
mésalliance n. misalliance
mésaventure n. misadventure
mésaventure n. mishap
message n. message
messager n. messenger
messagerie vocale n. voicemail
messie n. messiah
mesure n. extent
mesure a. measure
mesure n. measurement
mesuré(e) adj. measured
mesurer v. measure
métabolisme n. metabolism
métal n. bullion
métal n. metal
métallique adj. metallic
métallurgie n. metallurgy
métamorphose n. metamorphosis
métaphore n. metaphor
métaphysique adj. metaphysical
métaphysique n. metaphysics
météo n. weather
météore n. meteor
météorologie n. meteorology
méthode n. method
méthodique adj. methodical
méthodologie n. methodology
méticuleux/se adj. finicky
méticuleux/se adj. meticulous
métier à tisser n. loom
mètre n. metre
métrique adj. metric
métrique adj. metrical
métro n. subway
métro adj. underground
métropole n. metropolis
métropolitain(e) adj. metropolitan
mettre v. put
mettre à jour v. update
mettre de côté v. stash
mettre en colère v. infuriate
mettre en corrélation v. interrelate
mettre en danger v. endanger
mettre en péril v. imperil
mettre en rage v. enrage
mettre en retrait v. indent
mettre l'accent sur v. emphasize

mettre sous calmant adj. sedate
mettre sous forme de tableau v. tabulate
meubler v. furnish
meubles n. furniture
meugler v. moo
meule n. rick
meuler v. wrick
meurtre n. killing
meurtre n. murder
meurtrier n. murderer
mezzanine n. mezzanine
mi- adj. mid
miasmes n. miasma
miaulement n. yowl
miauler v. mew
mica n. mica
miche n. loaf
microbiologie n. microbiology
microchirurgie n. microsurgery
microfilm n. microfilm
micromètre n. micrometer
micro-ondes n. microwave
microphone n. microphone
microprocesseur n. microprocessor
microscope n. microscope
microscopique adj. microscopic
midi n. midday
midi n. noon
miel n. honey
mielleux/se adj. cloying
mien/ne pron. mine
miette n. crumb
mieux adj. better
mièvre adj. soppy
mignon/ne adj. cute
migraine n. migraine
migrant(e) n. migrant
migration n. migration
migrer v. migrate
milice n. militia
milieu adj. midst
milieu n. milieu
milieu adj. middle
militaire adj. military
militant(e) adj. militant
militant(e) n. militant
militer v. militate
milk-shake n. milkshake
mille adj. & n. thousand
millénaire n. millennium
mille-pattes n. centipede
mille-pattes n. millipede
millet n. millet
milliard n. billion
milliardaire n. billionaire
milligramme n. milligram
millimètre n. millimetre
million n. million
millionnaire n. millionaire
mime n. mime
mime n. mummer
mimer v. mime
mimétisme n. mimicry
minable adj. seedy
minaret n. minaret
minauder v. simper
mince adj. slender
mince adj. slim
mince adj. thin
mine n. mine
mine de charbon n. colliery
miner v. undermine
minerai n. ore
minérale n. mineral
minéralogie n. mineralogy
minestrone n. minestrone
minette n. kitty
mineur n. miner
mineur(e) adj. minor

mini adj. mini
miniature adj. miniature
minibus n. minibus
minijupe n. miniskirt
minime adj. minimal
minimiser v. minimize
minimiser v. understate
minimum n. modicum
minimum adj.& pron. least
minimum n. minimum
ministère n. ministry
ministériel/le adj. ministerial
ministre n. minister
minorité n. minority
minou n. puss
minuit n. midnight
minuscule adj. minuscule
minuscule adj. tiny
minute n. minute
minutieusement adv. minutely
miracle n. miracle
miraculeux/se adj. miraculous
mirage n. mirage
mire n. mire
miroir n. mirror
miroiter v. glimmer
mise au point n. focus
mise en accusation n. impeachment
mise en garde n. caveat
misérable adj. miserable
misérable n. wretch
misère n. misery
miséricorde n. mercy
miséricordieux/se adj. merciful
missile n. missile
mission n. mission
missionnaire n. missionary
missive n. missive
mitaine n. mitten
mite n. mite
miteux/se adj. dingy
mitre n. mitre
mixeur n. blender
mixeur n. mixer
mixité n. co-education
mobile adj. mobile
mobile adj. movable
mobiliser v. mobilize
mobilité n. mobility
modalité n. modality
mode n. mode
mode n. fashion
modèle n. template
modèle n. model
modem n. modem
modérateur n. moderator
modération n. moderation
modéré(e) adj. moderate
moderne adj. modern
moderniser v. modernize
modernisme n. modernism
modernité n. modernity
modeste adj. modest
modeste adj. unassuming
modestie n. modesty
modification n. modification
modifier v. alter
modifier v. amend
modifier v. modify
modiste n. milliner
module n. module
moduler v. modulate
moi pron. me
moi-même pron. myself
moindre adj. lesser
moine n. monk
moineau n. sparrow
moins adj. & pron. less
moins prep. minus
mois n. month
moisi(e) adj. musty
moissonneuse n. harvester

moite adj. clammy
moite adj. muggy
moiteur n. wetness
moka n. mocha
molaire n. molar
moléculaire adj. molecular
molécule n. molecule
molester v. molest
mollah n. mullah
molleton n. fleece
moment n. juncture
moment n. moment
moment n. stretch
momentanée adj. momentary
momie n. mummy
momifier v. mummify
mon/ma adj. my
monachisme n. monasticism
monarchie n. monarchy
monarque n. monarch
monastère n. monastery
monastique adj. monastic
mondain(e) adj. worldly
monde n. world
mondialisation n. globalization
monétaire adj. monetary
monétarisme n. monetarism
moniteur n. monitor
monitoire adj. monitory
monnaie n. coinage
monnaie n. currency
mono n. mono
monochrome n. monochrome
monocle n. monocle
monoculaire adj. monocular
monodie n. monody
monogamie n. monogamy
monogramme n. monogram
monographie n. monograph
monolâtrie n. monolatry
monolithe n. monolith
monologue n. monologue
monophonique adj. monophonic
monopole n. monopoly
monopoleur n. monopolist
monopoliser v. monopolize
monorail n. monorail
monosyllabe n. monosyllable
monothéisme n. monotheism
monothéiste n. monotheist
monotone adj. monotonous
monotonie n. monotony
monsieur n. sir
monstre n. behemoth
monstre n. monster
monstrueux/se adj. monstrous
monstrueux/se adj. monstrous
montage n. montage
montagne n. mountain
montagne russe n. rollercoaster
montagneux/se adj. mountainous
montant n. amount
monter v. ascend
monter v. mount
monter v. rise
monter à v. ride
monticule n. mound
montrer v. show
montricule n. hummock
monument n. monument
monumental(e) adj. monumental
moquerie n. mockery
moraine n. moraine
moral n. morale
moral(e) adj. moral
moralisateur/rice adj. sanctimonious
moraliste n. moralist

moralité n. morality
morbide adj. morbid
morbidité adv. morbidity
morceau n. chunk
morceau n. hunk
morceau n. morsel
morceau de choix n. viands
morcelé(e) adj. scrappy
mordiller v. nip
mordre v. bite
morganatique adj. morganatic
morgue n. morgue
moribond(e) adj. moribund
morne adj. bleak
morose adj. glum
morose adj. morose
morosité n. gloom
morphine n. morphine
morphologie n. morphology
morse n. walrus
mort n. death
mort n. doom
mort(e) adj. dead
mortalité n. mortality
mortel/le adj. deadly
mortel/le adj. mortal
mortier n. mortar
mortifier v. mortify
mort-né n. stillborn
mortuaire n. mortuary
mosaïque n. mosaic
moscovite n. muscovite
mosquée n. mosque
mot n. word
mot d'esprit n. witticism
motel n. motel
moteur n. engine
moteur n. motor
motif n. motif
motif n. motive
motif n. pattern
motion n. motion
motivation n. motivation
motiver v. actuate
motiver v. motivate
moto n. motorcycle
motte n. sod
mou(e) adj. effete
mou/molle adj. flaccid
mouchard(e) adj. telltale
moucheron n. gnat
moucheter v. dapple
moucheture n. speckle
mouchoir n. handkerchief
mouchoir n. tissue
mouette n. seagull
mouette n. gull
moufle v. muffle
mouillage n. anchorage
moulage n. moulding
moule n. mussel
moule n. mould
moulin n. mill
moulin à vent n. windmill
mourir v. die
mourir de faim v. starve
mousquet n. musket
mousquetaire n. musketeer
mousse n. foam
mousse n. froth
mousse n. lather
mousse n. moss
mousse n. mousse
mousseline v. muslin
mousseux n. sparkling
mousson n. monsoon
moustache n. moustache
moustique n. mosquito
moutarde n. mustard
mouton n. mutton
mouton n. sheep
mouvement n. movement
moyen/ne adj. middling
moyenne n. average
moyenne n. par

moyens n. means
moyeu n. hub
mozzarella n. mozzarella
mucilage n. mucilage
mucus adj. mucous
mue v. moult
muesli n. muesli
muet/te adj. mute
muet/tte adj. dumb
muffin n. muffin
mulâtre n. mulatto
mule n. mule
multiculturel/le adj. multicultural
multiforme adj. multiform
multilatéral(e) adj. multilateral
multimédia n. multimedia
multipare adj. multiparous
multiple adj. multiple
multiplex n. multiplex
multiplication n. multiplication
multiplicité n. multiplicity
multiplier v. multiply
multitude n. multitude
municipal(e) adj. municipal
municipalité n. municipality
muniment n. muniment
munitions n. ammunition
munitions n. munitions
mur n. wall
mûr(e) adj. ripe
mure n. blackberry
mûrier n. mulberry
mûrir v. ripen
murmurer v. murmur
musaraigne n. shrew
musc n. musk
muscle n. muscle
musculaire adj. muscular
muse n. muse
museau n. snout
museau n. muzzle
musée n. museum
musical(e) adj. musical
musicien/ne n. musician
musique n. music
mustang n. mustang
musulman(e) n. Muslim
mutable adj. mutable
mutatif/ve adj. mutative
mutation n. mutation
muter v. mutate
mutilation n. mutilation
mutiler v. maim
mutiler v. mutilate
mutin(e) adj. mutinous
mutinerie n. mutiny
mutuel/le adj. mutual
myalgie n. myalgia
myope adj. myopic
myopie n. myopia
myosis n. myosis
myriade n. myriad
myrrhe n. myrrh
myrte n. myrtle
mystère n. mystery
mystérieux adj. mysterious
mystérieux/se adj. secretive
mystérieux/se adj. fey
mysticisme n. mysticism
mystifier v. mystify
mystique adj. mystical
mystique n. mystique
mystique n. mystic
mythe n. myth
mythique adj. mythical
mythologie n. mythology
mythologique adj. mythological

N

nabab n. nabob
nacho n. nacho

nadir n. nadir
nageoire n. flipper
nageoire n. fin
nager v. swim
nageur/se n. swimmer
nain n. dwarf
nain(e) n. midget
naissance n. birth
naissant(e) adj. nascent
naître v. originate
naïveté n. naivety
naphtaline n. naphthalene
narcisse n. narcissus
narcissisme n. narcissism
narcotique n. narcotic
narguer n. taunt
narine n. nostril
narquois(e) adj. snide
narrateur n. narrator
narration n. narration
nasal(e) adj. nasal
natal(e) adj. natal
natant(e) adj. natant
natif n. native
nation n. nation
national(e) adj. national
nationalisation n. nationalization
nationaliser v. nationalize
nationalisme n. nationalism
nationaliste n. nationalist
nationalité n. nationality
Nativité n. nativity
naturalisation n. naturalization
naturaliser v. naturalize
naturaliste n. naturalist
nature n. nature
naturel/le adj. natural
naturellement adv. naturally
naturisme n. naturism
naufrage n. shipwreck
naufragé(e) n. castaway
nausée n. nausea
nauséeux(se) adj. nauseous
nauséeux/se adj. queasy
nautique adj. nautical
naval(e) adj. naval
navet n. turnip
navette n. shuttle
navigable adj. navigable
navigateur n. browser
navigateur n. navigator
navigation n. navigation
naviguer v. navigate
navire n. vessel
navire n. ship
ne pas être d'accord v. disagree
ne pas respecter v. t disregard
né(e) adj. born
néanmoins adv. nevertheless
néanmoins a. nonetheless
néant n. nil
nébuleuse n. nebula
nébuleux/se adj. nebulous
nécessaire adj. needful
nécessaire adj. necessary
nécessairement adv. perforce
nécessité n. necessity
nécessiter v. necessitate
nécessiteux/se adj. needy
nécrologie n. obituary
nécromancie n. necromancy
nécropole n. necropolis
nectar n. nectar
nectarine n. nectarine
nef n. nave
néfaste adj. malign
négatif adj. negative
négatif/ve adj. adverse
négation n. negation
négativité n. negativity
négligé(e) adj. blowsy

négligé(e) adj. perfunctory
négligé(e) adj. slovenly
négligé(e) adj. untidy
négligeable adj. negligible
négligence n. negligence
négligent(e) adj. lax
négligent(e) adj. negligent
négligent(e) adj. remiss
négliger v. neglect
négociable adj. negotiable
négociant n. victualler
négociateur/rice n. negotiator
négociation n. negotiation
négocier v. negotiate
négocier v. transact
nègre n. negro
nègre n. nigger
négresse n. negress
neige n. snow
neige fondue n. sleet
neige fondue n. slush
neigeux/se adj. snowy
néoclassique adj. neoclassical
néolithique adj. Neolithic
néon n. neon
néophyte n. neophyte
népotisme n. nepotism
Neptune n. Neptune
nerd n. nerd
nerf n. nerve
nerveux/se adj. skittish
nerveux/se adj. nervous
nettoyer v. cleanse
neuf adj. & n. nine
neural(e) adj. neural
neurologie n. neurology
neurologue n. neurologist
neutraliser v. neutralize
neutre adj. neuter
neutre adj. neutral
neutron n. neutron
neuvième adj. & n. ninth
neveu n. nephew
névrose n. neurosis
névrotique adj. neurotic
nez n. nose
ni adj. neither
ni conj.&adv. nor
niche n. niche
nickel n. nickel
nicotine n. nicotine
nid n. nest
nid d'abeille n. honeycomb
nièce n. niece
nier v. negate
nier v. deny
nihilisme n. nihilism
nimbe n. nimbus
n'importe lequel/le pron. whichever
n'importe où adv. anywhere
n'importe quand conj. whenever
n'importe quel/le adj. any
n'importe qui pron. anyone
n'importe quoi pron. anything
nirvana n. nirvana
niveau n. tier
niveau n. level
noble adj. lordly
noble adj. noble
noble n. nobleman
noblesse n. gentility
noblesse n. nobility
nocif/ve adj. noxious
nocturne adj. nocturnal
nodule n. node
Noël n. Christmas
Noël n. Xmas
noeud n. crux
noeud n. kink
noeud n. knot
noeud coulant n. noose

noir(e) adj. black
noircir v. blacken
noire n. crotchet
noix n. walnut
noix de cajou n. cashew
noix de coco n. coconut
noix de pécan n. pecan
nom n. name
nom de famille n. surname
nomade n. nomad
nombre n. number
nombreux/se adj. numerous
nombreux/se adj. many
nomenclature n. nomenclature
nominal(e) adj. nominal
nominal(e) adj. titular
nomination n. appointment
nominé(e) n. nominee
nominer v. nominate
nommer v. appoint
non adv. nay
non adj. no
non concluant(e) adj. inconclusive
non préparé(e) adj. unprepared
non qualifié(e) adj. unskilled
non sollicité(e) adj. unsolicited
non-alignement n. non-alignment
nonchalance n. nonchalance
nonchalant(e) adj. nonchalant
non-conformiste n. nonconformist
nonobstant prep. notwithstanding
nord n. north
nordique adj. Nordic
normal(e) adj. normal
normalisation n. standardization
normaliser v. normalize
normalité n. normalcy
normatif/ve adj. normative
norme n. norm
norme n. standard
nostalgie n. nostalgia
notable adj. notable
notaire n. notary
notation n. notation
note n. memo
noter v. jot
notifiable adj. notfiable
notification n. notification
notifier v. notify
notion n. notion
notionnel/le adj. notional
notoire prep. notorious
notoriété n. notoriety
notre adj. our
noueux/se adj. gnarled
noueux/se adj. knotty
nougat n. nougat
nouilles n. noodles
nounou n. nanny
nourrir v. nourish
nourrissant(e) adj. nutritious
nourriture n. nourishment
nous pron. we
nous-mêmes pron. ourselves
nouveau adj. new
nouveau procès n. retrial
nouveauté n. novelty
nouvelle n. novelette
nouvellement adv. newly
nouvelles n. tidings
novembre n. November
novice adj. callow
novice n. novice
noyau n. core
noyau n. kernel
noyau n. nucleus

noyer v. drown
nu(e) adj. bare
nu(e) adj. naked
nu(e) adj. nude
nuage n. cloud
nuageux/se adj. cloudy
nuance n. nuance
nubile adj. marriageable
nubile a. nubile
nucléaire adj. nuclear
nudiste n. nudist
nudité n. nudity
nuisance n. nuisance
nuisette n. nightie
nuisible adj. harmful
nuisible n. pest
nuit n. night
nul/le adj. lousy
nul/le adj. void
nulle part adv. nowhere
numérateur n. numerator
numérique adj. numerical
numériser v. computerize
nuptial(e) adj. bridal
nuptial(e) adj. nuptial
nuque n. nape
nutriment n. nutrient
nutritif/ve adj. nutritive
nylon n. nylon
nymphe n. nymph

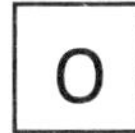

oasis n. oasis
obéir v. obey
obéissance n. obedience
obéissant(e) adj. obedient
obèse adj. obese
obésité n. obesity
objecter v. demur
objectif n. aim
objectif n. goal
objectif/ve adj. objective
objection n. objection
objectivement adv. objectively
objet n. object
objet n. subject
oblation n. oblation
obligation n. debenture
obligation n. obligation
obligatoire adj. mandatory
obligatoire adj. obligatory
obligatoire adj. compulsory
obligé(e) adj. obligated
obliger v. oblige
oblique adj. oblique
oblong/ue adj. oblong
obscène adj. obscene
obscénité n. obscenity
obscur(e) adj. obscure
obscurcir v. obfuscate
obscurité n. murk
obscurité n. obscurity
obséder v. obsess
observance n. observance
observation n. observation
observation n. sighting
observatoire n. observatory
observer v. observe
obsession n. obsession
obsolescence n. staleness
obsolescent(e) adj. obsolescent
obsolète adj. defunct
obsolète adj. obsolete
obsolète adj. outdated
obstacle n. hindrance
obstacle n. impediment
obstacle n. obstacle
obstination n obstinacy
obstiné(e) adj. bullish
obstiné(e) adj. obdurate
obstiné(e) adj. obstinate
obstiné(e) adj. wilful
obstructif/ve adj. obstructive

obstruction n. obstruction
obstruer v. obstruct
obtenir v. get
obtenir v. obtain
obtus(e) adj. obtuse
obtus(e) adj. purblind
obvier à v. obviate
occasion n. opportunity
occasion n. occasion
occasionnel/le adj. occasional
occasionnellement adv. occasionally
occident n. occident
occidental(e) adj. occidental
occidental(e) adv. westerly
occidentaliser v. westernize
occlure v. occlude
occulte n. occult
occupant n. occupant
occupation n. occupancy
occupation n. occupation
occupé(e) adj. busy
occuper v. occupy
océan n. ocean
océanique adj. oceanic
octave n. octave
octet n. byte
octobre n. October
octogénaire n. octogenarian
octogone n. octagon
octroi n. octroi
oculaire adj. ocular
ode n. ode
odeur n. odour
odeur n. whiff
odeur n. smell
odieux/se adj. obnoxious
odieux/se adj. heinous
odieux/se adj. odious
odyssée n. odyssey
oeil n. eye
oeuf n. egg
oeuvre de bienfaisance n. charity
offensant(e) adj. offensive
offense n. dudgeon
offenser v. offend
officiant n. celebrant
officiel/le adj. official
officiellement adv. officially
officier v. officiate
officier n. officer
officier d'état civil n. registrar
offrir v. offer
oie n. goose
oignon n. onion
oindre v. anoint
oiseau n. bird
oisif/ve adj. idle
oisillon n. nestling
oisiveté n. idleness
OK adj. okay
oligarchie n. oligarchy
olive n. olive
olympique adj. Olympic
ombilical(e) adj. umbilical
ombragé(e) adj. shady
ombrager v. overshoot
ombre n. shade
ombre n. shadow
omelette n. omelette
omettre v. omit
omission n. omission
omnibus n. omnibus
omnipotence n. omnipotence
omnipotent(e) adj. omnipotent
omniprésence n. omnipresence
omniprésent(e) adj. omnipresent
omniprésent(e) adj. ubiquitous
omniscience n. omniscience

omniscient(e) adj. omniscient
on pron. it
once n. ounce
oncle n. uncle
onctueux/se adj. unctuous
ondulation n. ripple
ondulé(e) adj. corrugated
ondulé(e) adj. wavy
onduler v. slither
onduler v. undulate
ongle n. nail
onglet n. tab
onomatopée n. onomatopoeia
ontologie n. ontology
onyx n. onyx
onze adj. & n. eleven
opacité n. opacity
opale n. opal
opaque adj. opaque
opéra n. opera
opérateur/trice n. operator
opération n. operation
opérationnel/le adj. operational
opérationnel/le adj. operative
opérer v. operate
opiniâtreté n. obduracy
opium n. opium
opportun(e) adj. opportune
opportun(e) adj. timely
opportunisme n. opportunism
opposé(e) adj. averse
opposition n. opposition
oppresseur n. oppressor
oppressif/ve adj. oppressive
oppression n. oppression
opprimer v. oppress
opprobre n. obloquy
opter v. opt
opticien/ne n. optician
optimal(e) adj. optimum
optimiser v. optimize
optimisme n. optimism
optimiste n. optimist
optimiste adj. optimistic
optimiste adj. upbeat
optimiste adj. wishful
option n. option
optionnel/le adj. elective
optique adj. optic
opulence n. opulence
opulent(e) adj. opulent
or n. gold
oracle n. oracle
oraculaire adj. oracular
orageux/se adj. stormy
oraison n. oration
oral(e) adj. oral
oralement adv. orally
orange n. orange
orateur/trice n. orator
oratoire n. oratory
orbital(e) adj. orbital
orbite n. orbit
orchestral(e) adj. orchestral
orchestre n. orchestra
orchidée n. orchid
ordinaire adj. ordinary
ordinaire adj. workaday
ordinaire adj. commonplace
ordinairement adv. ordinarily
ordinateur n. computer
ordonnance n. ordinance
ordonné(e) adj. orderly
ordonner v. command
ordre n. beck
ordre n. order
ordure n. sleaze
ordures n. rubbish
oreille n. ear
oreiller n. pillow
oreillons n. mumps
orfèvre n. goldsmith
organique adj. organic

organisation n. organization
organiser v. arrange
organiser v. organize
organisme n. organism
organisme non-gouvernemental n. quango
orgasme n. orgasm
orge n. barley
orgie n. orgy
orgue n. organ
orient n. orient
oriental(e) adj. oriental
orientation n. guidance
orienter v. orientate
origami n. origami
original(e) adj. original
originalité n. originality
origine n. origin
orné(e) adj. ornate
ornement n. vestment
ornement n. ornament
ornemental(e) adj. ornamental
orner v. adorn
ornière n. rut
orphelin(e) n. orphan
orphelinat n. orphanage
orteil n. toe
orthodoxe adj. orthodox
orthodoxie n. orthodoxy
orthographe n. spelling
orthopédie n. orthopaedics
ortie n. nettle
os n. bone
oscillation n. oscillation
osciller v. oscillate
osciller v. wobble
osé(e) adj. racy
oser v. dare
osier n. wicker
osseux/se adj. bony
ossifier v. ossify
ostensible adj. ostensible
ostentation n. ostentation
ostéopathie n. osteopathy
ostraciser v. ostracize
otage n. hostage
ôter v. deduct
ottoman(e) n. ottoman
ou conj. or
où adv. whither
où adv. where
oubli n. oblivion
oublier v. forget
oublier v. overlook
oued n. wadi
ouest n. west
oui excl. yes
ouragan n. hurricane
ourlet n. hem
ours n. bear
oursin n. urchin
outil n. tool
outrage n. outrage
outre-mer adv. overseas
outrepasser v. override
outrepasser v. overstep
outsider n. underdog
ouvert(e) adj. open
ouvert(e) adj. outgoing
ouvertement adv. openly
ouverture n. aperture
ouverture n. opening
ouverture n. overture
ouvreur/se n. usher
ouvrier n. workman
ouvrier/ouvrière n. labourer
ovaire n. ovary
oval(e) adj. oval
ovation n. ovation
ovoïde adj. ovate
ovuler v. ovulate
oxyde n. oxide
oxygène n. oxygen
ozone n ozone

P

pacifier v. pacify
pacifique n. pacific
pacifiste n. pacifist
pacotille n. junk
pacte n. pact
pagaie n. paddle
page n. page
page internet n. webpage
pagode n. pagoda
paiement n. payment
païen/ne n. heathen
païen/ne n. pagan
paille n. straw
pain n. bread
paire n. pair
pairie n. peerage
pairs n. peer
paisible adj. peaceable
paisible adj. peaceful
paître v. graze
paix n. peace
palais n. palace
palais n. palate
palatial(e) adj. palatial
palatin adj. palatal
pâle adj. pale
palette n. palette
palette n. pallet
palis n. paling
palissade n. stockade
palme n. palm
palpable adj. palpable
palpitation n. palpitation
palpiter v. palpitate
palpiter v. pulsate
palpiter v. throb
paludisme n. malaria
pamphlétaire n. pamphleteer
panacée n. nostrum
panacée n. panacea
panache n. panache
panache n. plume
panaché adj. variegated
pancréas n. pancreas
panda n. panda
pandémonium n. pandemonium
panégyrique n. panegyric
panier n. basket
panier n. cart
panier n. hamper
panier de jardin n. trug
panique n. panic
panne d'électricité n. blackout
panneau n. panel
panorama n. panorama
panoramique adj. scenic
pantalon n. pantaloon
pantalon n. pants
pantalon n. trousers
panthéisme n. pantheism
panthéiste adj. pantheist
panthère n. panther
pantomime n. pantomime
pantoufle n. slipper
paon n. peacock
paonne n. peahen
papa n dad
papal(e) adj. papal
papauté n. papacy
pape n. pope
papeterie n. stationer
papeterie n. stationery
papier n. paper
papier n. wrapper
papier de verre n. sandpaper
papillon n. butterfly
papillon de nuit n. moth
papoter v. gab
papoter v. prattle
papoter n. tattle
Pâques n. Easter
paquet n. package

paquet n. wad
paquet n. bundle
par prep. per
par prep. by
par prep. &adv. through
par défaut n. default
par la force adj. forcible
par la présente adv. hereby
par rapport à prep. versus
par surprise adv. aback
parabole n. parable
parachute n. parachute
parachutiste n. parachutist
paradis n. paradise
paradoxal(e) adj. paradoxical
paradoxe n. paradox
paraffine n. paraffin
paragraphe n. paragraph
parallèle n. parallel
parallélogramme n. parallelogram
paralyser v. paralyse
paralysie n. palsy
paralysie n. paralysis
paralytique adj. paralytic
paramètre n. parameter
parangon n. paragon
paraphraser v. paraphrase
parapluie n. umbrella
parasite n. parasite
parasol n. parasol
parc n. park
parce que conj. because
parcelle n. parcel
parchemin n. scroll
parcimonie n. parsimony
parcourir v. browse
parcourir v. scan
par-dessus bord adv. overboard
pardon n. pardon
pardonnable adj. pardonable
pardonner v. condone
pardonner v. forgive
pare-chocs n. bumper
pare-feu n. firewall
parent(e) n. parent
parental(e) adj. parental
parenté n. kinship
parenthèse n. parenthesis
parer v. parry
paresse n. sloth
paresser v. laze
paresseux/se adj. slothful
paresseux/se n. idler
paresseux/se adj. lazy
parfait(e) adj. perfect
parfum n. fragrance
parfum n. scent
parfum n. perfume
parfumé(e) adj. fragrant
parfumer v. perfume
pari n. wager
paria n. pariah
parier v. bet
parier v. gamble
parieur n. gambler
parieur/se n. punter
parité n. parity
parjure n. perjury
parjurer v. perjure
parlement n. parliament
parlementaire n. parliamentarian
parlementaire adj. parliamentary
parler v. speak
parler v. talk
parmi prep. among
parodie n. skit
parodie n. travesty
parodie n. parody
paroisse n. parish
paroissial(e) adj. parochial
paroles creuses n. cant
parolier n. lyricist

parrain n. godfather
parrainage n. sponsorship
parricide n. parricide
parricide n. patricide
partager v. share
partenaire n. mate
partenaire n. partner
partenariat n. partnership
partialité n. partiality
participant(e) n. participant
participation n. equity
participation n. participation
participer v. partake
participer v. participate
particule n. particle
particulier/ère adj. especial
particulier/ère adj. particular
partie n. part
partiel/le adj. partial
partiel/le adv. piecemeal
partir v. depart
partir v. leave
partisan n. henchman
partisan(e) n. partisan
partition n. partition
pas adv. not
pas disposé(e) adj. loath
pas entendu(e) adj. unheard
passable adj. passable
passage n. passage
passage clouté n. zebra crossing
passage souterrain n. underpass
passager n. passenger
passager/ère adj. passing
passé(e) adj. bygone
passé(e) adj. past
passeport n. passport
passer v. spend
passer v. fade
passer v. pass
passer en contrebande v. smuggle
passerelle n. overpass
passe-temps n. pastime
passeur/se n. smuggler
passif/ve adj. passive
passion n. passion
passionné(e) adj. impassioned
passionné(e) adj. passionate
pastel n. pastel
pastèque n. watermelon
pasteur n. parson
pasteur n. pastor
pasteurisé(e) adj. pasteurized
pastille n. lozenge
pastille n. pellet
pastoral(e) adj. pastoral
patauger v. flounder
patauger v. wade
pâté n. patty
pâte n. batter
pâte n. dough
pâte n. paste
pâte d'amande n. marzipan
patère n. peg
paternel/le adj. paternal
paternité n. paternity
pâtes n. pasta
pathétique adj. pathetic
pathologie n. pathology
pathos n. pathos
patience n. patience
patient en consultation externe n. outpatient
patient hospitalisé n. inpatient
patient(e) n. patient
patient(e) adj. patient
patinage n. skate
patinoire n. rink
patio n. patio

pâtisserie n. pastry
pâtisserie n. patisserie
patriarche n. patriarch
patrimoine n. heritage
patrimoine n. patrimony
patriote n. patriot
patriotique adj. patriotic
patriotisme n. patriotism
patron n. patron
patron n. boss
patronage n. patronage
patronner v. patronize
patrouiller v. patrol
patte n. paw
patte antérieure n. foreleg
pâturage n. pasture
pause n. pause
pauvre n. pauper
pauvre adj. poor
pauvreté n. poverty
pavé n. screed
paver v. pave
pavillon n. pavilion
pavillon n. bungalow
payable n. payable
payer v. pay
pays n. country
paysage n. landscape
paysage n. scenery
paysan n. peasant
paysannerie n. peasantry
péage n. toll
peau n. peel
peau n. skin
pêche n. fishery
pêche n. peach
péché n. sin
pêche à la baleine n. whaling
pécheur n. sinner
pêcheur n. fisherman
pédagogie n. pedagogy
pédagogue n. pedagogue
pédale n. pedal
pédale n. treadle
pédant(e) adj. pedantic
pédiatre n. paediatrician
pédiatrie n. paediatrics
pédicure n. pedicure
pedigree n. pedigree
pédophile n. paedophile
pègre n. underworld
peigne n. comb
peine adv. scarcely
peine de coeur n. heartbreak
peiner v. toil
peintre n. painter
peinture n. painting
peinture n. paint
peinture murale n. mural
péjoratif/ve adj. derogatory
péjoratif/ve adj. pejorative
peler v. pare
pèlerin n. pilgrim
pèlerinage n. pilgrimage
pélican n. pelican
pelle n. shovel
pellicule n. dandruff
peloton n. platoon
pelouse n. lawn
peluche n. fluff
peluche n. plush
pénal(e) adj. penal
pénaliser v. penalize
pénalité n. penalty
penaud(e) adj. sheepish
penchant n. penchant
pencher v. slant
pendaison n. hanging
pendant ce temps adv. meanwhile
pendant(e) adj. pendent
pendentif n. necklet
pendentif n. pendant
pendouiller v. i. dangle
pendule n. pendulum
pénétration n. penetration

pénétrer v. penetrate
pénible n. hassle
pénible v. irksome
pénible adj. onerous
pénible adj. trying
péninsule n. peninsula
pénis n. penis
pénitence n. penance
pénitent(e) adj. penitent
penny n. penny
penser v. reckon
penser v. think
penser à v. intend
penseur/se n. thinker
pension n. superannuation
pension n. pension
pension alimentaire n. alimony
pentagone n. pentagon
penthouse n. penthouse
pénurie n. paucity
pénurie n. shortage
pénurie n. dearth
pénurie n. lack
pépier v. tweet
pépite n. nugget
perçant(e) adj. shrill
perceptible adj. noticeable
perceptible adj. perceptible
perceptible adj. perceptible
perceptif/ve adj. perceptive
perception n. perception
percer v. pierce
perceuse n. drill
percevoir v. perceive
perche n. perch
perchoir n. roost
percolateur n. percolator
percuter v. crash
perdition n. perdition
perdre v. lose
père n. father
perfection n. perfection
perfide adj. perfidious
perfide adj. treacherous
perforateur n. wimble
perforer v. perforate
performance n. performance
périlleux/se adj. perilous
période n. period
période de travail n. stint
périodique adj. periodical
périodique adj. periodic
périphérie n. outskirts
périphérie n. periphery
périphérique adj. outlying
périr v. perish
périssable adj. perishable
perle n. pearl
perle n. bead
permanence n. permanence
permanent(e) adj. permanent
perméable adj. permeable
permettre v. allow
permettre v. permit
permissif/ve adj. permissive
permission n. permission
permutation n. permutation
pernicieux/se adj. pernicious
perpendiculaire adj. perpendicular
perpétrer v. perpetrate
perpétrer v. commit
perpétuel/le adj. perpetual
perpétuer v. perpetuate
perplexe adj. bemused
perplexité n. perplexity
perroquet n. parrot
perruque n. wig
Perry n. Perry
persécuter v. persecute
persécution n. persecution
persévérance n. perseverance
persévérer v. persevere
persistance n. persistence

persistant(e) adj. persistent
persister v. persist
personnage n. character
personnage n. persona
personnage n. personage
personnaliser v. customize
personnalité n. personality
personne pron. nobody
personne n. person
personne à charge n. dependant
personne en deuil n. mourner
personne raffinée n. sophisticate
personnel n. personnel
personnel n. staff
personnel/le adj. personal
personnes n. people
personnes âgées adj. elderly
personnification n. personification
personnifier v. personify
perspective n. prospect
perspicace adj. percipient
perspicace adj. perspicuous
perspicacité n. acumen
perspicacité n. insight
persuader v. cajole
persuader v. persuade
persuasion n. persuasion
perte n. loss
pertinence n. relevance
pertinence n. suitability
pertinent e) adj. apposite
pertinent(e) adj. cogent
pertinent(e) adj. germane
pertinent(e) adj. pertinent
pertinent(e) adj. relevant
perturber v. perturb
perturber v. unnerve
perturber v. disrupt
pervers(e) adj. perverse
perversion n. perversion
perversité n. perversity
pervertir v. pervert
peser v. weigh
peser plus v. outweigh
pessimisme n. pessimism
pessimiste n. pessimist
pessimiste adj. pessimistic
peste n. plague
pesticide n. pesticide
pestilence n. pestilence
pétale n. petal
pétard n. squib
pétillant(e) adj. fizzy
pétiller v. fizz
pétiller v. fizzle
petit bois n. tinder
petit déjeuner n. breakfast
petit galop n. canter
petit(e) adj. petite
petit(e) adj. little
petit(e) adj. small
petite enfance n. infancy
petite idée n. inkling
pétition n. petition
pétitionnaire n. petitioner
petit-lait n. whey
pétrifier v. petrify
pétrin n. lurch
pétrir v. knead
pétrole n. petroleum
pétrolier n. tanker
pétrolifère a. oil
pétulance n. petulance
pétulant(e) adj. petulant
peu charitable adj. uncharitable
peu coûteux adj. inexpensive
peu fiable n unreliable
peu importe adj. irrespective
peu judicieux/se adj. injudicious

peu orthodoxe adj. unorthodox
peu pratique adj. impractical
peu probable adj. unlikely
peu recommandable adj. disreputable
peupler v. populate
peuplier n. poplar
peur adj. afraid
peur n. fear
peut-être adv. maybe
peut-être adv. perhaps
phare n. headlight
phare n. beacon
pharmaceutique adj. pharmaceutical
pharmacie n. pharmacy
pharmacien/ne n. chemist
pharmacien/ne n. pharmacist
phase n. phase
phénix n. phoenix
phénoménal(e) adj. phenomenal
phénomène n. phenomenon
philanthrope n. philanthropist
philanthropie n. philanthropy
philanthropique adj. philanthropic
philatélie n. philately
philologie n. philology
philologique adj. philological
philologue n. philologist
philosophe n. philosopher
philosophie n. philosophy
philosophique adj. philosophical
phobie n. phobia
phonétique adj. phonetic
phoque n. seal
phosphate n. phosphate
phosphore n. phosphorus
photo n. photo
photo n. picture
photocopie n. photocopy
photocopie n. Xerox
photographe n. photographer
photographie n. photography
photographie n. photograph
photographique adj. photographic
photostat n. photostat
phrase n. sentence
phraséologie n. phraseology
physionomie n. physiognomy
physiothérapie n. physiotherapy
physique n. physics
physique n. physique
physique adj. physical
pianiste n. pianist
piano n. piano
piaulement n. cheep
pic n. pinnacle
pichet n. jug
pichet n. pitcher
picorer v. peck
picotement n. tingle
picoter n. prickle
pictogramme n. pictograph
pictural(e) adj. pictorial
pie n. magpie
pièce n. piece
pièce n. patch
pièce de monnaie n. coin
pièce jointe n. attachment
pied n. foot
piédestal n. pedestal
piège n. pitfall
piège n. snare
piège n. trap
piéger v. entrap
pierre n. stone
pierre précieuse n. gem
pierreux/se adj. stony
piété n. piety
piétiner v. stomp

piétiner v. trample
piéton/ne n. pedestrian
pieux/se adj. devout
pieux/se adj. pious
pigeon n. pigeon
pigmée n. pigmy
pigment n. pigment
pile n. battery
pile n. pile
pile n. stack
pile n. welter
pilier n. mainstay
pilier n. pillar
piller v. plunder
pilote n. driver
pilote n. pilot
pilule n. pill
piment n. chilli
pince n. clamp
pince n. pincer
pince n. pliers
pince à épiler n. tweezers
pincer v. pinch
pinces n. forceps
pinces n. tongs
pingouin n. penguin
pingre n. niggard
pingre n. scrooge
pintade n. fowl
pinte n. pint
pion n. pawn
pionnier/ère n. pioneer
pipelette n. windbag
pipette n. pipette
piquant(e) adj. piquant
piquant(e) n. tang
pique-nique n. picnic
piquer v. nab
piquer v. prick
piquet n. picket
piqûre n. sting
piratage n. piracy
pirate n. pirate
pirater v. hack
pire adj. worst
pire adj. worse
pis n. udder
piscine n. pool
pissenlit n. dandelion
piste n. runway
piste n. speedway
piste n. track
pistolet n. gun
pistolet n. pistol
piston n. piston
pitoyable adj. piteous
pitoyable adj. pitiful
pitoyable adj. wretched
pitreries n. tomfoolery
pittoresque adj. picturesque
pittoresque adj. quaint
pittoresque adv. quaintly
pivot n. pivot
pivotal(e) adj. pivotal
pivoter v. rotate
pivoter v. swivel
pixel n. pixel
pizza n. pizza
placage n. cladding
placage n. veneer
placard n. closet
place n. piazza
place n. plaza
place n. stead
placide adj. placid
plafond n. ceiling
plage n. beach
plaider v. plead
plaideur n. litigant
plaidoyer n. plea
plaie n. wound
plaignant(e) n. plaintiff
plainte n. complaint
plaintif/ve adj. plaintive
plaire v. appeal
plaisancier n. yachtsman

plaisanterie n. pleasantry
plaisanterie n. jest
plaisanteries n. banter
plaisir n. pleasure
plan n. scheme
plan n. plan
planche n. board
planche n. plank
plancher n. floor
planer v. hover
planétaire adj. planetary
planète n. planet
planeur n. glider
plantain n. plantain
plantation n. plantation
plante n. plant
plante n. sole
plante grimpante n. creeper
plante vivace adj. perennial
plaque n. plaque
plaque n. plate
plaque de cuisson n. hob
plaquer v. laminate
plaquer au sol v. tackle
plaquette n. platelet
plastique n. plastic
plat n. dish
plat(e) adj. flat
plateau n. plateau
plateau n. platter
plateau n. tray
plateau de service n. salver
plate-forme n. platform
platine n. platinum
platonique adj. platonic
plâtre n. plaster
plausible adj. plausible
plébéien/ne adj. plebeian
plébiscite n. plebiscite
plein été adj. midsummer
plein(e) adj. replete
pléthore n. plethora
pleurer v. mourn
pleurer v. weep
pleurer v. cry
pleurer comme une madeleine
v. blub
pli n. pleat
pli n. wrinkle
pli n. crease
pliable adj. pliable
pliant(e) adj. pliant
plié(e) adj. bent
plier v. bend
plier v.t fold
plinthe n. plinth
plinthe n. skirting
plomb n. lead
plombier n. plumber
plonger v. dive
plonger v. plunge
plouc n. bumpkin
pluie n rain
plumage n. plumage
plume n. nib
plume n. feather
plumer v. pluck
plupart n. most
pluralité n. plurality
pluriel adj. plural
plus n. more
plus prep. plus
plus loin adv. further
plus proche adj. nearest
plus profond adj. inmost
plusieurs adj. & pron. several
plutôt adv. rather
pluvieux/se adj. rainy
pneu n. tyre
pneumatique adj. pneumatic
pneumonie n. pneumonia
poche n. pocket
pochoir n. stencil
podcast n. podcast
podium n. podium

podomètre n. pedometer
poêle n. pan
poêle n. stove
poème n. poem
poésie n. poetry
poète n. poet
poids n. weight
poignant(e) adj. poignant
poignarder v. stab
poignée n. handful
poignée n. hilt
poignée n. smattering
poignée de main n. handshake
poignet n. wrist
poignet n. cuff
poil n. bristle
poilu(e) adj. hairy
poing n. fist
point n. point
point n. dot
point n. stitch
point culminant n. climax
point d'appui n. fulcrum
point de mire n. cynosure
point de vue n. perspective
point de vue n. standpoint
pointant(e) n. pointing
pointe n. barb
pointe n. spike
pointiller v. stipple
pointilleux/se adj. painstaking
pointu(e) adj. peaky
point-virgule n. semicolon
poire n. pear
poireau n. leek
pois n. pea
pois chiche n. chickpea
poison n. poison
poisson n. fish
poitrine n. bosom
poitrine n. chest
poivre n. pepper
poivron n. capsicum
poker n. poker
polaire adj. polar
pôle n. pole
polémique n. polemic
poli(e) adj. polite
police n. constabulary
police n. font
police n. police
policier n. policeman
politesse n. politeness
politique n. policy
politique adj. politic
politique adj. political
politique n. politician
politique n. politics
pollen n. pollen
polluer v. pollute
pollution n. pollution
polo n. polo
polonais(e) n. polish
polyandrie n. polyandry
polygame adj. polygamous
polygamie n. polygamy
polyglotte adj. polyglot
polytechnique n. polytechnic
polythéisme n. polytheism
polythéiste adj. polytheistic
polyvalence n. versatility
polyvalent(e) adj. versatile
pommade n. ointment
pomme n. apple
pomme de terre n. potato
pompe n. pomp
pompe n. pump
pompette n. tipsy
pompeux/se adj. pompous
pompom n. bobble
ponceuse n. sander
ponction n. puncture
ponctualité n. punctuality
ponctuation n. punctuation

ponctuel/le adj. punctual
ponctuer v. punctuate
pondération n. weighting
poney n. pony
pont n. deck
pont n. bridge
pontife n. pontiff
popeline n. poplin
populaire adj. popular
populariser v. popularize
popularité n. popularity
population n. populace
population n. population
populeux/se adj. populous
porc n. pork
porcelaine n. china
porcelaine n. porcelain
porc-épic n. porcupine
porche n. porch
porcherie n. piggery
porcherie n. sty
pore n. pore
pornographie n. pornography
porridge n. porridge
port n. harbour
port n. port
portable adj. portable
portage n. portage
portail n. gate
portail n. portal
porte n. door
porte d'écluse n. sluice
portée n. stave
portefeuille n. portfolio
portefeuille n. wallet
porte-parole n. spokesman
porter v. wear
porter un coup v. jab
porteur n. porter
portion n. serving
portique n. portico
portrait n. portrait
poser v. pose
poser v. lay
poser v. set
positif/ve adj. positive
position n. footing
position n. position
position n. stance
posséder v. possess
possessif/ve adj. possessive
possession n. possession
possibilité n. possibility
possible adj. possible
possible adj. practicable
postal(e) adj. postal
poste d'amarrage n. berth
poste de pilotage n. cockpit
postérieur(e) adj. posterior
postérité n. posterity
posthume adj. posthumous
postier n. postman
post-mortem n. post-mortem
post-scriptum n. postscript
posture n. posture
pot n. jar
pot n . pot
pote n. chum
pote n. pal
poteau n. stanchion
potence n. gallows
potentialité n. potentiality
potentiel/le adj. would-be
potentiel/le adj. potential
poterie n. pottery
potins n. gossip
pot-pourri n. medley
pou n. louse
pouce n. inch
pouce n. thumb
poudre n. powder
poule n. hen
poulet n. chicken
poulie n. pulley
poulpe n. octopus
poumon n. lung

poupée n. doll
pour prep. for
pour toujours adv. forever
pourcentage n. percentage
pourchasser v. chase
pourparlers n. parley
pourquoi adv. why
pourri(e) adj. foul
pourri(e) adj. rotten
pourrir v. fester
pourrir v. moulder
pourrir v. rot
poursuite n. pursuance
poursuite n. pursuit
poursuite judiciaire n. prosecution
poursuivre v. pursue
poursuivre en justice v. litigate
poursuivre en justice v. prosecute
poursuivre en justice v. sue
poussée n. surge
pousse-pousse n. rickshaw
pousser v. grow
pousser v. press
pousser v. prod
pousser v. push
pousser v. shunt
pousser v. urge
pousser v. shove
pousser du museau v. nuzzle
poussette n. buggy
poussière n. grit
poussière n. dust
poussoir n. tappet
poutre n. girder
pouvoir v. would
pouvoir v. can
pouvoir v. may
pouvoir v. might
pragmatique adj. pragmatic
pragmatisme n. pragmatism
praline n. praline
praticabilité n. practicability
praticien/ne n. practitioner
pratique adj. actionable
pratique adj. handy
pratique adj. practical
pratique n. practice
pratiquer l'introspection v. introspect
pré n. meadow
préalable adj. introductory
préalable adj. prior
préambule n. preamble
précaire adj. precarious
précaution n. precaution
précautionneux/se adj. chary
précautionneux/se adj. precautionary
précédent n. precedent
précédent(e) adj. previous
précéder v. precede
précepte n. precept
prêcher v. preach
prêcher v. sermonize
précieux/se adj. valuable
précieux/se adj. precious
précipitations n. rainfall
précipité(e) adj. unceremonious
précipiter v. precipitate
précis n. precis
précis adj. precise
préciser v. pinpoint
précision n. precision
précognition n. precognition
précurseur n. forerunner
précurseur n. precursor
prédateur n. predator
prédécesseur n. predecessor
prédestination n. predestination

prédéterminer v. predetermine
prédicat n. predicate
prédicateur n. preacher
prédiction n. prediction
prédire v. foretell
prédire v. predict
prédominance n. predominance
prédominant(e) adj. predominant
prédominer v. predominate
prédominer v. preponderate
prééminence n. pre-eminence
prééminent(e) adj. pre-eminent
préfabriqué(e) adj. prefabricated
préface n. preface
préférence n. preference
préférentiel/le adj. preferential
préférer v. prefer
préfet n. prefect
préfixe n. prefix
préhistorique adj. prehistoric
préjudice n. prejudice
préjudiciable adj. injurious
préjudiciable adj. prejudicial
préjuger v. prejudge
prélat n. prelate
prélever v. levy
préliminaire adj. preliminary
préliminaires n. foreplay
prélude n. prelude
prématuré(e) adj. premature
prématuré(e) adj. untimely
préméditation n. premeditation
prémediter v. premeditate
premier adj. prime
premier/ère adj. premier
premier/ère adj. & n. first
premiers soins n. first aid
prémisse n. premise
prémonition n. premonition
prendre v. take
prendre grand plaisir v. relish
prendre sa retraite v. retire
preneur à bail n. lessee
prénom n. forename
prénuptial(e) adj. premarital
préoccupation v. concern
préoccupation n. preoccupation
préoccuper v. preoccupy
préparation n. preparation
préparatoire adj. preparatory
préparer v. prepare
préparer le repas v. cater
prépondérance n. preponderance
préposition n. preposition
prérequis n. prerequisite
prérequis n. requisite
prérogative n. prerogative
près adv. near
présage n. omen
présage n. portent
présager v. portend
présager v. presage
prescience n. foreknowledge
préscience n. prescience
prescription n. prescription
prescrire v. prescribe
présence n. presence
présent n. present
présent(e) adj. present
présentation n. presentation
présentation n. submission
présenter v. acquaint
présenter v. present
présenter des condoléances v. condole

préservatif n. condom
préservation n. preservation
préserver v. preserve
président n. chairman
président n. president
présidentiel/le adj. presidential
présider v. preside
présomption n. presumption
présomptueux/se adj. overweening
presque adv. almost
presque adv. nearly
pression n. strain
pression n. pressure
pressuriser v. pressurize
prestige n. prestige
prestigieux/se adj. prestigious
présumer v. presume
présupposer v. presuppose
présupposition n. presupposition
prêt n. loan
prêt(e) adj. ready
prêt(e) adj. willing
prétendant n. suitor
prétendre v. allege
prétendre v. purport
prétendre v. claim
prétentieux/se adj. pretentious
prétention n. pretension
prêter v. lend
prêteur sur gages n. pawnbroker
prétexte n. pretext
prêtre n. priest
prêtre n. cleric
preuve n. evidence
preuve n. proof
prévalence n. prevalence
prévaloir v. prevail
prévenant(e) adj. considerate
prévenir v. forestall
prévenir v. prevent
préventif/ve adj. preventive
prévention n. prevention
prévoir v. foresee
prévoir v. forecast
prévoyance n. foresight
prévoyant(e) adj. provident
prier v. pray
prière v. entreaty
prière n. prayer
prieuré n. priory
primaire adj. primary
primate n. primate
primauté n. primacy
prime n. bounty
prime n. premium
primitif/ve adj. primal
primitif/ve adj. primitive
primitif/ve adj. primeval
primordial(e) adj. paramount
prince n. prince
princesse n. princess
princier/ère adj. princely
principal n. principal
principal(e) adj. main
principal(e) adj. principal
principalement adv. chiefly
principalement adv. primarily
principe n. principle
principe n. tenet
principes n. creed
printanier adj. vernal
priorité n. precedence
priorité n. priority
prise n. outlet
prise de conscience n. hindsight
prise de courant n. socket
prisme n. prism
prison n. jail

prison n. prison
prisonnier/ère n. prisoner
privation n. privation
privatiser v. privatize
privé(e) adj. private
privé(e) adj. privy
priver v. deprive
priver d'autonomie v. disempower
privilège n. lien
privilège n. privilege
prix v. award
prix n. price
prix n. prize
prix ticket n. fare
pro n. pro
proactif/ve adj. proactive
probabilité n. likelihood
probabilité n. probability
probabilités n. odds
probable adj. probable
probable adj. likely
probablement adv. probably
probation n. probation
probité n. probity
problématique adj. problematic
problème n. problem
problème n. rub
problème n. issue
procédure n. procedure
procédure n. proceedings
procès n. trial
procession n. procession
processus n. process
prochain adj. forthcoming
proche adv. nearby
proche adv. nigh
proche adj. close
proches n. kith
proclamation n. proclamation
proclamer v. proclaim
procrastination n. procrastination
procréer v. procreate
procuration n. proxy
procureur n. attorney
procureur n. prosecutor
prodige n. prodigy
prodigieux/se adj. stupendous
prodigieux/se adj. prodigious
prodigue adj. prodigal
prodigue adj. profligate
producteur/rice n. producer
productif/ve adj. productive
production n. production
productivité n. productivity
produire v. produce
produit n. product
produit n. commodity
proéminence n. prominence
profane n. layman
profane adj. profane
professer v. profess
professeur n. professor
profession n. profession
professionnel/le adj. occupational
professionnel/le adj. professional
profil n. profile
profilage n. fairing
profit n. profit
profond(e) adj. deep
profond(e) adj. profound
profondeur n. profundity
profondeur n. depth
profusion n. profusion
progéniture n. offspring
programme n. agenda
programme n. programme
progrès n. progress
progressif/ve adj. gradual

progressif/ve adj. progressive
prohibitif/ve adj. prohibitive
proie n. prey
projecteur n. projector
projecteur n. floodlight
projectile n. projectile
projection n. projection
projet n. project
prolapsus n. prolapse
prolifération n. proliferation
proliférer v. proliferate
prolifique adj. prolific
prologue n. prologue
prolongation n. prolongation
prolongé(e) adj. protracted
prolonger v. prolong
promenade n. promenade
promesse n. promise
prometteur/se adj. promising
promiscuité adj. promiscuous
promotion n. advancement
promotion n. preferment
promotion n. promotion
promouvoir v. promote
promouvoir v. publicize
prompt(e) adj. speedy
prompteur n. prompter
promulguer v. promulgate
pronom n. pronoun
prononcer v. pronounce
prononciation n. pronunciation
pronostic n. prognosis
pronostiquer v. prognosticate
pronostiqueur n. tipster
propagande n. propaganda
propagation n. propagation
propager v. propagate
propager v. spread
propension n. proclivity
prophète n. prophet
prophétie n. prophecy
prophétique adj. prophetic
prophétiser v. prophesy
proportion n. proportion
proportionnel/le adj. proportional
proportionnel/le adj. proportionate
proposer v. propose
proposer v. propound
proposition n. proposal
proposition n. proposition
propre adj. clean
propre adj. & pron. own
propreté n. tidiness
propreté n. cleanliness
propriétaire n. landlord
propriétaire n. owner
propriétaire adj. proprietary
propriétaire n. proprietor
propriétaire terrien n. squire
propriété n. ownership
propriété n. property
propulser v. propel
proroger v. prorogue
prosaïque adj. prosaic
prose n. prose
prospective adj. prospective
prospectus n. handbill
prospectus n. prospectus
prospère adj. prosperous
prospère adj. successful
prospérer v. prosper
prospérer v. thrive
prospérité n. boom
prospérité n. prosperity
prostate n. prostate
prosterner adj. prostrate
prostituée n. prostitute
prostitution n. prostitution
prostration n. prostration
protagoniste n. protagonist
protecteur/trice adj. protective

protection n. protection
protection n. pad
protectorat n. protectorate
protéger v. protect
protéine n. protein
protestation n. outcry
protestation n. protest
protestation n. protestation
protester v. remonstrate
protocole n. protocol
prototype n. prototype
prouesse n. prowess
prouver v. prove
provenance n. provenance
proverbe n. proverb
proverbial(e) adj. proverbial
providence n. providence
providentiel/le adj. providential
province n. province
provincial(e) adj. provincial
proviseur n. headmaster
provisionner v.t. accrue
provisoire adj. provisional
provisoire adj. tentative
provocateur/rice adj. provocative
provocation n. provocation
provoquer v. prompt
provoquer v. provoke
provoquer v. goad
proximité n. proximity
proximité n. vicinity
prude n. prude
prudence n. prudence
prudent(e) adj. careful
prudent(e) adj. cautious
prudent(e) adj. prudent
prudent(e) adj. prudential
prune n. plum
prune n. prune
psaume n. psalm
pseudo adj. pseudo
pseudonyme n. pseudonym
pseudonyme n. nickname
pseudonyme n. alias
psyché n. psyche
psychiatre n. psychiatrist
psychiatrie n. psychiatry
psychique adj. psychic
psychologie n. psychology
psychologique adj. psychological
psychologue n. psychologist
psychopathe n. psychopath
psychose n. psychosis
psychothérapeute n. counsellor
psychothérapie n. psychotherapy
puanteur n. stench
pub n. pub
puberté n. puberty
pubien/ne adj. pubic
public n. audience
public adj. public
publication n. publication
publicité n. advertisement
publicité n. publicity
publier v. publish
puce n. chip
puce n. flea
puce électronique n. microchip
puer v. reek
puer v. stink
puéril(e) adj. childish
puéril(e) adj. puerile
puis adv. then
puissance n. potency
puissance n. power
puissance électronique n. wattage
puissant(e) adj. mighty
puissant(e) adj. potent
puissant(e) adj. powerful

puits n. shaft
puits n. well
pull n. pullover
pull n. sweater
pull-over n. jumper
pulpe n. pulp
pulpeux/se adj. luscious
pulsar n. pulsar
pulsation n. pulsation
punaise n. tack
punir v. punish
punitif/ve adj. punitive
punition n. punishment
pur(e) adj. pure
pur(e) adj. unalloyed
pureté n. purity
purgatif/ve adj. purgative
purgation n. purgation
purgatoire n. purgatory
purification n. purification
purifier v. purify
puriste n. purist
puritain(e) n. puritan
puritain(e) adj. puritanical
pus n. pus
putain n. whore
putatif/ve adj. putative
putride adj. putrid
puzzle n. jigsaw
pygmée n. pygmy
pyjama n. pyjamas
pyorrhée n. pyorrhoea
pyramide n. pyramid
pyromanie n. pyromania
python n. python

Q

quadrangulaire n. quadrangular
quadrant n. quadrant
quadrilatéral(e) n. quadrilateral
quadrilatère n. quadrangle
quadrupède n. quadruped
quadruple adj. quadruple
quadruplet n. quadruplet
quai n. quay
quai n. wharfage
quai n. dock
quai n. wharf
quaker n. Quaker
qualification n. credentials
qualification n. qualification
qualifié(e) adj. skilled
qualitatif/ve adj. qualitative
qualité n. quality
qualité de leader n. leadership
quand adv. when
quantifier v. quantify
quantitatif/ve adj. quantitative
quantité n. quantity
quantité n. lashings
quantum n. quantum
quarantaine n. quarantine
quarante adj.& n. forty
quark n. quark
quart n. quart
quartet n. quartet
quartier n. neighbourhood
quartier n. district
quartz n. quartz
quatorze adj.& n. fourteen
quatre adj.& n. four
quatre vingt dix adj. & n. ninety
quatre-vingt adj. & n. eighty
quatre-vingt-dixième adj. & n. ninetieth
quatrième adj.& n. fourth
que dalle n. zilch
quel/le pron. & adj. which
quelque chose pron. something

quelque part adv. somewhere
quelques adj. few
quelqu'un pron. somebody
quelqu'un pron. someone
querelle n. quarrel
querelle n. squabble
querelleur/se adj. quarrelsome
question n. matter
question n. question
questionnaire n. questionnaire
questionnaire n. trivia
quête n. quest
queue n. tail
qui pron. who
qui pron. whom
qui cloche adj. amiss
qui gratte adj. itchy
qui n'a pas le droit adj. ineligible
qui que ce soit pron. whoever
qui retient adj. retentive
quiétude n. quietetude
quille n. keel
quille n. skittle
quinine n. quinine
Quinn n. Quinn
quintessence n. epitome
quintessence n. quintessence
quinze adj. & n. fifteen
quinze jours n. fortnight
quitter v. vacate
quiz n. quiz
quoi pron. & adj. what
quoique conj. albeit
quorum n. quorum
quota n. quota
quotidiennement adj. daily
quotient n. quotient

R

rabais n. discount
rabaisser v. belittle
rabaisser v. demean
raccourci n. shortcut
raccourcir v. abridge
raccourcir v. shorten
rachitique adj. scrawny
rachitisme n. rickets
racial(e) adj. racial
racine n. root
racisme n. racialism
racketteur/se n. racketeer
racoler v. tout
raconter v. narrate
raconter v. recount
radar n. radar
radeau n. raft
radial(e) adj. radial
radiant(e) adj. radiant
radical(e) adj. radical
radieux/se adj. jubilant
radin(e) adj. miserly
radio n. radio
radioactif/ve adj. radioactive
radiographie n. radiography
radiographie n. x-ray
radiologie n. radiology
radis n. radish
radium n. radium
radoter v. witter
rafale n. flurry
rafale n. gust
rafale n. squall
raffinement n. nicety
raffinement n. refinement
raffiner v. refine
raffinerie n. refinery
rafraîchir v. refresh
rafraîchir v. trim

rafraîchissement n. refreshment
rage n. rabies
rage n. rage
ragoût n. stew
raide adj. stiff
raide adj. steep
raidir v. stiffen
raie n. ray
rail n. rail
railler v. deride
railler v. jeer
raillerie n. jibe
raillerie n. raillery
rainure n. groove
raisin n. grape
raisin sec n. raisin
raison n. reason
raisonnable adj. reasonable
raisons n. rationale
rajeunir v. rejuvenate
rajeunissement n. rejuvenation
ralentir v. lag
râler v. grumble
râler v. rant
rallye n. rally
rame n. ream
rami n. rummy
ramification n. ramification
ramifier v. ramify
rampant(e) adj. rampant
rampe n. ramp
rampe d'escalier n. banisters
ramper v. grovel
ramper v. crawl
rance adj. rancid
ranch n. ranch
rancoeur n. rancour
rançon n. ransom
rancune n. spite
rancune n grudge
randonnée n. hike
randonnée n. trek
rangé(e) adj. tidy
ranger v. stow
ranimer v. revive
rapace adj. rapacious
rapatriement n. repatriation
rapatrier v. repatriate
râpe n. grater
râpe n. rasp
râper v.t grate
rapide adj. rapid
rapide adj. swift
rapide adj. cursory
rapide adj. fast
rapide adj. quick
rapidement adv. apace
rapidement adv. quickly
rapidité n. fastness
rapidité n. rapidity
rapière n. rapier
rappel n. encore
rappel n. reminder
rappeler v. remind
rapper v. rap
rapport n. rapport
rapporter v. report
rapporteur n. protractor
rapports sexuels n. intercourse
rapprochement n. rapprochement
raquette n. racket
rare adj. infrequent
rare adj. rare
rare adj. scarce
rare adj. uncommon
rarement adv. seldom
rasage n. shaving
rasé(e) adj. shaven
raser v. shave
rasoir n. razor
rassasié(e) adj. sated
rassembler v. muster

rassis adj. stale
rassurer v. reassure
rat n. rat
rate n. spleen
râteau n. rake
râtelier n. rack
rater v. bungle
rater v. misfire
ratifier v. ratify
ratio n. ratio
ration n. ration
rationaliser v. rationalize
rationalisme n. rationalism
rationnel/le adj. rational
rauque adj. hoarse
rauque adj. husky
rauque adj. raucous
rauque adj. throaty
ravager v. ravage
ravages n. havoc
ravi(e) adj. overjoyed
ravin n. ravine
ravir v. enamour
ravir v. exhilarate
ravissement n. rapture
ravisseur n. captor
ravitailleur n. tender
raviver v. vitalize
rayon n. radius
rayon n. spoke
rayonnement n. radiation
rayonnement adj. refulgence
rayonner v. radiate
rayure n. stripe
réacteur n. reactor
réactif/ve adj. responsive
réaction n. reaction
réactionnaire adj. reactionary
réaffirmer v. reaffirm
réagir v. comport
réagir v. react
réajuster v. readjust
réalisable adj. workable
réalisation n. attainment
réalisation n. fulfilment
réalisation n. realization
réaliser v. realize
réalisme n. realism
réaliste adj. realistic
réalité n. reality
réapparaître v. reappear
rebattu(e) adj. hackneyed
rebelle adj. rebellious
rébellion n. rebellion
rebondir v. bounce
rebondir v. rebound
rebord n. ledge
rebord n. sill
rebut n. dross
récapituler v. recap
récapituler v. recapitulate
recapturer v. recapture
récemment adv. recently
recensement n. census
récent(e) adj. recent
réceptacle n. receptacle
récepteur n. receiver
réceptif/ve adj. receptive
réception n. reception
réceptionniste n. receptionist
récessif/ve adj. recessive
récession n. recession
recette n. proceeds
recette n. recipe
recettes n. revenue
recettes n. takings
recevable adj. admissible
receveur de poste n. postmaster
recevoir v. receive
recharger v. recharge
recharger v. refill
recherche n. research
rechercher v. search
rechuter v. relapse
récif n. reef

réciproque adj. reciprocal
récit n. yarn
récit n. narrative
récital n. recital
réciter v. recite
reclus(e) n. recluse
recoin n. nook
récolte n. harvest
récolte n. crop
récolter v. reap
recommandation n. recommendation
recommander v. recommend
récompense n. reward
récompenser v. requite
récompenser v. recompense
réconciliation n. reconciliation
réconfort n. solace
reconnaissance n. acknowledgement
reconnaissance n. recognition
reconnaissant(e) n. grateful
reconnaissant(e) adj. thankful
reconnaître v. acknowledge
reconnaître v. recognize
reconnaître coupable v. convict
reconsidérer v. reconsider
reconstituer v. reconstitute
reconstituer v. replenish
reconstruire v. rebuild
reconstruire v. reconstruct
recours n. recourse
récréation n. recreation
recréer v. recreate
récrimination n. recrimination
recrudescence n. spate
recrudescence n. upsurge
recruter v. recruit
rectangle n. rectangle
rectangulaire adj. rectangular
rectification n. rectification
rectifier v. rectify
rectitude n. rectitude
rectum n. rectum
reçu n. receipt
reçu n. voucher
recueillir v. gather
recueillir v. collect
recul n. retrospect
reculer v. flinch
reculer v. recede
reculer v. recoil
récupération n. reclamation
récupération n. recovery
récupérer v. reclaim
récupérer v. recoup
récupérer v. recover
récupérer v. recuperate
récupérer v. retrieve
récupérer v. scavenge
récurrence n. recurrence
récurrent(e) adj. recurrent
recycler v. recycle
rédacteur/rice en chef n. editor
rédemption n. redemption
redéployer v. redeploy
redevable adj. beholden
redondance n. redundancy
redoubler v. redouble
redoutable adj. redoubtable
redouter v. dread
redresser v. straighten
redresser v. unbend
réducteur/rice adj. reductive
réduction n. reduction
réduire v. reduce
réduire v. whittle
réduire de moitié v. halve
rééduquer v. rehabilitate
réel(le) adj. real
rééquiper v. refit

réévaluation n. reappraisal
réexaminer v. reassess
référence n. reference
référendum n. referendum
réfléchi(e) adj. thoughtful
réfléchir v. ponder
réfléchir v. reflect
réfléchissant(e) adj. reflective
réflexe n. reflex
réflexif/ve adj. reflexive
réflexion n. reflection
réflexologie n. reflexology
reflux n. ebb
réformateur/rice n. reformer
réforme n. reformation
réformer v. reform
réfraction n. refraction
réfrigérateur n. fridge
réfrigérateur n. refrigerator
réfrigération n. refrigeration
réfrigérer v. refrigerate
refuge n. refuge
réfugié(e) n. refugee
refus n. refusal
refuser v. baulk
refuser v. disallow
refuser v. withhold
refuser v. refuse
réfutation n. refutation
réfuter v. confute
réfuter v. refute
réfuter v. disprove
regard n look
regarder v. peer
regarder v. gaze
regarder v. look
regarder v. watch
regarder bouche bée v. gape
régénération n. regeneration
régénérer v. regenerate
régent(e) n. regent
reggae n. reggae
régicide n. regicide
régime n. regime
régime n. diet
régime politique n. polity
régiment n. regiment
région n. region
régional(e) adj. regional
régir v. govern
registre n. registry
réglage n. setting
règle n. rule
règlement n. settlement
réglementer v. regulate
régler v. deal
régner v. reign
régner v. rule
régresser v. regress
regret n. regret
regrettable adj. regrettable
régulariser v. regularize
régularité n. regularity
régulateur n. regulator
régulation n. regulation
régulier/ère adj. regular
réhabilitation n. rehabilitation
réimprimer v. reprint
rein n. kidney
réincarner v. reincarnate
reine n. queen
réintégration n. reinstatement
réitération n. reiteration
réitérer v. reiterate
rejet n. rejection
rejeter v. overrule
rejeter v. reject
rejeter v. dismiss
rejeter v. rebuff
rejoindre v. rejoin
réjouir v. gladden
relais n. relay
relatif/ve adj. relative
relation n. linkage

relation n. relation
relation n. relationship
relativité n. relativity
relaxation n. relaxation
reléguer v. relegate
relié(e) n. hardback
relier v. interlink
religieuse n. nun
religieux/se adj. religious
religion n. religion
relique n. relic
reliure n. binding
remanier v. reshuffle
remarquable adj. noteworthy
remarquable adj. remarkable
remarque n. note
remarquer v. remark
rembobiner v. rewind
rembourrage n. padding
remboursement n. rebate
remboursement n. repayment
remboursement n. refund
rembourser v. reimburse
rembourser v. repay
rembourser v. refund
remède n. remedy
remercier v. thank
remettre à plus tard v. procrastinate
remettre en état v. recondition
réminiscence v. reminiscence
réminiscent(e) adj. reminiscent
remise n. outhouse
rémission n. remission
remonter v. hitch
remords n. remorse
remorque n. trailer
remorquer v. tow
rempart n. bulwark
rempart n. rampart
remplacement n. replacement
remplacer v. replace
remplacer v. supersede
remplir v. fill
remplissage n. filler
remuer v. jiggle
remuer v. stir
remuer v. wag
rémunérateur/rice adj. remunerative
rémunération n. remuneration
rémunérer v. remunerate
renaissance n. rebirth
renaissance n. renaissance
renard n. fox
renarde n. vixen
rencontrer v. meet
rencontrer v. encounter
rendez-vous n. rendezvous
rendez-vous n. date
rendez-vous galant n. tryst
rendre la pareille v. reciprocate
rendre rustique v. rusticate
rêne n. rein
renégat n. renegade
renfermé(e) adj. frowsty
renflement n. bulge
renforcement n. underlay
renforcer v. reinforce
renforcer v. strengthen
renfort n. reinforcement
renier v. abjure
renier v. disown
renifler v. sniffle
renifler v. snuffle
renifler v. sniff
renommé(e) adj. renowned
renommée n. renown
renommée n. repute

renoncer v. forswear
renoncer à v. forgo
renoncer à v. relinquish
renoncer à v. renounce
renoncer à v. waive
renoncer à v. forfeit
renonciation n. renunciation
renouveler v. renew
renouvellement adj. renewal
rénovation n. renovation
rénover v. refurbish
rénover n. renovate
rénover v. revamp
rentable adj. profitable
rente n. annuity
rentrer v. tuck
renverser v. overthrow
renvoyer v. sack
renvoyer v. remand
réorganiser v. rearrange
réorganiser v. reorganize
répandre v. strew
réparer v. mend
réparer v. fix
réparer v. overhaul
réparer v. redress
réparer v. repair
répartie n. repartee
répartir v. apportion
repas n. meal
repasser v. replay
repenser v. rethink
repenti(e) adj. repentant
repentir n. repentance
répercussion n. repercussion
répéter v. rehearse
répéter v. repeat
répétition n. rehearsal
répétition n. repetition
répétition n. rote
répit n. respite
réplique n. rejoinder
réplique n. replica
répliquer v. replicate
répondre v. reply
répondre v. respond
réponse n. answer
réponse n. response
report n. postponement
reportage n. reportage
reporter v. postpone
reporter v. defer
repos n. repose
reposant(e) adj. restful
repousser v. repel
repousser v. snub
répréhensible adj. reprehensible
répréhensible adj. objectionable
reprendre v. resume
reprendre possession v. repossess
représailles n. reprisal
représailles n. retaliation
représentant(e) adj. representative
représentation n. portrayal
représentation n. representation
représenter v. represent
répression n. repression
réprimande n. reproof
réprimander v. admonish
réprimander v. berate
réprimander v. upbraid
réprimander v. reprimand
réprimer v. quell
réprimer v. repress
réprimer v. subdue
reprise n. resumption
reprise n. upturn
repriser v. darn
reprocher v. rebuke
reprocher v. rebuke
reprocher v. reproach

reproductif/ve adj. reproductive
reproduction n. reproduction
reproduire v. reproduce
reptile n. reptile
républicain(e) adj. republican
république n. republic
répudiation n. repudiation
répudier v. repudiate
répugnance n. repugnance
répugnant(e) adj. loathsome
répugnant(e) adj. repugnant
répulsif/ve adj. repulsive
répulsif/ve adj. repellent
répulsion n. repulsion
répulsion n. revulsion
réputation n. reputation
requête n. query
requiem n. requiem
requin n. shark
requis(e) adj. requisite
réquisition n. requisition
réseau n. network
réservation n. reservation
réservé(e) adj. retiring
réserver v. reserve
réservoir n. reservoir
réservoir n. tank
résidence n. residence
résident(e) n. resident
résidentiel/le adj. residential
résider v. reside
résidu n. residue
résiduel/le adj. residual
résiliation n. termination
résilier v. terminate
résistance n. resistance
résistant(e) adj. resilient
résistant(e) adj. resistant
résister v. withstand
résister à v. resist
résolu(e) adj. adamant
résolu(e) adj. resolute
résolution n. resolution
résonance n. resonance
résonant(e) adj. resonant
résonner v. resonate
résonner v. reverberate
résoudre v. resolve
résoudre v. settle
résoudre v. solve
respect n. respect
respectable adj. respectable
respectif/ve adj. respective
respectueux/se adj. respectful
respectueux/se adj. dutiful
respirateur n. respirator
respiration n. respiration
respirer v. respire
respirer v. breathe
respirer bruyamment v. wheeze
resplendissant(e) adj. refulgent
resplendissant(e) adj. resplendent
responsabilité n. liability
responsabilité n. responsibility
responsable adj. accountable
responsable adj. answerable
responsable adj. liable
responsable adj. responsible
ressemblance n. likeness
ressemblance n. resemblance
ressembler à v. resemble
ressentiment n. resentment
resserrer v. constrict
ressource n. resource
ressusciter v. resurrect
restaurant n. eatery
restaurant n. restaurant
restaurateur n. restaurateur
restauration n. restoration

restaurer v. restore
reste n. remainder
reste n. remains
rester v. remain
rester ensemble v. cohere
restitution n. restitution
restreindre n. restrict
restrictif/ve adj. restrictive
restriction n. restriction
restriction n. stricture
résultant(e) adj. resultant
résultat n. outcome
résultat n. result
résultat n. upshot
résumé n. summary
résumer v. summarize
résurgence a. resurgence
résurgent(e) adj. resurgent
rétablir v. reinstate
retard n. backlog
retard n. retardation
retarder v. delay
retarder v. retard
retarder v. stunt
rétention n. retention
retentir v. resound
retenue n. restraint
réticence n. reluctance
réticent(e) adj. grudging
réticent(e) adj. reluctant
réticent(e) adj. reticent
réticent(e) adj. unwilling
rétif/ve adj. restive
rétine n. retina
retirer v. withdraw
retomber v. flop
retors(e) adj. devious
retouche n. fitting
retoucher v. retouch
retour n. return
retour n. revival
retour de bâton n. backlash
retour de flamme v. backfire
retourner v. overturn
retourner v. return
retracer v. retrace
rétracter v. retract
retrait n. withdrawal
retraite n. retirement
retraité n. pensioner
retranchement n. retrenchment
retrancher v. retrench
rétrécir v. shrink
rétrécissement n. shrinkage
rétribution n. retribution
retriever n. retriever
rétro adj. retro
rétroactif/ve adj. retroactive
rétrograde adj. retrograde
rétrograder v. demote
rétrospective adj. retrospective
retrouver v. regain
rets n. toils
réunion n. meeting
réunion n. reunion
réunir v. reunite
réussir v. succeed
réussite n. achievement
réutiliser v. reuse
rêve n. dream
revêche adj. surly
réveiller v. wake
révélateur/rice adj. telling
révélation n. revelation
révéler v. reveal
revendeur n. stockist
revenir v. revert
revenu n. income
rêver de v. hanker
révéré(e) adj. revered
révérence n. obeisance
révérence n. reverence
révérencieux/se adj. reverential

révérencieux/se adj. reverent
révérend adj. reverend
révérer v. revere
rêverie n. reverie
revers n. backhand
réversible adj. reversible
réviser v. edit
réviser v. revise
révision n. revision
revivalisme n. revivalism
révocable adj. revocable
révocation n. revocation
révolter v. revolt
révolution n. revolution
révolutionnaire adj. revolutionary
révolutionner v. revolutionize
revolver n. revolver
révoquer v. revoke
revue n. journal
rhapsodie n. rhapsody
rhétorique n. rhetoric
rhétorique adj. rhetorical
rhinocéros n. rhinoceros
rhodium n. rhodium
rhum n. rum
rhumatisant(e) adj. rheumatic
rhumatisme n. rheumatism
ricanement n. snigger
ricanement n. sneer
riche adj. rich
riche adj. wealthy
richement adv. richly
richesse n. richness
richesse n. wealth
ride n. wrinkle
rideau n. curtain
ridicule adj. footling
ridicule adj. ludicrous
ridicule n. ridicule
ridicule adj. ridiculous
ridiculiser v. lampoon
rien pron. nothing
rigide adj. rigid
rigole n. gully
rigoureux/se adj. rigorous
rigueur n. rigour
rigueur n. stringency
rime n. rhyme
rincer v. rinse
riposte n. riposte
riposter v. retaliate
riposter v. retort
riposter v. counter
rire n. laughter
rire v. laugh
risible adj. laughable
risible adj. risible
risque n. risk
risqué(e) adj. risky
rite n. rite
rituel/le n. ritual
rival n. rival
rivalité n. rivalry
rivalité n. feud
rive n. shore
rivet n. rivet
rivière n. river
rixe n. affray
riz n. rice
rizière n. paddy
roadster n. roadster
robe n. frock
robe n. gown
robe n. robe
robinet n. tap
robot n. robot
robuste adj. hardy
robuste adj. lusty
robuste adj. rugged
robuste adj. sturdy
robuste adj. robust
roche n. rock
rocheux/se adj. rocky
rodéo n. rodeo
roi n. king

rôle n. role
roman n. novel
romance n. romance
romancier/ère n. novelist
romantique adj. romantic
rond(e) adj. round
rond-point n. roundabout
ronflement n. snore
ronger v. gnaw
rongeur n. rodent
ronronner v. purr
rosaire n. rosary
rose n. rose
rose adj. rosy
rose adj. pink
rosée n. dew
rosette n. rosette
rossignol n. nightingale
rotatif/ve adj. rotary
rotation n. rotation
roter v. belch
rôtir v. roast
rôtisserie n. carvery
rotor n. rotor
roturier/ère n. commoner
rouage n. cog
roue n. wheel
rouer de coups v. pummel
rouer de coups v. thrash
rouge n. rouge
rouge adj. red
rougeâtre adj. reddish
rougeole n. measles
rougeurs adj. rash
rougir v. blush
rouille n. blight
rouille n. rust
rouillé(e) adj. rusty
rouleau n. roll
roulement n. rota
rouler v. cruise
rouler v. furl
rouler v. roll
roulette n. roulette
roulette n. castor
roussir v. char
roussir v. singe
route n. road
routine n. routine
royal(e) adj. regal
royal(e) n. royal
royaliste n. royalist
royaume n. kingdom
royaume n. realm
ruban n. ribbon
ruban n. tape
ruban de police n. cordon
rubis n. ruby
rubrique n. rubric
rubrique n. topic
ruche n. hive
rucher n. apiary
rudiment n. rudiment
rudimentaire adj. rudimentary
rue n. street
ruée n. stampede
ruelle n. alley
ruelle n. lane
ruelle n. mews
rugby n. rugby
rugir v. roar
rugissement n. roar
rugueux/se adj. rough
ruine n. ruin
ruiné(e) adj. bankrupt
ruineux/se adj. ruinous
ruisseau n. creek
ruisseau n. runnel
ruisseau n. streamlet
ruisseau n. brook
ruisselet n. rivulet
rumeur n. rumour
ruminant n. ruminant
rumination n. rumination
ruminer v. ruminate
rural(e) adj. rural

ruse n. trickery
ruse n. wile
ruse n. wit
ruse n. ruse
rusé(e) adj. artful
rusé(e) adj. crafty
rusé(e) adj. cunning
rusé(e) adj. wily
rusticage n. rustication
rusticité n. rusticity
rustique adj. rustic
rustre n. lout
rustre adj. uncouth
rustre n. vulgarian
rustre n. yokel
rythme n. rhythm
rythme n. pace
rythmique adj. rhythmic

S

sa pron. her
s'abattre v. befall
sabbat n. Sabbath
sable n. sand
sableux/se adj. sandy
s'abonner v. subscribe
sabot n. hoof
sabotage n. sabotage
sabre n. sabre
s'abstenir v. abstain
s'abstenir v. forbear
s'abstenir v. refrain
sac n. bag
sac n. pouch
sac n. sack
sac à dos n. backpack
sac à dos n. rucksack
sac à main n. handbag
sac à main n. purse
saccager v. ransack
saccharine n. saccharin
s'acclimater v. acclimatise
s'accorder v. indulge
s'accrocher v. cling
s'accroupir v. squat
s'accroupir v. crouch
sacerdoce n. priesthood
sachet n. sachet
sacoche n. satchel
sacré(e) adj. sacred
sacrement n. sacrament
sacrifice n. sacrifice
sacrificiel/le adj. sacrificial
sacrifier v. sacrifice
sacrilège n. sacrilege
sacrilège adj. sacrilegious
sacristain n. sexton
sacristie n. vestry
sacro-saint(e) adj. sacrosanct
sadique n. sadist
sadisme n. sadism
sado-maso n. bondage
safari n. safari
s'affaisser v. droop
s'affaisser v. sag
safran n. saffron
saga n. saga
sagace adj. sagacious
sagacité n. sagacity
sage adj. demure
sage adj. sage
sage adj. wise
sage-femme n. midwife
sagesse n. wisdom
s'agglomérer v. agglomerate
s'aggraver v. worsen
s'agiter v. wiggle
saigner v. bleed
saillant(e) adj. salient
sain(e) adj. sane
sain(e) adj. wholesome
saindoux n. lard
saint n. saint
saint(e) adj. saintly

saint(e) adj. holy
sainteté n. sanctity
saisie n. seizure
saisir v. seize
saisir v. grasp
saisir v. grip
saisir v. snatch
saison n. season
saisonnier adj. seasonal
saisonnier/ère adj. seasonable
saké n. sake
salade n. salad
salaire n. salary
salaire n. stipend
salaire n. wage
sale adj. dirty
salé(e) adj. salty
salé(e) adj. savoury
saleté n. dirt
salin(e) adj. saline
salinité n. salinity
salir v. smudge
salive n. saliva
salive n. spittle
salle n. ward
s'allonger v. recline
s'allumer v. ignite
salmigondis n. hotchpotch
salon n. parlour
salon n. salon
salon n. lounge
salope n. slut
salsa n. salsa
saluer n. greet
salut n. salute
salut n. salvation
salutaire adj. salutary
salutation n. greeting
salutation n. salutation
salve n. salvo
Samaritain n. Samaritan
samedi n. Saturday
s'amenuiser v. dwindle
sanatorium n. sanatorium
sanatorium n. sanatorium
sanctification n. sanctification
sanctifier v. hallow
sanctifier v. sanctify
sanctionner v. sanction
sanctuaire n. sanctuary
sanctuaire n. sanctum
sanctuaire n. shrine
sandale n. sandal
sandwich n. sandwich
sang n. blood
sang-froid n. composure
sang-froid n. sangfroid
sanglant(e) adj. gory
sanglant(e) adj. bloody
sangle n. strap
sanglier n. boar
sangloter v. sob
sangsue n. leech
sanguin(e) adj. sanguine
sanguinaire adj. sanguinary
s'animer v. liven
sanitaire adj. sanitary
sans prep. without
sans âge adj. ageless
sans âme adj. soulless
sans armes adj. unarmed
sans bornes adj. boundless
sans but adj. aimless
sans coeur adj. heartless
sans égal adj. peerless
sans fil adj. wireless
sans foi ni loi adj. lawless
sans le sou adj. penniless
sans pareille adj. nonpareil
sans personnel adj. unmanned
sans peur adj. fearless
sans précédent adj. unprecedented

sans scrupules adj. unprincipled
sans scrupules adj. unscrupulous
sans surveillance adj. unattended
sans valeur adj. worthless
sans voix adj. speechless
santé n. health
santé mentale n. sanity
saper v. undercut
saphir n. sapphire
sapin n. fir
s'apitoyer v. commiserate
sarcasme n. sarcasm
sarcastique adj. sarcastic
sarcophage n. sarcophagus
sardonique adj. sardonic
sari n. sari
s'arrêter v. halt
s'arroger v. arrogate
s'asseoir v. sit
s'assurer v. ensure
s'assurer de v. ascertain
satan n. Satan
satanique adj. satanic
Satanisme n. Satanism
satellite n. satellite
satiable adj. satiable
satiété n. satiety
satin n. satin
satire n. satire
satirique adj. satirical
satiriser v. satirize
satiriste n. satirist
satisfaction n. satisfaction
satisfaire v. gratify
satisfaire v. satisfy
satisfaisant(e) adj. satisfactory
satisfait(e) adj. content
s'attacher v. strive
s'attarder v. linger
s'attendre à v. expect
saturation n. saturation
saturer v. saturate
saturnien/ne adj. saturnine
sauce n. dressing
sauce n. gravy
sauce n. sauce
saucisse n. banger
saucisse n. sausage
saucisse de Francfort n. frankfurter
sauf prep. except
sauge n. sage
saule n. willow
saumon n. salmon
saumure n. brine
saumure n. pickle
sauna n. sauna
saupoudrer v. sprinkle
saut périlleux n. somersault
sauter v. leap
sauter v. jump
sauter v. skip
sauterelle n. grasshopper
sautiller v. hop
sautiller v. hop
sauvage n. barbarian
sauvage adj. feral
sauvage adj. savage
sauvage adj. wild
sauvagerie n. savagery
sauvegarde n. safeguard
sauver v. rescue
sauver v. salvage
sauveur n. saviour
sauveur/se n. liberator
savant(e) adj. scholarly
saveur n. flavour
savoir v. know
savon n. soap
savonneux/se adj. soapy
savourer v. savour
savoureux/se adj. tasty

saxophone n. saxophone
scabreux/se adj. scabrous
scandale n. furore
scandale n. scandal
scandaleux/se adj. outrageous
scandaliser v. scandalize
scanner n. scanner
scarabée n. beetle
scélérat(e) n. malefactor
scénario n. scenario
scène n. scene
scène n. stage
sceptique n. sceptic
sceptique adj. sceptical
sceptre n. sceptre
schématique adj. schematic
schisme n. schism
schizophrénie n. schizophrenia
sciatique n. sciatica
scie n. saw
science n. science
scientifique adj. scientific
scientifique n. scientist
scier v. saw
scintiller v. flicker
scintiller v. glitter
scintiller v. sparkle
scintiller v. twinkle
sciure de bois n. sawdust
scolastique adj. scholastic
scooter n. scooter
score n. score
scories n. slag
scorpion n. scorpion
scribe n. scribe
script n. script
scrupule n. qualm
scrupule n. scruple
scrupuleux/se adj. scrupulous
scruter v. scrutinize
sculpter v. carve
sculpter v. sculpt
sculpteur n. sculptor
sculptural(e) adj. sculptural
sculptural(e) adj. statuesque
sculpture n. sculpture
se baigner v. bathe
se baisser v. stoop
se balader v. traipse
se balancer v. sway
se blottir v. huddle
se blottir contre v. snuggle
se bousculer v. jostle
se casser net v. snap
se chamailler v. bicker
se chevaucher v. overlap
se cogner v. knock
se complaire v. wallow
se comporter v. behave
se confier v. confide
se conformer v. conform
se conformer v. comply
se connecter v. connect
se dandiner v. waddle
se débattre v. writhe
se débrouiller v. fend
se décomposer v. decay
se demander v. wonder
se dépêcher v. hurry
se dépêcher v. rush
se déplacer au sol v. taxi
se déployer v. unfurl
se déprécier v. depreciate
se déshabiller v. undress
se désintégrer v. disintegrate
se détendre v. relax
se détendre v. unwind
se détériorer v. deteriorate
se dévêtir v. disrobe
se disperser v. scatter
se disperser v. disperse
se disputer n. wrangle
se faufiler v. creep

se faufiler v. sneak
se fendre v. split
se fier v. rely
se flétrir v. wither
se fouler v. sprain
se fracasser v. smash
se gargariser v. gargle
se gonfler v. billow
se lancer v. embark
se lever v. stand
se lier d'amitié avec v. befriend
se marier v. marry
se marier v. wed
se masturber v. masturbate
se méfier v. mistrust
se mélanger v. mingle
se mêler v. meddle
se méprendre v. misunderstand
se mettre à genoux v. kneel
se moquer v. mock
se moquer de v. scoff
se moquer de v. gibe
se pâmer v. swoon
se pavaner v. swagger
se permettre v. afford
se plaindre v. gripe
se plaindre v. complain
se plonger v. delve
se porter garant v. vouch
se prélasser v. bask
se procurer v. procure
se promener v. stroll
se qualifier v. qualify
se racheter v. redeem
se rappeler v. recollect
se rassembler v. congregate
se rebeller v. rebel
se réconcilier v. reconcile
se référer v. refer
se réjouir v. rejoice
se réjouir v. revel
se relâcher v. slacken
se relaxer v. lounge
se rendre v. surrender
se rendre à v. betake
se renseigner v. enquire
se renseigner v. inquire
se renverser v. topple
se repentir v. repent
se reproduire v. recur
se reproduire v. reoccur
se retirer v. retreat
se retourner v. flip
se réveiller v. waken
se rompre v. rupture
se souvenir v. remember
se souvenir v. recall
se spécialiser v. specialize
se taire v. hush
se tapir v. cower
se tapir v. lurk
se tortiller v. squirm
se tortiller v. wriggle
se traîner v. trudge
se tromper v. err
se vanter v. boast
se vanter v. brag
séance n. sitting
seau n. pail
seau n. bucket
s'ébattre v. cavort
s'ébattre v. romp
sec/sèche adj. dry
s'écarter v. deviate
sécession n. secession
sécheresse n. drought
séchoir n. dryer
second(e) adj. second
secondaire adj. ancillary
secondaire adj. secondary
secouer v. joggle
secouer v. shake
s'écouler v. elapse
secours n. succour

secret n. secrecy
secret/ète adj. secret
secrétaire n. secretary
secrétariat n. secretariat
sécréter v. secrete
sécréter du lait v. lactate
sécrétion n. secretion
sectaire adj. sectarian
secte n. sect
secteur n. sector
section n. portion
section n. section
sécuriser adj. secure
sécuritaire adj. safe
sécurité n. safety
sécurité n. security
sédatif n. sedative
sédation n. sedation
sédentaire adj. sedentary
sédiments n. sediment
séditieux/se adj. seditious
sédition n. sedition
séduction n. seduction
séduire v. seduce
séduisant(e) adj. seductive
s'effilocher v. fray
s'effondrer v. collapse
s'efforcer v. strain
s'effriter v. crumble
segment n. segment
ségrégation n. segregation
seigle n. rye
seigneur n. lord
sein n. breast
seins nus adj. topless
seize adj. & n. sixteen
seizième adj. & n. sixteenth
séjour n. sojourn
séjourner v. stay
sel n. salt
sélectif/ve adj. selective
sélection n. selection
sélectionner v. select
selle n. saddle
sellier n. saddler
selon adv. according
semaine n. week
sémantique adj. semantic
semblant n. semblance
sembler v. seem
s'embrasser v. smooch
s'émerveiller v. marvel
semestre n. semester
séminaire n. seminar
séminal(e) adj. seminal
sémitique adj. Semitic
sénat n. senate
sénateur n. senator
sénatorial(e) adj. senatorial
s'enfuir v. abscond
s'enfuir v. elope
s'engager v. engage
sénile adj. senile
sénilité n. senility
s'enrayer v. jam
s'enrôler v. enlist
sens n. meaning
sens n. sense
sensation n. sensation
sensationnel/le adj. sensational
sensibiliser v. sensitize
sensibilité n. sensibility
sensible adj. sensible
sensible adj. sensitive
sensible adj. susceptible
sensoriel/le adj. sensory
sensualiste n. sensualist
sensualité n. sensuality
sensuel/le adj. sensual
sensuel/le adj. sultry
s'ensuivre v. ensue
sentencieux/se adj. sententious
sentier n. trail
sentiment n. sentiment

sentiment n. feeling
sentimental(e) adj. sentimental
sentinelle n. sentinel
sentir v. feel
s'entortiller v.t. tangle
s'entraîner v. train
s'envoler v. soar
s'épanouir v. flourish
séparable adj. separable
séparation n. separation
séparatiste n. separatist
séparé(e) adv. apart
séparer v. segregate
séparer v. separate
sept adj. & n. seven
septembre n. September
septentrional(e) adj. northern
septicémie n. sepsis
septième adj. & n. seventh
septique adj. septic
sépulcral(e) adj. sepulchral
sépulcre n. sepulchre
sépulcre n. sepulchre
séquence n. sequence
séquences n. footage
séquentiel/le adj. sequential
séquestrer v. sequester
serein(e) adj. serene
sérénité n. serenity
serf n. serf
serge n. serge
sergent n. sergeant
série n. series
seringue n. syringe
serment n. oath
sermon n. sermon
sermonner v. reprove
serpent n. serpent
serpent n. snake
serpentin adj. serpentine
serre n. talon
serré(e) adj. tight
serrer v. clasp
serrer v. squeeze
serrer v. tighten
serrure n. lock
serveur n. waiter
serveur/se n. server
serveuse n. waitress
serviable adj. obliging
service n. service
serviette n. napkin
serviette n. serviette
serviette n. towel
servile adj. servile
servile adj. slavish
servilité n. servility
servir v. serve
servir de médiateur v. mediate
serviteur n. varlet
serviteur/se n. servant
sésame n. sesame
session n. session
s'étaler v. sprawl
s'étirer v. limber
s'étouffer v. choke
s'étreindre v. clinch
setter n. setter
seuil n. threshold
seul(e) adv. alone
seul(e) adj. lonesome
seulement adv. only
s'évader v.i escape
s'évaporer v. evaporate
sève n. sap
sévère adj. censorious
sévère adj. severe
sevrer v. wean
s'exclamer v. exclaim
s'excuser v. apologize
sexe n. gender
sexe n. sex
s'exercer v. practise
sexisme n. sexism

sexualité n. sexuality
sexuel/le adj. sexual
sexy adj. sexy
s'habiller v. dress
shampooing n. shampoo
shopping n. shopping
si conj. whether
si conj. if
SIDA n. aids
sidérant(e) adj. staggering
sidéré(e) adj. flabbergasted
siècle n. century
siège n. siege
siège n. seat
siège social n. headquarters
sièges n. seating
sienne pron. hers
sieste n. nap
sieste n. siesta
sifflant(e) adj. sibilant
sifflement adj. swish
siffler v. hiss
siffler v. whiz
sifflet n. whistle
signal n. cue
signal n. signal
signataire n. signatory
signature n. by-line
signature n. signature
signe n. sign
signet n. bookmark
significatif/ve n. significant
signification n. significance
signification n. signification
signifier v. signify
signifier v. denote
signifier v. mean
silence n. silence
silencieux n. silencer
silencieux/se adj. silent
silex n. flint
silhouette n. silhouette
silicium n. silicon
sillon n. furrow
similaire adj. similar
similitude n. similarity
s'immiscer v. intrude
simple adj. mere
simple adj. simple
simple adj. straightforward
simplicité n. simplicity
simplification n. simplification
simplifier v. simplify
simulacre n. pretence
simuler v. simulate
simultané(e) adj. concurrent
simultané(e) adj. simultaneous
sincère adj. heartfelt
sincère adj. sincere
sincère adj. whole-hearted
sincérité n. sincerity
s'incliner v. bow
s'incliner v. tilt
sinécure n. sinecure
singe n. ape
singe n. monkey
singeries n. antic
singularité n. singularity
singulier/ère adj. singular
singulièrement adv. singularly
sinistre adj. sinister
sinon adv. otherwise
s'inquiéter v. fret
s'inquiéter v. worry
s'inscrire v. enrol
sinueux/se adj. sinuous
sinus n. sinus
siphon n. siphon
sirène n. mermaid
sirène n. siren
sirop n. syrup
siroter v. sip
sirupeux/se adj. saccharine

sismique adj. seismic
site n. site
site internet n. website
situation n. placement
situation n., a situation
situer v. situate
six adj.& n. six
sixième adj. & n. sixth
skateboard n. skateboard
ski n. ski
skipper n. skipper
slip n. knickers
slip n. underpants
slogan n. slogan
smog n. smog
smoking n. tuxedo
smoothie n. smoothie
snob n. snob
snob adj. snobbish
snobisme n. snobbery
snooker n. snooker
sobre adj. sober
sobriété n. sobriety
s'occuper v. potter
sociabilité n. sociability
sociable adj. sociable
social(e) adj. corporate
social(e) adj. social
socialiser v. socialize
socialisme n. socialism
socialiste n. & adj. socialist
société n. society
société n. company
sociologie n. sociology
soda n. soda
sodomie n. sodomy
soeur n. sister
soi pron. oneself
soie n. silk
soif n. thirst
soigné(e) adj. dapper
soigné(e) adj. neat
soigner v. tend
soi-même pron. itself
soi-même n. self
soins n. care
soirée n. evening
soit adv. either
soixante adj. & n. sixty
soixante-dix adj. & n. seventy
soixante-dixième adj. & n. seventieth
soixantième adj. & n. sixtieth
sol n. ground
sol n. soil
solaire adj. solar
solaire v. sun
soldat n. soldier
solde n. balance
soleil n. sun
solemniser v. solemnize
solennel/le adj. solemn
solennité n. solemnity
solidarité n. solidarity
solide adj. solid
soliloque n. soliloquy
soliste n. soloist
solitaire adj. lone
solitaire adj. lonely
solitaire n. loner
solitaire n. solitaire
solitaire adj. solitary
solitude n. loneliness
solitude n. solitude
solive n. joist
solliciter v. solicit
sollicitude n. solicitude
solo n. solo
solubilité n. solubility
soluble adj. soluble
solution n. solution
solvabilité n. solvency
solvant n. solvent
sombre adj. desolate
sombre adj. gloomy
sombre adj. sombre

sombre adj. dark
sommaire adj. scanty
sommaire adj. sketchy
sommairement adv. summarily
somme n. snooze
somme n. sum
sommeil n. sleep
sommeiller v. slumber
sommet n apex
sommet n. peak
sommet n. summit
sommet n. vertex
somnambule n. somnambulist
somnambulisme n. somnambulism
somnolence n. somnolence
somnolent(e) adj. somnolent
somnolent(e) adj. somnolent
somnoler v. drowse
somnoler v. doze
somptueux/se adj. sumptuous
somptueux/se adj. deluxe
somptueux/se adj. lavish
son adj. his
son n. pitch
son n. sound
son Excellence n. Excellency
sondage n. poll
sonde n. probe
sondé(e) n. respondent
sonder v. plumb
songeur/se adj. pensive
sonner v. ring
sonnet n. sonnet
sonnette n. buzzer
sonnette n. bell
sonorité n. sonority
sophisme n. sophism
sophiste n. sophist
sophistication n. sophistication
sophistiqué(e) adj. sophisticated
s'opposer à v. oppose
sorbet n. sorbet
sorcellerie n. sorcery
sorcellerie n. witchcraft
sorcellerie n. witchery
sorcier n. sorcerer
sorcier n. wizard
sorcier/ère n. witch
sordide adj. seamy
sordide adj. sleazy
sordide adj. sordid
sordide adj. squalid
sordide adj. tawdry
sororité n. sisterhood
sort n. plight
sortie n. outing
sortie n. output
sortie n. sally
sortie n. sortie
sortie n. exit
sortir précipitamment v. flounce
sosie n. lookalike
souche n. stump
souci n. marigold
soucoupe n. saucer
soudain(e) adj. sudden
souder v. weld
soudoyer v. t. bribe
soudure n. solder
souffle n. breath
souffler v. blow
souffler v. snuff
soufflet n. bellows
souffrant(e) adj. indisposed
souffrir v. ail
souffrir v. suffer
soufre n. sulphur
souhaitable adj. desirable

souhaiter v. wish
souiller v. sully
souillon n. slattern
souillon adj. slatternly
souillon n. slob
soulagement n. alleviation
soulagement n. relief
soulager v. alleviate
soulager v. relieve
soulager v. unburden
soulèvement n. uprising
soulever v. raise
soulever v. uplift
soulever v. lift
souligner v. underline
souligner v. underscore
soumission n. subjection
soupe n. soup
souper n. supper
soupirer v. sigh
souple adj. floppy
souple adj. lithe
souple adj. supple
source n. source
sourcil n. brow
sourd(e) adj. deaf
sourire v. grin
sourire v. smile
sourire v. smirk
souris n. mouse
sous prep. under
sous adv. beneath
sous peu adv. shortly
souscrire v. underwrite
souscrit(e) adj. subscript
sous-estimer v. underestimate
sous-estimer v. underrate
sous-louer v. sublet
sous-marin n. submarine
soussigné(e) n. undersigned
sous-sol n. basement
sous-titre n. subtitle
sous-total n. subtotal
soustraction n. subtraction
soustraire v. subtract
sous-traiter v. subcontract
sous-verre n. coaster
sous-vêtements n. underwear
soutane n. cassock
soutenir v. abut
soutenir v. sustain
soutenir v. support
souterrain adj. subterranean
soutien n. support
soutien-gorge n. bra
souvenir n. keepsake
souvenir n. recollection
souvenir n. remembrance
souvenir n. souvenir
souvenir n. memento
souvent adv. often
souverain n. ruler
souverain n. sovereign
souveraineté n. sovereignty
soyeux/se adj. silken
soyeux/se adj. silky
spa n. spa
spacieux/se adj. spacious
spacieux/se adj. capacious
spacieux/se adj. roomy
spam n. spam
spasme n. spasm
spasmodique adj. spasmodic
spastique adj. spastic
spatial(e) adj. spatial
spécial(e) adj. special
spécialisation n. specialization
spécialiste n. specialist
spécialité n. speciality
spécieux/euse adj. specious
spécification n. specification
spécifier v. specify
spécifique adj. specific

spécimen n. specimen
spectacle n. spectacle
spectaculaire adj. spectacular
spectateur/rice n. onlooker
spectateur/rice n. spectator
spectral(e) adj. spectral
spectre n. spectre
spectre n. spectrum
spéculation n. speculation
spéculer v. speculate
sperme n. semen
sperme n. sperm
sphère n. sphere
sphérique n. spherical
spiritisme n. spiritualism
spiritualiste n. spiritualist
spiritualité n. spirituality
spirituel/le adj. witty
spirituel/le adj. spiritual
splendeur n. splendour
splendide adj. splendid
sponsor n. sponsor
spontané(e) adj. spontaneous
spontanéité n. spontaneity
sporadique adj. sporadic
spore n. spore
sport n. sport
sportif n. sportsman
sportif/ve adj. sportive
sprat n. sprat
spray n. spray
sprinteur n. sprinter
squelette n. skeleton
stabilisation n. stabilization
stabiliser v. stabilize
stabilité n. stability
stable adj. stable
stade n. arena
stade n. stadium
stagiaire n. probationer
stagiaire n. trainee
stagnant(e) adj. stagnant
stagnation n. stagnation
stagner v. stagnate
stalactite n. icicle
stand n. booth
stand n. stall
standardiser v. standardize
starlette n. starlet
station n. station
stationnaire adj. stationary
statique adj. static
statiquement adv. statically
statisticien n. statistician
statistique adj. statistical
statistiques n. statistics
statuaire n. statuary
statue n. statue
statuette n. statuette
stature n. stature
statut n. status
statut n. statute
statutaire adj. statutory
steeple-chase n. steeplechase
stellaire adj. stellar
sténographe n. stenographer
sténographie n. stenography
steppe n. steppe
stéréo n. stereo
stéréophonique adj. stereophonic
stéréoscopique adj. stereoscopic
stéréotype n. stereotype
stérile adj. barren
stérile adj. sterile
stérilisation n. sterilization
stériliser v. spay
stériliser v. sterilize
stérilité n. sterility
sternum n. sternum
stéroïde n. steroid
stertoreux/se adj. stertorous

stéthoscope n. stethoscope
steward n. steward
stigmate n. stigma
stigmates n. stigmata
stigmatiser v. stigmatize
stimulant n. stimulant
stimulateur cardiaque n. pacemaker
stimulation n. stimulus
stimuler v. stimulate
stipulation n. proviso
stipulation n. stipulation
stipuler v. stipulate
stock n. stock
stockage n. storage
stoïque n. stoic
strangulation n. strangulation
stratagème n. ploy
stratagème n. stratagem
strate n. stratum
stratège n. strategist
stratégie n. strategy
stratégique adj. strategic
stratifier v. stratify
stress n. stress
stressant(e) adj. fraught
stresser v. stress
striation n. striation
strict(e) adj. strict
strict(e) adj. stringent
strict(e) adj. stern
strictement adv. strictly
strident(e) adj. strident
strie n. streak
string n. thong
strip-teaseur/se n. stripper
stroboscope n. strobe
strophe n. stanza
strophe n. verse
structure n. structure
structurel/elle adj. structural
Stuart adj. Stuart
stuc n. stucco
studieux/se adj. studious
studio n. studio
stupéfait(e) adj. agog
stupéfier v. astound
stupeur n. stupor
stupide adj. asinine
stupide adj. fatuous
stupide adj. foolish
stupide adj. stupid
stupide adj. witless
stygian adj. stygian
style n. style
stylé(e) adj. funky
stylet n. stiletto
stylet n. stylus
stylisé(e) adj. stylized
styliste n. stylist
stylistique adj. stylistic
stylo n. pen
suaire n. shroud
suave adj. suave
subalterne adj. menial
subalterne n. subaltern
subalterne n. underling
subconscient(e) adj. subconscious
subir v. undergo
subjectif/ve adj. subjective
subjonctif/ve adj. subjunctive
subjugation n. subjugation
subjuguer v. subjugate
sublime adj. sublime
sublimer v. sublimate
subliminal(e) adj. subliminal
submerger v. overwhelm
submerger v. submerge
submersible adj. submersible
subordination n. subordination
subordonné(e) adj. subordinate
subordonné(e) adj. dependent

suborner v. suborn
subsistance n. subsistence
subsistance n. sustenance
subsister v. subsist
subsonique adj. subsonic
substance n. substance
substantiel/le adj. substantial
substantiellement adv. substantially
substantif n. noun
substitut n. substitute
substitution n. substitution
subterfuge n. subterfuge
subtil(e) adj. subtle
subtilité n. subtlety
subtropical(e) adj. subtropical
subvention n. subsidy
subvention v. grant
subventionner v. subsidize
subversif/ve adj. subversive
subversion n. subversion
subvertir v. subvert
succès n. success
successeur n. successor
successif/ve adj. successive
succession n. succession
succinct(e) adj. succinct
succomber v. succumb
succulent(e) adj. palatable
succulent(e) adj. succulent
succulent(e) adj. yummy
sucer v. suck
sucette n. lollipop
sucette n. lolly
sucre n. sugar
sucrer v. sweeten
sud n. south
sudoku n. Sudoku
sueur n. sweat
suffire v. suffice
suffisance n. sufficiency
suffisant(e) adj. complacent
suffisant(e) adj. smug
suffisant(e) adj. sufficient
suffixe n. suffix
suffocation n. suffocation
suffoquer v. suffocate
suffrage n. suffrage
suggérer v. suggest
suggestible adj. suggestible
suggestif/ve adj. suggestive
suggestion n. suggestion
suicidaire adj. suicidal
suicide n. suicide
suie n. soot
suif n. tallow
suinter v. leach
suinter v. seep
suinter v. ooze
suite n. sequel
suite n. suite
suite adv. forth
suivant(e) adj. next
suiveur/se n. follower
suivre v. follow
sujet à adj. prone
sultanine n. sultana
sundae n. sundae
s'unir v. unite
super adj. great
super adj. super
superbe adj. stunning
superbe adj. superb
superficialité n. superficiality
superficiel/le adj. shallow
superficiel/le adj. superficial
superfin(e) adj. superfine
superflu n. superfluity
superflu(e) adj. otiose
superflu(e) adj. superfluous
supérieur adv. above
supérieur(e) adj. superior
supérieur(e) adj. senior
supérieur(e) adj. upper
supériorité n. superiority

superlatif/ve adj. superlative
supermarché n. supermarket
superposer v. superimpose
superpuissance n. superpower
supersonique adj. supersonic
superstitieux/se adj. superstitious
superstition n. superstition
superviser v. oversee
superviser v. superintend
superviser v. supervise
superviseur/se n. supervisor
supervision n. supervision
supplanter v. supplant
suppléant n. locum
supplément n. supplement
supplémentaire adj. extra
suppliant(e) n. suppliant
supplier v. beseech
supplier v. supplicate
supplier v. beg
support n. backing
supporter v. bear
supposer v. suppose
supposition n. assumption
supposition n. supposition
suppositoire n. suppository
suppression n. deletion
suppression n. nullification
suppression n. suppression
supprimer v. delete
supprimer v. remove
supprimer v. suppress
suppurer v. suppurate
suprématie n. supremacy
suprême adj. supreme
sur prep. on
sur le rivage adv. ashore
sur mesure adj. bespoke
sûr(e) n. safe
sûr(e) adj. sure
sûr/sûre adj. certain
surabondance adj. superabundance
surabondant(e) adj. superabundant
surajouter v. supervene
surcharger v. overburden
surcharger v. overcharge
surcharger v. overload
surclasser v. outclass
surdose n. overdose
suréditer v. subedit
sûrement adv. surely
surestimer v. overestimate
surestimer v. overrate
surf n. surf
surface n. surface
surgir v. arise
surgir v. spring
surhumain(e) adj. superhuman
surintendance n. superintendence
surintendant(e) n. superintendent
surligner v. highlight
surmené(e) adj. overwrought
surmonter v. overcome
surmonter v. surmount
surmonter v. cope
surnaturel/le adj. supernatural
surpasser v. outdo
surpasser en nombre v. outnumber
surprenant(e) n. startling
surprise n. surprise
surréalisme n. surrealism
surréaliste adj. surreal
sursauter v. startle
sursis n. reprieve
surtaxe n. surtax
surtout adv. especially

surveillance n. oversight
surveillance n. surveillance
surveillant(e) n. invigilator
surveillant(e) n. overseer
surveiller adj. invigilate
survenir v. occur
survêtement n. tracksuit
survie n. survival
survivre v. outlast
survivre v. outlive
survivre v. survive
survolteur n. booster
suscité(e) adj. foregoing
susciter v. instigate
suspect(e) adj. suspicious
suspect(e) n suspect
suspecter v. suspect
suspendre v. hang
suspendre v. suspend
suspense n. suspense
suspension n. abeyance
suspension n. recess
suspension n. suspension
suspicion n. suspicion
susurrer v. sough
suture n. suture
svelte adj. svelte
sybarite n. sybarite
sycomore n. sycamore
sycophante n. sycophant
syllabe n. syllable
syllabique adj. syllabic
syllogisme n. syllogism
sylphe n. sylph
sylvestre adj. sylvan
symbiose n. symbiosis
symbole n. symbol
symbolique adj. symbolic
symboliser v. symbolize
symbolisme n. symbolism
symétrie n. symmetry
symétrique adj. symmetrical
sympa adj. sporting
sympathie n. sympathy
sympathique adj. likeable
sympathique adj. sympathetic
sympathique adj. congenial
sympathiser v. sympathize
symphonie n. symphony
symptomatique adj. symptomatic
symptôme n. symptom
synchrone adj. synchronous
synchroniser v. synchronize
syndicat n. syndicate
syndrome n. syndrome
synergie n. synergy
synonyme n. synonym
synonyme adj. synonymous
synopsis n. synopsis
syntaxe n. syntax
synthèse n. synthesis
synthétique adj. synthetic
synthétiser v. synthesize
systématique adj. systematic
systématiser v. systematize
système n. system
système d'évacuation n. sewerage
systémique adj. systemic

tabac n. tobacco
table n. table
tableau n. roster
tableau n. tableau
tableau d'affichage n. noticeboard
tableau de bord n. dashboard
tableau noir n. blackboard
tablette n. tablet
tablier n. apron
tabloïd n. tabloid

tabou n. taboo
tabouret n. stool
tabulaire adj. tabular
tabulateur n. tabulator
tabulation n. tabulation
tache n. blotch
tache n. blemish
tache n. blot
tache n. spot
tâche n. task
tache de rousseur n. freckle
tacher v. stain
tachymètre n. tachometer
tacite adj. tacit
taciturne adj. taciturn
tact n. tact
tacticien/ne n. tactician
tactile adj. tactile
tactique n. tactic
tactique adj. tactical
taillader v. slash
taille n. size
taille n. waist
tailler v. hew
tailler v. lop
tailleur n. tailor
talc n. talc
talent n. talent
talentueux/se adj. talented
talisman n. talisman
talocher v. daub
talon n. counterfoil
talon n. heel
talon n. stub
tamarin n. tamarind
tambour n. drum
tambourin n. tambourine
tamis n. sieve
tamiser v. sift
tampon n. buffer
tampon n. tampon
tamponner v. stamp
tamponner v. dab
tandem n. tandem
tandis que n. whereas
tangente n. tangent
tangible adj. tangible
tanière n. den
tanière n. lair
tannerie n. tannery
tanneur/se n. tanner
tante n. aunt
tapas n. tapas
tape-cul n. see-saw
tapis n. carpet
tapis n. rug
tapis de course n. treadmill
tapisser v. upholster
tapisserie n. tapestry
tapisserie n. upholstery
tapoter v. pat
taquiner v. tantalize
taquiner v. tease
tardif/ve adj. tardy
tardif/ve adj. belated
tarif n. charge
tarif n. tariff
tarot n. tarot
tartare n. tartar
tarte n. pie
tarte n. tart
tas n. heap
tas n. bunch
tasser v. tamp
tâter v. dabble
tâtonner v. scrabble
tatouage n. tattoo
taupe n. mole
taureau n. bull
taux n. rate
taverne n. tavern
taxi n. cab
taxi n. minicab
taxi n. taxi
taxonomie n. taxonomy
tchat v. chat

technicien/ne n. technician
technicité n. technicality
technique adj. technical
technique n. technique
technologie n. technology
technologique adj. technological
technologue n. technologist
teck n. teak
teigne n. ringworm
teint n. complexion
teinte n. hue
teinte n. tinge
teinte n. tint
teinture n. tincture
tel/le adj. such
télécharger v. download
télécharger v. upload
télécommunications n. telecommunications
télégramme n. telegram
télégraphe n. telegraph
télégraphie n. telegraphy
télégraphique adj. telegraphic
téléimprimeur n. teleprinter
télépathie n. telepathy
télépathique adj. telepathic
téléphate n. telepathist
téléphone n. phone
téléphone n. telephone
téléphone cellulaire n. cell phone
télescope n. telescope
télétexte n. teletext
téléviser v. televise
télévision n. television
téméraire adj. reckless
téméraire adj. venturesome
témérité n. temerity
témoignage n. testimonial
témoignage n. testimony
témoigner v. testify
témoin n. eyewitness
témoin n. witness
tempérament n. temperament
tempérance n. temperance
température n. temperature
tempéré(e) adj. temperate
tempête n. tempest
tempête n. storm
temple n. temple
tempo n. tempo
temporaire adj. temporary
temporel/le adj. temporal
temporiser v. temporize
temps n. time
tenable adj. tenable
tenace adj. tenacious
ténacité n. tenacity
ténacité n. toughness
tendance n. tendency
tendance n. trend
tendancieux/se adj. tendentious
tendon n. tendon
tendre adj. tender
tendu(e) adj. strained
tendu(e) adj. taut
tendu(e) adj. tense
ténèbres n. darkness
ténébreux/se adj. shadowy
tenir v. hold
tennis n. tennis
ténor n. tenor
tension n. tension
tension n. voltage
tentacule n. tentacle
tentateur/tentatrice n. tempter
tentation n. temptation
tentative n. attempt
tente n. tent
tenter v. attempt
tenter v. endeavour

tenter v. tempt
ténu(e) adj. tenuous
tenue n. attire
térébenthine n. turpentine
terme n. term
terme inapproprié n. misnomer
terminal(e) adj. terminal
terminologie n. terminology
terminologique adj. terminological
terminus n. terminus
termite n. termite
terne adj. drab
terne adj. dull
terne adj. lacklustre
terne adj. lank
ternir v. defile
ternir v. tarnish
terrain n. terrain
terrain n. plot
terrasse n. terrace
terrasse n deck
terre n. earth
terre n. land
terre cuite n. terracotta
terre d'ombre n. umber
terrestre adj. earthly
terrestre adj. terrestrial
terreur n. terror
terrible adj. awful
terrible adj. dreadful
terrible adj. terrible
terrible adj. dire
terrier n. burrow
terrier n. terrier
terrifier v. hector
terrifier v. terrify
territoire n. territory
territorial(e) adj. territorial
terroriser v. terrorize
terrorisme n. terrorism
terroriste n. terrorist
tertiaire adj. tertiary
tertre n. hillock
tesson n. shard
test n. test
testament n. testament
testamentaire adj. testate
testeur n. Trier
testicule n. testicle
testicule n. testis
testostérone n. testosterone
tête n. head
téter v. suckle
tétine n. teat
têtu(e) adj. headstrong
têtu(e) adj. stubborn
texte n. text
textile n textile
textuel/le adj. textual
textuel/le adj. textual
texture n. texture
thé n. tea
théâtral(e) adj. theatrical
theâtre n. theatre
théisme n. theism
thématique adj. thematic
thème n. theme
théocratie n. theocracy
théodolite n. theodolite
théologie n. theology
théologien/ne n. theologian
théorème n. theorem
théoricien/ne n. theorist
théorie n. theory
théorique adj. theoretical
théoriser v. theorize
théosophie n. theosophy
thérapeute n. therapist
thérapeutique adj. therapeutic
thérapie n. therapy
thermique adj. thermal
thermodurcissable adj. thermosetting

thermodynamique n. thermodynamics
thermomètre n. thermometer
thermos n. thermos
thermostat n. thermostat
thésaurisation n. hoarding
thèse n. thesis
thriller n. thriller
thyroïde n. thyroid
tibia n. shin
tic-tac n. ticking
tiède adj. lukewarm
tiède adj. tepid
tige n. rod
tige n. stalk
tige n. stem
tigre n. tiger
timbre n. stamp
timide adj. bashful
timide adj. timid
timide adj. tremulous
timide adj. shy
timidité n. timidity
timoré(e) adj. timorous
tintement n. clink
tinter v. tinkle
tique n. tick
tirade n. tirade
tirage au sort n. raffle
tirer v. pull
tirer v. snipe
tirer v. shoot
tirer à découvert v. overdraw
tirer la chasse v. flush
tireur d'élite n. marksman
tiroir n. drawer
tisser v. weave
tisserand(e) n. weaver
tissu n. cloth
tissu n. fabric
tissu cachemire n. paisley
tissu en laine peigné n. worsted
tissu-éponge n. terry
titanesque adj. titanic
titiller v. titillate
titre n. heading
titre n. title
tituber v. toddle
tituber v. totter
titulaire adj. incumbent
titulaire d'une licence n. licensee
toast n. toast
toge n. toga
toile n. canvas
toile d'araignée n. cobweb
toile de fond n. backdrop
toilette n. toilet
toiletter v. groom
toilettes n. loo
toi-même/vous-même pron. yourself
toit n. roof
toiture n. roofing
tolérable adj. tolerable
tolérance n. tolerance
tolérance n. toleration
tolérant(e) adj. tolerant
tolérer v. abide
tolérer v. tolerate
tomate n. tomato
tombe n. grave
tombeau n. tomb
tomber v. fall
tome n. tome
ton n. tone
ton/vôtre adj. your
tondre v. mow
toner n. toner
tonique n. tonic
tonitruant adj. thunderous
tonnage n. tonnage
tonne n. ton
tonne n. tonne
tonneau n. cask

tonneau n. tun
tonnelet n. keg
tonnelier n. cooper
tonnerre n. thunder
tonsure n. tonsure
topaze n. topaz
topiaire n. topiary
topographe n. topographer
topographie n. topography
topographique adj. topographical
toquade n. infatuation
torche n. torch
tordre v. wring
tordre v. wrench
toreador n. toreador
tornade n. tornado
tornade n. whirlwind
torpeur adj. torpid
torpille n. torpedo
torrent n. torrent
torrentiel/le adj. torrential
torride adj. torrid
torse n. torso
torsion n. torsion
tortue n. tortoise
tortue n. turtle
tortueux/se adj. tortuous
torture n. torture
tôt adj. early
total n. aggregate
total adj. arrant
total n. total
total adj. utter
total(e) adj. total
totalitaire adj. totalitarian
totalité n. totality
touchant(e) adj. touching
touché(e) adj. affected
touché(e) adj. stricken
toucher v. touch
touffu(e) adj. bushy
toujours adv. always
toujours adj. still
touner v. spin
toupet n. quiff
toupie n. whirligig
tour n. lap
tour n. lathe
tour n. tour
tour n. tower
tour de cheminée n. mantel
tourbillon n. whirlpool
tourbillonner v. swirl
tourbillonner v. whirl
tourisme n. sightseeing
tourisme n. tourism
touriste n. tourist
tourment n. torment
tourmente n. turmoil
tournant(e) n. turning
tourner v. revolve
tourner v. turn
tourner la tête v. infatuate
tourneur n. turner
tournevis n. screwdriver
tournoi n. tournament
tournoyer v. gyrate
tours de batte n. innings
tous les deux adj. & pron. both
tousser v. cough
tout adj. all
tout à coup adv. suddenly
tout au long de prep. throughout
tout ce que pron. whatever
tout de suite adv. straightway
tout en n. while
tout saccager v. rampage
tout son possible adj. utmost
tout-puissant adj. almighty
toxicologie n. toxicology
toxine n. toxin
toxique adj. poisonous
toxique adj. toxic

traçable adj. traceable
trace n. spoor
tracer v. trace
tract n. tract
tractable adj. tractable
tracter v. tug
tracteur n. tractor
traction n. traction
tradition n. lore
tradition n. tradition
traditionaliste n. traditionalist
traditionnel/le adj. traditional
traduction n. translation
traduire v. translate
trafic n. trafficking
trafic n. traffic
trafiquant(e) n. trafficker
trafiquer v. tamper
tragédie n. tragedy
tragédien/ne n. tragedian
tragique adj. tragic
trahir v. betray
trahison n. treachery
trahison n. treason
trahison n. betrayal
train n. train
traînard(e) n. laggard
traînard(e) n. straggler
traîneau n. sleigh
traîner v. dally
traîner v. loiter
traîner v. straggle
traîner v. dawdle
traîner des pieds v. shamble
trait n. trait
trait d'union n. hyphen
traité n. treatise
traité n. treaty
traitement n. treatment
traiter v. treat
traître n. traitor
trajectoire n. trajectory
tram n. tram
trampoline n. trampoline
trance n. trance
tranche n. instalment
tranche n. slice
tranchée n. trench
tranquiliser v. quieten
tranquille adj. leisurely
tranquille adj. quiescent
tranquille adj. tranquil
tranquilliser v. tranquillize
tranquillité n. tranquillity
transaction n. transaction
transatlantique adj. transatlantic
transcendant(e) adj. transcendent
transcendantal(e) adj. transcendental
transcender v. transcend
transcontinental(e) adj. transcontinental
transcription n. transcription
transcription n. transcript
transcrire v. transcribe
transférable adj. transferable
transférer v. transfer
transfiguration n. transfiguration
transfigurer v. transfigure
transformateur n. transformer
transformation n. transformation
transformer v. transform
transfuser v. transfuse
transfusion n. transfusion
transgresser v. transgress
transgression n. transgression
transistor n. transistor
transit n. transit
transitif/ve adj. transitive
transition n. transition

transitoire adj. transient
transitoire adj. transitory
translittérer v. transliterate
translucide adj. translucent
transmettre v. impart
transmettre v. transmit
transmettre v. convey
transmigration n. transmigration
transmissible adj. communicable
transmission n. transmission
transmuter v. transmute
transparence n. transparency
transparent(e) adj. clear
transparent(e) adj. sheer
transparent(e) adj. transparent
transpiration n. perspiration
transpirer v. perspire
transpirer v. transpire
transplanter v. transplant
transport n. transportation
transport routier n. haulage
transporter v. carry
transporter v. transport
transporteur n. carrier
transporteur n. haulier
transporteur n. transporter
transposer v. transpose
transsexuel/le n. transsexual
transverse adj. transverse
trapèze n. trapeze
trapu(e) adj. stocky
traumatisme n. trauma
travail n. working
travail n. labour
travail n. work
travailleur/se n. worker
travaux routiers n. roadwork
travée n. span
traversée n. crossing
traverser v. traverse
travesti n. transvestite
trébucher v. stumble
treillis n. lattice
treillis n. trellis
treize adj. & n. thirteen
treize adj. & n. thirteen
treizième adj. & n. thirteenth
tremblement de terre n. earthquake
tremblements n. tremor
trembler v. shiver
trembler v. tremble
trembler v. quake
trembler v. quiver
trembler v. shudder
trempe n. temper
trempé(e) adj. sopping
tremper v. dip
tremper v. drench
trente adj. & n. thirty
trente adj. & n. thirty
trentième adj. & n. thirtieth
trentième adj. & n. thirtieth
trépas n. demise
trépidant(e) adj. hectic
trépied n. tripod
trépied n. trivet
très adv. very
très divers(e) adj. multifarious
très répandu(e) adj. prevalent
trésor n. treasure
trésorerie n. treasury
trésorier n. treasurer
tresse n. plait
tresse n. tress
tréteau n. trestle
treuil n. winch
treuil n. windlass
trêve n. truce
tri n. sort
triangle n. triangle

triangulaire adj. triangular
triathlon n. triathlon
tribal(e) adj. tribal
tribu n. tribe
tribulation n. tribulation
tribunal n. tribunal
triceps n. triceps
tricher v. cheat
tricheur/se n. cheat
tricolore n. tricolour
tricoter v. knit
tricycle n. tricycle
trident n. trident
trigonométrie n. trigonometry
triller n. trill
trillion adj & n. trillion
trilogie n. trilogy
trimballer v. tote
trimestre n. quarter
trimestriel/le adj. quarterly
trinité n. trinity
trio n. trio
triomphal(e) adj. triumphal
triomphant(e) adj. triumphant
triomphe n. triumph
tripartite adj. tripartite
triple adj. treble
triple n. triple
triple adj. triplicate
triplée n. triplet
tripoter v. grope
tripoter v. twiddle
triptyque n. triptych
triste adj. grim
triste adj. rueful
triste adj. sad
tristesse n. sorrow
trivial(e) adj. trivial
troc v. barter
troglodyte n. wren
trois adj. & n. three
trois fois adv. thrice
troisième adj. third
troll n. troll
tromper v. deceive
tromper v. delude
tromper v. lure
tromperie n. deceit
trompette n. trumpet
trompeur/se adj. deceptive
tronc n. bole
tronc n. trunk
trône n. throne
tronquer v. truncate
trop adv. overly
trophée n. trophy
tropical(e) adj. tropical
tropique n. tropic
trotter v. trot
trotteur n. trotter
trottiner v. jog
trou n. hole
trou de serrure n. keyhole
trou perdu n. backwater
trouble n. disorder
trouble adj. turbid
trouble n. trouble
trouillard(e) n. sissy
troupe n. troupe
troupe n. troop
troupeau n. bevy
troupeau n. herd
troupeau n. flock
trousse n. kit
trousseau n. trousseau
trouver v. find
trouver v. found
troy n. troy
trucs n. stuff
truculent(e) adj. truculent
truelle n. trowel
truffe n. truffle
truie n. sow
truisme n. truism
truite n. trout
tsunami n. tsunami

tu/vous pron. you
tube n. tube
tubercule n. tubercle
tuberculose n. tuberculosis
tubulaire adj. tubular
tuer v. slay
tuer v. kill
tuile n. tile
tulipe n. tulip
tumescent(e) adj. tumescent
tumeur n. tumour
tumulte n. tumult
tumulte n. uproar
tumultueux/se adj. tempestuous
tumultueux/se adj. tumultuous
tunique n. tunic
tunnel n. tunnel
turban n. turban
turbine n. turbine
turbocompresseur n. turbocharger
turbulence n. turbulence
turbulent(e) adj. turbulent
turquoise n. turquoise
tutelle n. tutelage
tuteur n. guardian
tuteur/rice n. tutor
tuteur/rice n. custodian
tutoriel n. tutorial
tuyau n. hose
tuyau n. pipe
tweed n. tweed
type n. guy
type n. fellow
type n. type
typhoïde n. typhoid
typhon n. typhoon
typhus n. typhus
typifier v. typify
typique adj. typical
typographe n. typesetter
tyran n. martinet
tyran n. tyrant
tyran n. bully
tyrannie n. tyranny
tyranniser v. tyrannize

ulcère n. ulcer
ultérieur(e) adj. subsequent
ultimatum n. ultimatum
ultime adj. ultimate
ultra pref. ultra
ultrasonique adj. ultrasonic
un n. & adj. one
un des sextuplés n. sextuplet
un moment adv. awhile
un tas n. gob
un tout petit peu n. smidgen
un(e) adj. an
un(e) a. a
un(e) autre adj. another
unanime adj. unanimous
unanimité a. unanimity
une fois adv. once
uni(e) adj. plain
unicité n. oneness
unification n. unification
unifier v. unify
uniforme adj. uniform
uniforme adj. even
unilatéral(e) adj. unilateral
union n. union
unioniste n. unionist
unique adj. unique
unique adj. single
uniquement adv. solely
unisexe adj. unisex
unisson n. unison
unité n. unit
unité n. unity
univers n. universe
universalité adv. universality

universel/le adj. universal
université n. university
urbain(e) adj. urban
urbanité n. urbanity
urgence n. emergency
urgence n. exigency
urgent(e) adj. urgent
urinaire adj. urinary
urine n. urine
uriner v. urinate
urinoir n. urinal
urne n. urn
usine n. factory
ustensile n. utensil
usure n. usury
usurpation n. usurpation
usurper v. usurp
utérus n. uterus
utérus n. womb
utile adj. helpful
utile n. helping
utile adj. useful
utile adj. worthwhile
utilisable adj. usable
utilisateur/rice n. user
utilisation n. usage
utilisation n. utilization
utiliser v. use
utiliser v. utilize
utilitaire adj. utilitarian
utilité n. utility
utopie n. utopia
utopique adj. utopian

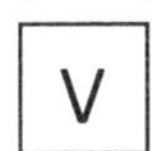

vacances n. holiday
vacances n. vacation
vacant(e) adj. vacant
vacarme n. bedlam
vacarme n. din
vaccin n. vaccine
vaccination n. vaccination
vacciner v. vaccinate
vache n. cow
vaciller v. vacillate
vagabond n. rover
vagabond(e) n. vagrant
vagabond(e) n. vagabond
vagabondage adj. roving
vagin n. vagina
vaginal adj. cervical
vague adj. vague
vaillance n. valour
vaillant adj. manful
vaillant(e) adj. valiant
vain adj. abortive
vain(e) adj. vain
vaincre v. defeat
vaincre v. overpower
vaincre v. vanquish
vainqueur n. victor
vaisselle n. crockery
valence n. valency
valétudinaire n. valetudinarian
valeur n. value
valide adj. valid
valider v. validate
validité n. validity
valise n. valise
vallée n. valley
vallée n. dale
vallon n. dell
vallon n. vale
valoir adj. worth
valoriser v. empower
valse n. waltz
vamp n. vamp
vampire n. vampire
vandale n. vandal
vandaliser v. vandalize
vanité n. vanity
vanité n. conceit
vaniteux/se adj. vainglorious
vanne n. valve

vanner v. winnow
vanté(e) adj. vaunted
vapeur n. steam
vapeur n. vapour
vaporiser v. vaporize
variable adj. variable
variance n. variance
variante n. variant
variation n. variation
varié(e) adj. varied
varier v. vary
variété n. variety
variole n. smallpox
variqueux/se adj. varicose
vasculaire adj. vascular
vase n. slime
vase n. vase
vase n. silt
vasectomie n. vasectomy
vassal n. vassal
vaste adj. vast
vaudeville n. vaudeville
vaudou n. voodoo
vautour n. vulture
veau n. calf
veau n. veal
veau d'or n. mammon
vecteur n. vector
végétalien/ne n. vegan
végétarien/ne n. vegetarian
végétatif/ve adj. vegetative
végétation n. vegetation
végéter v. vegetate
véhément(e) adj. vehement
véhiculaire adj. vehicular
véhicule n. vehicle
veille n. eve
veille n. vigil
veine n. vein
veineux/se adj. venous
vélo n. bike
velours n. velour
velours n. velvet
velouté(e) adj. mellow
velouté(e) adj. velvety
vénal(e) adj. venal
vénalité n. venality
vendable adj. saleable
vendetta n. vendetta
vendeur/se n. salesman
vendeur/se n. seller
vendre v. sell
vendre v. vend
vendredi n. Friday
vénérable adj. venerable
vénération n. veneration
vénérer v. venerate
vengeance n. revenge
vengeance n. vengeance
venger v. avenge
véniel/le adj. venial
venimeux/se adj. venomous
venin n. venom
venir v. come
vénitien/ne adj. venetian
vent n. wind
vente n. sale
vente au détail n. retail
vente aux enchères n. auction
vente en gros n. wholesale
venteux/se adj. windy
ventilateur n. ventilator
ventilateur n. fan
ventilation n. ventilation
ventiler v. ventilate
ventre n. midriff
ventre n. belly
ver n. worm
véracité n. veracity
véranda n. veranda
verbal(e) adj. verbal
verbalement adv. verbally
verbaliser v. verbalize
verbatim adv. verbatim
verbe n. verb

verbeux/se adj. verbose
verbeux/se adj. wordy
verbiage n. verbiage
verbosité n. verbosity
verdict n. verdict
verdoyant(e) adj. verdant
verdure n. greenery
verger n. orchard
verglacé(e) n. icy
véridique adj. veracious
vérification n. audit
vérification n. verification
vérifier v. verify
vérifier v. check
véritable adj. genuine
véritable adj. unmitigated
véritable adj. veritable
véritablement adv. verily
vérité n. truth
vérité n. verity
vermillon n. vermillion
vermine n. vermin
vernaculaire n. vernacular
vernis n. varnish
verre n. glass
verre n. tumbler
verrue n. wart
vers prep. towards
vers à soie n. silkworm
vers l'arrière adv. aft
vers le haut adv. upward
vers le sud adj. southerly
vers l'extérieur adj. outward
vers l'intérieur adj. inward
versé(e) adj. conversant
versé(e) adj. versed
versement n. remittance
verser v. pour
versification n. versification
versifier v. versify
version n. version
verso n. verso
vert adj. & n. green
vertébral(e) adj. spinal
vertébré n. vertebrate
vertèbre n. vertebra
vertical(e) adj. upright
vertical(e) adj. vertical
vertige n. vertigo
vertigineux/se adj. vertiginous
vertu n. virtue
vertueux/se adj. virtuous
verve n. verve
vésicule n. vesicle
vessie n. bladder
veste n. jacket
vestibule n. vestibule
vestige n. remnant
vestige n. vestige
vestimentaire adj. sartorial
vêtement n. garment
vêtements n. apparel
vêtements n. clothes
vétéran n. veteran
vétérinaire adj. veterinary
vêtir v. clothe
veto n. veto
vêtu(e) adj. clad
veuf n. widower
veule adj. craven
veuve n. widow
vexation n. vexation
via prep. via
viable adj. viable
viaduc n. viaduct
viande n. meat
vibrant(e) adj. vibrant
vibraphone n. vibraphone
vibration n. vibration
vibrer v. vibrate
vibromasseur n. vibrator
vicaire n. vicar
vice n. vice
vice versa adv. vice-versa
vice-roi n. viceroy

vicier v. vitiate
vicieux/se adj. vicious
vicissitude n. vicissitude
vicomte n. viscount
vicomtesse n. viscountess
victime n. victim
victimiser n. victimize
victoire n. victory
victorieux/se adj. victorious
victuailles n. victuals
vide adj. vacuous
vide n. vacuum
vide adj. blank
vide adj. empty
vidéo n. video
videur n. bouncer
vie n. life
vieille peau n. hag
vieillot(e) adj. antiquated
vierge n. Libra
vierge n. virgin
vieux/vieille adj. old
vif/ve adj. snappy
vif/ve adj. vivid
vif/ve adj. brisk
vif/ve adj. spirited
vif/ve adj. keen
vigilance n. vigilance
vigilant(e) adj. vigilant
vigilant(e) adj. wakeful
vigilant(e) adj. watchful
vigne n. vine
vigneron/ne n. vintner
vignette n. vignette
vigoureux/se adj. vigorous
vigueur n. vigour
viking n. Viking
vil(e) adj. vile
vilipender v. revile
villa n. villa
village n. village
villageois(e) n. villager
ville n. town
ville n. city
vin n. wine
vin chaud n. wassail
vinaigre n. vinegar
vindicatif/ve adj. vengeful
vingt adj.&n. twenty
vingtième adj.&n. twentieth
vingtième adj.&n. twentieth
vintage n. vintage
vinyle n. vinyl
violation n. violation
violence n. violence
violent(e) adj. abusive
violent(e) adj. violent
violer v. breach
violer v. rape
violet n. purple
violet n. violet
violeur n. rapist
violon n. violin
violon n. fiddle
violoniste n. violinist
virago n. virago
viral(e) adj. viral
virement n. giro
virginité n. virginity
virgule n. comma
viril(e) adj. manly
viril(e) adj. virile
virilité n. manhood
virilité n. virility
virtuel/le adj. virtual
virulence n. virulence
virulent(e) adj. virulent
virus n. virus
vis n. screw
visa n. visa
visage n. visage
visage n. face
viscose n. viscose
viser v. aim
visibilité n. visibility
visible adj. visible